2000년 이후의 독일영화

2000년 이후의 독일영화

윤종욱 지음

산지니

일러두기

영화 제목의 경우, 한국 개봉작은 상영 당시 사용한 제목을 기재하였고,
미개봉작은 독일어 제목을 한국어로 직역한 제목을 사용하였다.
인명의 경우, 독일어 발음에 가장 가까운 표기 방식을 사용하였다.

다음 장의 내용은 아래의 지면을 통해 발표된 것을 수정, 보완한 것이다.

1. **2000년대 독일영화의 경향들("1.4. 독일의 영화진흥제도" 제외)**
   21세기 독일영화의 경향들-박스오피스 상위권 영화와 주요 영화제
   출품작을 중심으로. 독일언어문학 제86집(2019. 12). 113-135.

2.4.2. 〈우리도 사랑한다〉
   다큐멘터리 드라마와 영화적 사실주의-안드레아스 드레젠의 〈우리도
   사랑한다〉 분석. 브레히트와 현대연극 제30집(2014. 2). 351-374.

2.5.1. 〈내가 속한 나라〉
   독일 현대 리얼리즘 영화의 한 경향-크리스티안 페촐트의 〈유령 삼부작〉
   분석. 독어교육 제47집(2010. 5). 437-460.

2.5.2. 〈바바라〉
   크리스티안 페촐트의 역사영화-〈바바라〉와 〈피닉스〉를 중심으로.
   독일언어문학 제79집(2018. 3). 125-151.

2.6.2. 〈오를리〉
   영화와 커뮤니케이션 매체-앙겔라 샤넬렉의 〈오를리 Orly〉를 중심으로.
   브레히트와 현대연극 제39집(2018. 8). 167-188.

3.3.1. 〈피닉스〉
   크리스티안 페촐트의 역사영화-〈바바라〉와 〈피닉스〉를 중심으로.
   독일언어문학 제79집(2018. 3). 125-151.

3.3.2. **〈집념의 검사 프리츠 바우어〉와 〈침묵의 미로〉: 프리츠 바우어와 아우슈비츠 재판**
   프리츠 바우어와 그의 시대의 영화적 재현. 독일언어문학 제89집(2020. 8).
   (243-266)

들어가는 말

역사적으로 봤을 때 독일영화가 국제적으로 큰 관심을 받은 것은 두 번의 영화사적 흐름과 관련이 있다. 하나는 1920년대 초중반 바이마르 공화국 시기의 표현주의 영화이고, 다른 하나는 1970년대에 꽃을 피웠던 뉴 저먼 시네마다. 프리드리히 빌헬름 무르나우Friedrich Wilhelm Murnau, 로베르트 비네Robert Wiene, 프리츠 랑 Fritz Lang 감독의 영화로 대표되는 독일 표현주의 영화는 1차 세계대전 직후의 정치적, 경제적 위기 속에서 아직 신생 예술이었던 영화의 표현 능력을 확장시켰으며, 영화가 외부 세계를 사실적으로 묘사하는 데 그치지 않고, 인간의 내면세계 역시 효과적으로 보여줄 수 있다는 것을 입증했다. 라이너 베르너 파스빈더Rainer Werner Fassbinder를 중심으로 폴커 슐렌도르프Volker Schlöndorff, 베르너 헤어초크Werner Herzog, 빔 벤더스Wim Wenders, 에드가 라이츠Edgar Reitz 등이 대표 감독으로 꼽히는 뉴 저먼 시네마는 1968년 이후 정치적, 문화적 격변을 겪고 있던 독일에서 대중매체인 영화가 단지 오락과 유흥의 도구가 아니라, 사회와 역사를 성찰하는 유용한 지적 도구가 될 수 있다는 것을 보여주었다. 실험적이면서 정치적이었던 뉴 저먼 시네마는 미국, 프랑스 등 해외에서 큰 반향을 불러일으키면서 새로운 독일영화의 상징으로 간주되었다. 뉴 저먼 시네마 이후 1980년대와 1990년대의 독일영화는 국제적인 관심으로부터 멀어졌을 뿐만 아니라, 자국 독일인으로부터도 외면당하는 것이 현실이었다. 영화의 예술성 그리고/또는 대중성의 측면에서 크게 내세울 것 없는 평범한 독일영화는 독일 안에서도 할리우드 영화의 경쟁상대가 되지 못했다. 이 시기 독일영화의 자국 시장 점유율은 채 10%에도 미치지 못한다.

이런 상황은 1990년대 후반부터 조금씩 변화하기 시작해서, 2000년대에는 다시 많은 독일영화가 영화제와 영화관을 통해서 국제적으로 관객들과 만나고 있다. 일반적으로 톰 티크베어Tom Tykwer 감독의 1998년 작 〈롤라 런Lola rennt〉을 변화의 시작을 알린 영화로, 볼프강 베커Wolfgang Becker 감독의 2003년 작 〈굿바이 레닌 Good Bye, Lenin!〉을 2000년대 초반 독일영화의 부흥을 상징하는 영화로 간주한다. 이제 유명 국제영화제나 아카데미 영화제 등 유수 영화제의 수상작이나 후보작으로 독일영화를 만나는 것은 드문 일이 아니다. 해외뿐 아니라 독일에서도 자국영화를 찾는 관객의 수가 급증했다. 2000년대에 1990년대는 물론이고, 1980년대보다도 더 많은 독일인이 자국에서 제작한 영화를 보기 위해서 영화관을 찾고 있다는 점에서 이 사실을 확인할 수 있다. 다양한 미디어를 다양한 방식으로 어디에서나 소비할 수 있는 환경을 생각한다면 독일영화를 보기 위해서 영화관을 찾는 관객이 증가했다는 사실은 놀라운 일이다.

그렇지만 이런 상황과는 별개로 한국에서 동시대 독일영화는 그다지 알려져 있지 않다. 한국영화와 미국영화 개봉작의 점유율이 95%에 이르는 영화관에서는 물론이고, 이제 대중화된 스트리밍 서비스에서도 독일영화를 만나는 것은 여전히 드문 일이다. 독일의 대중영화는 할리우드 영화에 비교하면 오락적 완성도가 떨어지고, 예술영화는 문화적 차이 때문에 독일인이 아닌 경우에 작품을 이해하고 공감하는 데 한계가 있다고 보는 것이 일반적인 견해다. 그렇지만 2000년대 독일영화계의 긍정적인 변화는 변화의 배경과 구체적인 내용에 대한 관심을 불러일으킨다. 무엇보다 독일영화의 가장 큰 특징이자 장점은 다양성이다. 문화적 다양성을 핵심적인 가치로 여기는 분권국가로서 독일의 특징은 상업영화, 예술영화, 다큐멘터리 영화, 아동 및 청소년 영화, 텔레비전 영화, 실험영화 등 다양한 영화 장르가 고르게 발전한 독일영화계에도 반영되어 있다.

　이 책의 목적은 2000년 이후의 독일영화를 서로 다른 세 가지 접근방식을 통해서 이해하는 것이다. 첫 번째 장에서는 상업영화와 예술영화를 중심으로 2000년부터 2019년까지의 주요 독일영화의 경향들을 파악한다. 이 기간 동안 독일에서 흥행한 영화와 국제영화제에서 수상한 영화를 일별한다. 이를 통해서 독일영화 시장의 경향을 이해하고, 해외에서 어떤 영화와 감독들이 높은 평가를 받았는지 알 수 있다. 두 번째 장은 현대 독일영화를 대표하는 감독과 그들의 영화를 알아보는 데 목적이 있다. 이들 감독은 주로 수준 높은 대중영화와 예술영화를 제작하면서, 해외의 영화 애호가에게 독일영화를 각인시키는 데 핵심적인 역할을 담당하고 있다. 세 번째 장에서는 2000년대 독일영화의 특징이 잘 드러나는 역사 영화 중에서 홀로코스트 영화를 다룬다. 역사 영화의 붐은 최근 독일영화계의 특징인데, 어두운 과거사를 독일의 극영화가 어떻게 다루는지 알아보기 위해서 2000년대에 독일에서 제작된 홀로코스트 영화를 네 가지로 분류해서 파악하고자 한다.

이 세 가지 방식을 통해서 2000년 이후의 독일영화에 대한 조망과 개별 영화에 대한 미학적 이해를 도울 수 있으리라 기대한다. 이 과정에서 소수의 주요 영화와 감독에 집중할 수밖에 없는 것은 어찌 보면 당연하지만 아쉬운 것도 사실이다. 이 책에서는 영화관용으로 제작된 내러티브 극영화를 다루고 있는데, 이는 제작 및 배급되고, 평론의 대상이 되는 영화가 대부분 여기에 속하며, 다큐멘터리나 텔레비전 영화 등에 비해서 해외에서 접근이 용이하기 때문이다. 그렇지만, 특히 다큐멘터리 영화의 경우 독일에서 대중적인 인기를 끌거나, 평론계에서 큰 반향을 불러일으키는 경우가 종종 있다. 영화학교에서 다큐멘터리 연출을 배우고 장편 다큐멘터리를 제작하는 젊은 감독들뿐 아니라, 앞에서 언급한 빔 벤더스나 베르너 헤어초크와 같은 노장 감독들 역시 2000년대에는 극영화보다 다큐멘터리를 더 많이 제작하고 있기도 하다. 독일의 현대 다큐멘터리 영화에 대한 연구는 다른 지면을 통해서 계속할 계획이다.

여기에서 소개하는 영화들은 한국에서 대중적으로 상영되지는 않았지만, 일부는 영화제나 예술영화관을 통해서 소개되었고 합법적으로 다운로드를 받을 수 있으며, 일부는 DVD나 VOD 서비스 등을 통해서 볼 수 있다. 그렇지만 아쉽게도 이런 접근 경로마저 막혀 있는 영화들이 많은 것이 현재의 상황이다. 앞으로 이들 영화도 한국의 관객과 만날 날이 오기를 바란다.

Contents

1

2000년대
독일영화의 경향들

이 장에서는 2000년부터 2019년까지 개봉된 독일 극영화를 대상으로 2000년대 독일영화의 경향을 파악하고자 한다. 평균적으로 2010년대 독일에서는 매해 약 225편의 독일에서 제작된 장편영화(다큐멘터리 영화와 국제 합작 극영화 포함)가 극장에서 개봉되었다.[1] 제작 영화 편수로 보았을 때 독일영화는 1970년대 이후 유례없는 호황을 누린 셈이다.[2] 이 글에서는 독일 내에서 많은 관객을 확보한 흥행 영화와, 3대 국제영화제(칸, 베니스, 베를린), 아카데미 영화제 외국어 영화상, 독일영화상의 주요 부문에 추천 및 수상 경력이 있는 독일영화들을 살펴본다. 물론 흥행 성적과 영화제 출품 및 영화상 수상이라는 두 가지 범주가 한 나라의 영화 경향을 분석하는 데 충분한 기준이 될 수는 없다. 다만 여기에서는 일반적으로 대중성과 예술성을 반영한다고 간주되는 지표들을 살펴봄으로써, 밀레니엄 시대의 독일영화에 어떤 경향들이 존재하는지 파악해보고자 한다.

---

1 장편 극영화로 제한하면 2009년부터 2018년 사이에 매년 평균 145편이 제작, 개봉되었다. 이 기간 중에서 가장 많은 영화가 제작된 해는 2016년으로 166편이었고, 가장 적은 영화가 제작된 해는 2010년으로 119편이었다.(https://www.spio.de/?seitid=24&tid=3)

2 독일 극영화의 연간 제작편수는 73편(1975), 64편(1985), 63편(1995), 84편(2002), 103편(2005)으로 90년대 중반 이후 꾸준히 증가하다가, 현재는 140~150편 정도로 유지되고 있다.(https://web.archive.org/web/20070808111556)

1.1. 박스오피스 상위권 영화

먼저 2000년부터 2019년 사이 독일에서 가장 많은 관객을 동원한 독일영화 20편은 다음과 같다.[3]

〈표 1〉 2000년대 독일 흥행영화

순위	제목	장르	개봉 연도	관객 수
1	황야의 마니투 Der Schuh des Manitu	코미디	2001	11,723,119
2	(꿈의) 우주선 서프라이즈 (T)Raumschiff Surprise - Periode 1	코미디	2004	9,152,291
3	괴테스쿨의 사고뭉치들 2 Fack Ju Göhte 2	코미디	2015	7,653,045
4	괴테스쿨의 사고뭉치들 Fack Ju Göhte	코미디	2013	7,395,866
5	머리에 꿀 Honig im Kopf	코미디	2014	7,232,600
6	일곱 난장이: 숲 속에 혼자 있는 남자들 Zwerge - Männer allein im Wald	코미디	2004	6,799,699
7	굿바이 레닌 Good Bye, Lenin!	코미디	2003	6,584,314
8	귀 없는 토끼 Keinohrhasen	코미디	2007	6,297,816
9	괴테스쿨의 사고뭉치들 3 Fack Ju Göhte 3	코미디	2017	5,948,094
10	향수: 어느 살인자의 이야기 Das Parfum - Die Geschichte eines Mörders	스릴러	2006	5,599,458
11	비키와 강한 남자들 Wickie und die starken Männer	아동/모험	2009	4,920,623
12	다운폴 Der Untergang	드라마	2004	4,625,625
13	완벽한 타인 Das perfekte Geheimnis	코미디	2019	4,623,306
14	꼬꼬바 Kokowääh	코미디	2011	4,317,599
15	귀 두 개 병아리 Zweiohrküken	코미디	2009	4,255,103
16	헝거 게임: 더 파이널 Die Tribute von Panem - Mockingjay Teil 2	액션	2015	4,070,411

---

3 다음의 흥행 영화 목록은 독일영화진흥위원회(Filmförderungsanstalt)에서 제공하는 자료를 취합, 정리한 것이다.(https://www.ffa.de/filmhitlisten.html. 최종접속: 2019. 10. 15)

17	독일: 여름 동화 Deutschland. Ein Sommermärchen	다큐 (스포츠)	2006	3,961,702
18	우리의 지구 Unsere Erde	다큐 (자연)	2008	3,852,240
19	올 어바웃 미 Der Junge muss an die frische Luft	드라마	2019	3,816,968
20	웰컴 투 저머니 Willkommen bei den Hartmanns	코미디	2016	3,814,543

　　2000년대 가장 많은 관객을 동원한 독일영화는 미하엘 헤르비히Michael Herbig가 감독한 〈황야의 마니투Der Schuh des Manitu〉로, 1170만 명 이상의 관객이 영화를 관람했다. 두 번째 흥행기록 역시 헤르비히 감독의 영화 〈(꿈의) 우주선 서프라이즈: 페리오드 1(T) Raumschiff Surprise-Periode 1〉의 몫이다. 〈괴테스쿨의 사고뭉치들Fack Ju Göhte〉 3부작의 흥행 성적은 2편은 3위, 1편은 4위, 3편은 9위로, 연작으로는 독일영화 사상 최고의 관객 동원력을 보였다. 5위인 〈머리에 꿀Honig im Kopf〉은 틸 슈바이거Till Schweiger의 작품으로, 그의 영화는 20위 안에 〈귀 없는 토끼Keinohrhasen〉, 〈꼬꼬바Kokowääh〉, 〈귀 두 개 병아리Zweiohrküken〉까지 모두 네 편이 올라 있다.

〈표 2〉 흥행 40위까지 독일영화의 장르(제작사의 분류에 따름)

코미디	21편
드라마	8편
아동영화	4편 (모험 2, 애니메이션 1, 판타지 1)
다큐멘터리	2편 (자연 1, 스포츠 1)
역사물	3편
스릴러	1편
애니메이션	1편

〈표 2〉는 흥행 영화의 범위를 40위까지 넓혀서, 개별 영화의 장르를 분류한 것이다.[4] 위의 두 가지 자료를 흥행 영화의 장르라는 측면에서 분석했을 때, 아래와 같은 네 가지 특징이 두드러진다.

첫 번째, 독일영화 시장에서 코미디 영화의 비중은 압도적이라고 할 수 있을 정도이다. 40편의 흥행 영화 중에서 21편이 코미디로 분류된다. 코미디 영화로 흥행에 성공하면 기본적인 인물의 구조와 갈등 상황을 유지한 채 속편을 제작해서 흥행의 공식을 이어가는 경우가 자주 보인다. 흥행영화 중에는 〈괴테스쿨의 사고뭉치들 1, 2, 3Fack Ju Göhte 1, 2, 3〉(2013, 2015, 2017, 감독: 보라 닥테킨Bora Dagtekin), 〈꼬꼬바 1, 2Kokowääh 1, 2〉(2011, 2013, 감독: 틸 슈바이거Till Schweiger), 〈귀 없는 토끼Keinohrhasen〉-〈귀 두 개 병아리 Zweiohrküken〉(2007, 2009, 감독: Till Schweiger), 〈일곱 난장이-숲 속에 혼자 있는 남자들7Zwerge-Männer allein im Wald〉-〈일곱 난장이-숲은 충분하지 않아7Zwerge-der Wald ist nicht genug〉(2004, 2006, 감독: 스벤 운터발트Sven Unterwaldt) 등 연작이 많다. 감독으로는 틸 슈바이거와 미하엘 헤르비히(〈황야의 마니투〉, 〈(꿈의) 우주선 서프라이즈〉)가 흥행에 성공한 다양한 코미디 영화를 제작한 대표적인 인물이다. 두 사람 모두 인기 배우 출신으로, 대부분 영화에서 감독뿐 아니라 배우, 시나리오, 제작을 모두 담당한다는 공통점이 있다. 슈바이거의 경우 로맨틱 코미디를 주로 제작하고 있으며, 헤르비히는 기존의 상업영화와 대중문학을 패러디한 영화로 큰 인기를 얻고 있다.[5] 일반적으로 흥행에 성공한 독일 코미디 영화는 독일에

---

4 흥행 21위에서 40위의 영화 목록은 이 장의 마지막에 수록하였다.

5 틸 슈바이거(1963~)는 연극배우 출신으로, 1991년부터 텔레비전 연속극 〈린덴 거리Lindenstraße〉에 출연하면서 인기를 얻었고, 같은 해 코미디 영화 〈만

서의 인기와는 달리, 해외에서는 거의 소개되지 않는다. 가볍고 통
속적인 코미디물은 국제시장을 염두에 두기보다는, 독일적 유머
에 대한 국내 관객들의 수요를 적극적으로 수용한 결과로 보인
다.(Brockmann 2010, 417) 〈굿바이, 레닌Good Bye, Lenin!〉(7위), 〈웰
컴 투 저머니Willkommen bei den Hartmanns〉(20위), 〈아멜리에Die fabelhafte
Welt der Amélie〉(24위)처럼 평론가들에게도 좋은 평가를 받은 코미디
영화도 드물지만 존재한다.

독일영화뿐 아니라 할리우드를 포함해서 독일에서 상영된 모
든 영화의 장르별 관객 점유율을 살펴봐도 가장 많은 관객이 선택
한 장르는 코미디다. 구체적인 관객 동원에 있어서는 해마다 차이
가 있지만, 대략 코미디, 액션/어드벤처, 드라마, 아동 영화, SF의
순서로 독일 관객이 많이 찾은 상위 다섯 장르가 구성된다.(이원호
2018)[6]

타, 만타Manta, Manta)로 극영화에 데뷔한다. 배우로서 1990년대에 〈남자 감옥
Männerpension〉, 〈노킹 온 헤븐스 도어Knockin' on Heaven's Door〉와 같은 히
트작을 남기며, 독일을 대표하는 배우로 자리 잡았다.(Hagener 2002, 99) 감독
데뷔는 2005년 〈맨발Barfuss〉로 했으며, 이후에도 꾸준히 배우와 감독으로 활
동하고 있다. 미하엘 헤르비히(1968~)는 라디오와 텔레비전에서 코미디언으
로 활동하다가, 2000년에 〈유로 덤 앤 더머Erkan & Stefan〉로 극영화 감독으로
데뷔했으며, 슈바이거와 마찬가지로 지금까지 배우와 감독으로 활발하게 활동
하고 있다.

6 이원호는 독일에서 상영된 모든 영화를 대상으로 2013~2017년, 2006~2010년
의 장르별 관객수를 조사하고 이를 바탕으로 독일 관객의 장르선호도를 파악
했는데, 두 기간 사이에 큰 차이가 없음을 확인했다. 따라서 그의 자료가 2000
년대 전체를 분석한 것은 아니지만, 코미디, 액션/어드벤처, 드라마, 아동영화,
사이언스픽션을 독일에서 가장 사랑받는 장르로 판단하는 것은 무리가 없어
보인다.(위 다섯 장르의 2017년 시장점유율은 다음과 같다: 코미디 23%, 액션/
어드벤처 16%, 드라마 15%, 어린이영화 15%, 사이언스픽션 13%) 또 한 가지
눈에 띄는 것은 위의 수치에서 알 수 있는 장르별 선호도와 본 글의 〈표2〉에서
제시된 독일 흥행 영화 장르 사이의 차이다. 두 가지 정보 모두 코미디 영화가

두 번째, 코미디에 이어 두 번째로 많은 흥행 영화의 장르인 드라마 중에는 독일 근현대사를 배경을 한 역사영화가 많다. 40위 안에 들어간 여덟 편의 역사영화 중에서 여섯 편, 즉 〈다운폴Der Untergang〉, 〈베른의 기적Das Wunder von Bern〉, 〈바더 마인호프Der Baader Meinhof Komplex〉, 〈타인의 삶Das Leben der Anderen〉, 〈화이트 마사이Die weiße Massai〉, 〈더 리더: 책 읽어주는 남자Der Vorleser〉가 나치 시대부터 1980년대에 이르는 과거를 시간 배경으로 삼는다.[7] 드라마 중에서는 〈디 벨레Die Welle〉만 현재 시점에서 영화가 진행되지만, 이 영화 역시 전체주의에 대한 경고를 담고 있어서 간접적으로 나치시대를 상기시킨다.

여기에서 언급된 드라마 영화 중 다수는 해외에서도 적극적으로 수용되었다.[8] 외국에서는 독일영화 중에서 특히 역사 드라마를 선호하는 것으로 보인다. 과거사를 비판적으로 파악하는 진지한 역사 드라마는 먼저 뉴 저먼 시네마 시기에 다수 제작되었다.

가장 인기 있다는 것을 보여주지만, 장르 선호도보다 독일 흥행 영화 장르에서 코미디가 압도적인 우위를 보인다. 또한 장르 선호도에서 2위인 액션/어드벤처의 경우, 독일 흥행 영화 장르에서는 단 한 편만 올라 있다. 그 이유는 장르선호도 조사는 독일에서 개봉된 모든 영화를 대상을 한 것이고, 독일 흥행 영화 장르 분석은 독일영화만을 대상으로 했기 때문이다. 따라서, 액션/어드벤처 영화의 경우, 관객의 장르선호도는 높지만 이 선호를 만족시키는 것은 독일영화가 아니라, 할리우드를 중심으로 한 외국 영화라는 사실을 유추할 수 있다. 이와는 반대로, 코미디의 경우 독일 관객들이 해외 영화보다 자국 영화를 더 선호하는 것을 알 수 있다.

7 〈화이트 마사이Die weiße Massai〉는 1980년대 케냐를 배경으로 유럽 여성과 케냐 전투족 남성의 사랑과 이별을 다루고 있어서, 독일을 배경으로 한 나머지 드라마들과 공간적 배경에서 차이를 보인다.

8 독일영화의 해외에서의 평가와 관련해서는 아카데미 영화제 외국어 영화상을 다루는 1.2.에서 보다 자세히 언급한다.

2000년대에 제작되어 흥행에 성공한 역사 영화는 뉴 저먼 시네마
의 역사영화에 비해서 구조보다 개인에 초점을 맞추고, 멜로드라
마나 스릴러와 같은 장르적 요소를 적극적으로 수용함으로써 통
속화의 경향을 보인다. 〈바더 마인호프Der Baader Meinhof Komplex〉의
경우, 적군파 테러리스트를 마치 팝스타처럼 묘사하고 있다는 점
은 비판의 대상이 되기도 하였다.(강태호 2012, 95) 또한 선악의 구
도가 비교적 뚜렷하고 악인은 비정상적인 인물로 묘사함으로써
관객의 입장에서는 자신을 선인 또는 정상인과 동일시하며 영화
를 수용할 수 있게 한다는 점도 동시대 독일 역사 영화의 특징이
다.[9](Brockmann 2010, 420f.)

　세 번째, 아동 및 청소년 영화가 흥행 영화에서 중요한 부분을
차지하고 있음을 알 수 있다. 많은 독일 영화관은 오후에 아동 및
청소년 영화를 1회 이상 정규편성하고 있다. 또한 10대 관객들 역
시 다른 연령층보다 더 많이 영화관을 찾는다.[10] 아동 및 청소년
영화의 높은 점유율에는 영화의 목표 관객인 10대뿐 아니라, 그
들의 동행인에 해당하는 30대와 40대 관객층도 기여한다.(이원호
2018) 〈비키와 강한 남자들Wickie und die starken Männer〉, 〈거친 녀석
들3, 4Die wilden Kerle 3, 4〉, 〈비비 블록스베르크Bibi Blocksberg〉는 영화

---

9 대표적인 예로 〈다운폴Der Untergang〉을 들 수 있다. 히틀러의 마지막 행적
을 중심으로 하는 이 영화의 시작과 끝은 그의 비서였던 트라우들 융에Traudl
Junge의 인터뷰 장면으로 구성되어 있다. 여기에서 그녀는 자신이 나치에 동조
한 것을 비판하고 반성한다. 그녀와의 동일시를 통해 도덕적 우위에 선 관객은
히틀러의 마지막 날들을 죄의식이나 자기성찰 없이 볼 수 있게 된다.

10 2017년의 경우 10대 관객의 비중은 약 21%로, 전체 인구 비례와 비교해 봤을
때(10%) 영화관을 훨씬 많이 찾는 것으로 나타났다. 10대 다음으로 영화관을
많이 찾는 연령층은 40대로 18%이다. 참고로 전체 독일인구에서 40대가 차지
하는 비율은 약 15%다.(https://www.ffa.de/der-kinobesucher-2017.html 참조)

화되기 전에 이미 소설이나 방송극의 형태로 큰 인기를 얻었던 작품으로, 아동 및 청소년들에게 이미 익숙한 이야기를 영화화한 경우에 해당한다. 코미디 영화와 마찬가지도 연작이 많은 분야가 아동 및 청소년 영화인데, 이들 영화가 대부분 창작 시나리오가 아니라 문학과 방송극 등을 기반으로 제작된 것이며, 영화가 기반으로 하고 있는 일차 자료 자체가 연작인 경우가 많기 때문이다.[11] 독일에서는 창작 시나리오를 바탕으로 한 새로운 아동 영화를 지원하기 위해 2003년부터 공영방송이 참여하는 아동영화 진흥프로그램 "특별한 아동영화Der besondere Kinderfilm"를 운영하고 있다.

네 번째, 2010년 이전에 제한적으로 일어난 현상이긴 하지만, 다큐멘터리 영화가 대중적 인기를 얻은 것은 특기할 만하다. 〈독일. 여름 동화Deutschland. Ein Sommermärchen〉(15위)와 〈우리의 지구Unsere Erde〉(16위)는 각각 2006년과 2008년에 개봉되어 모두 380만 명이 넘는 관객을 동원했다. 이 밖에도 독일 제작사가 공동제작한 마이클 무어Michael Moore 감독의 〈볼링 포 콜럼바인Bowling for Columbine〉(2002)도 120만 명이 넘는 관객이 찾은 다큐멘터리 영화로 전체 영화 100위권 안에 순위를 올렸다.

독일에서 제작된 흥행 영화를 통해서 다음과 같은 장르적 특징을 확인할 수 있다. 가볍고 통속적인 코미디 영화, 관객이 쉽게 동일시할 수 있는 인물을 중심으로 구성된 역사 드라마, 원작이 있는 시리즈물이 강세를 보이는 아동 및 청소년 영화는 2000년

---

11 〈비비 블록스베르크Bibi Blocksberg〉(2002) 역시 2004년에 〈비비 블록스베르크, 파란 올빼미의 비밀Bibi Blocksberg und das Geheimnis der blauen Eulen〉이라는 제목의 속편이 제작되었다. 이 밖에도, 〈토요Sams〉, 〈다섯 친구Fünf Freunde〉, 〈동풍Ostwind〉 등의 아동 및 청소년 영화가 연작으로 제작된 바 있다.

대 이후 독일 흥행 영화의 주요 경향을 보여주는 장르물이다. 독일 코미디 영화 중에서는 감독 슈바이거와 헤르비히의 영화, 그리고 〈괴테스쿨의 사고뭉치들〉과 같은 연작물이 대중의 사랑을 받았다. 반면 드라마의 경우에는 나치 시대부터 1980년대까지를 시대적 배경으로 하는 역사물이 인기를 끌었다.

1.2. 주요 국제영화제 출품작과 독일영화상 수상작

여기에서는 2000년 이후 아카데미 영화제 외국어 영화상과 세계 3대 영화제인 칸, 베니스, 베를린 영화제의 경쟁부문에 오른 독일영화, 그리고 독일영화상 수상작을 살펴본다.

1.2.1. 아카데미 영화제 외국어 영화상

〈표 3〉 아카데미 영화제 외국어 영화상 독일 후보 및 수상작

2002	〈러브 인 아프리카 Nirgendwo in Afrika〉 (카롤리네 링크 Caroline Link, 수상)
2004	〈다운폴 Der Untergang〉 (올리버 히르쉬비겔 Oliver Hirschbiegel)
2005	〈소피 숄의 마지막 날들 Sophie Scholl – Die letzten Tage〉 (마르크 로테문트 Marc Rothemund)
2006	〈타인의 삶 Das Leben der Anderen〉 (플로리안 헨켈 폰 도너스마르크 Florian Henckel von Donnersmarck, 수상)
2008	〈바더 마인호프 Baader Meinhof Komplex〉 (울리 에델 Uli Edel)
2009	〈하얀 리본 Das weiße Band〉 (미카엘 하네케 Michael Haneke)
2016	〈토니 에드만 Toni Erdmann〉 (마렌 아데 Maren Ade)
2018	〈작가 미상 Werk ohne Autor〉 (플로리안 헨켈 폰 도너스마르크 Florian Henckel von Donnersmarck)

아카데미 영화제는 일차적으로 미국에서 제작된 영화를 대상으로 하며, 작품성 못지않게 대중성을 중요한 기준으로 삼아 시상하는 영화제이다. 수상작 선정은 주로 미국 출신의 영화인들로 구성된 "영화 예술 및 과학 아카데미Academy of Motion Picture Arts and Sciences" 회원들의 투표로 이루어진다. 아카데미 영화제는 외국어 영화상 부문을 제정하고 있는데, 각 나라에서 추천 받은 영화 중 다섯 편을 본선 대상 영화로 선정하고, 이 중 한 편의 영화에 "최우수 외국어 영화Best Foreign Language Film"라는 명칭을 부여한다.[12]

독일영화의 경우, 특히 2000년부터 2010년 사이에 "최우수 외국어 영화" 후보작과 수상작이 다수 나왔다. 2002년부터 2009년까지 8년 동안 최종 후보로 추천된 독일영화가 여섯 편이었다. 또한 독일과 오스트리아가 공동제작한 영화로, 2007년 오스트리아의 대표 영화 〈카운터페이터Die Fälscher〉가 최우수 외국어 영화상을 수상했다. 이 영화를 포함하면 2000년부터 2009년 사이에 독일어권 국가의 영화 중에서 일곱 편이 최종후보에 오르고, 이 중 세 편이 최우수상을 받은 셈이다. 2000년대 이전에 독일영화로 이 부문의 오스카상을 수상한 마지막 영화는 폴커 슐렌도르프의 〈양철북 Die Blechtrommel〉으로, 이때가 1979년이었다는 점을 생각하면 2000년대 들어서 짧은 기간 안에 많은 독일영화가 후보작 및 수상작으로 선정된 것은 특기할 만하다. 이 영화들은 장르로 구분하면 모두 드라마이자 역사 영화로 분류되는데, 특히 절반에 해당하는 세 편의 영화(〈러브 인 아프리카Nirgendwo in Afrika〉, 〈다운폴Der Untergang〉,

---

12 최우수 외국어 영화상은 2020년부터 최우수 국제 극영화상(Academy Award for Best International Feature Film)으로 명칭이 변경되었다.

〈소피 숄의 마지막 날들Sophie Scholl - Die letzten Tage〉)가 제3제국 시기를 시대적 배경으로 삼고 있다는 점이 특기할 만하다. 아카데미 영화상이 미국의 양대 영화상이라고 할 수 있는 골든 글로브에 비해 대중의 취향을 보다 적극적으로 반영한다는 점을 고려한다면, 독일의 역사 드라마가 해외에서 대중적 인기를 얻었다고 평가할 수 있다. 또한, 외국에서 독일과 가장 깊이 관련지어 생각하는 시기가 나치 시대라는 점을 다시 확인할 수 있는 결과이기도 하다.[13]

1.2.2. 세계 3대 영화제 경쟁부문

칸, 베니스, 베를린 등의 세계 3대 국제영화제에서 경쟁 부문에 출품된 영화는 특별한 미학적 가치가 있다고 인정된다. 일반적으로 흥행 영화는 장르영화인데 반해, 국제영화제에 출품되는 작품은 기존 장르의 문법을 위반하면서 영화의 가능성을 확장하는 예술영화로 간주된다. 영화제의 주요 상은 경쟁 부문에 출품된 영화를 대상으로 수여하며, 따라서 경쟁부문은 개별 영화제의 핵심이라고 할 수 있다. 하나의 작품이 다른 작품들과 경쟁을 하는 것임에도 특정 국가에서 제작된 영화가 얼마나 많이 경쟁 부문에 올랐는지는 개별 국가의 문화적 우수성을 보여주는 수치로 간주하기

---

13 같은 시기에 골든 글로브 외국어 영화상에도 독일 영화가 일곱 편 후보로 올라서 두 편이 본상을 수상했다. 수상 영화는 2010년 〈하얀 리본Das weiße Band〉과 2018년 〈심판Aus dem nichts〉(Fatih Akin)이다. 그 밖에 후보로 오른 작품은 〈러브 인 아프리카Nirgendwo in Afrika〉(2003), 〈굿바이 레닌Good Bye, Lenin!〉(2004), 〈타인의 삶Das Leben der Anderen〉(2007), 〈바더 마인호프Baader Meinhof Komplex〉(2009), 〈토니 에드만Toni Erdmann〉(2017)이다.

로 한다. 다음은 3대 국제영화제의 경쟁 부문에 오른 독일영화를
정리하고, 영화제에 따른 특징을 정리한 것이다.[14]

〈표 4〉 칸 영화제 경쟁부문 출품작

2001	〈피아니스트 Der Pianist〉 (미하엘 하네케 Michael Haneke)
2004	〈에쥬케이터 Die fetten Jahre sind vorbei〉 (한스 바인가르트너 Hans Weingartner)
2005	〈돈 컴 노킹 Don't come knocking〉 (빔 벤더스 Wim Wenders), 〈히든 Cache〉 (미카엘 하네케 Michael Haneke)
2007	〈천국의 가장자리 Auf der anderen Seite〉 (파티 아킨 Fatih Akin), 〈수입, 수출Import, Export〉 (울리히 자이들 Ulrich Seidl)
2008	〈팔레르모 슈팅 Palermo Shooting〉 (빔 벤더스 Wim Wenders)
2009	〈하얀 리본 Das weiße Band〉 (미하엘 하네케 Michael Haneke)
2012	〈아무르 Amour〉 (미하엘 하네케 Michael Haneke), 〈파라다이스: 러브 Paradies: Love〉 (울리히 자이들 Ulrich Seidl)
2016	〈토니 에드만 Toni Erdmann〉 (마렌 아데 Maren Ade)
2017	〈심판 Aus dem nichts〉 (파티 아킨 Fatih Akin)
총 12편	

칸 영화제의 경쟁부문에 오른 총 열두 편의 영화를 살펴보면
특정 감독의 비중이 매우 높다는 것을 알 수 있다.[15] 미하엘 하네

---

14 〈표 4~6〉에 해당하는 3대 국제영화제 경쟁부문 출품 영화, 독일 영화상, 독일 영
  화비평상 수상작 목록은 개별 영화제 및 영화상의 공식 홈페이지와 영어판 위키
  페디아를 참조해서 작성했다. 개별 홈페이지 주소는 참고문헌 목록에 기재한다.

15 하네케와 자이들은 오스트리아 국적을 가지고 있어서 독일영화를 다루는 이 책
  의 일차적인 대상은 아니지만, 이 장에서는 독일어권 감독으로서 다른 독일감
  독들과 함께 언급했다. 자이들의 경우 대부분의 영화에서 오스트리아 배우와
  자본, 독일어를 사용하기 때문에 오스트리아 감독으로 분류하는 데 문제가 없

케는 총 네 번, 울리히 자이들, 파티 아킨, 빔 벤더스도 두 번에 걸쳐 경쟁 부문에 자신의 영화를 선보였다. 특히 하네케의 경우 〈하얀 리본Das weiße Band〉과 〈아무르Amour〉로 대상인 황금종려상을 수상하기도 했다. 이 네 명의 감독 이외에는 바인가르트너와 아데의 영화가 각각 한 번 경쟁부문에 올랐다.

〈표 5〉 베니스 영화제 경쟁부문 출품작

2001	〈개같은 나날 Hundstage〉(울리히 자이들 Ulrich Seidl)
2002	〈총통 엑스 Führer Ex〉(빈프리드 보넨겔 Winfried Bonengel) , 〈네이키드 Nackt〉(도리스 되리 Dorris Dörrie)
2003	〈로젠 거리 Rosenstraße〉(마르가레테 폰 트로타 Margarethe von Trotta)
2008	〈열망 Jerichow〉(크리스티안 페촐트 Christian Petzold)
2010	〈쓰리 Drei〉(톰 티크베어 Tom Tykwer)
2013	〈경관의 부인 Die Frau des Polizisten〉(필립 그뢰닝 Philip Gröning)
2014	〈더 컷 The Cut〉(파티 아킨 Fatih Akin)
2018	〈작가 미상 Werk ohne Autor〉(플로리안 헨켈 폰 도너스마르크 Florian Henckel von Donnersmarck)

총 9편

으나, 하네케의 경우는 좀 더 복잡하다. 예를 들어, 〈피아니스트Le Pianiste〉와 〈아무르Amour〉는 프랑스를 배경으로 프랑스 배우와 프랑스어로 촬영했다. 이는 〈하얀 리본Das weiße Band〉처럼 독일을 배경으로 독일 배우와 독일어로 촬영한 경우와 대비를 이룬다. 하네케가 독일어권 국가의 국적을 가지고 있다고 해도, 앞의 두 영화를 독일어권 영화로 분류할 수 있는지 모호하다. 일반적으로 영화의 "국적"은 제작사에 따라 정해진다. 예를 들어 〈피아니스트〉와 〈아무르〉는 오스트리아, 독일, 프랑스 3국의 제작사를 통해 이루어졌기 때문에, 독일 또는 오스트리아의 영화로도 볼 수 있다. 공동 제작이 많아지는 유럽 영화계의 추세를 감안하면, 어떤 방식으로 특정 영화에 "국적"을 부여하는 것이 합리적인지 더 논의가 필요하다.

베니스 영화제의 경쟁작으로 선정된 영화의 숫자는 아홉 편으로 칸 영화제보다 적지만, 감독의 면모는 다양하다. 무엇보다 칸 영화제와 달리 같은 감독의 작품이 2회 이상 후보로 오른 적이 없다는 점이 눈에 띈다. 마르가레테 폰 트로타, 도리스 되리처럼 1960년대와 1970년대에 활동을 시작한 감독부터, 크리스티안 페촐트, 톰 티크베어, 플로리안 헨켈 폰 도너스마르크처럼 극영화를 중심으로 활동하는 상대적으로 젊은 감독, 빈프리트 보넨겔과 필립 그뢰닝처럼 다큐멘터리와 극영화를 오가며 활동하는 실험적 성향이 강한 감독 등 다양한 이름들을 볼 수 있다는 점이 베니스 영화제 후보작의 특징이다. 칸 영화제와 마찬가지로 베니스 영화제에서도 자이들과 아킨의 작품이 경쟁부문에 출품된 바 있다. 이에 반해서, 베니스에서 경쟁부문에 오른 티크베어의 영화는 칸이나 베를린에서는 주목 받지 못했다.[16] 티크베어의 영화는 다른 경쟁작들과 비교했을 때 보다 대중적이라는 특징이 있다.

베를린 영화제에서는 많은 독일영화들이 경쟁부문에 선보였다. 특히 독일에서는 지명도가 있지만, 앞에서 본 다른 해외 영화제 경쟁부문에 초대되지 않은 감독들의 영화가 베를린 영화제에서는 많이 소개되고 있다. 혁신적인 독일영화들은 먼저 베를린 영화제를 통해서 국제적으로 인지되고, 이어서 해외 배급사를 통해

---

16 티크베어의 영화 중에서 베니스가 아닌 다른 영화제에 경쟁부문에 출품된 것은 2002년 〈헤븐Heaven〉이 유일하다. 이 영화는 베를린 영화제에서 상영되었다. 그렇지만 티크베어의 활발한 작품활동을 생각해보면 독일감독의 작품을 선호하는 베를린 영화제에서 그의 영화가 단 한 차례 경쟁부문에 초대되었다는 사실은 특기할 만하다. 그의 영화가 영화제가 선호하는 예술성보다 대중성이 두드러지는 점이 그 원인이라 추정할 수 있다. 대신, 베를린 영화제는 티크베어의 〈인터내셔널The International〉을 2009년 영화제 개막작으로 선정, 상영한 바 있다.

〈표 6〉 베를린 영화제 경쟁 부문 출품작

2000 〈밀리언 달러 호텔 The Million Dollar Hotel〉 (빔 벤더스 Wim Wenders), 〈파라다이스 - 일곱 명의 여인과 일주일 Paradiso - sieben Tage mit sieben Frauen〉 (루돌프 토메 Rudolf Thome), 〈리타의 전설 Die Stille nach dem Schuss〉 (폴커 슐뢴도르프 Volker Schlöndorff)

2001 –

2002 〈바더 Baader〉 (크리스토퍼 로트 Christopher Roth), 〈바위 Der Felsen〉 (도미닉 그라프 Dominik Graf), 〈그릴 포인트 Halbe Treppe〉 (안드레아스 드레젠 Andreas Dresen), 〈헤븐 Heaven〉 (톰 티크베어 Tom Tykwer)

2003 〈늙은 원숭이의 불안 Der alte Affe Angst〉 (오스카 뢸러 Oskar Roehler), 〈굿바이 레닌 Goodbye, Lenin〉 (볼프강 베커 Wolfgang Becke), 〈희미한 불빛 Lichter〉 (한스크리스티안 슈미트 Hans-Christian Schmid)

2004 〈미치고 싶을 때 Gegen die Wand〉 (파티 아킨 Fatih Akin), 〈밤은 자신의 노래를 부른다 Die Nacht singt ihre Lieder〉 (로무알드 카르마카르 Romuald Karmakar)

2005 〈유럽에서의 하루 One Day in Europe〉 (하네스 슈퇴어 Hannes Stöhr), 〈소피 숄의 마지막 날들 Sophie Scholl〉 (마르크 로테문트 Marc Rothemund), 〈유령 Gespenster〉 (크리스티안 페촐트 Christian Petzold)

2006 〈소립자 Elementarteilchen〉 (오스카 뢸러 Oskar Roehler), 〈프리 윌 Der freie Wille〉 (마티아스 글라스너 Matthias Glasner), 〈레퀴엠 Requiem〉 (한스크리스티안 슈미트 Hans-Christian Schmid), 〈갈망 Sehnsucht〉 (발레스카 그리제바흐 Valeska Griesebach), 〈슬러밍 Slumming〉 (미하엘 글라보거 Michael Glawogger)

2007 〈옐라 Yella〉 (크리스티안 페촐트 Christian Petzold)

2008 〈천사는 총을 들지 않는다 Feuerherz〉 (루이지 팔로니 Luigi Falorni), 〈사랑 후에 남겨진 것들 Kirchblüten〉 (도리스 되리 Doris Dörrie)

2009 〈에브리원 엘스 Alle anderen〉 (마렌 아데 Maren Ade), 〈스톰 Sturm〉 (한스크리스티안 슈미트 Hans-Christian Schmid)

2010 〈유대인 쥐스- 양심 없는 영화 Jud Süß - Film ohne Gewissen〉 (오스카 뢸러 Oskar Roehler), 〈샤하다 Shahada〉 (부란 쿠바니 Burhan Qurbani), 〈도둑 Räuber〉 (벤야민 하이젠베르크 Benjamin Heisenberg)

2011 〈이프 낫 어스, 후 Wer wenn nicht wir〉 (안드레스 파이엘 Andres Veiel), 〈수면병 Schlafkrankheit〉 (울리히 쾰러 Ulrich Köhler)

| 2012 | 〈바바라 Barbara〉(크리스티안 페촐트 Christian Petzold), 〈홈 포 더 위크엔드 Was bleibt〉(한스크리스티안 슈미트 Hans-Christian Schmid), 〈머시 Gnade〉(마티아스 글라스너 Matthias Glasner) |

2012 〈바바라 Barbara〉(크리스티안 페촐트 Christian Petzold), 〈홈 포 더
    위크엔드 Was bleibt〉(한스크리스티안 슈미트 Hans-Christian Schmid),
    〈머시 Gnade〉(마티아스 글라스너 Matthias Glasner)

2013 〈골드 Gold〉(토마스 아스란 Thomas Arslan)

2014 〈연인들 Die geliebten Schwestern〉(도미닉 그라프 Dominik Graf), 〈잭
    Jack〉(에드워드 베르거 Edward Berger), 〈거룩한 소녀 마리아 Kreuzweg〉
    (디트리히 브뤼게만 Dietrich Brüggemann), 〈인비트윈 월즈 Zwischen
    Welten〉(페오 알라닥 Feo Aladag)

2015 〈애즈 위 워 드리밍 Als wir träumten〉(안드레아스 드레젠 Andreas
    Dresen), 〈빅토리아 Victoria〉(제바스티안 쉬퍼 Sebastian Schipper)

2016 〈24주 24 Wochen〉(안네 초라 베라헤드 Anne Zora Berrached), 〈얼론 인
    베를린 Jeder stirbt für sich allein〉(뱅상 뻬레 Vincent Perez)

2017 〈보이스 Beuys〉(안드레스 파이엘 Andres Veiel), 〈브라이트 나잇 Helle
    Nächte〉(토마스 아스란 Thomas Arslan), 〈리턴 투 몬탁 Rückkher nach
    Montauk〉(폴커 슐뢴도르프 Volker Schlöndorff), 〈야생쥐 Wilde Maus〉
    (요젭 하더 Joseph Hader)

2018 〈키브롱에서의 삼 일 3 Tage in Quiberon〉(에밀리 아테프 Emily Atef),
    〈인 디 아일 In den Gängen〉(토마스 슈투버 Thomas Stuber), 〈내 형은
    로버트고, 멍청이다 Mein Bruder heißt Robert und ist ein Idiot〉(필립
    그뢰닝 Philip Gröning), 〈트랜짓 Transit〉(크리스티안 페촐트 Christian
    Petzold)

2019 〈골든 글러브 Der goldene Handschuh〉(파티 아킨 Fatih Akin), 〈나는 집에
    있었지만 Ich war zuhause, aber...〉(앙겔라 샤넬렉 Angela Schanelec),
    〈도주하는 아이 Systemsprenger〉(노라 핑샤이트 Nora Fingscheidt)

총 53편

서 대중과 만나는 경우가 많다. 한스크리스티안 슈미트, 오스카
뢸러, 마티아스 글라스너, 도미닉 그라프, 안드레아스 드레젠, 안
드레스 파이엘의 영화가 여기에 해당한다. 베를린파의 대표적 감
독이자 국제적으로 주목을 받고 있는 크리스티안 페촐트 영화 외
에 같은 베를린파로 분류되는 발레스카 그리제바흐, 토마스 아슬

란, 마렌 아데, 울리히 쾰러의 영화도 경쟁부문에 수차례 출품되었
다. 경쟁부문에 출품된 횟수로 보면 페촐트와 슈미트가 각각 4회
로 가장 많았다. 그 밖에 쾰러(3회), 드레젠, 파이엘, 그라프, 아슬
란, 글라스너, 슐뢴도르프, 아킨(각 2회)이 복수 출품했다. 반면 하
네케의 영화는 경쟁부문에 추천된 적이 없다.

3대 국제 영화제 경쟁부문에 출품된 독일영화들을 살펴보면
개별 영화제의 특성이 뚜렷하게 드러난다. 칸 영화제의 경우, 하네
케, 벤더스, 자이들의 이름이 자주 등장하는 것에서 알 수 있듯이
새로운 감독보다 오랜 작품 활동을 통해서 이미 거장의 대우를 받
는 감독의 작품을 선호한다. 베니스 영화제는 신예와 거장 감독,
예술적 영화와 대중적 영화가 공존한다. 베를린 영화제는 독일영
화를 세계에 알리는 창구 역할을 한다. 2000년부터 2019년까지
20년의 기간 동안 무려 53편의 독일영화가 경쟁부문에 올랐다. 베
를린 영화제 경쟁부에 2회 이상 출품한 열 명의 독일감독 중에서
같은 시기에 칸이나 베니스에 초대된 감독은 페촐트와 아킨뿐
이다.

1.2.3. 독일 영화상

독일 영화상은 다양한 부문의 수상작에 총 3백만 유로의 상
금을 수여한다. 이는 독일 정부가 후원하는 문화상 중에서 가장
큰 액수다. 수상 영화의 선정은 2005년부터 독일영화아카데미
Deutsche Filmakademie에서 담당하고 있다. 미국 아카데미 영화제의
운영방식을 참고해서 설립된 이 기관은 감독, 시나리오 작가, 제

〈표 7〉 독일 영화상 수상작

	금상	은상	은상
2000	갈 곳 없는 삶 Die Unberührbare(오스기 릴러 Oskar Roehler)	자이겐틱 Absolute Giganten(제비스티안 쉬퍼 Sebastian Schipper)	태양의 거리 Sonnenallee (레안더 하우스만 Leander Haußmann)
2001	내가 속한 나라 Die innere Sicherheit(크리스티안 페촐트 Christian Petzold)	크레이지 Crazy (한스크리스티안 슈미트 Hans-ChristianSchmid)	공주와 전사 Der Krieger und die Kaiserin(톰 티크베어 Tom Tykwer)
2002	러브 인 아프리카 Nirgendwo in Afrika(카롤리네 링크 Caroline Link)	그릴 포인트 Halbe Treppe (안드레아스 드레젠 Andreas Dresen)	헤븐 Heaven (톰 티크베어 Tom Tykwer)
2003	굿바이 레닌 Good Bye, Lenin!(볼프강 베커 Wolfgang Becker)	희미한 불빛 Lichter (한스크리스티안 슈미트 Hans-Christian Schmid)	네이키드 Nackt (도리스 되리 Doris Dörrie)
2004	미치고 싶을 때 Gegen die Wand (파티 아킨 Fatih Akin)	크로코 Kroko (질케 엔더스 Sylke Enders)	베른의 기적 Das Wunder von Bern(쵱케 보르트만 Sönke Wortmann)
2005	설탕 Alles auf Zucker! (다니 레비 Dani Levy)	에쥬케이터 Die fetten Jahre sind vorbei (한스 바인가르트너 Hans Weingartner)	소피 숄의 마지막 날들 Sophie Scholl - Die letzten Tage (마르크 로테문트 Marc Rothemund)
2006	타인의 삶 Das Leben der Anderen(플로리안 헨켈 폰 도너스마르크 Florian Henckel von Donnersmarck)	터프 이너프 Knallhart (데틀레프 북 Detlev Buck)	레퀴엠 Requiem (한스크리스티안 슈미트 Hans-Christian Schmid)
2007	포 미니츠 Vier Minuten (크리스 크라우스 Chris Kraus)	그레이브 디시즌 Wer früher stirbt ist länger tot (마르쿠스 H. 로젠뮐러 Marcus H. Rosenmüller)	향수 - 어느 살인자의 이야기 Das Parfum - Die Geschichte eines Mörders (톰 티크베어 Tom Tykwer)
2008	천국의 가장자리 Auf der anderen Seite (파티 아킨 Fatih Akin)	사랑 후에 남겨진 것들 Kirschblüten - Hanami (도리스 되리 Doris Dörrie)	디 벨레 Die Welle (데니스 간젤 Dennis Gansel)
2009	존 라베 John Raabe (플로리안 갈렌베르거 Florian Gallenberger)	작년 겨울 Im Winter ein Jahr (카롤리네 링크 Caroline Link)	우리도 사랑한다 Wolke 9 (안드레아스 드레젠 Andreas Dresen)

2010	하얀 리본 Das weiße Band (미하엘 하네케 Michael Haneke)	스톰 Sturm (한스크리스티안 슈미트 Hans-Christian Schmid)	그녀가 떠날 때 Die Fremde (페오 알라닥 Feo Aladag)
2011	빈센트: 이탈리아 바다를 찾아 Vincent will Meer (랄프 휘트너 Ralf Huettner)	나의 가족, 나의 도시 Almanya - Willkommen in Deutschland (야세민 샴데렐리 Yasemin Şamdereli)	이프 낫 어스, 후 Wer wenn nicht wir (안드레스 파이엘 Andres Veiel)
2012	스탑드 온 트랙 Halt auf freier Strecke (안드레아스 드레젠 Andreas Dresen)	바바라 Barbara (크리스티안 페촐트 Christian Petzold)	컴뱃 걸스 Kriegerin (다비드 브넨트 David Wnendt)
2013	오 보이 Oh Boy (얀올레 게르스터 Jan-Ole Gerster)	한나 아렌트 Hannah Arendt (마르가레테 폰 트로타 Margarethe von Trotta)	로레 Lore (케이트 쇼틀랜드 Cate Shortland)
2014	또 다른 고향 Die andere Heimat - Chronik einer Sehnsucht (에드가 라이츠 Edgar Reitz)	다크 밸리 Das finstere Tal (안드레아스 프로하스카 Andreas Prochaska)	투 라이브즈 Zwei Leben (게오르그 마스 Georg Maas)
2015	빅토리아 Victoria (제바스티안 쉬퍼 Sebastian Schipper)	잭 Jack (에드워드 베르거 Edward Berger)	에이지 오브 카니발스 Zeit der Kannibalen (요하네스 나버 Johannes Naber)
2016	집념의 검사 프리츠 바우어 Der Staat gegen Fritz Bauer (라스 크라우메 Lars Kraume)	헤르베르트 Herbert (토마스 슈투버 Thomas Stuber)	특별한 크리스마스 4 Könige (테레자 폰 엘츠 Theresa von Eltz)
2017	토니 에드만 Toni Erdmann (마렌 아데 Maren Ade)	24주 24 Wochen (안네 초라 베라헤드 Anne Zohra Berrached)	와일드 Wild (니콜레테 크레비츠 Nicolette Krebitz)
2018	키브롱에서의 삼 일 3 Tage in Quiberon (에밀리 아테프 Emily Atef)	심판 Aus dem nichts (파티 아킨 Fatih Akin)	웨스턴 Western (발레스카 그리제바흐 Valeska Grisebach)
2019	동독의 광부 가수 군더만 Gundermann (안드레아스 드레젠 Andreas Dresen)	스틱스 Styx (볼프강 피셔 Wolfgang Fischer)	올 어바웃 미 Der Junge muss an die frische Luft (카롤리네 링크 Caroline Link)

작자, 배우, 조명 감독, 무대 감독, 음악 감독 등 영화와 관련된
직업에 종사하는 약 2000명의 영화인으로 구성되어 있다. 극영화
의 경우 한 편의 장편 영화에 금상, 두 편에 은상을 수여한다. 이
밖에 남녀 주연 및 조연 배우, 감독, 극본, 카메라, 편집, 다큐멘터
리 등 영화 제작의 주요 부문마다 매해 최고의 작품을 선정한다.
2000년대 금상과 은상 수상 감독의 면면을 보면, 앞에서 세계 3
대 국제영화제를 다루면서 언급했던 대부분 감독들의 이름을 다
시 볼 수 있다. 금상의 경우, 파티 아킨과 안드레아스 드레젠이
복수(2회) 수상했다.[17] 은상까지 포함하면 그 밖에 슈미트(4회),
티크베어(3회), 링크(3회), 페촐트(2회), 쉬퍼(2회) 등이 2회 이상
수상 경력이 있다. 2013년 이후 수상한 대부분의 감독들은 한 번
의 수상 경력이 전부이다.[18] 2014년 이후 수상한 열여덟 명의 감
독 중에서 거의 절반에 해당하는 여덟 명이 독일의 제1공영방송
ARD의 시리즈물인 〈범죄현장Tatort〉[19]과 같은 텔레비전 영화에서
도 감독으로 활동한다는 점은 이전 세대 감독과 차이점이다. 프
로샤스카, 베르거, 크라우메, 슈투버, 폰 엘츠, 베라세드, 크레비
츠, 아테프가 그들이다.

---

17 아킨은 은상을 수상한 적은 없고, 드레젠은 금상 외에도 은상 역시 두 번 받았다.

18 각각 2015년과 2018년에 은상을 받은 쉬퍼와 아킨, 2019년 수상자인 드레젠과
링크는 예외다.

19 독일 텔레비전 범죄물을 대표하는 〈범죄현장〉(1970~)은 현재까지 1100편이
넘는 시리즈물을 선보인 바 있다. 과거에도 볼프강 베커, 올리버 히르쉬비겔,
볼프강 페터슨, 도미닉 그라프와 같은 유명 극영화 감독들이 〈범죄현장〉을 촬
영한 적이 있었지만, 이들의 활동은 대개 일회적이었다. 반면 현재는 〈범죄현
장〉을 주로 연출하는 감독들이 극영화로 활동 영역을 넓힌다는 점에서 이전과
차이가 있다. 〈범죄현장〉은 ARD를 구성하는 지역방송국에서 제작하며, 지역의
특색을 적극적으로 반영하는 특징이 있다.

주요 영화제와 영화상을 중심으로 분석했을 때, 2000년대 이후 독일영화의 특징은 다음과 같다. 먼저 아카데미 영화제 외국어영화상의 경우, 독일에서도 흥행에 성공한 역사 드라마가 주목을 받았다. 그리고 주요 영화제와 영화상의 경우, 1970년대부터 활동하고 있는 하네케, 벤더스, 그리고 1990년대 중반 이후 장편영화를 발표하기 시작한 아킨, 페촐트, 슈미트, 드레젠, 티크베어, 쉬퍼, 링크 등이 독일을 대표하는 감독으로 수차례 수상 경력을 보유하고 있다. 1973년생인 아킨을 제외하고 모두 1960년대 생인 후자의 감독들의 작품은 독일 영화상 및 독일 영화비평가상을 통해서 긍정적인 평가를 받았고, 주로 베를린 영화제 경쟁부문을 통해서 자신의 작품을 국제적으로 알렸다.

1.3. 2000년대 독일 영화계의 주요 특징

앞에서는 흥행 영화와 영화제 출품 및 수상작을 바탕으로 21세기 독일영화의 특징을 정리했다. 이런 접근은 한국의 독일영화 연구에서 상대적으로 소홀히 다루어진 흥행 영화에 대한 조망을 제시하고, 국제적으로 인정받은 독일영화를 일괄할 수 있는 장점이 있다. 반면에 현상적으로 드러난 결과에 집중하기 때문에, 이런 현상을 가능하게 한 영화계 내부의 발전 경향에 대해서는 설득력 있는 분석을 내놓기 어렵다는 단점도 존재한다. 이런 한계를 보완하기 위해서 아래에서는 동시대 독일영화에 대한 기존 연구를 기반으로 2000년 이후 독일 영화계의 주요 특징을 정리하고자 한다.

2010년대 초반까지 독일 영화계에서는 크게 네 가지 새로운 경향을 관찰할 수 있다. 첫 번째, 감독 티크베어와 베커, 레비, 제작자 아른트가 설립한 제작사 X-Filme Creative Pool이 대중성과 작품성 두 가지 측면에서 모두 좋은 평가를 받은 다수의 영화를 선보였다. 이 제작사는 하네케의 영화, 그리고 공영방송 ARD의 주말 수사극 〈범죄현장〉 시리즈물도 다수 제작한 바 있다.(Gras 2014, 36-67) 그 밖에 제작사Claussen+Putz 역시 한스크리스티안 슈미트의 영화를 비롯해서 수준 있는 대중 영화들을 꾸준히 선보이고 있다.(이주봉 2010, 8f.) 두 번째, 2000년대 초부터 베를린파라고 불리는 일군의 감독들이 특히 독일을 비롯해서 미국과 프랑스의 비평가들에게 높은 평가를 받았다. 베를린파는 페츨트, 아슬란, 샤넬렉을 필두로 이후 이들 영화의 미학적 특징을 공유하는, 더 많은 젊은 감독들을 포괄한다. 베를린파 1세대를 대표하는 세 감독들은 지금은 베를린파라는 규정성보다는, 자신만의 미학세계를 지닌 작가로서 인정받고 있다. 세 번째, "터키 독일 시네마"(Hake/ Mennel 2014, 4)로 불리는 터키 이주민 2, 3세대 감독들의 영화가 독일 영화계에 활력을 불어넣었다. 아킨, 아슬란, 페오 알라닥, 아이순 바뎀소이 등 비평 면에서 호평을 받은 감독들이 대거 등장, 활동하고 있다. 이 현상은 현재까지 지속되고 있으며, 〈괴테스쿨의 사고뭉치들〉의 감독 보라 닥테킨 등 흥행 영화에서도 터키계 독일인 감독들의 활약이 두드러진다. 네 번째, 역사 드라마가 국내외에서 좋은 평가를 받았다. 오스카와 골든 글로브의 외국어 영화상 후보작과 독일 국내 흥행 영화를 살펴보면, 독일의 과거, 특히 나치 시대를 다루는 영화들이 큰 인기를 얻은 것을 알 수 있다. 흥행에 성공하지 않았더라도 예전과는 달리 거대서사가 아니라 시대를 살아가는 역사적 인물의 삶과 일상의 문제를 핵심에 두는 문제작이 다수 선보였다.(조수진 2016, 234)

1990년대와 비교했을 때, 2000년대 초반의 독일 영화계는 이전보다 비판적이며 새로운 미학적 특징을 가진 영화들로 독일뿐 아니라 국제적으로도 주목을 받았다. 미국의 영화학자 에릭 렌츨러Erik Rentschler는 1990년대 독일 주류 코미디 영화를 정의하면서 "합의의 영화cinema of consensus"라는 명칭을 사용한 바 있다. 이 용어는 당시 독일에서 제작된 주요 영화에 "대항적 에너지와 비판적 목소리"가 결여되어 있다는 점을 지적한다.(Rentschler 2000, 263f.) 렌츨러의 개념을 빗대어 2000년대 독일영화에 대해서 자비네 하케Sabine Hake는 "이의의 영화cinema of dissent"라는 용어를 제안한다. 이는 이 시기의 많은 영화가 독일의 다양한 측면을 다루면서 이에 대한 비판적인 서사를 기반으로 진행되기 때문이다.(Hake 2008, 216)

2010년 초반 이후 독일 영화계에서는 한편으로는 티크베어, 드레젠, 페촐트, 아킨 등 이미 중견의 대열에 들어가는 감독들이 꾸준히 활동하고 있으며, 다른 한편으로는 영화와 텔레비전의 경계를 넘나들면서 활동하는 젊은 감독들의 영화가 호평을 받고 있다. 2010년대 초반 이후의 독일 영화계의 특징은 무엇보다 영화와 텔레비전의 경계 파괴, 그리고 이에 따른 강화된 혼종화Hybridisierung[20]라는 표제어로 요약될 수 있을 것이다. 독일은 1974

---

20 "혼종화"는 분자생물학에서 처음 사용한 용어로, "통일성, 단일원인성, 존재화를 목표로 하는 개념에 대한 대항개념"(Krewani 2001, 32)으로 사용되었다. 문학이론에서는 바흐친Bachtin이 이 개념을 도입하는데, 그는 혼종화라는 용어를 상이한 담론의 혼합을 지칭하기 위해 사용했다.

년부터 "텔레비전 영화 협약"을 체결해서 공영 텔레비전 방송국
이 영화진흥원(Filmförderungsanstalt: FFA)를 통해서 영화 산업을 지
원하는 법적인 틀을 만들었다.(Prümm 1993, 514) 또한, 1992년에
는 독일-프랑스 합작 문화 채널인 arte가 설립되면서 활발하게 예
술 영화에 투자하고 있다.[21] 기존에 텔레비전 영화의 미학적 특징
으로 간주되던 요소들(클로즈업이나 미디엄숏의 선호, 시공간적 배경
의 제한적 사용, 이해하기 쉬운 서사 등)을 많은 극영화에서도 적극적
으로 사용하고 있다는 점은 혼종성의 주요 징표이다. 이는 방송사
의 지원을 받아 제작하는 영화의 경우, 영화관과 텔레비전 상영을
모두 염두에 두어야하는 현실적인 조건과도 밀접한 연관이 있다.
최근 영화에서 나타나는 텔레비전 미학은 무엇보다 영화가 복잡
한 플롯보다는 관객이 감정이입을 하게 될 하나의 캐릭터를 중심
으로 진행되며, 상대적으로 이해하기 쉬운 서사 구조를 가지고 있
다는 점에서 잘 드러난다. 영화 제목에 주인공의 이름이 제시된 경
우가 많은 것은 이런 특징을 반영한 것으로 볼 수 있다. 예로, 〈한
나 아렌트Hannah Arendt〉, 〈로레Lore〉, 〈빅토리아Victoria〉, 〈잭Jack〉, 〈헤
르베르트Herbert〉 등의 영화를 들 수 있다.

1.4. 독일의 영화진흥제도

독일영화의 독일 내 시장점유율은 1990년대 초반의 경우
10%를 넘는 경우가 드물었으며, 후반 5년(1995~1999)의 평균은

---

21 독일의 영화진흥제도에 대해서는 이어지는 1.4.에서 보다 자세히 다룬다.

13.3%였다. 2000년대 들어서면서 상황은 빠르게 개선되어, 2000
년대 초반에는 16.8%, 후반에는 23.2%의 점유율을 보인다. 2010
년대에는 초반 21.9%, 후반 23.8%로 독일영화의 점유율은 20%
초반에서 안정적인 추세를 보이고 있다.[22] 이로써 독일은 유럽연
합국가 중에서 프랑스, 이탈리아, 핀란드, 덴마크, 폴란드, 체코와
함께 자국 영화의 선호도가 높은 국가 중 하나로 꼽힌다.[23] 무엇
보다 빠르게 늘고 있는 것은 장편영화 제작편수다. 1998년의 경
우, 한 해 동안 제작된 장편 독일영화(다큐멘터리 포함)는 70편이었
는데, 이 숫자는 이후 지속적으로 늘어서 2001년에 107편, 2006
년에 174편, 2011년에 212편, 2016년 244편, 2019년 252편이 제
작되었다. 이 수치는 다른 국가와 공동제작한 영화도 포함하는데,
공동제작을 제외한다고 해도 2010년대의 경우 매년 평균 약 140
편의 장편영화가 독일의 자본만으로 제작되고 있다. 독일에서 제
작되는 거의 모든 영화는 다양한 형태로 영화 진흥기금의 지원을
받고 있다. 이런 이유에서 영화진흥제도를 살펴보는 것은 2000년
대 독일영화의 성장과 다양성의 근원을 파악하는 측면에서 중요
하다.

　　한 편의 극영화를 제작하는 데는 많은 자본이 필요하다. 통계
에 따르면 2002년부터 2018년까지 독일영화 한 편을 제작하는
데 약 277만 유로, 한화로 약 37억 원의 제작비가 소요되었다.[24]
제작사는 자기자본, 투자사의 투자금, 판권 판매, 다양한 영화진

---

22 https://www.ffa.de/kinoergebnisse-uebersicht.html 참조.

23 http://www.filmwirtschaftsbericht.at/17/kino-international/marktanteile/ 참조.

24 https://de.statista.com/statistik/daten/studie/168469/umfrage/produktionskosten-
deutscher-filme-seit-2003 참조.

흥기관의 대출이나 보조금 등을 통해서 제작비를 마련한다. 영화
진흥기관은 독일정부에서 주관하는 기관과 주정부에서 운영하
는 기관 크게 두 종류로 분류할 수 있다. 독일정부에 소속되어 있
는 기관으로는 영화진흥원과 문화미디어처(Beauftragter für Kultur
und Medein: BKM)가 대표적이다. 독일의 영화진흥법은 오버하우
젠 선언(1962) 이후 영화인들의 적극적인 로비의 성과물로 1968
년부터 시행된다. 이 법의 실행기관으로 같은 해에 설립된 영화진
흥원의 경우, 영화 및 비디오 산업의 자체 교부금과 텔레비전 방
송국의 보조금으로 기금을 마련한다. 지원방식은 기준영화 지원
(Refernzfilmförderung)과 프로젝트영화 지원(Projektfilmförderung)
의 두 가지가 대표적이다. 기준영화 지원은 완성작의 흥행성(관객
수)과 작품성(3대 국제영화제, 유럽영화제, 독일영화상 등 후보 및 수
상)을 고려해서 개봉영화가 일정 정도 이상의 점수를 얻으면 이
에 따라서 특별한 신청이 없이도 다음 작품의 제작비를 위한 보조
금을 지불한다. 보조금의 액수는 2019년의 경우 최고 85만 유로
(〈마녀가 되고 싶어Die kleine Hexe〉)에서 최저 5천 유로(〈독일식 만두 사
건Grießnockerlaffäre〉) 사이다.[25] 기준영화 지원의 최대 지원금은 2백
만 유로로 제한되어 있다.(Behrmann 2008, 86) 프로젝트영화 지원
은 영화의 "질Qualität"에 대한 심사를 통해서 제작에 직접 지원하는
방식이다. 심사를 신청하는 제작사는 시나리오, 캐스팅, 촬영 계
획 등을 바탕으로 영화의 가치와 성공 가능성을 설득력 있게 제시

---

25 https://www.ffa.de/index.php?foerderentscheidungen 참조. 예를 들어 페촐트 감
독의 〈트랜짓〉(2018)의 경우, 관객 113,339명으로 113,339점, 베를린 영화제
경쟁부문 출품으로 100,000점, 총 213,339점을 얻었으며, 81,290.85유로의 기
준영화 지원금을 받았다.

해야 한다. 선발된 영화의 지원금은 전체 제작비의 10~20% 사이
며, 최대 지원금은 25만 유로다. 기준영화 지원을 받을 수 없는 젊
은 감독들을 후원하는 것이 주요 목표이며, 영화가 개봉된 후 거
둔 수익이 전체 제작비용의 5%가 넘어가면 상환의 의무가 생긴다
는 것이 특징이다.(Behrmann 2008, 90)

　　문화미디어처의 영화 보조금은 세금으로 운영된다. 문화
미디어처는 한편으로 예술적 가치가 높은 영화와 데뷔작을 직
접 지원하며, 다른 한편으로는 독일 영화진흥기금(Deutscher
Filmförderfonds: DFFF)를 활용해서 제작을 지원한다. 극영화의 경
우 백만 유로 이상, 다큐멘터리 영화의 경우 20만 유로 이상의 제
작비가 소요되면 독일 영화진흥기금 지원 대상이 되는데, 이들 영
화의 경우 독일에서 지출한 제작비용의 20%까지 자동으로 지원
받는다.(Zwirner 2011, 314) 이 밖에도 독일정부는 총 상금 3백만
유로의 독일영화상을 재정적으로 지원하고 있다.

　　주정부에서 운영하는 영화진흥기관은 개별 주과 그 주에 위치
한 공영 지역방송국의 지원으로 운영된다. 현재 독일의 16개 주는
(몇 개 주의 경우 공동으로) 모두 자체적으로 영화진흥기금을 운영
하고 있는데, 이 기금의 특징은 지원금의 100%에서 150%에 해당
하는 금액을 지원받은 주에서 지출하도록 규정하고 있다는 점이
다. 이것은 지역 내에 미디어 산업을 활성화시키고, 관련 일자리를
창출하려는 경제적 의도를 바탕으로 한다. 지원금은 일반적으로
영화가 흥행에서 성공했을 때만 반환하는 대출금의 형식으로 지
불된다.(Zwirner 2011, 314) 지원금 측면에서 가장 규모가 큰 세 개
의 기관은 노르트라인베스트팔렌 영화 재단die Filmstiftung Nordrhein-
Westphalen, 베를린브란덴부르크 미디어 보드das Medienboard Berlin-

Brandenburg, 바이에른 영화텔레비전기금der FilmFernsehFonds Bayern이다. 주정부 영화진흥기금의 비중은 한 편의 영화를 제작하는 데 필요한 전체 예산의 60%를 넘어서는 안 된다. 이는 보다 많은 영화에 예산을 배분하는 데 도움이 되는 규정이다.(Gras 2014, 277) 독일에서 영화진흥을 위해 투자되는 전체 비용 중에서 주정부 지원금이 차지하는 비중은 현재 대략 60% 정도로 매우 크다.(Häußler 2007, 20)

독일에서 방송사가 영화 진흥에 미치는 영향 또한 지대하다. 공영방송인 ARD와 ZDF, 3sat와 arte뿐만 아니라 1980년대 중반부터 설립된 RTL, SAT.1, ProSieben과 같은 민영방송 역시 영화진흥원과 주정부 영화진흥기금을 통해서 많은 영화를 지원하고 있다. 특히 공영방송의 경우 상업성보다는 작품성을 우선시하는 지원책을 통해서 아킨, 페촐트, 티크베어, 샤넬렉, 드레젠처럼 이 책에서 다루는 개성 있는 감독들을 적극적으로 지원한 바 있다. 특히 신인 감독들의 장편 데뷔작이나 두 번째 작품을 집중적으로 지원해서 상영하는 ZDF의 〈작은 텔레비전극Das kleine Fernsehspiel〉(1963~) 시리즈는 젊은 감독들이 자신의 작품을 선보이는 장으로 중요한 기능을 담당하고 있다. 독일의 신예 감독들은 대개 텔레비전용 영화를 통해서 자신의 이름을 알리고, 이후 극장용 영화를 제작하며 독일을 대표하는 감독으로 자리를 잡고 있다.(Gras 2014, 277)

이 밖에도 독일과 프랑스 정부의 상호조약을 통해서 2001년부터 독일-프랑스 합작영화에 매년 3백만 유로를 지원하고 있으며, 유럽연합 차원에서는 공동제작을 지원하는 유리마지Eurimage와 유럽영화를 다른 유럽연합국가에서 상하는 경우 배급, 상영

등을 지원하는 유럽연합 메디아 프로그램(MEDIA-Program der Europäischen Union) 등의 국제적 영화 진흥 프로그램이 있다.

1.5. 전망

21세기 독일 영화계는 한편으로는 1980~90년대와의 연속성을, 다른 한편으로는 이 시기만의 새로운 발전 경향을 보여준다. 연속성은 무엇보다 흥행 영화 영역에서 잘 드러난다. 1980년대 이후 독일 영화계의 주요 화두였던 코미디 영화의 붐은 현재까지도 지속되고 있다. 관객 동원력 면에서는 오히려 현재의 코미디 영화가 더 큰 인기를 누리고 있기까지 하다. 그렇지만 다양한 유의미한 변화 역시 눈에 띈다. 이런 변화의 중심에는 1990년대 중후반에 장편영화로 데뷔한 감독들이 있다. 이들은 이제 중견 감독으로 활발하게 활동하며 국내외에서 자신의 이름을 널리 알리고 있다. 대표적인 감독으로 파티 아킨, 톰 티크베어, 크리스티안 페촐트, 앙겔라 샤넬렉, 안드레아스 드레젠 등을 들 수 있다. 2010년 이후에는 혼종화의 경향이 두드러진다. 이제 극영화 감독과 텔레비전 영화감독이라는 전통적인 구분은 큰 의미가 없어 보인다. 이전까지 영화산업에만 종사하던 감독이 텔레비전 시리즈물에서 메가폰을 잡기도 한다. 대표적인 감독은 톰 티크베어로, 그는 제작사X-Filme Creatve Pool가 방송사 SKY와 ARD의 지원을 받아서 제작한 시리즈물 〈바빌론 베를린Babylon Berlin〉(2017~)의 감독을 맡았다. 티크베어가 이 시리즈물을 제작하기 전에는, 개별 텔레비전 영화와 달리 시리즈물에는 영화감독이 참여하지 않는 것이 일반적

이었다.[26] 최근에는 넷플릭스 역시 독일의 시리즈물에 적극적으로
투자하고 있다. 주목 받는 신예감독 중 한 명인 바란 보 오다Baran
bo Odar는 넷플릭스의 첫 번째 독일 시리즈물인 〈다크Dark〉(2017)의
감독을 맡았으며, 영화와 텔레비전을 넘나들며 활동하는 크리스
티안 알바르트Christian Alvart가 두 번째 시리즈인 〈베를린의 개들Dogs
of Berlin〉(2018)에서 감독 및 각본을 담당했다. 대중적 서사는 관객
이 쉽게 이해할 수 있다는 장점이 있지만, 반면 단순한 스토리 라
인을 기반으로 하기 때문에 지루할 수 있다. 텔레비전 시리즈물은
대중서사로서 접근성을 확보하는 동시에 다양한 인물을 바탕으로
다층적인 플롯을 전개할 수 있다는 점에서 많은 감독들에게 매력
적인 포맷이 되고 있다. 따라서 앞으로 시리즈물 제작에 참여하는
영화감독은 더 늘어날 것으로 전망한다.

〈참고〉 2000년대 독일 흥행 영화 21-40위

순위	제목	장르	개봉 연도	관객 수
21	베른의 기적 Das Wunder von Bern	드라마	2003	3,703,174
22	피지션 Der Medicus	역사물	2013	3,633,961
23	일곱 난장이: 숲은 충분하지 않아 7 Zwerge - der Wald ist nicht genug	코미디	2006	3,580,631
24	아멜리에 Die fabelhafte Welt der Amélie	코미디	2001	3,220,290
25	루터 Luther	역사물	2003	3,098,690
26	꼬꼬바 2 Kokowääh 2	코미디	2013	2,749,295
27	리틀 폴라 베어 Der kleine Eisbär	아동/ 애니메이션	2001	2,746,979

---

26 가장 널리 알려진 예외는 라이너 베르너 파스빈더 감독의 14부작 텔레비전 시
리즈물인 〈베를린 알렉산더 광장Berlin Alexanderplatz〉(1980)이다.

28	디 벨레 Die Welle	드라마	2008	2,705,993
29	브레이크 업 맨 Schlussmacher	코미디	2013	2,578,599
30	여교황 조안 Die Päpstin	역사물	2009	2,520,282
31	거친 녀석들 Die Wilden Kerle 4	아동/모험	2007	2,458,835
32	바더 마인호프 Der Baader Meinhof Komplex	드라마	2008	2,418,899
33	그가 돌아왔다 Er ist wieder da	코미디	2015	2,395,162
34	터키식 생활방식 입문 Türkisch für Anfägner	코미디	2012	2,393,809
35	타인의 삶 Das Leben der Anderen	드라마	2006	2,392,425
36	조이 오브 파더후드 Vaterfreuden	코미디	2014	2,367,662
37	리시와 난폭한 황제 Lissi und der wilde Kaiser	애니메이션/코미디	2007	2,250,667
38	화이트 마사이 Die weisse Massai	드라마	2005	2,242,201
39	더 리더: 책 읽어주는 남자 Der Vorleser	드라마	2009	2,213,859
40	비비 블록스베르크 Bibi Blocksberg	아동/판타지	2002	2,212,293

2

2000년대 주요
독일감독

이 장에서는 2000년대 독일 영화계를 대표하는 다섯 명의 감독으로, 파티 아킨Fatih Akin, 톰 티크베어Tom Tykwer, 안드레아스 드레젠Andreas Dresen, 크리스티안 페촐트Christian Petzold, 앙겔라 샤넬렉Angela Schanelec을 선정해서, 이들의 영화세계를 자세히 살펴보고자 한다. 현대 독일 영화계를 대표하는 이들 감독은 2000년대에 본격적으로 활동하며 주목을 받고 있으며, 국제 및 국내 영화제에서 다양한 수상 경력을 가지고 있다는 공통점이 있다. 이들은 또한 주로 극영화를 중심으로 작품활동을 하는 감독이기도 하다.[1] 덧붙여서, 개별 감독으로서뿐 아니라 특정한 영화적 흐름을 대표하는 인물로서도 최근 독일 영화계의 특징과 밀접한 관련이 있다.

2000년대는 독일영화가 새롭게 부흥기를 맞이한 시기로 간주된다. 젊은 감독들이 작품성, 그리고/또는 흥행성이 있는 영화를 대거 선보이면서, 질적/양적 측면에서 독일 영화계는 새로운 시대로 진입한다. 여기에서 다루게 될 감독들의 데뷔연도를 살펴보자. 파티 아킨(1973~)의 장편 데뷔작은 〈짧고 고통 없이Kurz und schmerzlos〉로 1998년 작품이다. 톰 티크베어(1965~)의 첫 번째 극장용 장편영화는 1997년에 선보인 〈겨울잠을 자는 사람들

---

1 위의 기준에 따라 독일을 대표하는 감독으로 충분히 꼽힐 수 있는 다른 21세기 감독들, 예를 들어 한스크리스티안 슈미트, 토마스 아슬란, 마렌 아데, 울리히 쾰러, 크리스토프 호흐호이슬러, 벤야민 하이젠베르크, 헨너 빙클러, 발레스카 그리제바흐, 오스카 룈러, 칭케 보르트만, 데틀레프 북 등 더 많은 감독을 다루지 못한 것은 제한된 책의 분량과 저자의 역량에 따른 한계다. 또한 다섯 명의 감독을 선정한 위의 기준에 부합하지는 않지만, 국내외에서 활발하게 활동하는 독일감독들도 많다. 예를 들어, 뉴 저먼 시네마를 대표하던 빔 벤더스, 폴커 슐렌도르프, 베르너 헤어초크 등의 노장 감독들도 여전히 활발하게 활동하고 있으며, 토마스 하이제, 폴커 코엡, 아이순 바뎀소이처럼 다큐멘터리 영화 부문에서 활동하며 국제적인 주목을 받는 독일감독이 여기에 해당된다.

Winterschläfer〉이다.[2] 안드레아스 드레젠(1963~)은 1992년에 첫 장편 극영화 〈고요한 나라Stilles Land〉를 발표했다. 크리스티안 페촐트(1960~)는 1995년 〈여자 비행사들Die Pilotinnen〉로, 앙겔라 샤넬렉(1962~) 역시 1995년 〈내 누이의 행운Das Glück meiner Schwester〉으로 데뷔했다. 이렇게 다섯 명의 감독은 1992년부터 1998년이라는 6년의 짧은 기간 동안 함께 데뷔했으며, 데뷔작부터 기존 독일 영화계에서 보기 어려웠던 개성 있는 작품을 선보였다. 이들의 등장이 가진 의미를 독일영화사적 배경에서 이해하기 위해서, 먼저 1980년대와 1990년대 독일 영화계의 상황에 대해 간략하게 살펴본다.

---

2 그 전에 티크베어는 텔레비전용 장편영화 〈치명적인 마리아Die tödliche Maria〉를 1993년에 공영방송 ZDF를 통해서 선보인 바 있다.

2.1. 1980년대와 1990년대의 독일영화

1960년대 후반부터 1980년대 초반까지의 독일영화는 뉴 저 먼 시네마로 각인된 시기이다. 독일의 작가주의 아방가르드 영 화운동인 뉴 저먼 시네마는 일반적으로 1962년 알렉산더 클루 게Alexander Kluge가 주도한 오버하우젠 선언으로 기틀이 만들어졌 고, 1970년대에 전성기를 누렸으며, 1982년 대표 감독이었던 라 이너 베르너 파스빈더의 급작스러운 사망과 함께 동력을 잃은 것 으로 간주된다. 정치적으로도 1983년 3월 보수당인 기민당과 기 사당(CDU/CSU)의 연정이 시작되면서, 뉴 저먼 시네마를 지탱했 던 국가의 재정적 지원 시스템에 큰 변화가 생긴다. 영화 지원을 담당하는 부서인 내무부의 신임 장관 프리드리히 짐머만Friedrich Zimmermann은 독일의 납세자들은 오락 영화에 대한 권리를 가진다 고 선언하며, 사회비판적 영화에 대한 공적 지원을 축소하기로 결 정한다. 이에 따라 독일 사회에 대한 날카로운 관찰을 주요 내용 으로 삼았던 뉴 저먼 시네마의 재정적 기반은 무너진다.(Rentschler 1992, 288) 뉴 저먼 시네마는 사회적 주제를 다루는 작가영화의 특 징을 가지고 있다. 이들 감독은 영화를 통해서 자신의 전망과 개 성을 표현했으며, 소재 면에서는 사회적 문제, 논쟁적 이슈, 독일 의 과거를 다루는 데 집중했다. 그 결과, 많은 뉴 저먼 시네마 영 화들은 독일 대중에게는 자기만족적이며 관객의 요구에는 무관심 한 영화로 간주되는 부정적인 결과를 낳기도 했다. 실제로 뉴 저 먼 시네마의 작품 중에서 국내에서 흥행에서 큰 성공을 거둔 영화 는 전무한 것으로 평가된다.(Coury 1997, 365) 대중뿐 아니라 1980 년대에 데뷔한 젊은 감독들도 작가주의 성향의 영화에 대해 비판

적인 태도를 보인다. 뮌헨 영화텔레비전대학 출신의 도리스 되리
Dorris Dörrie는 뉴 저먼 시네마가 아니라 미국영화를 모범으로 삼아,
1980년대에 코미디를 중심으로 다양한 장르영화를 선보인 신예
감독으로 꼽힌다. 역시 같은 학교 출신인 카챠 폰 가르니어Katja von
Garnier도 과거 독일 영화계의 지나친 진지함을 공개적으로 비판하
며 오락 영화를 옹호하고, 이후 자신이 감독한 코미디 영화 〈화장
을 지우고Abgeschminkt!〉(1993)로 큰 인기를 얻었다. 이들의 로맨틱
코미디는 스타를 전면에 내세우고, 빠르며 액션 중심의 전개를 기
본으로 하고 있다는 점에서 당시 할리우드 오락 영화를 모범으로
제작되었다는 것을 알 수 있다.(Cooke/Homewood 2011, 2)

　오락과 흥행을 전면에 내세우는 영화계의 전반적인 분위기는
1990년대에도 이어진다. 이를 통해서 독일 영화계는 코미디 영화
를 중심으로 독일 관객을 다시 영화관으로 불러 모은다. 하지만
독일영화에 대한 해외의 관심은 매우 제한적이었다. 코미디 영화
에는 독일적이라고 할 만한 것도, 미학적 새로움도 없었기 때문이
다. 1993년에 발표한 글에서 에릭 렌츨러Erik Rentschler는 "지난 10년
의 독일 극영화들을 살펴보면, 상호 관련성이 거의 없는 비동시적
현상들"(Rentschler 1993, 322)이 관찰된다며 당시의 독일 영화계의
특징을 다음과 같이 지적하고 있다. 첫 번째, 대중의 취향만을 우
선시하는 오락 영화. 이들 영화는 몇 편의 예외를 제외하면 소소
한 이윤을 남기고, 평범한 오락만 제공한다. 두 번째, 철 지난 구세
대의 작가 영화. 이 영화는 이제 점차 비평에서도 혹평을 받고 있
다. 세 번째, 국제적 공동제작 영화. 이 영화는 최적화된 공식에 따
라 제작되며, 점점 더 절충주의적이 되어간다. 네 번째, 이전과 확
연히 구분되는 새로운 작업들. 하지만 간헐적으로만 새로운 감독

의 출현을 알리고 있다. 마지막으로 그는 다음과 같이 말한다. "영화가 곧 100주년을 맞이하지만, 영화는 이제 점점 영화관과 이별하고 있다. 독일영화는 의심의 여지없이 계속 만들어질 것이다. 문제는 단지 어떻게, 그리고 어디에서 독일영화가 관객을 찾을 수 있는가 하는 것이다."(Rentschler 1993, 322)

이런 비관적인 전망의 근거가 되었던 영화계의 상황은 1990년대 중반으로 들어서면서 서서히 변화하기 시작한다. 여전히 대중적인 코미디 영화는 독일영화의 주류로 자리 잡고 있었다. 1990년대의 대표적인 코미디 영화로는 앞에서 언급한 폰 가르니어의 〈화장을 지우고Abgeschminkt!〉(1993) 외에 페터 팀Peter Tim의 〈트라비에게 갈채를Go, Trabi Go〉(1991), 헬무트 디틀Helmut Dietl의 〈슈통크Schtonk!〉(1992), 죙케 보르트만Sönke Wortmann의 〈움직이는 남자Der bewegte Mann〉(1994), 데틀레프 북Detlev Buck의 〈우리는 다를 수 있어Wir können auch anders...〉(1993), 〈남자 감옥Männerpension〉(1996) 등이 있다. 심지어 1997년 1/4분기에는 〈로시니 - 혹은 누가 누구와 잤는가 하는 잔인한 문제Rossini - oder die mörderische Frage, wer mit wem schlief〉, 〈노킹 온 헤븐스 도어Knockin' on Heaven's Door〉 등의 흥행으로 독일 영화의 점유율이 31.5%에 이르게 된다. 전체적으로 1990년대에는 독일영화를 찾는 관객들이 늘어났으며, 이 인기는 일차적으로 해피 엔딩을 특징으로 하는 코미디 영화의 성공에 기인한다.(Brockmann 2000, 34)

그렇지만 코미디를 중심으로 한 대중영화의 인기는 다양한 영화, 예술적으로 도전적인 영화에 대한 갈증을 불러일으킨다. 이런 징후는 1998년 독일 정부의 문화미디어 특임장관 미하엘 나우만Michael Naumann이 "영화 동맹Bündnis für den Film"을 구성하고, 정치인,

영화진흥기관 책임자, 감독, 제작자, 방송사 관계자 들이 모여서 예술영화에 대한 지원책을 간구한 것에서도 알 수 있다. 그의 후임인 율리안 니다륌멜린Julian Nida-Rümelin 장관은 영화 진흥기금을 지원할 영화를 선정할 때, 상업적 성공뿐 아니라 영화제 출품이나 수상 등으로 확인되는 영화의 질을 함께 고려하는 것으로 지원 시스템을 변경한다.(Nicodemus 2004, 332f.) 이런 변화가 1990년대에 작품활동을 시작한 젊은 감독들에게 큰 도움이 되었다는 점은 자명하다. 개별 주정부, WRD, MDR, NDR와 같은 지역 공영방송국, 독일-프랑스 합작 채널 arte가 영화에 대한 지원을 늘린 것도 1990년대 중반부터다.(Hake 2008, 193)

앞 장에서 본 것처럼 코미디 영화의 인기는 2000년대에도 지속되고 있다. 하지만, 1990년대 중반에 들어서면서 주류 코미디 영화와는 확연히 구분되는 영화들이 다수 제작되고 국내외에서 호평을 받는다. 톰 티크베어, 한스크리스티안 슈미트, 안드레아스 드레젠, 로무알트 카르마카Romuald Karmakar는 관객들의 호응을 받고 다양한 영화제에서도 수상 경력을 쌓으며, 국제적으로도 인정받는다. 이들의 영화는 당대 독일의 현실을 구체적이며 비판적으로 다룬다는 점에서 주류 코미디 영화와 확연히 구분된다. 파티 아킨을 비롯해서 후시 쿠트루잔Hussi Kutlucan, 윅셀 야부즈Yüksel Yabuz 등 터키계 독일 감독들은 이전의 이주민 영화에서 볼 수 없었던 방식으로 젊은 이주 2세대의 자의식을 반영한 장르영화를 선보인다. 베를린에서는 토마스 아슬란, 앙겔라 샤넬렉, 크리스티안 페촐트를 중심으로 현대의 독일인들이 느끼는 삶의 감정을 프랑스 영화를 연상시키는 형식실험을 통해서 보여주는 영화를 제작한다.(Nicodemus 2004, 319f.) 지금까지 언급한 감독 중 상당수는

2000년대의 새로운 독일영화를 대표하는 감독으로 활동하고 있다. 1990년대 중후반에 데뷔하고 2000년대에 본격적으로 영화를 만들고 있는 이들 감독이 그렇다고 뉴 저먼 시네마의 작가주의의 전통으로 회귀한 것은 아니다. 이들은 상이한 영화적 전통을 모범으로 삼아 자신만의 영화적 지향을 만들어낸다. 따라서 이들은 개별 감독으로서뿐만 아니라, 2000년대의 새롭고 다양한 영화적 흐름을 대표하는 인물로도 의미를 갖는다. 터키 이주민 2세대 감독으로서 파티 아킨, 제작사 X-Filme Creative Pool 소속의 톰 티크베어, 구 동독의 영화제작사 DEFA의 전통을 계승하는 안드레아스 드레젠, 베를린파를 대표하는 크리스티안 페촐트와 앙겔라 샤넬렉 등 이들 감독은 현대 독일영화에서 중요한 특정 경향을 대표한다. 이어지는 장에서는 이들 감독의 2000년대 대표작을 분석하면서, 독일영화를 대표하는 감독으로서의 의의를 함께 다룬다.

2.2. 파티 아킨

1973년 함부르크에서 태어난 파티 아킨은 2000년대에 개최된 국제영화제에서 가장 많은 수상 경력을 보유한 독일 감독이다. 대표적인 예로 2004년 〈미치고 싶을 때Gegen die Wand〉로 베를린 영화제 황금곰상, 2007년 〈천국의 가장자리Auf der anderen Seite〉로 칸 영화제 최우수 각본상, 2009년 〈소울 키친Soul Kitchen〉으로 베니스 영화제 심사위원상을 수상한 경력을 들 수 있다. 2018년 작 〈심판 Aus dem Nichts〉으로 골든 글로브 최우수 외국어 영화상을 수상하기도 했다.

아킨의 부모는 터키에서 독일로 이주한 1세대 이주노동자다. 학교 극단에서 연기를 하며 연극과 영화에 관심을 가진 아킨은 16세에 영화감독이 되기로 결심하고 이때부터 단편영화를 찍으며, 함부르크 탈리아 극단과 텔레비전 시리즈물에 배우로 출연한다. "뷔스테 영화제작사Wüste Filmproduktion"에 자신이 쓴 시나리오를 보내면서 영화계와 본격적으로 인연을 맺게 되는데, 그는 그곳에서 인턴으로 일하면서, 1994년부터 2000년까지 함부르크 조형대학Hamburger Hochschule für bildende Kunste에서 시각커뮤니케이션을 전공한다. "뷔스테 영화제작사"와 함께 두 편의 단편영화를 만든 후, 첫 번째 장편영화인 〈짧고 고통 없이Kurz und schmerzlos〉를 1998년에 발표한다. 이 영화는 함부르크 알토나 지역 출신의 세 친구의 이야기를 다룬다. 이민 배경을 가지고 있는 이들은 함부르크의 유흥가인 상파울리를 중심으로 자신의 삶을 펼쳐나간다. 마틴 스코세이지와 아벨 페라라 풍의 미국 범죄영화의 영향을 받은 이 작품은 독일 텔레비전 영화의 문법을 충실히 따른 것으로 평가받는다.(Gras, 157) 이민 2세대인 젊은 남성 주인공들은 독일 중심의 사회로 진입을 포기하고, 범죄 세계에서 살아간다. 이 영화는 바이에른 영화상 최우수 신인 감독상 등 다양한 영화제에서 수상한다.

다음 영화로 그는 전작의 어두운 분위기와는 달리, 당시 독일을 대표하는 젊은 배우들을 주연으로 내세운 로드무비를 선보인다. 모리츠 블라입트로이Moritz Bleibtreu와 크리스티아네 파울Christiane Paul을 주연으로 하는 〈7월에Im Juli〉는 내성적인 교사 실습생인 다니엘(모리츠 블라입트로이)이 우연히 만난 터키 여인과 사랑에 빠지고, 그녀를 찾아서 오스트리아, 헝가리, 불가리아, 루마니아를 거쳐 터키로 가는 여정을 담고 있다. 이 여행에는 율리(크리스티아네 파울)가 동행하는데, 그녀는 다니엘을 짝사랑한다. 이스탄불로 여행을 하면서 여러 가지 우여곡절을 겪지만, 결국 두 사람은 서로가 자신의 짝이라는 사실을 깨닫고 사랑을 이루게 된다. 데뷔작의 사실주의와는 거리를 둔 이 영화는 60만 명의 관객을 동원해서 흥행에도 성공한다.

다음 작품인 〈솔리노Solino〉(2002)는 1960년대 이탈리아 소도시 솔리노에서 독일의 공업도시 두이스부르크로 이주한 한 가정의 삶을 보여준다. 형 지안카를로(모리츠 블라입트로이)는 우연한 계기로 동생 지기(바나비 메슈라트)를 대신해서 지역 영화제에서 대리수상을 하고, 이후 영화감독이 된다. 지기는 아픈 어머니를 돌보기 위해서 고향 솔리노로 돌아가서 그곳에서 야외영화관을 운영한다. 영화는 1964년, 1974년, 1984년의 세 시기에 걸쳐 두 형제를 중심으로 이야기를 전개한다. 독일로 이주한 외국인 노동자의 삶을 다루되, 이를 사회비판적인 시각으로 파악하기보다는 이들의 개인사에 초점이 맞추며 진행된다. 영화 속 독일인들은 매우 친절하고, 광부에서 레스토랑 주인으로 변신한 아버지의 사업은 큰 성공을 거둔다. 가족이 겪는 문제는 이주 배경 때문에 생기는 것이 아니라 누구에게나 있을 수 있는 보편적인 것으로 묘사된다.

베를린 영화제 금곰상 수상으로 아킨의 이름을 처음으로 국제무대에 각인시킨 〈미치고 싶을 때〉 역시 이주 배경이 있는 두 남녀의 사랑을 다루고 있다. 이 영화는 〈솔리노〉와는 달리 주인공과 그들의 문제를 사실적이며 비판적으로 접근한다. 어릴 때 독일로 온 40세의 알콜 중독자인 카히트(비롤 위넬)는 아내와 사별하고 술로 세월을 보낸다. 20대 초반의 시벨(시벨 케킬리)은 자신을 억압하는 전통적인 터키 사회로부터의 이별을 꿈꾼다. 그녀는 이를 실행하기 위한 도구로 카히트와의 위장결혼을 선택하고, 그를 설득한다. 영화는 전통적인 드라마의 구성을 따르고 있으며, 관객이 주인공들에게 감정이입을 하도록 유도한다. 이것은 이 영화가 전작에 비해서 사회비판적 요소를 많이 담고 있으며 이민자의 현실을 정확하게 보여주려는 의도에도 불구하고, 〈미치고 싶을 때〉가 뉴 저먼 시네마보다 미국 주류영화와 더 가까운 이유이다. 같은 해, 그는 라스 폰 트리에Lars von Trier 감독이 제작한 옴니버스 영화 〈유럽의 비전Visions of Europe〉에 독일을 대표해서 자신의 단편영화를 선보인다. 이 영화에는 피터 그리너웨이Peter Greenaway, 벨라 타르Béla Tarr, 테오 판 고흐Theo van Gogh, 아키 카우리스매키Aki Kaurismäki 등도 참여했다. 또한 2006년에는 다큐멘터리 영화 〈크로싱 더 브릿지: 이스탄불의 소리Crossing the Bridge: The Sound of Istanbul〉를 연출하는데, 이 영화는 터키의 수도에서 관찰할 수 있는 다양한 음악 풍경을, 애정을 담아 보여준다.

〈미치고 싶을 때〉의 성공은 이후 아킨의 영화세계에 하나의 이정표가 된다. 이제부터 아킨은 이민 배경을 가진 젊은이들의 삶을 보다 비판적인 관점에서 본격적으로 영화화한다. 그 첫 번째 결과물은 〈천국의 가장자리〉(2007)이다. 부모와 자녀의 두 세대, 그리고 독일과 터키를 대표하는 여섯 명의 인물을 중심으로 전개되는 플롯은 이전 영화에 비해서 현실과 더 밀접한 연관을 맺고 있다. 이 영화는 정체성 찾기, 동성애, 세대 갈등, 이민 등 진지한 주제들을 다루고 있으며, 이를 하나의 이야기로 엮기 위해서 때로는 우연처럼 개연성이 낮은 요소를 첨가하기도 한다. 이 영화는 칸 영화제에서 최우수 시나리오상을 수상하면서, 아킨의 국제적 명성을 재확인하는 계기가 되었다.

다음 영화인 〈소울 키친〉(2009)은 아킨의 고향 함부르크를 배경으로, 그리스계 젊은 청년인 치노스가 운영하는 레스토랑 "소울 키친"이 내적(괴팍한 주방장), 외적(젠트리피케이션으로 인한 건물 매각 요구) 어려움을 이겨내고 성공을 거두는, 전작에 비해서 조금은 가벼운 내용을 담아내고 있다. 영화는 기본적으로 코미디적인 요소가 많지만, 사회비판적 영화, 멜로드라마, 범죄 영화의 요소도 두루 갖추고 있다. 이 영화를 독일에서 100만 명 이상의 관객이 찾았고, 이로써 아킨의 영화 중에서 가장 좋은 흥행 성적을 보였다. 이 영화는 베니스 영화제에서는 심사위원 특별상을 수상하기도 한다. 같은 해에 옴니버스 영화 〈뉴욕, 아이 러브 유New York, I love you〉와 〈독일 09Deutschland 09〉에도 참여하면서, 독일을 대표하는 감독으로서 아킨의 명성은 더욱 확고해진다.

2014년에는 영어로 제작된 국제 합작영화 〈더 컷The Cut〉을 선보였다. 이 영화는 "사랑(〈미치고 싶을 때〉)-죽음(〈천국의 가장자리〉)-악마 삼부작"의 마지막 영화로서 아르메니아의 대장장이 나자렛과 그의 가족의 이야기를 다룬다. 1915년 아르메니아 기독교인 학살사건으로 가족과 헤어진 나자렛은 두 딸을 찾아서 터키, 레바논, 쿠바를 거쳐 미국까지 헤맨다. 결국 살아남은 한 명의 딸을 만나게 되지만, 생존을 위해 전 세계로 뿔뿔이 흩어져야 했던 아르메니아인의 비극은 나자렛 가족에게도 큰 상처를 남긴다. 개봉 전에 큰 관심을 불러일으켰던 〈더 컷〉은 그의 전작처럼 웨스턴, 멜로드라마, 로드 무비 등 다양한 장르의 규칙이 혼합되어 있다. 그러나 개봉 후 비평은 영화에 호의적이지 않았다. 특히 군중 장면의 허술함, 지나치게 감성적인 음악은 주요 비판의 대상이 되었다.(Gras, 166) 터키계 감독으로 아르메니아인 학살이라는 정치적으로 예민한 사건을 다루었지만, 그 정치적, 사회적 영향력을 나자렛 개인의 차원으로만 한정한 것 역시 많은 평론가들로부터 영화의 약점으로 지적되었다.

2016년에는 볼프강 헤른도르프Wolfgang Herrndorf의 소설 『칙 Tschick』[3]을 영화화한다. 아웃사이더인 두 명의 열네 살 청소년은 여름방학이 시작될 때 훔친 자동차를 가지고 발라하이Walachei를 향해 베를린을 출발해 동독을 가로지르는 여행을 감행한다. 2010년에 출간된 원작 소설은 독일에서 베스트셀러가 되었고, 이 작품에 관심을 가지고 있던 아킨은 판권을 소유한 제작자 마르코 멜리츠Marco Mehlitz의 제안을 받고 작품을 영화화한다. 영화화 과정에서 아킨은 처음으로 하크 봄Hark Bohm과 시나리오를 함께 쓰는데,

---

3 한국에서 『우리들의 발라카이』라는 제목으로 2012년에 출판되었다.

1939년생으로 배우이자 감독으로 유명했던 봄은 다음 영화인 〈심판Aus dem Nichts〉에서도 함께 시나리오 작업을 한다. 전작들에 비해서 적은 예산으로 촬영한 〈칙〉은 원작의 핵심적인 내용을 영상화하는 데 성공한 수작으로 간주되었다. 이 영화는 각각 바이에른 영화상과 유럽 영화상에서 최우수 청소년영화상을 수상한다.

2017년에는 독일, 프랑스 합작영화인 〈심판〉을 선보인다. 이 영화는 2004년 '국가사회주의 지하조직Nationalsozialistischer Untergrund'이 저지른 폭탄 테러를 소재로 개발되었다. 영화의 주인공인 카챠는 테러로 터키계 남편과 아들을 잃는다. 용의자가 증거 불충분으로 풀려나자, 그녀는 스스로 이들을 처벌하기로 결심한다. 이 영화는 2017년 칸 영화제 경쟁 부분에 출품되었으며, 카챠를 연기한 디아네 크루거Diane Kruger는 여우주연상을 수상한다. 골든글로브 외국어 영화상도 받은 이 영화는 아카데미 영화제 외국어 영화상에도 9편의 후보작 중 하나로 이름을 올린다. 2019년에는 하인츠 슈트롱크Heinz Strunk의 소설을 영화화한 〈황금 장갑Der Goldene Handschuh〉을 베를린 영화제 경쟁부문에 출품한다. 1970년대 초반 함부르크에서 연쇄살인을 벌인 프리츠 홍카Fritz Honka가 주인공이다. 추한 외모의 소유자인 그는 단골 술집 '황금 장갑'에서 만난 나이든 여인들과 술을 마시고 성관계를 갖다가, 술에 취한 상태에서 그들을 살해한다. 술을 끊고 경비원으로 새로운 삶을 시도해 보지만, 제어하지 못한 성적 충동은 여성에 대한 분노의 형태로 다시 폭발한다. 영화는 홍카의 집과 술집의 어두운 분위기, 살인의 잔인함을 세부적으로 묘사하지만, 그가 정신적, 심리적으로 이상이 있는 인물이라는 점을 강조함으로써 그의 살인은 더 이상 세심하게 관찰할 필요가 없는 사건이 되어 버린다.

다음에서는 그의 대표작으로 〈미치고 싶을 때〉, 〈천국의 가장
자리〉, 〈심판〉을 분석한다.

2.2.1. 〈미치고 싶을 때〉

원제	: Gegen die Wand
감독	: 파티 아킨Fatih Akin
시나리오	: 파티 아킨Fatih Akin
카메라	: 라이너 클라우스만Rainer Klausmann
편집	: 앤드류 버드Andrew Bird
음악	: 알렉산더 하케Alexander Hacke, 마세오 파커Maceo Parker
주연	: 비롤 위넬Birol Ünel(차히트 톰룩 역), 시벨 케킬리Sibel Kekilli(시벨 귄너 역), 카트린 슈트리벡Catrin Striebeck(마렌 역), 귀벤 키라시Güven Kiraç(세레프 역)
제작사	: Wüste Filmproduktion(Hamburg)
개봉연도	: 2004
상영시간	: 121분

차히트는 클럽에서 버려진 병을 줍는 등 잡일을 하며 술과 담배, 마약에 의지하면서 살고 있다. 그의 자기파괴적인 성격은 자동차를 벽에 들이박는 자살 시도로 이어진다. 병원에서 그는 또 다른 자살 시도자인 시벨을 만난다. 시벨은 차히트가 터키계라는 것을 알고 그에게 다짜고짜 결혼을 해 달라고 부탁한다. 터키계 젊은 여성으로서 결혼이 아니면 가족의 간섭 없이 자유롭게 사는 것이 불가능하기 때문이다. 제안을 거부하던 차히트는 결국 그녀의 청을 들어주고 두 사람은 동거인으로 살게 된다. 동거 후 시벨은 마음껏 춤추고, 원하는 여러 사람과 섹스를 하며 자신이 원하던 자유로운 삶을 사는 반면, 차히트는 그런 시벨에게 점점 더 끌리게 된다. 결국 시벨을 사랑하게 되지만, 시벨의 거부에 절망하던 그는 우발적으로 살인을 저지르고 복역한다. 그 사이 가족의 명예를 더럽혔다는 이유로 오빠로부터 생명의 위협을 받은 시벨은 사

촌이 사는 이스탄불로 가서 호텔 메이드로 일하면서 차히트의 석
방을 기다린다. 그렇지만 외롭고 단조로운 생활을 견디지 못한 그
녀는 다시 마약을 하게 되고 길거리에서 만난 남자들과 시비가 붙
어서 거의 죽을 정도로 심하게 다친다. 차히트는 석방 후 그녀를
찾아 이스탄불로 오고, 가정을 꾸리고 평범하게 살아가는 시벨을
만난다. 두 사람은 호텔에서 이틀을 함께 보내고, 차히트는 시벨
과 자신의 고향으로 떠나려고 준비하지만, 시벨은 약속 시간에 나
타나지 않는다. 결국 차히트는 혼자 버스를 타고 떠난다.

이 영화의 두 주인공은 2세대 터키계 독일인이다. 〈미치고 싶
을 때〉[4]는 문화 간 충돌, 이민 2세대의 정체성 등 2000년대 유럽
예술영화에서 즐겨 다루는 주제를 형상화한다. 종종 이민 2세대는
"의자들 사이"에 있는 사람으로, 어느 한 곳에 뿌리 내리지 못하
고 방황하는 인물로 그려진다. 이것은 정착국가와 (많은 경우 자신
이 아니라 부모의) 출신국가 사이의 문화적 차이와 주류사회의 차
별에 기인한다. 그렇지만 〈미치고 싶을 때〉에서 주인공이 겪는 문
제들은 이와 같은 문화적 요인으로 완전히 설명되지 않는다. 먼저
차히트를 살펴보자. 영화 초반에 그는 말수가 적고, 끊임없이 술
을 마시며, 주변 사람들에게 공격적인 태도를 보이는 인물로 제시
되는데, 그가 왜 그런 성격을 가지게 되었는지 영화는 아무런 단
서도 제공하지 않는다. 시벨이 그에게 다가오면서 관객도 그에 대
해 조금씩 알게 된다. 결국 그녀와의 위장 결혼을 허락한 것에 알
수 있듯이 그에게는 시벨의 처지에 공감하고, 그녀를 위해서 자

---

4 원제 〈Gegen die Wand〉는 한국어로 "벽을 향해"로 번역할 수 있다.

기 세계의 일부를 포기할 수 있는 사회성이 있다. 그런 그가 예민하게 반응하는 것은 사별한 부인에 대해 언급될 때이다. 결혼식이 끝난 후 시벨이 처음 그녀의 이름을 물었을 때, 그는 폭력적으로 반응하며 시벨을 쫓아낸다. 독일인 아내와의 사별은 지금까지도 아무 언급도 하고 싶지 않을 만큼 그에게 여전히 큰 상처로 남아 있다. 여기에서 차히트의 파괴적 삶의 근원에는 사랑하는 이와의 이별이 있다는 점이 드러나며, 이로 인해서 타인과의 깊은 관계를 거부한다는 점이 명확해진다.

시벨은 전통적이며 보수적인 가정 안에서 억압받고 있는 인물로, 아버지와 오빠를 중심으로 한 남성들의 태도에서 드러나는 터키의 가부장적 문화의 피해자로 읽힌다. 그녀는 밖에서 남자와 손을 잡고 다녔다는 이유로 오빠에게 구타를 당해서 코뼈가 부러진 적도 있다. 어머니와는 정서적으로 밀접하고, 사촌인 셀마와도 협조적인 관계라는 점에서, 영화에서 보이는 억압적 터키 문화는 남성의 문화이며, 여성은 여기에 포함되지 않는다는 것을 영화는 명확히 한다. 시벨이 원하는 삶의 모습은 결혼 전에 차히트에게 한 말을 통해서 명확히 전달된다. "나는 살고 싶어. 나는 살고 싶고, 춤추고 싶고, 섹스하고 싶어. 한 사람하고만이 아니라. 이해하겠어?" 시벨이 원하는 삶은 굳이 터키계가 아니더라도 일반적인 시민사회의 구성원으로서 갈등의 소지를 내포하고 있다. 더군다나 자유를 실현하기 위한 도구가 결혼이라면 말이다.

이 갈등은 차히트가 시벨을 사랑하게 되면서 본격적으로 드러난다. 자유롭게 살고자 하는 시벨이 자신의 사랑을 받아주지 않자, 차히트는 폭력적이 되고 우발적으로 살인을 저지르게 된다. 위장 결혼이라는 실체, 그리고 질투에 의한 살인에 시벨이 연루된 것을 안 그녀의 가족은 그녀를 더 이상 가족으로 인정하지 않는다. 흥미로운 것은 이후 시벨의 행적이다. 그녀는 먼저 차히트의 친구이자 결혼 증인이었던 터키계 독일인 세레프로부터 임시 숙소와 위안을 얻는다. 그리고 이어서 셀마가 사는 이스탄불에서 새 삶을 시작한다. 이혼해서 혼자 살고 있는 셀마는 철저한 자기관리로 호텔의 지배인의 위치까지 올라간 인물이다. 아버지와 오빠가 시벨을 부정하고 거부하지만, 그녀를 돕는 사람들 역시 터키인이며, 터키의 수도 이스탄불은 시벨이 새로운 삶을 시작하는 장소가 된다. 영화는 시벨이 겪는 불행의 원인을 터키 문화로 돌리지 않는다. 영화는 터키 문화에 억압적인 측면이 있음을 부정하지 않지만, 시벨에게 터키는 도피처이기도 하며, 이스탄불과 셀마의 모습을 통해서 서구와 다를 바 없는 터키의 일상을 보여준다. 따라서 이후 진행되는 이스탄불의 삶에 시벨이 적응하지 못하는 것은 외부 요인보다, 자신 때문에 살인을 하고 감옥에 간 차히트에 대한 미안함, 시민적이고 규칙적인 생활을 거부하는 그녀의 성향과 더 밀접한 관련이 있다고 보는 것이 타당하다. 차히트가 석방된 후, 이스탄불에서 차히트와 만나고 난 후 함께 그의 고향인 메르신으로 떠나자는 그의 제안을, 안정된 가정을 꾸리고 평범하게 살아가던 시벨은 받아들이지 않는다. 그런 점에서 영화는 시벨의 성장담으로 읽힌다. 그녀는 자유만을 갈구하던 20대에서 사회 속에서 자신의 위치를 찾은 30대가 된 것이다. 시벨은 일방적 피해자가 아니며, 행동의 동기 역시 다층적이다. 독일 문화에 완전히 동화되어 터키 문화와는 절연하고 살던 차히트 역시 시벨을 만난 후 다시 터키어를 사용하고, 터키 음식을 즐기게 된다. 무엇보다 그 역시 마지막에 고향 메르신으로 떠나는 그의 모습도 터키 이주민 2세대에게 터키가 뿌리이자, 하나의 선택지로서 기능하는 모습을 보여준다. 이 지점에서 〈미치고 싶을 때〉는 1970~1980년대의 이민자 영화와 뚜렷하게 구분된다.

해당 국가 사이에서 상호협정을 체결하고 1960년대부터 터키를 중심으로 남유럽 국가에서 노동자들이 본격적으로 독일로 이주했다. 이들의 삶을 주제로 하는 영화를 넓게는 "이주민 영화 Migrantenkino", 좁게는 "독일-터키 영화Deutsch-Türkisches Kino"라고 부른다. 클로스는 독일 이민자 영화의 역사를 크게 세 단계로 나눈다.(Klos 2016, 21) 첫 번째 단계는 1970년대에 독일인 감독이 이주민에 대해서 만든 영화로, 대표적인 영화로 라이너 베르너 파스빈더 감독의 〈불안은 영혼을 잠식한다Angst essen Seele auf〉(1974), 헬마 잔더스브람스Helma Sanders-Brahms 감독의 〈쉬린의 결혼Shirins Hochzeit〉(1976) 등이 있다. 이들 영화는 외부자로서 주류 사회로부터 소외받고 이용당하는 이민자의 모습을 담고 있다. 두 번째 단계는 소위 말하는 "당혹의 영화Betroffenheitskino"로, 이민 1세대 또는 2세대인 터키인 감독이 같은 터키인들의 상황을 그려낸 영화를 지칭한다. 테브픽 바셔Tevfik Başer 감독의 〈40평방미터 독일40qm Deutschland〉(1986)이 대표적이다. 이들 영화는 이민자 내면의 상처와 가족 안에서의 갈등을 주로 다룬다. 특히 남성의 지배 대상이면서 새로운 나라의 이방인이라는 이중적 약자의 지위에 놓인 여성이 주인공으로 등장한다. 마지막 세 번째 단계는 이민 2, 3세대가 제작한 1990년대 이후의 영화로, 이전의 전형적 서사의 틀을 벗어나 이주민의 새로운 자의식을 표현하는 영화들이다. 이 단계에서는 이주민들이 겪는 고통과 당혹감보다는 이들의 삶에서 보이는 다양성, 다성성이 두드러진다. 서로 다른 두 개의 문화 속에

서 성장하는 것은 정체성의 위기를 불러오기도 하지만, 동시에 새
로운 시각을 가질 수 있는 기회로 작용한다. 세 번째 단계의 대표
적인 감독으로 언급되는 이가 파티 아킨이다.

두 가지 서로 다른 문화의 만남이 필연적으로 충돌을 일으키
는 것은 아니며, 이분법을 넘어선 새로운 가능성을 만들어낼 수
있다는 〈미치고 싶을 때〉의 메시지는 서사뿐 아니라 음악에서도
관찰된다. 영화 속에서는 독일과 미국의 뉴웨이브와 록 음악, 그
리고 터키 음악이 디제시스적으로 자주 삽입된다.[5] 즉, 같은 음악
을 관객과 캐릭터가 동시에 듣는 것이다. 터키어와 터키 문화를
거부하고 살아가는 차히트의 심리상태를 표현할 때는 독일과 미
국의 대중음악이 사용되고, 터키 문화에서 온전히 결별하지 못하
고 고통을 받는 시벨의 마음을 표현할 때는 터키 음악이 삽입된
다. 특히 차히트가 살인을 한 후 시벨이 혼자 괴로워하는 장면에
서는 그녀가 터키 영화음악 CD를 재생하는 것을 보여주고 그 음
악을 관객에게도 들려줌으로써, 시벨의 슬픔을 음악을 통해서 직
접적으로 표현하고 있다. 음악은 공간적으로 분리되어 있는 두 주
인공을 연결하는 역할도 한다. 영화 초반에 차히트가 자살을 시도
할 때 그의 자동차에서는 영국의 유명 락밴드 디페쉬 모드Depeche
Mode의 "아이 필 유I feel you"가 흐른다. 전자 기타의 날카로운 음색
은 차이트가 운전하는 자동차의 소음과 유사성을 보인다. "아이
필 유"는 이스탄불로 도주한 시벨이 클럽에서 술에 취한 채 춤출

---

5 "디제시스diegesis"는 서사세계의 시공간을 지칭하는 용어로, 영화이론에서는 일
   반적으로 재현이 진행되는 공간으로서, 매체 도구를 통해서 재현된 세계를 의
   미한다. 음악이 디제시스적으로 삽입된다는 것은 영화의 공간 안에서 음악이
   제시된다는 것을 의미한다. 전통적인 배경음악, 즉 관객만 들을 수 있고 등장인
   물은 들을 수 없는 음악은 비디제시스적으로 사용된 것이다.

때 다시 한 번 배경음악으로 삽입된다. 이런 음악의 활용은 두 가지 의미를 만든다. 하나는 서구의 일원으로서 독일과 이와 구분되는 이슬람 문화권 국가로서의 터키가 대중문화에서는 큰 차이가 없다는 점이다. 영화는 전반적으로 터키와 독일의 문화를 각각 완결된 것으로, 확연히 구분되는 것으로 파악하지 않는데, 음악의 삽입은 이런 관점을 강화하는 역할을 한다. 다른 한편으로 이 음악은 시벨의 감정을 대변하는 역할을 한다. 처음 차히트가 이 음악을 들을 때는 음악의 파괴적인 특성이 강조되었지만, 시벨과 "아이 필 유"의 조합은 그녀가 음악의 제목처럼 그를 간절히 바라고 있음을 간접적으로 표현한다.(Klos 2016, 138f.)

〈미치고 싶을 때〉는 영화의 시작과 끝을 포함해서 다섯 번에 걸쳐 악단의 연주를 삽입한다.(도판 1, 2) 여섯 명으로 구성된 연주자와 한 명의 가수가 바다 건너 이슬람 예배당을 배경으로 노래를 부르고 악기를 연주한다. 이 장면은 관객을 정면으로 바라보면서 이루어진다. 간주곡은 고대 그리스 희곡에 등장하는 합창단의 노래처럼 서사의 흐름을 단절하고, 사랑의 기쁨과 이별의 아픔을 노래하며, 앞으로 전개된 영화의 이야기를 예견하는 역할을 한다. 이 장면은 전체적으로 빠르고 격정적인 영화의 내용과 대조를 이루면서, 브레히트 식의 낯설게 하기 효과를 만들어낸다. 터키에서 아라베스크arabesk라고 불리는 이 음악은, 터키 남동부 농촌 지역에서 이스탄불로 이주한 노동자들이 듣고 부르던 것으로, 터키의 산업화와 밀접한 연관이 있는 음악 장르이다.(Eren 2009, 184) 사회의 주변인이던 노동자들의 고독, 슬픔, 억압, 운명 등을 감성적으로 다루는 아라베스크는 영화의 장르로도 존재한다. 아킨은 터키 문화의 전통을 영화 속에 자연스럽게 삽입함으로써 〈미치고 싶을

도판 1. 〈미치고 싶을 때〉

도판 2. 〈미치고 싶을 때〉

때〉가 터키의 문화를 존중하고 있음을 알린다. 가부장적인 터키 문화의 폭력성을 진지하게 지적하고 있음에도 이 영화가 터키에서도 좋은 평가를 받은 이유 중 하나다.

토마스 앨새서는 이 영화를 "서크와 파스빈더의 멜로드라마 계보에 아킨이 자신의 이름을 새긴 작품"(Elsaesser 2008)이라고 평했다. 앨새서뿐 아니라 여러 평론가들은 〈미치고 싶을 때〉에서 무엇보다 파스빈더를 떠올리며, 두 감독을 연관 지어 해석하기도 했다. 두 감독 사이의 연관성은 보다 넓은 관객층에 호소하기 위해서 멜로드라마의 형식을 차용하면서 개성 있는 영화를 만들었다는 점, 이미지가 외부 현실을 반영하면서도 인공성이 강하게 느껴진다는 점에서 발견된다. 특히 빠른 전환의 편집, 다양한 종류의 음악, 터키 악단 장면의 삽입 등을 통해서 인공성을 강조한다. 이 영화로 아킨은 2004년 베를린 영화제에서 서른 살의 나이로 최고상인 황금곰상을 수상하면서 단숨에 스타 감독의 대열에 오른다.

2.2.2. 〈천국의 가장자리〉

원제   : Auf der anderen Seite
감독   : 파티 아킨Fatih Akin
시나리오 : 파티 아킨Fatih Akin
카메라   : 라이너 클라우스만Rainer Klausmann
편집   : 앤드류 버드Andrew Bird
음악   : 샨텔Shantel
주연   : 바키 다브락Baki Davrak(네자트 악수 역), 툰셀 쿠르티즈Tunçel
           Kurtiz(알리 악수 역), 누르셀 쾨제Nursel Köse(예테르 외즈튀르크
           역), 누르귈 에쉴샤이Nurgül Yeşilçay(아이텐 외즈퀴르크 역),
           한나 쉬굴라Hanna Schygulla(수잔네 슈타웁 역), 파트리샤
           치올코프스카Patrycia Ziółkowska(로테 슈타웁 역)
제작사   : Corazón International GmbH & Co. KG(Hamburg)
개봉연도 : 2007
상영시간 : 122분

　　〈천국의 가장자리〉[6]는 세 번의 중간자막으로 시작하는 세 부
분으로 구성되어 있다. 첫 번째 부분은 "예테르의 죽음"이라는 자
막으로 시작한다. 브레멘에서 매춘부로 일하는 터키 출신의 예테
르는 역시 터키 출신 이주노동자로 부인과 사별하고 혼자 은퇴
후 삶을 살고 있는 알리로부터 함께 살 것을 제안 받고, 그의 집으
로 거처를 옮긴다. 터키에 있는 대학생 딸 아이텐에게 학비를 보내
고 있는 예테르는 알리의 아들이며 독문학 교수인 네자트를 알리
의 집에서 만난다. 마초면서 고루한 성격의 알리는 예테르와 네자
트의 관계를 아무런 근거 없이 의심하고, 술에 취해서 예테르를 함

6　원제 〈Auf der anderen Seite〉는 한국어로 "다른 편에서"로 번역된다. 〈천국의 가
　　장자리〉는 영어권 제목인 〈The Edge of Heaven〉을 번역한 것이다.

부로 다룬다. 결국 두 사람이 다투다가 예테르가 사고로 사망한다. 네자트는 구속된 알리와의 인연을 끊고, 예테르의 딸 아이텐을 찾아 예테르 대신 그녀를 돕기 위해서 이스탄불로 떠난다. 하지만 아이텐을 찾지 못한 네자트는 우연한 기회에 그곳에 있는 독일 서점을 인수하고, 이스탄불에 정착한다. 두 번째 부분의 제목은 "로테의 죽음"이다. 첫 번째 이야기와 같은 시기에 시작하는 이 이야기는 먼저 이스탄불에서 시작한다. 아이텐은 혁명적 정치조직의 일원으로 터키의 민주화를 위해 싸우다가 구속의 위험을 피해 함부르크로 도주한다. 그곳 대학 식당에서 우연히 로테를 만나는데, 로테는 어머니와 함께 사는 자신의 집을 숙소를 제공하며 아이텐을 적극적으로 돕는다. 그리고 두 사람은 곧 사랑하는 사이가 된다. 아이텐은 로테의 도움을 받아, 브레멘의 구두상점에서 일하는 것으로 알고 있는 엄마 예테르를 찾아 나서지만 그녀를 찾지 못한다. 경찰의 불심 검문으로 불법 체류자의 신분이 발각된 아이텐은 난민으로 인정받지 못하고, 터키로 이송, 수감된다. 그녀를 돕기 위해 이스탄불로 온 로테는 아이텐의 부탁으로 숨겨 놓은 총을 다른 곳으로 옮기다가 아이들에게 총이 든 가방을 도둑맞고, 결국 총에 맞아 사망한다. 마지막 부분의 제목은 영화의 원제이기도 한 "다른 편에서"다. 로테의 어머니 수잔네는 딸의 죽음을 추모하기 위해서 이스탄불로 온다. 여기에서 로테가 묵었던 방의 주인인 네자트를 만나게 된다. 아이텐은 수잔네에게, 그리고 법정에서 용서를 빌고 석방된다. 네자트는 아버지 알리가 독일에서 추방되어 고향인 트라브존에 있다는 사실을 알게 된다. 네자트는 수잔네에게 아브라함이 신에게 자녀를 바친 사건을 기념하는 바이람 축제에 대해 설명하다가, 아버지의 사랑을 추억하고 그를 다시 만나기로 결심한다. 트라브존 해변가에서 아버지의 낚싯배가 돌아오길 기다리는 네자트의 뒷모습으로 영화는 막을 내린다.

〈미치고 싶을 때〉로 국제적인 명성을 얻은 아킨은 "사랑, 죽음, 악마 삼부작" 중 두 번째 작품으로 〈천국의 가장자리〉를 선보인다. 2007년 칸 영화제에서 최우수 시나리오상을 수상한 〈천국의 가장자리〉는 독일과 터키에 사는 여섯 사람의 이야기를 엮어서 세대 간의 갈등과 그 해소의 과정을 보여주면서 새로운 삶의 방식을 제안한다. 〈미치고 싶을 때〉가 배우의 영화라면, 〈천국의 가장자리〉는 플롯의 영화다. 여섯 사람의 이야기가 서로 교차하면서 두 인물 사이의 대립과 갈등은 상대화되고, 서로에 대한 보다 깊은 이해가 가능해진다. 그런 의미에서 세 쌍의 이야기가 영화 전체의 메시지를 구성하는 방식에 대해서 보다 세밀한 분석이 필요하다.

영화의 초반은 알리와 네자트 부자가 이야기를 이끌어간다. 아버지 알리는 이주노동자로 터키에서 독일로 온 인물로, 부인과 일찍 사별하고 혼자 네자트를 키웠다. 알리는 육체적 만족을 중시하기 때문에 집창촌을 찾아가는 것을 부끄럽게 여기지 않는다. 그는 충분한 퇴직 연금이 있어서 집창촌에서 만난 예테르를 집으로 데려온다. 이주민 1세대로 경제력을 갖추고 있는 그는 남성 중심적인 사고방식의 소유자이다.(도판 3) 그는 일단 예테르가 집으로 오자 그녀를 자신의 소유물로 간주하고, 아들마저 자신의 여인을 넘볼 수 있기 때문에 경계해야 할 대상으로 본다. 아들 네자트는 육체적이며 마초적인 알리와는 대조적인 인물이다. 독신인 그는 그의 집으로 추측되는 공간에서 책으로 둘러싸여 있는 모습, 나지막한 목소리, 적은 말씨 등으로 보아 내성적이며 학구적인 인물이다.

도판 3. 〈천국의 가장자리〉

도판 4. 〈천국의 가장자리〉

이주 2세대인 그는 괴테에 대해서 강의하는 독문과 교수로, 독일 사회에 완전히 적응하고 동화한 인물로 보인다.(도판 4)

이렇게 대조적인 성격을 가진 두 인물이 충돌하는 것은 당연하게 보인다. 오히려 터키계 이주민으로서 부인, 또는 어머니가 없는 가정을 타지에서 유지해 온 특수한 상황이 두 남자 사이에서 갈등이 폭발하는 것을 지연시켰다고 보는 것이 타당하다. 이들의 관계는 예테르의 죽음으로 파국을 맞는다. 집창촌에 다니고 여성을 소유물로 간주하는 아버지의 태도가 불쾌했던 네자트에게 알리의 살인은 아무리 우발적인 사고였다고 해도 수용하기 어렵다.

두 번째 이야기에서는 독일인 수잔네와 그녀의 딸 로테가 갈등의 중심에 있다. 두 사람은 독일의 중산층에 속하는 인물로, 이들의 갈등은 로테가 아이텐을 집으로 데려오면서 본격화한다. 대학생인 로테는 인도에서 수개월 체류하고 독일로 돌아온 지 얼마 되지 않았는데, 불법체류자인 아이텐을 도와주면서 삶의 의미를 발견한다. 그리고 곧 두 사람은 연인이 되고, 독일에서 난민 신청, 그리고 나중에는 터키에서 석방을 위해 로테는 아이텐을 위해 자신이 할 수 있는 모든 것을 시도한다. 수잔네는 이런 딸의 모습이 마뜩잖고, 아이텐의 정치적 저항도 이해할 수 없다. 수잔네는 터키가 EU에 가입한다면 정치적 억압으로부터의 해방과 언론의 자유 등 아이텐이 주장하는 가치들은 자연스럽게 해결될 것이라고 믿는다. 이에 동의하지 않는 아이텐이 거친 말을 하자, 그녀는 자신의 집에서는 그런 말을 용납할 수 없다며 중산층으로서 도덕을 강조한다. 그녀는 로테의 행동에는 동의하지 않지만, 아이텐의 난민 신청 과정에서 들어가는 비용을 대주는 등 소극적으로나마 지원한다. 그렇지만 터키까지 가서 아이텐을 돕는 로테를 보고, 더 이상의 금전적 지원은 하지 않겠다고 선언한다. 아이텐을 둘러싼 의견 차이에도 불구하고, 금전적 지원은 이때까지 두 사람의 관계를 유지하는 끈이었다. 삶의 의미를 찾아 자유롭게 살아가는 로테와, 그런 그녀가 못마땅하지만 관계 유지를 위해서 금전적 지원을 하는 수잔네의 관계는 아이텐의 등장으로 인해 돌이킬 수 없는 균열을 일으킨다.

첫 번째와 두 번째 부분을 주도하는 관계는 터키-독일인인 알리와 네자트 부자, 독일인 모녀인 수잔네와 로테 모녀이다. 이들은 서로를 온전히 이해하지 못한 채, 가족이라는 이름으로 묶여 있다. 둘의 관계에 내재한 갈등을 외화시키는 계기가 되는 것이 예테르와 아이텐의 존재로, 이들은 다시 모녀 관계로 이어져 있다. 이 둘은 직접적인 갈등을 겪지 않는다. 그 이유는 각각 독일과 터키에 살면서 물리적으로 떨어져 있을 뿐 아니라, 각자가 하는 일을 밝히지 않고 서로에게 정체를 숨기면서 생활하기 때문이다. 예테르는 아이텐에게 자신이 신발 가게에서 일한다고 했으며, 아이텐은 자신이 혁명적 정치운동에 가담하고 있다는 사실을 예테르에게 밝히지 않는다. 하지만 거짓과 숨김에 기반한 관계는 아이텐이 독일에서 예테르를 찾지 못하고, 그녀의 죽음도 알지 못하는 이유가 된다.

세 번째 이야기인 "다른 편에서"는 로테의 죽음 이후 알리와 네자트, 수잔네와 로테의 화해를 다룬다. 부자와 모녀가 화해하는 데 무엇보다 인쇄 매체와 글이 중요한 역할을 한다.(Mennel 2010, 102) 이 매개체를 통해서 부자와 모녀는 자신의 과거와 대면하고, 서로에 대한 사랑을 확인한다. 네자트는 아직 사고가 나기 전에 알리에게 『대장장이의 딸Die Tochter des Schmieds』이라는 책을 선물하고 꼭 읽어보라고 부탁한 바 있다. 실제로 알리가 책을 읽는 것은 출감 후 터키에 있을 때다. 그는 책을 읽으면서 흐르는 눈물을 주체하지 못한다. 셀림 외즈도간Selim Özdoğan이 2005년에 발표한 이 소설은 터키의 시골에 살면서 부인과 일찍 사별하고 자녀들을 혼자 키운 아버지와, 아버지가 가장 사랑하던 딸로 사랑 없는 결혼을 하고 남편을 따라 독일로 이주해서 살아가는 귈의 이야기를 담고 있다. 네자트는 궐의 캐릭터 속에서 아버지와 특별한 관계를 맺고 있으면서 낯선 곳에서 살아가는 자신의 모습을 발견한 듯하다. 알리의 눈물은 책에 대한 공감뿐 아니라, 거리가 멀어진 아들에 대한 그리움도 의미한다. 반면, 네자트는 수잔네와의 대화 속에서 알리와의 어린 시절 에피소드를 기억해 낸다. 신에게 아들을 바치려고 했던 아브라함을 기리는 터키의 축제 바이람Bayram에 대한 설명 끝에, 네자트는 자신의 어린 시절에 신을 적으로 만들더라도 자신을 보호하겠다고 한 알리의 말을 떠올린다. 이로써 알리와 네자트는 각자 서로에 대한 애정을 상기하고 화해할 계기가 생겨난다. 영화의 마지막 장면은 네자트가 알리를 하염없이 기다리는 모습으로 끝나지만, 영화가 끝난 후에 결국 알리가 돌아오고 두 사람이 화해의 포옹을 할 것이라는 점은 어렵지 않게 추측할 수 있다. 이전까지 두 사람의 관계가 가족이라는 이름으로 억지로 묶여 있다는 인상을 주었지만, 이제 두 사람은 훨씬 강하고 근원적인 사랑으로 연결되어 있다.

로테의 죽음 이후 수잔네와 로테의 화해는 수잔네에 의해서만 가능하다. 더욱이 수잔네가 읽은 로테의 일기장을 보면 로테는 마음 속으로 이미 수잔네와 화해를 한 것으로 보인다. 로테가 죽은 후 읽은 일기장에는 다음과 같은 내용이 실려 있다. "내 길을 힘껏, 용기 있게 가고 싶다. 엄마는 종종 제대로 이해하지 못한다. 그것이 정말 이상하다. 엄마도 예전에 똑같았는데. 의도한 것은 아니며 엄마의 과거에 대해서는 조금씩 듣고 있을 뿐인데, 놀랍게도 내가 엄마와 비슷한 길을 걷고 있다는 걸 알고 있다." 수잔네가 젊은 시절에 히치하이킹으로 인도에 다녀온 적이 있다는 사실을 관객은 뒤늦게 알게 되는데, 로테 역시 독일에서 아이텐을 만났을 때막 인도에서 돌아왔다고 말한다. 수잔네는 이제 자신과 가정에만 매몰된 중산층으로 보이지만, 젊은 시절에는 68세대로서 개인과 사회의 변혁에 관심이 많았을 것임을 추측하게 한다. 이런 과거의 정체성은 로테의 죽음 이후 다시 발현되고, 그녀는 로테가 그랬던 것처럼 아이텐을 지원하기로 결심한다. 아이텐의 대체 어머니가 된 수잔네는 위에서 언급한 것처럼 네자트가 아버지와의 화해를 결심하는 계기도 제공한다. 이슬람 문화권에서 바이람 축제로 기념하는 아브라함과 얽힌 사건은 성서를 통해서 기독교 문화권에도 널리 알려진 이야기다. 영화의 인물들은 타인과의 만남을 통해 가족의 소중함을 다시 깨닫고 화해한다. 여기에서 이루어지는 화해는 일시적인 것이 아니라 근본적인 것이며, 이슬람과 기독교의 이분법을 뛰어넘고, 개인적인 차원을 넘어 사회적인 성격을 띤다. 이는 화해가 죽음을 기반으로 이루어진 것이며, 자신의 혈육이 아닌 사람과의 연대로 이어지기 때문이다.

영화는 알리, 예테르, 네자트를 통해서 터키 이주민들의 모습을 세분화해서 보여준다. 이 과정에서 이들의 사회적, 개인적 삶의 다양한 모습을 섬세하게 제시하고 있는 것은 이 영화의 큰 장점이다. 알리는 경제적으로는 안정되었지만 정서적으로는 새로운 사회에 정착하지 못한 이주민 1세대를 대표한다. 그는 최소한의 독일어만 하면서 터키식 생활 방식을 고수하면서 살고 있다. 예테르는 경제적인 이유로 독일에서 매춘부로 일한다. 고국의 가족을 부양하기 위해서 타향에서 몸을 바쳐 일하는 1세대의 현실을 반영한 인물이다. 반면 네자트는 독일 사회에 성공적으로 적응한 2세대 인물로, 독문과 교수가 되어 독일 문화의 상징인 괴테에 대한 강의를 한다. 그럼에도 안정적인 일자리를 포기하고 터키에 정착

하는 모습을 통해서, 영화는 2세대에게도 존재하는 고향, 문화적
뿌리에 대한 그리움을 표현한다. 독일문학을 전공한 네자트에게
독일은 자신의 정체성을 규정하는 중요한 요소이지만, 그것이 터
키에 대한 배제를 의미하는 것도 아니며, 정체성을 규정하는 유일
한 요소도 아니다. 터키에서 인수한 독일 서점에서 일하는 그의 뒤
에는 페루 출신의 작가 이사벨 아옌데Isabel Allende와 마리오 바르가
스 요사Mario Vargas Llosa의 포스터가 보인다.(Bradshaw 2008) 여기에
서 제3세계 작가에 대한 네자트의 호감을 엿볼 수 있다. 그는 아버
지의 죄를 대신 갚기 위해서 아이텐을 찾아 터키로 떠나고, 마지막
에 아버지를 찾아감으로써 정의와 용서를 상징하는 인물이 된다.
정의와 용서가 가지고 있는 보편성은 그를 국가 문화의 틀을 초월
한 인물로 만든다.

〈천국의 가장자리〉는 "사랑, 죽음, 악마 삼부작" 중 두 번째 영
화로, 죽음을 주제로 삼지만 비관적인 영화가 아니다. 예테르와
로테는 사고 때문에 허무할 정도로 누구도 예상하지 못한 죽음을
맞이하지만, 이들의 죽음은 수잔네와 네자트는 물론 알리와 아이
텐으로 하여금 기존의 현실을 뛰어넘어서 자신을 재구성하는 계
기로 작용한다. 절망적인 상황 속에서 생겨나는 새로운 관계와 자
기규정의 힘을 믿는다는 점에서 이 영화는 오히려 낙관적이다.

2.2.3. 〈심판〉

원제   : Aus dem Nichts
감독   : 파티 아킨Fatih Akin
시나리오 : 파티 아킨Fatih Akin
카메라 : 라이너 클라우스만Rainer Klausmann
편집   : 앤드류 버드Andrew Bird
음악   : 피아 호프만Pia Hoffmann
주연   : 디아네 크루거Diane Kruger(카챠 쉐케르치 역), 데니스 모스키토Denis
       Moschitto(다닐로 파바 역), 누만 아카르Numan Acar(누리 쉐케르치
       역), 라파엘 산타나Rafael Santana(로코 쉐케르치 역), 사미아
       챈크린Samia Chancrin(비르깃 역)
제작사 : Warner Bros. Filmproduktion GmbH(Hamburg), Bombero
       International GmbH & Co KG i.G.(Hamburg)
개봉연도 : 2017
상영시간 : 106분

　1부 "가족". 핸드헬드로 찍은 결혼식 장면으로 영화가 시작한다. 홈비디오로 담은 이 결혼은 교도소에서 열린 것이라는 점에서 특별하다. 금발의 카챠와 터키계(정확히 말하자면 쿠르드족 출신) 독일인 누리는 문신으로 그려 넣은 반지로 사랑을 약속한다. 현재 시점으로 전환한 영화는 함부르크의 한 거리에서 카챠와 아들 로코가 누리의 사무실로 가는 장면을 보여준다. 출옥한 후 누리는 터키인들을 상대로 여행, 통역 등의 업무를 하는 사무실을 운영하고 있다. 로코를 누리에게 맡기고 친구와 사우나를 다녀온 후 다시 사무실로 돌아오던 카챠는 사고로 폐허가 된 사무실을 발견하고, 곧 로코와 누리가 사제 폭탄 테러로 사망했다는 소식을 듣는다. 경찰은 이주민 사이의 세력 다툼을 의심하지만, 카챠는 극우 세력("나치")의 행위라고 확신한다. 그녀의 생각대로 극우파 조직

원인 에다 뮐러와 아담 뮐러가 용의자로 체포된다.

2부 "정의". 법정 공방이 시작된다. 뮐러 부부의 변호사는 그들이 사제 폭탄을 만든 창고에 아무나 들어갈 수 있다는 점을 강조한다. 그리고 에다를 직접 목격했다는 카챠의 증언을 그녀가 가끔 마약을 한다는 이유에서 신뢰성이 없다고 주장한다. 또한 범행 시기에 뮐러 부부가 그리스에 있었다고 진술하는 그리스인 호텔 주인을 증인으로 세운다. 이에 대해 검찰과 카챠의 변호사는 범인이 뮐러 부부가 아닐 가능성이 매우 희박함을 여러 증거를 들어 설명한다. 그리고 호텔 주인 역시 극우정당 소속으로 사건이 일어나기 전부터 뮐러 부부를 알고 있었을 가능성이 높음을 입증한다. 최종적으로 법정은 증거 불충분으로 뮐러 부부에게 무죄를 판결한다.

3부 "바다". SNS에 올린 포스트를 보고 뮐러 부부가 그리스에 있다는 것을 안 카챠는 혼자 그리스의 펜션에 도착하고, 곧 해변가의 캠핑카에서 묵고 있는 뮐러 부부를 찾아낸다. 카챠는 그들이 그랬던 것처럼 사제 폭탄을 제작해서, 이들이 조깅으로 캠핑카를 비운 틈을 타서 차량 아래에 넣어 놓는다. 하지만 돌아오기 전에 다시 폭탄이 든 가방을 꺼내서 떠난다. 자신의 변호사가 재심을 청구하자는 전화를 받고 다음 날 아침에 그를 독일에서 만나기로 약속하지만, 실제로 이 시각에 카챠는 다시 뮐러 부부의 캠핑카를 찾아간다. 그리고 폭탄이 든 가방을 숨기는 것이 아니라, 폭탄을 메고 캠핑카 문을 열고 들어간다. 문이 닫히고 곧이어 폭탄이 터진다.

〈심판〉[7]은 시작과 동시에 경쾌한 음악과 환호하는 사람들, 핸드헬드 카메라의 흔들림을 통해서 전달되는 밝고 들뜬 분위기로 교도소에서 진행되는 두 주인공의 결혼식 장면을 보여준다. 문신으로 반지를 대체한 이들은 가진 것은 없지만 서로를 열렬하게 사랑한다. 그리고 영화는 바로 몇 년을 건너뛰어 아들 로코와 함께 길을 건너는 카챠의 모습을 보여준다. 신호를 무시하는 차를 향해서 욕을 하는 그녀의 모습은, 결혼식 장면의 첫인상을 다시 한 번 각인시킨다. 이제 가정을 이루고 한 아이의 어머니로 살아가지만 그녀는 여전히 경쾌하고 자유로우며 틀에 매이지 않는 인물이다. 남편 누리의 사무실에서 다른 터키 남성들을 대하는 거리낌 없는 태도에서도 이것을 느낄 수 있다.

카챠가 사무실을 떠나 친구와 사우나를 즐기는 동안, 사무실 앞에서 폭탄 테러가 일어난다. 관객들은 테러의 원인에 대해 아무런 추론을 할 수 없을 만큼 영화는 이 사건에 대한 배경정보를 알려주지 않는다. 경찰의 조사 과정을 통해서 관객은 살해된 누리와 카챠에 대해서 조금씩 알아간다. 경찰은 누리가 과거에 마약 거래로 복역한 사실을 바탕으로 지금도 마약 거래에 관여하고 있을 가능성을 높게 본다. 슬픔에 빠진 카챠는 동시에 이런 경찰의 수사 방향에 분노한다. 피해자가 마치 범죄자처럼 다루어지기 때문이다. 테러의 원인을 알지 못하는 관객은 범인이 나치라는 카챠의 단정에도 쉽게 동의할 수 없다. 이 역시 경찰이 누리를 의심하는 것만큼이나 구체적이고 확실한 증거가 없는, 선입견에 근거한 것으로 보이기 때문이다. 하지만 곧 용의자가 체포되고 그녀의 단정

---

7 원제 〈Aus dem Nichts〉는 한국어로 "기습적으로"로 번역할 수 있다.

이 옳았음이 확인된다. 경찰이 용의자로 뮐러 부부, 즉 아담과 에다 뮐러를 체포할 수 있었던 것은 아담 뮐러의 아버지가 창고에서 사제 폭탄을 만들 수 있는 재료를 발견했기 때문이다. 이제 뮐러의 변호사와, 검찰 및 카챠의 변호사가 벌이는 법정 공방이 영화의 핵심이 된다.

뮐러의 변호사는 여러 가지 방법으로 뮐러 부부가 범인이라고 단정할 수 없다는 점을 강조한다. 가장 핵심적인 논점은 최근에 마약을 복용한 경험이 있기 때문에 카챠의 증언에 신빙성이 떨어진다는 것이다. 카챠의 변호사는 그녀가 가족을 잃은 슬픔을 달래기 위해서 소량의 마약을 복용했다고 말한다. 영화에서 그녀가 처음 마약을 복용한 것은 정확히 말해서 시어머니와의 언쟁 중이다. "가족"이라는 첫 장의 제목은 이중적이다. 그녀는 가족을 잃고 슬퍼하지만, 그런 그녀에게 더 큰 아픔을 주는 것도 역시 가족이다. 시부모는 아들과 손자를 터키에 묻겠다고 하고, 장례식장에서도 카챠가 손자를 잘 돌봤다면 그가 아직 살아 있을 것이라고 비난한다. 카챠의 어머니 역시 카챠와의 논쟁 중에 그녀가 죽은 남편과 살면서 이상하게 변했다고 말해서 카챠를 분노하게 한다. 이런 과정에서 그녀에게 지속적으로 힘이 되는 유일한 존재는 결혼식에서 증인을 섰던 변호사 친구뿐이다.

관객의 입장에서는 뮐러 부부에 대한 무죄 판결은 예상치 못한 사건이다. 뮐러 부부가 사건 당시에 그리스에 있었다는 호텔 주인의 증언이 거짓일 가능성이 높다는 것은 그들이 이미 오래전부터 네오나치 단체를 통해 아는 사이였으며, 숙박명부 역시 쉽게 조작할 수 있다는 점에서 쉽게 유추할 수 있다. 또한 폭탄을 제조한 재료에서 뮐러 부부의 지문 외에 다른 지문이 더 발견되었다고 해도 이들이 폭탄을 제조하고 범행을 저질렀을 가능성은 너무나 크다. 하지만 법원의 판결은 100퍼센트의 확신이 아니라면 무죄로 추정해야 한다는 원칙을 따른다. 늦어도 바로 이 지점에서 관객은 카챠의 분노를 이해하고, 그녀의 편에 서게 된다. 사실 감옥에 수감된 에다 뮐러가 법정으로 이동하는 장면을 본 이후, 관객은 그녀가 범인임을 알고 있다. 처음 카챠가 경찰과 용의자에 대해 대화를 나누는 장면에서, 영화는 슬로우 모션으로 에다의 얼굴을 미디엄 클로즈업으로 보여주고, 뒷좌석에 작은 가방을 실은 자전거를 보여주었다. 화면 주변은 흐릿하게 처리해서 이것이 회상 장면이라는 것을 보여주지만, 에다와 자전거의 모습은 또렷하다.(도판 5,

도판 5. 〈심판〉

도판 6. 〈심판〉

6) 따라서 누가 범인인지 알고 있는 카챠와 관객의 입장에서 결국 뮐러 부부가 무죄 판결을 받는 법정 공방은 정의가 이루어지지 못하는 과정을 보는 것과 마찬가지이다.

법정에서 용의자 뮐러의 아버지가 증언대에 선다. 그는 아들이 아돌프 히틀러를 숭배하는 세계관을 가지고 있고, 이 때문에 서로 멀어졌다고 말한다. 그리고 재판 중에 아들을 대신해서 한다며 카챠에게 사과한다. 휴정 중에 법원 앞에서 카챠를 만난 그는 자신의 집에 놀러오라는 말을 건네기도 한다. 그리고 경찰에 신고할 때부터 이미 아들이 범인임을 알고 있었다는 말을 덧붙인다. 영화는 여기에서 세대 간의 차이를 지적한다. 아담 뮐러 아버지의 태도에서 알 수 있는 것처럼 극우주의 사상을 배격하고, 자신이 저지르지 않은 죄에 대해서 도덕적으로 책임감을 느끼고 사죄하는 그의 모습은 전형적인 68세대의 그것이다. 하지만 그런 아버지와 달리 아들은 극우사상을 신봉한다. 무엇이 두 세대 사이의 차이를 만들었는지에 대해서 영화는 아쉽게도 더 이상 언급하거나 암시를 주지 않는다. 범죄자가 아니라 희생자의 관점을 철저하게 따르는 이 영화의 한계이기도 하다.

"바다"라는 제목의 마지막 장이 시작될 때, 관객은 그리스에 온 카챠의 계획을 알지 못한다. 하지만 그녀가 뮐러 부부를 찾아내고 펜션에서 폭탄을 제조하는 장면을 통해서, 카챠 역시 동일한 방법으로 복수하려 한다는 사실을 깨닫는다. 첫 번째 암살 시도를 보여주는 영화의 방식은 흥미롭다. 캠핑카에서 나온 뮐러 부부는 당당하게 몸을 풀고 조깅을 하면서 화면에서 사라진다. 반면 모자를 쓴 카챠는 몰래 캠핑카에 다가가서 바닥에 폭탄 가방을 넣어놓고, 자신의 발자국을 지운다. 카챠는 부감으로, 뮐러 부부는 앙각으로 촬영한다. 이로써 시각적으로 카챠의 행동은 정당하지 못한 것으로 묘사된다. 사실 정당성의 결여는 법적으로 본다면 당연하다. 어쨌든 법원은 뮐러 부부에게 무죄판결을 내렸고, 사적인 린치는 법치국가에서는 허용하지 않기 때문이다. 숨어서 이들이 돌아오기를 기다리던 카챠는 갑자기 폭탄 가방을 다시 꺼내 오고 숙소로 돌아간다. 그녀가 무슨 생각을 하는지 알 수 없다. 다만 이후 다시 생리를 시작하고 변호사와 재심 청구를 하겠다는 전화 통화를 통해서 그녀가 개인적 복수를 포기하고, 다시 법정 투쟁을 하려는 것이 아닌가 하는 추론을 하게 한다. 그렇지만 영화의 결말은 이런 예상을 뒤엎는다. 뮐러 부부가 조깅을 마치고 돌아온 후, 카챠는 폭탄 가방을 메고 당당히 캠핑카 안으로 들어간다. 그리고 관객은 곧이어 폭발음과 함께 화염에 싸인 캠핑카를 보게 된다. 그녀가 첫 번째 테러 시도를 하지 않은 이유가 설명된다. 당당하게 복수하겠다고 결심한 것이다. 화염에 싸인 캠핑카를 비추던 카메라는 하늘로 올라가다 상하가 바뀐 바다의 모습을 보여준다. 서정적 음악이 흐르고 마지막으로 자막이 제시된다. "2000년부터 2007년 사이에 NSU[8]의 단원들은 독일에서 이주배경을 가진 아홉 명의 시민과 한 명의 경찰을 사살했고, 여러 차례에 걸쳐 폭탄 테러를 감행했다. 테러의 이유는 오로지 테러의 대상이 된 이들이 독일 출신이 아니라는 것뿐이었다."

영화는 "눈에는 눈, 이에는 이"라는 구약 성서의 정의를 다시

---

8 "국가사회주의 지하조직Nationalsozialistischer Untergrund"의 약자로, 히틀러의 사상을 신봉하는 극우파 테러조직이다. 2011년에 공식적으로 그 존재가 알려졌으며, 테러를 주도한 인물인 베아테 채페는 2018년에 무기징역을 선고받았다.

살려낸다. 법이 정의를 실현하리라 기대하기 어렵다고 본 것이다. 이런 인식은 재판 과정을 보아 온 관객으로서 어렵지 않게 추체험할 수 있다. 그렇지만 3부에서 카챠가 개인적으로 복수를 진행하는 것은 뜻밖의 전개다. 복수를 준비하는 과정에서 카챠는 자신의 정체를 숨겨야 한다. 그녀의 입장에 선 관객들은 그녀가 들키지 않기를 바라면서 준비 과정을 따라간다. 여기에서 영화는 문제를 제기한다. 왜 카챠는 무언가 잘못된 일을 하는 것처럼 받아들여지는가? 그녀가 첫 번째 시도를 접은 후, 남편과 아이를 잃은 다음 처음으로 생리를 한다는 사실은 중요하다. 다시 삶의 영역으로 돌아온다는 징표이기 때문이다. 그녀에게 삶이란, 법이라는 제도에 매이지 않고, 자신이 정의라고 생각하는 것을 실천하는 삶이다.

　여주인공 카챠에 집중한 영화의 전략은 성공적이었을까? 연기의 측면에서는 의심의 여지없이 그렇다. 사랑에 빠진 젊은 금발의 대학생에서 남편과 아들을 잃은 미망인, 복수를 계획하는 전사와 같은 모습까지, 많은 언론이 호평한 대로 디아네 크루거의 연기는 카챠의 다양한 모습을 설득력 있게 보여주었다. 그녀가 칸 영화제에서 여우주연상을 받은 것은 논란의 여지가 없는 결정이었다. 그렇지만 연기와는 별개로 영화의 전체적 구조를 생각했을 때, 피해자와 그의 정서에 집중한 영화의 선택은 한 가지 결정적인 문제를 만들어낸다. 그것은 영화가 지속적으로 암시하는 실제 사건과의 유사성 때문이다. 영화의 기반이 된 사건은 2004년 6월 9일 쾰른에서 있었던 폭탄 테러 사건이다. 터키인들이 운영하는 상점이 많은 거리에서 벌어진 이 테러로 22명이 부상을 당한다. 무엇보다 특정인을 목표로 하지 않았기 때문에 독일 경찰은 이 사건이 테러와는 무관하다고 파악했으며, 여러 정황에도 불구하고 NSU의 소

행이라는 것을 밝혀내지 못했다. 뿐만 아니라, 영화 속 에다 뮐러
는 NSU의 핵심인물인 베아테 제페Beate Zschäpe, 영화 속 뮐러 부부
의 변호인은 실제 제페의 변호인인 올라프 클렘케Olaf Klemke의 외
모와 상당히 유사하다.(Baumgartner/Pilarczyk 2017)

　이런 배경을 아는 관객에게는 영화의 세 번째 부분인 "바다"에
서 전개되는 개인적 복수극은 현실에서 좌절된 법적 정의를 환상
적인 방식으로 해소하는 대용물이다. 아킨은 핵심인물을 터키인
이 아니라 금발의 독일인로 설정한 이유에 대해서, 복수를 관객이
진지하게 받아들이게 하기 위해서라고 밝혔다. 만일 그녀가 터키
인이라면 폭력적 해결을 당연한 것으로 받아들였을 것이 때문이
라고 덧붙였다.(Aydemir 2017) 그렇지만 1부와 2부에서 강조한 현
실과의 밀접한 연관성이 3부에서는 사라짐으로써 영화의 통일성
에 균열이 생긴다는 사실은 부인할 수 없다. 이 통일성의 상실은 3
부의 내용을 일반적으로 가능한 복수의 한 형태로 읽히기보다, 현
실에서 이루어지지 못한 문제의 폭력적이며 비극적 해결로 해석하
게 한다. 극우파 테러에 대한 답변으로 사적 응징을 제안하는 영
화의 논리는 NSU 테러에 대한 반응으로서 이 영화를 읽는 관객에
게는 당혹스럽게 다가온다.

2.3. 톰 티크베어

　노르트라인베스트팔렌 주의 부퍼탈Wuppertal에서 태어나고 그곳에서 성장한 톰 티크베어는 영화광으로 청소년기를 보낸다. 그는 중고등학교를 다니면서 아르바이트로 영화관 상영기사 일을 하기도 한다. 대학 진학을 앞둔 시기에 영화학교 입학이 거부되자, 베를린으로 이주해서 영화관 프로그래머와 영사기사로 일하면서 단편영화를 촬영한다. 이 과정에서 이후 영화감독으로서 활동하는 데 중요한 역할을 하는 동료들을 만난다. 프랑크 그리베Frank Griebe와 슈테판 아른트Stefan Arndt가 대표적인 인물이다. 그리베는 이후 현재까지 티크베어의 모든 영화에서 카메라를 담당하고 있으며, 아른트는 제작을 맡고 있다. 두 사람 역시 티크베어와 마찬가지로 영화관 프로그래머였다는 공통점이 있다. 티크베어는 현재 활동 중인 감독 중에서 영화학교에서 공부한 경력 없이 관객과 평론가로부터 주목받는 영화를 제작하는, 매우 드문 경우에 속한다.

　단편영화를 통해서 자신의 영화세계를 만들어 가던 29세의 티크베어는 1993년 공영방송 ZDF의 지원을 받아서 텔레비전 영화인 〈치명적인 마리아Die tödliche Maria〉를 감독하는데, 이 영화는 같은 방송국의 〈작은 텔레비전극Das kleine Fernsehspiel〉 시리즈를 통해서 방송된다. 애정 없는 결혼생활을 하면서 동시에 병들고 권위적인 아버지를 모시며 사는 마리아는 나무 인형에게 자신의 고민과 소망을 이야기하며 단조로운 삶을 살아간다. 이웃에 사는 소심하고 내성적인 남자인 디터를 알게 되면서 그녀의 삶에 한 줄기 빛이 비친다. 기이한 우연의 결과로 아버지와 남편이 죽고, 그녀에게는 새로운 삶이 시작된다. 이 영화는 무엇보다 실험적인 카메라 기법과 과감한 서사 전개로 호평을 받았으며, 보다 좋은 환경 속에서 제작될 영화에 대한 기대를 불러일으켰다.(Hamacher 1993) 다음 해, 그는 동료 감독인 볼프강 베커, 다니 레비, 그리고 제작자 슈테판 아른트와 함께 X-Filme Creative Pool이라는 제작사를 설립한다. 이는 1990년대 초반 침체된 독일 영화계의 환경을 극복하고 새로운 영화를 안정적으로 제작하고자 하는 젊은 영화인들의 의지가 반영된 결과물이다. 미국의 유나이티드 아티스츠United Artists[9]의 모범에 따라 설립된 이 제작사는 젊은이들의 감성을 반영하는, 실제 삶에 가까운 영화, 그리고 독일뿐 아니라 해외의 관객들도 공감할 수 있는 영화를 제작하고자 했다.(Schlicht/Stachelhaus 2013, 7) 데이비드 클라크David Clarke는 X-Filme Creative Pool의 목표를 다음과 같이 정리한다. 첫 번째, 제작자, 작가, 감독 사이의 협력 구조를 만들고, 이들의 관계를 증진시킨다. 두 번째, 개성적이고 도전적인 동시에 어느 정도 규모의 독일 관객을 극장으로 불러들일 수 있는 재미있는 독일영화를 만든다. 세 번째, 완성된 영화에 대한 예술가의 통제력을 향상시킨다.(Clarke 2006, 4) 실제로 이 목표가 실현된 것은 제작사의 네 번째 영화이자, 티크베어의 두 번째 장편 극영화 〈롤라 런Lola rennt〉(1998)을 통해서였다.

X-Filme Creative Pool에서 감독한 첫 번째 영화 〈겨울잠을 자는 사람들Winterschläfer〉에서 독일 알프스 지역인 베르히테스가든Berchtesgaden의 산악지대를 배경으로 다섯 명의 20대 젊은이들의 삶

---

9 1919년 찰리 채플린, 더글러스 페어뱅스, 메리 픽포드, 데이비스 W. 그리피스에 의해서 설립된 영화사로, 거대 스튜디오의 간섭 없이 이들 감독과 배우들이 제작한 영화를 극장에 배급하기 위한 목적으로 설립되었다.

과 사랑을 그려냈던 티크베어는 〈롤라 런〉을 통해서 이전 독일 영화에서 보기 힘들었던 역동성과 에너지를 담아낸다. 〈롤라 런〉의 성공은 이후 티크베어의 필모그래피에 큰 영향을 준다. 애초에 X-Filme Creative Pool은 안정적 제작 기반을 마련하기 위해서 해외 투자자를 적극적으로 유치하는 것을 목표로 삼았는데, 〈롤라 런〉의 성공으로 미국의 중견 제작사인 미라맥스^Miramax와 협력 관계를 구축하게 된다. 티크베어는 지금까지도 X-Filme Creative Pool의 최대 흥행작인 〈롤라 런〉으로 국제적인 명성을 얻는다.

갱단 두목에서 큰 돈을 빚진 남자친구 마니를 위해 돈을 마련하고자 백방으로 노력하는 여자친구 롤라의 이야기를 담은 〈롤라 런〉은 다양한 영상기법과 빠른 사건 전개를 통해 독일뿐 아니라 해외의 관객들에게 큰 호응을 얻고 있다. 영화의 기본 서사는 새로울 것이 없다. 티크베어는 영화에 긴장감을 불어 넣기 위해서 몇 가지 장치를 삽입한다. 롤라가 마니를 구할 수 있는 시간은 20분뿐인데, 이 상황은 세 번 반복된다. 처음 두 번의 구출 시도는 각각 롤라와 마니의 죽음으로 끝나지만, 마지막 에피소드에서는 그들이 원했던 것이 이루어진다. 영화의 시작은 동화적 보이스오버를 통해서 인간 존재, 정체성을 묻는 인간에 대해 언급한다. 여기에서 카메라는 다양한 인물들을 사이를 방황한다. 이 영화에서는 다양한 영상 기법이 활용된다. 크레인 장면, 스테디캠, 360도 촬영 등의 카메라 기법뿐 아니라, 영화가 담는 주요 인물에 따라서 35mm 영화 필름, 비디오 카메라, 흑백 영상, 연속 사진 장면 등 다양한 포맷을 사용한다. 롤라가 돈을 구하기 위해 뛰어다니는 장면은 테크노 음악과 함께 숏의 길이를 짧게 해서 긴박감을 불러일으킨다. 〈롤라 런〉에서 눈에 띄는 것은 이런 빠른 흐름 사이에 있는 정적인 장면들이다. 첫 번째 에피소드가 롤라의 죽음으로 끝나고, 곧 이어서 두 사람이 침대에 누워서 대화하는 장면이 나온다. 두 사람은 서로의 관계와 사랑의 의미에 대해서 토론을 벌이는데, 대화가 끝나는 시점에서 롤라는 마니를 사랑하는 자신의 마음을 느끼고 그를 구하기 위해서 다시 뛰기 시작한다. 마니의 죽음으로 끝나는 두 번째 에피소드에서는 역시 롤라와의 대화를 통해서 마니가 아직 죽을 때가 아니라는 판단을 하게 된다. 빠른 속도로 진행되는 개별 에피소드를 연결하는 정적인 장면들은 〈롤라 런〉이 속도를 강조하지만, 느린 리듬의 장면 역시 영화에서 매우 중요한 역할을 담당한다는 것을 알 수 있다.

다음 작품인 〈공주와 전사Der Krieger und die Kaiserin〉[10](2000)는 〈롤라 런〉과는 달리 전반적으로 느린 리듬으로 진행된다. 정신병동에 근무하는 시씨와 그녀가 사랑하게 된 퇴직 군인 보도의 이야기를 다루는 이 영화는 티크베어의 고향인 부퍼탈에서 촬영했으며, 2000년 베니스 영화제 경쟁부문에 출품되었다. 우연과 운명에 의해서 서로에 대한 사랑을 발견하게 되는 두 사람의 이야기는 동화 같으면서, 동시에 심리 드라마로서의 성격 묘사가 두드러진다.

다음 영화는 그의 경력에서 처음으로 독일이 아닌 지역에서, 독일어가 아닌 다른 언어를 사용하는 배우들과 제작한다. 별세한 폴란드 출신의 거장 크지슈토프 키에슬로프스키Krzysztof Kieślowski(1941~1996) 감독의 시나리오를 바탕으로 제작된 〈헤븐Heaven〉(2002)은 이탈리아를 배경으로 마약을 거래하는 기업인에

---

10 원제 〈Der Krieger und die Kaiserin〉은 〈전사와 여제〉라는 의미다. 〈공주와 전사〉는 영어판 제목의 번역으로, 2019년 국내에 DVD가 출시되었다.

게 폭탄 테러를 시도했지만 무고한 인명을 살해하게 된 영국인 필리파(케이트 블랑셰 역)와 그녀의 통역을 담당하던 젊은 경찰 필리포의 이야기를 담고 있다. 필리파의 공격 대상이었던 기업인에게 매수를 당한 경찰은 마약으로 죽은 이들을 대신해서 복수한 것이라는 필리파의 진술을 무시하고, 정치적 배후를 밝히라고 강요한다. 하지만 그녀의 진정성을 믿은 필리포는 그녀가 경찰서를 탈출하게 도와준다. 둘은 필리파가 어린 시절을 보낸 몬테풀치아노에서 숨어 지내며 사랑을 나눈다. 하지만 곧 경찰이 들이닥치고 두 사람은 헬리콥터를 훔쳐서 보이지 않을 때까지 하늘로 올라간다. 필리파는 자신의 신념에 따라서 폭력을 행사할 수 있는 결단력이 있는 사람인 동시에 의도치 않은 희생에 진심으로 아파하는 심성의 소유자다. 강한 인물인 필리파를 도와주는 필리포는 소년 같은 인상의, 조용하고 섬세한 인물이다. 그는 자신만이 아는 경찰서 건물의 구조를 활용하고, 경찰의 추적 동선을 미리 예측해서 필리파를 무사히 탈출시킨다. 그렇지만 이들이 영원히 경찰의 추적으로부터 자유로울 가능성은 현실적으로 존재하지 않는다. 이탈리아에서 외부로 나가는 길은 모두 막혀 있고, 두 사람의 지인들은 모두 의심을 받고 있는 상황이다. 마지막 장면은 그들이 훔친 헬리콥터가 하늘로 올라가는 장면을 보여준다. 아래에서 위를 올려다보는 각도로 찍은 이 장면은 헬리콥터가 점점 작아져서 사라질 때까지 긴 시간 동안 지속된다. 영화의 처음에 헬리콥터 조정을 컴퓨터 시뮬레이션으로 배우던 필리포는 헬리콥터가 무한히 수직상승할 수 없다는 말을 듣는다. 하지만 영화는 이 말과는 반대로 끝이 난다.

다음 작품인 〈향수Das Parfum〉(2006)와 〈인터내셔널The

International〉(2009) 역시 국제적인 캐스팅과 로케이션을 특징으로 한다. 두 영화 모두 이전 영화와는 달리 감독 자신이 직접 집필하지 않은 시나리오를 바탕으로 제작되었다. 〈향수〉는 세계적으로 2천만 부 이상 판매된 독일 작가 파트리크 쥐스킨트Patrick Süskind의 베스트셀러를 기반을 제작된 영화로, 독일의 대표적인 상업영화 제작자인 베른트 아이힝어Bernd Eichinger가 각본 및 제작에 참여했으며, 더스틴 호프만Dustin Hoffman, 앨런 릭먼Alan Rickman 등 국제적으로 유명한 배우들, 그리고 독일의 대표 배우들(코리나 하포흐 Corinna Harfouch, 카롤리네 헤어푸르트Karoline Herfurth 등)이 참여했다. 영화는 주인공 그르누이Grenouille의 특성인 뛰어난 후각, 그리고 영화의 배경이 되는 18세기 프랑스의 모습을 뛰어난 영상미를 바탕으로 화면에 옮긴다. 영화는 대체로 원작에 충실하다는 평가를 받지만, 소설에서 보이는 주인공 그르누이의 광기가 영화에서는 완화되어서 표현되었다는 점은 자주 지적받는 지점이다. 영화에서는 그가 처음 살인을 한 여인의 모습이 플래시백을 통해서 여러 차례 등장하는데, 이는 관객으로 하여금 여인의 향기를 얻기 위한 살인이 그르누이가 사랑을 갈구하는 마음의 다른 표현 방식이라는 해석을 유도한다. 매혹과 공포를 동시에 불러일으키는 소설 속 그르누이가 영화에서는 사랑을 갈구하다 죽음을 선택하는 인물로, 동정의 대상이 되는 것이다.

〈인터내셔널〉은 정치 스릴러의 모범을 충실히 따른다. 할리우드와 독일의 자본으로 제작되었으며, 국제적 스타인 클라이브 오웬Clive Owen과 나오미 왓츠Naomi Watts가 주연을 맡았다. 2009년 베를린 영화제 개막작으로 상영되면서 처음 공개되었다. 이익을 위해서는 전쟁을 마다하지 않는 국제 금융자본의 음모와 이를 저지하려는 인터폴과 미국 검찰의 대결을 흥미진진하게 보여준다. 〈인터내셔널〉이 개봉한 2009년에 티크베어는 다른 12명의 독일 감독들과 함께 옴니버스 영화 〈독일 09. 국가의 상태에 대한 13개의 짧은 영화들Deutschland 09. 13 Kurze Filme zur Lage der Nation〉을 제작한다. 이 영화에 티크베어도 〈파이어리히 씨 여행하다Feierlich reist〉라는 단편영화로 참여한다.

〈쓰리Drei〉(2010)는 오랜만에 다시 독일에서 작업한 영화로 40대 초반의 나이로 활발하게 사회활동을 하지만, 동시에 죽음과 외도 등 현실적인 문제를 고민하는 독일인들의 모습을 그려내면서 그들이 꿈꾸는 사랑에 대해 탐구한다. 주제 면에서 초기 영화와 맥락을 같이 하는 영화이다. 다음 작품은 국제 합작영화인 〈클라우드 아틀라스Cloud Atlas〉(2012)로, 〈매트릭스Matrix〉 시리즈로 유명한 워쇼스키Wachowski 자매가 공동 감독으로 참여했다. 여섯 개의 시간과 공간을 넘나드는 대작으로 영국 출신의 작가 데이비드 미첼David Mitchell의 동명 소설을 원작으로 삼았다. 원작과 달리 동일 배우를 여러 에피소드에 등장시켜서 이야기 사이의 연관성을 높이고, 과거, 현재, 미래가 서로 연결되어 있다는 메시지를 강조하는 시나리오는 워쇼스키 자매와 티크베어가 함께 썼다. 2012년 개봉한 이 영화는 독일 제작사가 참여한 영화 중에서 가장 많은 제작비가 든 영화로 간주된다. 이 영화에는 "역사적 항해 영화, 1970년대 풍의 정치 스릴러, 문화비판적 소극, 예술 영화, 디스토피아적 사이언스 픽션"(Koll 2012) 등 다양한 장르가 녹아 있으며, 시대를 넘나드는 서사의 스케일, 생동감 있는 영상, 잘 짜인 시나리오는 이 영화의 장점이다.

티크베어는 〈클라우드 아틀라스〉를 제작하면서 친분을 쌓은 배우 톰 행크스Tom Hanks와 다음 영화인 〈홀로그램 포 더 킹Ein Hologramm für den König〉(2016)에서 다시 작업한다. 사우디아라비아에 홀로그램을 이용한 통신 시스템을 판매하기 위해서 온 매니저 앨런 클레이는 자신에게 지워진 기대의 부담, 가정의 불화, 이전 프로젝트의 실패 등으로 많은 스트레스를 겪고, 병원 신세까지 진다. 하지만 이 과정에서 알게 된 운전기사 유세프와 병원에서 만난 여의사 하킴은 그에게 새로운 삶의 가능성을 열어준다. 유세프의 순수한 우정은 고립된 그의 심리 상태를 치유하고, 하킴과는 다시 가정을 꾸릴 용기를 얻는다. 한때 잘나갔던 매니저가 불가능에 가까운 업무를 맡고 추락하는 과정을 잘 보여주고 있는데, 반면 사랑을 통한 해결은 동화 같은 반전은 비판의 대상이 되기도 한다.(Spreckelsen 2016)

2016년부터 2년 동안 티크베어는 새로운 도전을 시작한다. 처음으로 TV 시리즈물의 감독을 맡은 것이다. 〈바빌론 베를린Babylon Berlin〉은 독일의 유료 채널인 스카이에서 제작해서 두 번의 시즌 동안 진행되었다. 1920년대의 베를린을 배경으로 한 범죄물이며, 독일뿐 아니라 유럽의 혼란스러운 정세 속에서 국제적으로 벌어지는 음모와 범죄를 다룬다. 다음에서는 〈공주와 전사〉, 〈향수〉, 〈쓰리〉를 보다 자세히 분석한다.

2.3.1. 〈공주와 전사〉

원제   : Der Krieger und die Kaiserin
감독   : 톰 티크베어Tom Tykwer
시나리오 : 톰 티크베어Tom Tykwer
카메라   : 프랑크 그리베Frank Griebe, 마냐 페터스Manja Peters
편집   : 마틸데 본포이Mathilde Bonnefoy
음악   : 톰 티크베어Tom Tykwer, 조니 클리멕Johnny Klimek, 라인홀트
           하일Reinhold Heil
주연   : 프랑카 포텐테Franka Potente(시씨 역), 베노 퓌어만Benno
           Fürmann(보도 역), 요아힘 크롤Joachim Król(발터 역), 라스 루돌프Lars
           Rudolph(슈타이니 역), 멜시오르 베슬론Melchior Beslon(오토 역)
제작사   : X Filme Creative Pool GmbH(Berlin)
개봉연도 : 2000
상영시간 : 135분

정신병원에서 근무하는 젊은 간호사 시씨는 다른 사람들을
위해 헌신하는 태도 때문에 동료와 환자들에게 사랑받는다. 남
자 환자 중 몇, 특히 슈타이니와 맹인인 오토는 그녀에게 절대적
으로 의지하며, 환자와 간호사 이상의 친밀한 관계를 보인다. 퇴
직하고 프랑스 해변가에 사는 한 동료는 시씨에게 편지를 보내서
어머니의 유품을 자기 대신 은행에서 찾아주기를 부탁한다. 부탁
을 받고 오토와 함께 은행에 가던 시씨는 화물차에 치이는 사고
를 당한다. 한편, 전직 군인인 보도는 일자리를 구하고 있다. 그
는 물건을 훔치고 달아나다가 자동차 사고를 내는데, 이 사고로
다친 사람이 시씨다. 죽음의 위기 앞에 놓인 그녀를 보도가 응급
처치로 구하고 난 후 조용히 다시 사라진다. 병원에서 퇴원한 시
씨는 자신의 구원자를 수소문하다가 마침내 형 발터와 함께 은
둔자처럼 살고 있는 보도를 찾아낸다. 하지만 은행 강도를 준비

하고 있던 형제는 그녀의 방문을 거부한다. 거기에다가 보도는 자신의 부인이 자살로 세상을 떠난 아픈 경험을 간직하고 있다. 두 형제가 은행에서 돈을 훔치던 날, 계획과 달리 경비원과 대치하는 상황이 발생한다. 이때 다시 은행에 유품을 찾으러 왔던 시씨는 무엇에 홀린 듯이 긴박하게 대치하고 있는 은행의 지하금고로 가서, 보도를 도와 발터와 함께 탈출한다. 이 과정에서 발터는 총에 맞아 병원에 이송되고, 보도는 그녀를 따라서 정신병원에서 환자로 행세하며 숨지만, 다른 환자들의 의심과 텔레비전의 강도 사건 보도로 은둔 생활은 오래 가지 못한다. 결국 슈타이니의 제보로 정신병원에 경찰이 들이닥치는데, 보도와 시씨는 건물에서 뛰어내려 위기를 모면하고, 프랑스에 있는 친구에게 무사히 도피한다. 시씨에게 마음을 열지 않던 보도도 정신병원을 탈출하는 과정에서 그녀를 받아들인다.

〈공주와 전사〉는 〈롤라 런〉으로 새로운 독일영화의 기수가 된 티크베어의 세 번째 장편 극영화로, 2000년 베니스 영화제 경쟁부분에 출품되었으며, 2001년 독일 영화상 최우수영화 부문에서 은상을 수상한다. 〈롤라 런〉과 마찬가지로 이 영화 역시 다양한 카메라 기법을 사용하면서, 인간의 일상적인 지각으로는 경험할 수 없는 세계를 보여준다. 이런 티크베어 영화의 특징은 도입부부터 분명히 드러난다. 시씨의 옛 동료가 부친 편지가 프랑스에서 시씨가 근무하는 병원까지 전달되는 과정이 빠른 템포의 몽타주로 제시된다. 역시 초반부의 사건, 즉 보도가 물건을 훔친 후 부퍼탈 시내를 도주하는 장면은 빠른 전자음악이 동반되면서 〈롤라 런〉을 연상시키기도 한다. 그렇지만 〈공주와 전사〉는 전반적으로 느린 영화다. 영화의 핵심 장면은 절제된 리듬 속에서 진행되며, 주인공인 시씨는 말과 행동이 모두 느린 인물이다.(롤라를 연기했던 프랑카 포텐테가 시씨 역을 맡았다.) 보도와 시씨의 첫 만남은 상황의 긴박함과는 달리 차분한 시씨의 보이스오버와 함께 이루어진다. 시씨는 트럭에 치인 상태에서 트럭 아래에 혼자 누워 있다. 보도는 기도가 막혀서 아무런 말도 하지 못하고 죽음의 위기에 처해있는 그녀를 발견하고, 즉석에서 기도에 구멍을 내고 빨대를 꽂아서 인공호흡을 한다. 이 장면은 주변의 소음이 제거된 상태에서 몽환적으로 진행된다. 시씨의 보이스오버는 이 장면에 회상의 성격을 부여한다. 이로써 관객은 그녀가 이 위기를 극복하고 살아있음을 알고 있다. 따라서 영화가 의도한 것은 관객이 시씨의 생사 여부에 대해 긴장하는 것이 아니라, 두 사람의 특별한 첫 만남 그 자체에 집중하는 것이다. 긴박한 상황 속에서 그녀는 보도에게서 좋은 냄새, 페퍼민트향이 났다고 이야기한다. 여기에서 암시되는 것은 시씨의 핵심적인 특징으로 제시되는 감각적 인지이다. 그녀는 논리적, 이성적 사고가 아니라 감각적, 직관적 사고를 하는 인물이다.

하지만 시씨를 구하고 난 후 보도는 사라진다. 정신병원 안에서의 삶밖에 모르는 그녀는 보도 같은 사람과 함께라면 병원이 아닌 외부의 삶도 가능하겠다는 생각을 한다. 그리고 보도를 찾아나선다. 사고 현장에 있었던 시각장애인 오토는 보도가 총포상에서 나오는 소리를 기억하고, 이를 바탕으로 보도의 주소를 알아내서 그를 찾아간다. 발터와 함께 운동 중이던 보도에게 다가가며, 그녀는 먼저 말을 걸지 않고 손을 내밀어 그의 어깨를 만진다. 보도는 공격적인 태도로 그녀의 목을 누른다. 시씨는 언어가 아닌 육체를 통한 접촉을 한다. 보도는 그녀의 위에서 그녀를 제압하고

목을 누른다. 이 상황은 첫 번째 만남과 동일하지만, 두 번째 만남에서 시씨에 대한 보도의 태도는 무관심을 넘어서 적대적이기까지하다. 시씨와 보도는 모두 자신의 환경 속에 갇힌 인물이다. 정신병원에서 태어나고 자란 시씨에게 그곳은 그녀의 전부였다. 보도는 발터와 공생 관계에 있다. 발터는 부인과 사별 후 트라우마를 겪고 있는 그를 부모와 같은 태도로 보살핀다. 보도에게는 발터가 없는 삶은 상상할 수 없으며, 오스트레일리아로의 도주 역시 공동의 목표이자 꿈이다. 영화는 부퍼탈이라는 도시를 공간적 배경으로 하지만, 두 주인공은 시 외곽에 있는 병원과 집에서 고립된 생활을 하고 있다. 도시는 이들에게는 온갖 위험이 도사리고 있는 곳이지만, 두 사람의 첫 만남에서도 알 수 있듯이 예측할 수 없는 새로운 가능성을 내포하고 있다.(Schuppach 2004, 153)

이제 시씨는 보도와의 새로운 관계를 타진한다. 느리고 감각적인 방식, 즉 그녀가 그동안 살아온 방식을 그대로 유지하면서 보도를 알아가려 한다. 이에 대한 보도의 반응 역시 일관된다. 그에게는 발터 이외에 다른 사람이 필요하지 않다. 발터 또한 시씨의 접근을 못마땅하게 생각한다. 보도를 진심으로 돌보는 것은 사실이지만, 그는 이 역할을 통해서 자신의 존재감을 느낀다. 시씨의 아버지는 그녀가 근무하는 정신병원의 환자이고, 어머니는 간호사로 근무하다가 사고로 사망했다. 이 두 가지 정보는 영화 속에서 나름의 비중을 가지고 전달된다. 이것은 시씨의 닫힌 세계에 대한 설명이자, 그녀가 돌보던 슈타이니의 폭력성에 대한 정보도 담고 있다. 나중에 시씨가 깨달은 것처럼 어머니의 죽음은 슈타이니 때문이었다. 반면 발터와 보도의 경우 이들의 부모가 누구였으며 어떤 관계였는지는 영화 속에서 언급되지 않는다. 보도에게는 발터가 아버지이자 어머니이며, 이 의존관계는 상호적이다. 보도 없이 발터는 존재할 수 없으며, 발터 없이 보도도 존재할 수 없다. 시씨 역시 정신병원이라는 부조리한 닫힌 세계 안에서 살고 있지만 그곳에서 그녀는 환자들뿐 아니라 동료들에게도 절대적인 신뢰를 받고 있는 "여제"와 같은 존재이다. 특히 오토와 슈타이니는 그녀에게 특별한 애착을 보인다. 보도의 발터, 시씨의 오토와 슈타이니는 두 사람이 과거로부터 결별하고 새로운 시작을 하는 것을 방해한다. 영화는 아무리 사랑에 근거한 관계라고 하더라도, 새로운 것을 위해서는 과거의 것이 자리를 내주어야 함을 주장한다.(Schuppach 2004, 69) 이런 관점에서 봤을 때 시씨가 보도를 찾아 나선 것은 이전까지의 삶의 틀을 뛰어넘는 주체적인 행동이다.

그녀의 주체성은 보도와의 세 번째 만남에서 한 말에서 잘 드러난다. "트럭 아래에서 일어난 일이 무언가를 의미하는지, 아니면 그저 우연이었는지 난 알아야 해. 나는 내 삶이 변화해야 하는지, 그리고 네가 그 이유인지 알고 싶어." 은행 강도가 실패로 돌아간 후, 시씨는 보도를 정신병원에 숨기고, 다음과 같이 이야기한다. "우린 꿈에서 같이 있었어. 우리는 형제이자 자매, 어머니와 아버지, 부인과 남편이었어. 우리 둘은 둘 다였지." 이 대화의 끝에 보도는 자신의 부인이 죽은 것은 사고가 아니라 다툼 후에 스스로 목숨을 끊은 것이었다고 털어놓는다. 이 대화 장면에서 카메라는 두 사람을 360도로 돌아가면서 촬영한다. 그렇지만 이 장면을 롱테이크로, 즉 한 컷으로 찍지 않고, 많은 쇼트로 나누어 촬영했는데, 쇼트 간의 연결을 페이드 아웃-페이드 인 기법으로 처리한다.(도판 7, 8) 두 사람을 보여주는 방식이 동일하기 때문에, 시씨의 말처럼 둘은 하나처럼 보인다. 시씨의 꿈에서 두 사람은 서

도판 7. 〈공주와 전사〉

도판 8. 〈공주와 전사〉

로 다른 역할로 서로를 보완하는 것이 아니라, 하나의 역할을 같이 수행하는 완벽한 커플이다.

두 사람의 관계를 질투한 슈타이니는 보도를 살해하려 하지만 실패하고, 이제 보도는 도망치는 슈타이니를 따라 옥상으로 올라간다. 마침 도착한 경찰을 피할 수 있는 방법은 없어 보인다. 이때 시씨는 보도에게 손을 내밀고 두 사람은 손을 잡고 옥상에서 뛰어내린다. 이 장면에서 보도는 시씨에 대한 믿음을 처음으로 보여준다. 그들이 떨어진 곳은 연못으로, 두 사람은 이후 무사히 도주한다. 그렇지만 이들의 도주가 이렇게 긍정적으로 전개될 것이라는 점을 보도는 뛰어내리는 순간에는 전혀 알 수 없다. 시씨가 어떤 의도를 가지고 있는지, 언어를 통해서 명확하게 표현하지 않기 때문이다. 그 대신 그들은 추락을 육체적으로 경험하고, 이 경험을 통해서 두 사람의 사랑은 최종적으로 확인된다. 이렇듯 위험을, 경우에 따라서는 죽음도 감수하는 행위로서의 추락은 이 영화에서 중요한 역할을 담당한다. 두 사람의 사랑은 이전까지 일방적인 것이었지만 이제 시씨에 대한 보도의 믿음이 확인되었다. 언어적, 이성적 소통이 아님에도 시씨를 믿고 낙하한 것은 보도가 그녀의 삶의 방식, 사랑의 방식을 인정했기 때문이다. 그렇지만 보도는 아직까지 과거의 기억으로부터 자유롭지 않다. 다음 날 도주하는 중에 들린 주유소는 부인의 자살 사고가 있었던 바로 그곳이다. 여기에서 보도는 자신의 새로운 자아를 만난다. 새로운 자아는 굳은 표정으로 눈물을 흘리며 운전을 하는 과거의 자아를 관찰한다. 과거의 자아는 시씨의 위로조차 거부한다. 새로운 자아는 과거의 자아를 차에서 내리게 하고 자신이 운전대를 잡는다. 혼자 남겨진 과거의 자아를 데리러 오는 버스는 그의 형 발터가 운전하고 있다. 이 버스에 타면서 과거의 자아는 현실 세계와 이별하고, 새로운 자아는 시씨의 손을 잡고 더 이상 눈물을 흘리지 않으면서, 편지를 보낸 친구가 있는 프랑스 해변의 집으로 향한다.

〈공주와 전사〉는 티크베어 초기 영화의 특징을 잘 보여준다. 주제 면에서 운명적이며 무조건적인 사랑에 대한 믿음, 모티브 면에서 추락 또는 비행의 이미지의 핵심적 역할, 카메라 기법 면에서 인간의 인지로부터 분리된 빠른 전개는 이전 영화인 〈롤라 런〉, 〈헤븐〉에서도 공통적으로 나타나는 티크베어 영화 미학의 핵심이다. 〈공주와 전사〉 역시 이런 특징을 통해서 유토피아적 면모를 보인다. 시씨와 보도는 각자 덫에 걸린 것처럼 과거의 유산에 얽매

여있다. 하지만 운명적 만남을 통해서 덫에서 탈출하고자 하는 시도를 한다. 영화는 불가능해 보이는 두 사람의 탈출을 보여주는 데 대부분의 시간을 할애한다. 어찌 보면 낭만적인 멜로드라마와 유사하다. 하지만 슐립하케Schlipphacke의 지적처럼 그의 영화에는 대부분의 멜로드라마가 전제하고 있는 근대사회에 대한 불안은 보이지 않는다.(Schlipphacke 2006, 135) 〈공주와 전사〉는 이성 간의 사랑이 급진적인 변화를 이루어낼 수 있음을 역설한다. 이 변화는 최종적 상태는 아니다. 보도와 시씨가 이제 어떤 삶을 꾸려 나가게 될지 관객은 알지 못한다. 영화가 긍정하는 것은 과거의 틀을 벗어나서 진정한 유토피아로 이행하는 데 필요한, 변화에 대한 용기이다. 〈공주와 전사〉는 과거의 자아와 이별하고 모든 것을 새롭게 시작하는 영화적 유토피아를 그리고 있다.

2.3.2. 〈향수〉

원제   : Das Parfum – Die Geschichte eines Mörders
감독   : 톰 티크베어Tom Tykwer
시나리오 : 앤드류 버킨Andrew Birkin, 베른트 아이힝어Bernd Eichinger, 톰
           티크베어Tom Tykwer
카메라   : 프랑크 그리베Frank Griebe
편집   : 알렉산더 베르너Alexander Berner
음악   : 톰 티크베어Tom Tykwer, 조니 클리멕Johnny Klimek, 라인홀트
           하일Reinhold Heil
주연   : 벤 워쇼Ben Whishaw(장 밥티스트 그르누이 역), 앨런 릭맨Alan
           Rickman(앙트완 리치 역), 레이첼 허드 우드Rachel Hurd-Wood(로라
           역), 더스틴 호프만Dustin Hoffman(주세페 발디니 역), 카롤리네
           헤어푸르트Karoline Herfurth(자두 파는 소녀 역)
제작사   : Constantin Film Produktion GmbH(München), Castelao
           Producciones S.A.(Madrid), Nouvelles Éditions de Films
           S.A.(Paris)
개봉연도 : 2006
상영시간 : 148분

1738년 파리의 어시장에서 태어난 그르누이는 고아원에서 자
란다. 태어날 때부터 주변의 냄새에 예민한 반응을 보였던 그는
후각을 통해서 세상을 인지한다. 다른 아이들은 이런 그를 기피한
다. 13세에 그는 무두장이에게 팔려 간 그는 수년 간 힘든 삶을 묵
묵히 이겨 내다가, 물건을 파리 시내에 배달하는 기회를 얻는다.
이때 그는 도시의 화려한 향, 그리고 우연히 만난 자두를 파는 소
녀의 향기에 마음을 빼앗긴다. 그녀의 체취를 가까이에서 맡으려
다 우발적으로 그녀를 살인한 그는 이후 향기를 보존하는 방법에
매달린다. 이를 위해 향수업자인 발디니의 제자가 돼서, 향수는 최
고의 향기를 내는 한 가지 용액을 포함해서 13개의 액체로 구성된

다는 사실을 배운다. 그르누이는 그에게 좋은 향수를 만들어주는
대가로 증류를 통해 향기를 보존하는 기술을 배운다. 그렇지만 증
류의 한계를 곧 알게 된 그르누이는 발디니를 통해서 세계 최고의
향수를 제작하는 남프랑스 도시 그라스와, 향기를 추출하는 다른
방법인 냉침법에 대해 듣게 된다. 그라스로 가는 길에 동굴에서 생
활하게 된 그는 자신에게는 아무런 냄새가 없다는 사실을 발견하
고 절망한다. 그라스에서 냉침법을 배운 그는 매춘부부터 12명의
여인을 살해하고 그 향기를 모은다. 그는 13번째 대상으로 그라스
에서 가장 아름다운 여인인 로라를 선택한다. 로라의 아버지는 그
녀를 남자로 변장시켜서 도시 밖으로 대피시키고, 빠른 시일 안에
결혼을 시키려고 하지만, 로라의 향기를 따라온 그르누이는 결국
그녀를 살해하고 완벽한 향수를 완성한다. 살인범으로 체포되어
죽음을 눈앞에 두었지만 그가 이 향수를 사용하는 순간, 모든 사
람이 그를 숭배하고 용서하며 육체적 쾌락에 빠진다. 향수를 가지
고 자신이 태어난 파리의 어시장으로 돌아온 그는 모든 향수를 자
신의 머리에 붓고, 주변에 있던 부랑민들은 사랑하는 마음으로 살
아 있는 그를 흔적도 없이 먹어 치운다.

　이 영화는 1985년에 출간되어서 독일뿐 아니라 세계적인 베
스트셀러가 된 소설『향수』를 영화화했다. 국내외의 많은 감독들
이 영화화에 관심을 보였지만 원작자 파트리크 쥐스킨트(1949~　)
는 계약을 거부하다가, 2001년 독일의 제작자 베른트 아이힝어
(1949~2011)에게 판권을 넘긴다. 아이힝어는 뮌헨텔레비전영화
학교 출신으로, 1970년대에는 빔 벤더스, 한스위르겐 지버베르
크 등 뉴 저먼 시네마 감독의 영화를 제작했으며, 이후〈끝없는

이야기〉(1884), 〈장미의 이름〉(1986), 〈레지던트 이블〉(2002), 〈몰락〉(2004) 등 대작 상업영화의 제작자로 명성을 얻었다. 〈향수〉의 판권을 확보한 그는 감독으로 톰 티크베어를 지목하고, 〈장미의 이름〉에서 함께 시나리오 작업을 했던 앤드류 버킨Andrew Birkin, 티크베어와 공동으로 시나리오를 집필한다. 영화 제작에는 약 3년의 시간과 6천만 유로의 자본이 투자되었으며, 더스틴 호프만Dustin Hoffman과 앨런 릭먼Alan Rickman과 같은 국제적 스타들이 기용되었다. 티크베어는 이 영화를 통해서 처음으로 문학작품을 영화화한다. 영화 〈향수〉를 평가하는 데 베스트셀러인 원작 소설과의 비교는 피할 수 없는데, 시나리오 집필에 제작자와 전문 시나리오 작가가 함께 참여했다는 점에서 티크베어의 개성은 제한적으로 반영되었을 것이라는 가정을 할 수 있다. 전반적으로 〈향수〉에는 티크베어 영화로서의 특징과 대작 상업영화로서의 특징, 다른 말로 아이힝어 영화로서의 특징이 공존한다.

『향수』의 영화화 과정에서 가장 관심을 끄는 두 가지 측면은 주인공 그르누이의 성격화, 그리고 향기의 영상화이다. 그 이유는 이 두 가지가 원작 소설의 개성을 가장 잘 드러내면서, 동시에 전형적인 상업영화의 문법과는 잘 어울리지 않는 요소이기 때문이다. 소설의 주인공 그르누이는 최고의 향기를 얻기 위해서 수단방법을 가리지 않는 냉혈한이다. 이런 그르누이의 캐릭터는 관객의 공감을 얻어서 주인공으로서 대형 상업영화를 끌고 가기에는 부족하다. 향기의 영상화라는 측면에서 봤을 때는 시청각 매체인 영화가 소설의 핵심인 후각적 요소를 어떻게 표현할 수 있는지에 대한 관심을 불러일으킨다.

그르누이 역은 제작 당시에는 무명에 가까웠던 영국 배우 벤

위쇼Ben Whishaw(1980~)가 맡았다. 위쇼가 연기한 그르누이는 자신만의 세계에 갇혀서 향기에만 몰두하는 캐릭터로, 예민하고 사회로부터 유리된 인물을 잘 표현했지만, 소설 속 그르누이처럼 기괴하고 사이코패스적인 면모를 가지고 있지 않다. 각색 역시 그르누이를 이해할 수 있고 동정심을 유발하는 인물로 변모시켰다. 자두 파는 소녀를 살해한 사건이 이후 어떻게 다루어졌는지 살펴보면 이런 변화를 뚜렷하게 인지할 수 있다. 10대의 그르누이는 무두장이 밑에서 고된 노동을 하다가 처음으로 파리 시내로 배달을 나간다. 다양한 향기에 매료되어 파리의 밤거리를 걷던 그르누이는 자두를 파는 소녀의 향기에 끌려 그녀의 집까지 쫓아간다. 그녀의 향기를 가까이에서 맡으려던 그는 자신을 발견하고 놀란 소녀가 소리를 지르지 못하게 입을 막다가 우발적으로 그녀를 살해한다. 영화 속 살인의 우발성은 소설과 차이를 보인다. 소설의 그르누이는 향기를 하나라도 놓쳐서는 안 된다는 생각에 사로잡혀서, 거의 무의식적으로 그녀의 목을 조르고 살해한다.(쥐스킨트 1995, 60) 영화에서 이 소녀는 죽은 후에 세 번에 걸쳐 그르누이의 상상에 등장한다. 이를 통해서 영화는 그르누이가 그녀를 그리워하고 있다는 사실을 강조하며, 만일 그르누이가 사회적인 소통방식을 알았다면, 그래서 소녀가 지닌 향기에 대한 호기심을 다른 식으로 표현할 수 있었다면 향기에 대한 병적 집착은 생기지 않았을 것이라는 암시를 준다.

이런 암시가 가장 강하게 작동하는 것은 세 번째 환상에서이다. 13명에 대한 살인죄로 처형을 당하기 직전, 그르누이는 궁극의 향수를 사용해서 그의 죽음을 보기 위해 모인 군중들을 환각의 상태로 빠트린다. 이 향수는 그 냄새를 맡는 사람들에게 황홀경을 선사하고, 육체적 기쁨을 추구하게 만든다. 하지만 그르누이 자신은 정작 이런 향수의 효과를 느끼지 못하고, 군중을 관찰할 뿐이다. 군중들 사이에 놓여 있던 자두 바구니가 쓰러지면서 그르누이의 환상은 시작된다. 그는 다시 한 번 자두 소녀를 살해하던 그 장소로 돌아간다. 하지만 이번에는 그는 뒤가 아니라 앞에서 그녀를 바라보고 그녀의 손을 잡는다. 소녀는 포옹을 하며 우는 그르누이를 위로하고, 두 사람은 키스를 한다. 이 장면을 상상하면서 현실의 그르누이는 눈물을 흘린다. 이 모든 것은 환상일 뿐이라는 사실은 죽어 있는 소녀의 모습을 삽입해서 강조된다. 다시 현재로 돌아온 영화는 마지막으로 살해된 로라의 아버지가 칼을 들고 그르누이에게 다가오는 장면으로 넘어간다. 그르누이는 아무런 저항을 하지 않고, 죽음을 받아들일 자세다. 하지만 향수의 효과로 로라의 아버지는 오히려 그에게 용서를 빌고 그를 포옹한다.

처형장에서 그르누이는 자신의 잘못을 인식하고 처벌을 받으려는 자세를 보인다. 그렇지만 향수의 효과로 인해서 속죄가 이루어지지 못한다. 이렇듯 향수는 현실을 왜곡한다. 따라서 마지막에 그가 향수를 모두 사용해서 자살하는 것은 그의 시각에서는 당연한 행동이다. 이를 통해서 그가 원하는 두 가지, 사랑과 죽음을 모두 얻을 수 있기 때문이다. 영화의 그르누이는 자신이 한 행동에 대해서 반성과 후회를 한다는 점에서 소설의 그르누이와의 큰 차이를 보인다. 영화 속 그르누이는 모두 14명의 여성을 살해했는데 첫 번째인 자두 소녀 살인이 지속적으로 강조된다. 이는 첫 단추를 잘못 끼웠기 때문에 이후 그릇된 방향으로 그르누이가 자신의 존재를 확인하려고 했다는 해석을 유도한다. 이를 통해서 영화는 관객이 그르누이에게 감정이입까지는 아니더라도 동정심을 갖게 한다. 공감 가능한 인물로 그르누이를 변화시킨 것은 이를 제외하면 대체로 소설의 내용을 충실하게 반영한 각색의 가장 큰 특징이며, 상업영화로서의 〈향수〉의 특징이 잘 드러난 설정이다. 각색에서 두드러지는 또 하나의 특징은 시간 순서에 따라서 연대기적으로 진행되는 원작과 달리 영화는 그르누이가 사형 선고를 받는 장면부터 시작한다는 점을 들 수 있다. 관객으로 하여금 현재 상태에 대한 의문을 불러일으키고, 플래시백을 통해서 의문에 대한 해답을 제공하는 방식은 상업 영화, 특히 스릴러나 범죄물에서 많이 사용되는 전형적인 방식이다.

각색 과정에서의 그르누이 캐릭터의 변화가 상업영화적 특징, 다른 말로 아이힝어의 특징이 반영된 것이라면, 향기와 후각의 영상화에서는 티크베어의 개성이 뚜렷하게 드러난다. 영화의 도입부에는 그르누이의 출생을 다루면서 파리의 어시장을 묘사한다. 소설에서 "왕국에서도 가장 악취가 심한"(쥐스킨트 1995, 11) 곳으로 묘사된 이곳의 냄새를 표현하기 위해서 영화는 토막 난 생선의 머리와 내장, 도살당하는 돼지, 인간의 토사물 등 다양한 대상을 클로즈업과 디테일 숏으로 잡고, 〈롤라 런〉의 편집을 연상시키는 매우 빠른 속도의 편집을 활용한다. 이처럼 영화는 악취를 풍기는 대상과 빠른 편집을 통해서 냄새를 느끼게 하고, 냄새의 속성을 표현한다. 또한 자유롭게 공간을 부유하는 카메라는 냄새를 표현하는데 효과적으로 투입된다. 특히 영화의 후반부에서 살인마를 피해서 몰래 도주하는 로라의 향기를 표현하는 장면은 티크베어의 영상미학을 통해 적확하게 표현된다.(남완석 2008, 95) 〈공주와 전사〉에서 보았듯이, 자유롭게 이동하는 카메라 기법은 티크베어

도판 9-12. 〈향수〉

와 그의 카메라맨 프랑크 그리베의 개성을 잘 드러낸다.[11] 티크베어/그리베의 카메라 기법이 향기를 효과적으로 시각화하고 있는 대표적인 장면이 바로 그르누이가 그라스를 떠난 로라를 추격하는 장면이다. 로라와 그녀의 아버지는 살인자의 추적을 피하기 위해서 일부러 이동 방향을 교란시켰음에도, 그르누이는 일반인의 후각으로는 인지가 불가능한 거리에서 로라의 향기를 맡는다. 이때 말을 타고 달리던 로라의 모자가 벗겨지면서 그녀의 긴 머리카락이 날리고 그녀가 뒤를 돌아보는 장면이 슬로모션으로 제시된다. 이 장면은 그녀가 그르누이의 추격을 벗어날 수 없을 것이라는 비극적인 예감을 관객에게 전달한다.(도판 9-12)

〈공주와 전사〉에서 인간의 일상적인 지각으로는 경험할 수 없는 시각 세계를 집중적으로 보여주었다면, 〈향수〉에서는 지각의 핵심이 이제 후각으로 바뀐다. 티크베어는 〈향수〉의 후각 세계를 자신의 영상 미학을 활용해서 적절하고 효과적으로 표현한다. 거대 자본이 투자된 영화에서도 나름의 개성을 보여줌으로서 티크베어는 이전에 독일에서는 찾기 어려웠던 감독의 위치에 오른다. 즉, 이 영화를 통해서 개성 있는 블록버스터를 만들 수 있는 감독으로 인정받은 것이다. 〈향수〉에 대한 평단의 반응은 호의적이지만은 않았다. 특히 앞에서도 지적한 그르누이의 감성적 캐릭터화와 그라스 군중들의 집단 섹스 장면의 묘사는 자주 비판의 대상이 되었다. 이 장면에서 그라스의 처형장에 모인 사람들은 향수의 위력 때문에 마치 최면 상태에 빠진 것처럼 주변 사람들과 사랑

---

11 프랑크 그리베는 티크베어의 초기 단편영화부터 시작해서 최신작인 〈바빌론 베를린〉까지, 대부분의 티크베어 영화에서 카메라를 담당했다. 따라서 티크베어 영화의 영상미는 그리베와 떼어 놓고 이야기할 수 없다.

을 나누는데, 생동감 없이 도식적으로 묘사되었다는 지적을 받기도 했다. 그럼에도 불구하고 이 영화는 흥행에서 큰 성공을 거둔다. 〈향수〉에서 입증된 티크베어의 역량은 2009년 영어로 촬영한 국제합작영화 〈인터내셔널〉의 감독을 맡는 기회를 제공한다. 이후 그는 〈클라우드 아틀라스〉(2012)라는 대작을 〈매트릭스〉의 워쇼스키 자매와 함께 감독하면서 국제적인 명성을 쌓아간다. 두 블록버스터 사이에 그는 독일과 독일인의 삶을 다루는 한 편의 영화를 발표하는데 이 영화가 〈쓰리〉(2010)다. 다음 장에서는 이 영화를 다룬다.

2.3.3. 〈쓰리〉

원제　　　: Drei
감독　　　: 톰 티크베어Tom Tykwer
시나리오 : 톰 티크베어Tom Tykwer
카메라　 : 프랑크 그리베Frank Griebe
편집　　　: 마틸데 본포이Mathilde Bonnefoy
음악　　　: 톰 티크베어Tom Tykwer, 조니 클리멕Johnny Klimek, 라인홀트
　　　　　 하일Reinhold Heil, 가브리엘 문시Gabriel Mounsey
주연　　　: 소피 로이스Sophie Rois(한나 블룸 역), 제바스티안 쉬퍼Sebastian
　　　　　 Schipper(지몬 역), 데비드 슈트리조Devid Striesow(아담 보른 역),
　　　　　 아네도레 클라이스트Annedore Kleist(로테 역), 앙겔라 빙클러Angela
　　　　　 Winkler(지몬의 어머니 힐데가르트 역)
제작사　 : X-Filme Creative Pool GmbH(Berlin)
개봉연도 : 2010
상영시간 : 119분

　　문화계 뉴스를 다루는 텔레비전 프로그램의 진행자 한나와 예술가들이 고안한 설치미술 작품을 대행제작하는 미술공학자 지몬은 20년째 커플이다. 그들은 여전히 서로 사랑하지만, 이제는 열정보다는 편안함으로 유지되는 관계다. 어느 날, 지몬은 어머니가 췌장암으로 살 날이 얼마 남지 않았다는 것을 알게 된다. 어머니는 자살을 기도하지만 식물인간이 된다. 어머니를 집으로 데려온 지몬은 얼마간 그녀를 돌보다가 연명장치를 끈다. 한나는 국가 윤리위원회 회의에서 줄기세포 연구자인 아담을 알게 되고, 여러 차례 우연히 그를 만나면서 그에 대해 관심을 갖는다. 결국 두 사람이 함께 하룻밤을 보낸 날, 지몬은 갑작스럽게 고환암 수술을 받는다. 병원에서 퇴원하고 어머니의 장례식이 끝난 후 지몬은 한나에게 정식으로 청혼을 하고 곧 두 사람은 결혼한다. 한나는 아담

과의 외도도 계속하는데, 이 시기에 지몬 역시 우연히 수영장에서 아담을 만난다. 지몬 역시 아담의 매력에 끌리고 곧 두 사람은 열정적인 육체관계를 갖는다. 한나와 지몬은 미술관에서 우연히 아담을 발견하고 둘 다 놀라서 자리를 피하기도 한다. 어느 날, 한나는 자신이 임신을 했다는 사실을 알게 되고 아담의 집으로 찾아가는데, 마침 그곳에 있던 반라의 지몬의 모습을 보게 된다. 당황한 한나는 런던으로 떠나고, 그곳에서 자신이 쌍둥이를 임신했다는 것을 알게 된다. 얼마 후 독일에서 다시 만난 한나와 지몬은 서로를 여전히 사랑하지만, 두 사람 모두 아담을 그리워한다고 서로에게 고백한다. 같이 아담의 집을 찾은 후, 세 사람이 평화롭게 한 침대에서 나체로 눕는다. 이들의 모습을 카메라가 위로 빠지면서 실험실 비커 속의 세포처럼 묘사하면서 영화는 끝난다.

2010년 베니스 영화제에서 초연된 티크베어의 일곱 번째 장편 영화인 〈쓰리〉는 베를린을 배경으로 40대에 접어든 세 인물을 주인공으로 이야기를 전개한다. 한나와 지몬, 아담은 직업상 문화 및 윤리와 밀접한 연관성을 가지고 살고 있으며, 영화는 이들 인물을 통해서 현대 독일 문화시민층의 사고와 삶의 방식을 보여준다. 아프가니스탄 전쟁, 줄기세포 연구, 히잡 착용의 찬반론 등을 둘러싼 세 사람의 대화를 통해서 영화는 시대정신을 보여주고자 하는 의도를 뚜렷하게 드러내며, 관객은 이를 통해서 독일 문화계의 주요 담론을 엿볼 수 있다.

한나와 지몬, 아담의 캐릭터를 살펴보자. 한나와 지몬은 사귄 지 20년이 된 커플로, 이제 40대로 접어든 나이이다. 오랫동안 안정적으로 관계를 유지해 왔지만, 결혼과 육아에는 애초부터 관심이 없다. 영화에서 경제적인 문제에 대한 언급이 전혀 없는 것으로 보아, 이들은 안정적으로 중산층의 삶을 살고 있음을 알 수 있다. 두 사람은 여가 시간에 함께 도이체스 앙상블에서 공연하는 연극, 즉 고급문화를 소비한다. 또 둘 중 한 사람이 즉흥적으로 새벽에 귀가하거나 며칠 간 집을 비워도 이를 크게 문제 삼지 않는다. 파트너 관계이지만 기본적으로 상대방의 사생활을 인정하고 존중하는 것을 알 수 있다. 이 두 사람 사이에 등장하는 아담은 자유롭고, 편견이 없으며, 적응력이 뛰어난 인물의 전형이다. 줄기세포 연구원이라는 직업, 즉 기존의 세포에 새로운 세포를 접목시키는 그의 활동은 그 자체로 충분한 상징성을 갖는다. 한나와 지몬이 이룬 파트너 관계라는 하나의 조직에 아담이 들어오면서 새로운, 제3의 관계가 만들어진다. 그는 양성애자이며, 축구, 유도, 요트, 수영, 합창 등 다양한 취미 활동을 하며, 자동차가 아니라 자전거와 오토바이, 지하철을 애용하고, 전자책으로 『모비 딕』을 읽는다. 거기에다 헤어진 전처와 따로 사는 아들과도 좋은 관계를 유지하고 있다.

　일반적인 삼각관계는 중심에 있는 한 사람과, 그와 성이 다른 두 사람 사이에서 발생한다. 그런데 〈쓰리〉의 삼각관계는 안정적인 이성 관계에 양성애자의 개입으로 생겨난다는 점에서 특이하다. 이 영화는 동성애와 양성애를 아무런 편견 없이, 둘 다 사랑의 한 형태로서 보여준다. 세 사람에게 동성애와 양성애는 서로 다른 의미를 가지고 있다. 먼저, 아담은 결혼해서 아들이 있지만, 지금은 이혼 또는 별거한 상태이다. 헤어진 부인은 여전히 그의 고민을 들어주고, 그를 이해하는 입장이다. 두 사람이 헤어진 이유는 아담의 양성애적 성향 때문이라고 추측할 수 있는데, 그것이

이들의 관계를 근본적으로 파괴하지 않는다. 다만 사회적 제도로
서의 결혼은 유지할 수 없는 상황이다. 반면, 자신만 외도하고 있
는 줄로 알았던 한나는 아담의 집에서 지몬을 발견하는 충격적인
경험을 한다. 런던에 있던 그녀가 다시 독일로, 지몬에게 돌아온
것은 사망한 지몬의 어머니도 함께 전시되어 있는 〈인체의 신비
Körperwelten〉[12] 전시회 때문이다. 지몬이 보낸 초대장을 가지고 온
그녀는 전시회에서 그를 다시 만나고 어렵지 않게 화해한다. 그녀
에게 지몬의 동성애와 아담의 양성애는 그다지 중요하지 않다. 그
녀가 받은 충격은 외도 그 자체에 있던 것으로 보인다. 마지막으
로 시몬은 스스로도 몰랐던 자신의 동성애 성향을 경험하고 약간
의 혼란을 겪지만 "생물학의 규정적 이해"로부터 자유로워지라는
아담의 말을 듣고, 자신의 상황을 받아들인다.

불륜과 외도에 그칠 수 있었던 세 사람의 관계는 한나의 임신
으로 결정적인 변화를 맞는다. 임신으로 인해 갈등이 해소되는 결
말은 그 갑작스러움 때문에 상투적일 수 있다. 많은 영화에서 임
신은 남녀 한 쌍 사이에 일어나는 일이며, 임신을 통해서 두 사람
간의 갈등이 해결된다. 하지만 〈쓰리〉에서 임신은 이와는 다르다.
세 사람의 사랑은 일반적으로 용인되지 않은 형태이며, 영화는 이
것이 도덕적으로 어떻게 봐야하는지 질문을 던진다. 그 이유는 첫
번째, 한나와 시몬이 아담을 만나면서 서로를 속였기 때문이고,
두 번째, 성인 세 명의 사랑은 〈쓰리〉에서처럼 한 사람을 양성애자
로 설정해야 가능하기 때문에 정상가정에 대한 기존의 관념을 벗

---

12 군터 폰 하겐스Gunther von Hagens 주최로 1995년에 시작한 전시회로, 방부처
리한 사체를 다양한 포즈로 보여준다.

어나기 때문이다. 영화의 전체적인 분위기는 세 주인공에게 호의적이다. 이들의 사랑은 우연적이면서 운명적인 것으로 그려진다. 세 사람의 우연한 만남이 마치 운명처럼 반복되기 때문이다. 한나는 아담을 윤리위원회에서 처음 본 후, 엘리베이터에서, 극장에서, 취재 중에 그를 다시 만나게 된다. 동성애에 편견이 없는 지몬은 고환암으로 한 쪽 고환을 제거한 후에 아담을 만나면서 그에게 한나로부터 얻지 못했던 성적 만족감을 경험한다. 고환의 제거는 남성성의 상실을 의미하는데, 이는 한나와의 성관계가 원활하지 못했던 지몬에게는 더 큰 위기로 다가왔다. 아담은 첫 번째 신체 접촉에서 지몬이 이런 콤플렉스를 벗어나는 데 도움을 주었다. 그런 점에서 지몬이 고환 수술을 한 지 얼마 지나지 않아서 아담을 만난 것 역시 우연인 동시에 운명적이다.

아담의 존재는 두 사람 모두에게 구원으로 다가온다. 시들해진 둘의 관계에도 새로운 에너지를 부여하기 때문이다. 따라서 위에서 던진 두 가지 질문, 외도에 대한 책임과 양성애의 문제는, 영화가 제시하는 논리를 따라갔을 때 도덕적으로 문제가 되지 않는다. 이미 관객이 두 주인공, 한나와 지몬에게 공감하도록 상황을 설정했기 때문이다. 오히려 관객의 관심은 어떻게 하면 세 사람이 모두 함께 행복하게 살 수 있는가 하는 것이다. 이런 면에서 봤을 때 〈쓰리〉에서 한나의 임신은 구원이 아니라 위기이다. 시몬과 아담, 두 남자 사이에서 적절한 관계를 유지하던 한나에게 아이의 아버지, 즉 더 밀접한 관계를 가지게 될 파트너가 생기는 것이기 때문이다. 그러나 영화는 아담이냐 지몬이냐는 질문을 한나가 쌍둥이를 임신한 것으로 해결한다. 이는 삼각관계의 전형적 결말을 승화하는 대안적 답변이다. 〈쓰리〉에서 여주인공 한나의 임신은 관습적이 아니라 창의적인 결말을 가능하게 한다.

〈쓰리〉는 아담을 만나 새로운 사랑을 하게 되는 두 사람, 즉 한나와 지몬의 내면세계를 세밀하게 보여주지 않는다. 예외적인 장면은 한나가 처음 아담의 집으로 갔을 때이다. 그녀는 화장실을 다녀온다고 하고, 창문을 통해서 몰래 건물을 빠져나가려고 한다. 하지만 건물의 구조를 잘 몰랐던 그녀는 아담의 손을 잡고 다시 집으로 돌아온다. 아담의 집에서 하룻밤을 보내고 집으로 돌아오는 택시 안에서 한나는 지난밤을 회상하며 자기도 모르게 웃음을 터트린다. 이 장면 이후로 외도가 한나에게 윤리적으로 문제가 되지 않는다. 많은 다른 영화는 달리 외도로 인한 내면의 변화가 영화에서 거의 다루어지지 않기 때문에, 이 영화는 새로운 경험을 통한 개인의 성장이나 성숙을 주제로 하지 않는다. 그보다는 이미 앞에서 언급한 수많은 문화 현상과 마찬가지로 외도, 또는 세 사람 간의 사랑 역시 자연스러운 현대 문화의 한 요소로 받아들일 것을 제안하고 있다.

영화의 마지막 장면은 지금까지의 모든 것이 일종의 실험이라는 것을 암시한다. 셋은 아담의 집에서 나체의 상태에서 서로에게 키스를 하고, 같은 방향을 바라보며 침대에 나란히 눕는다. 이 장면을 위에서 바라보던 카메라가 점점 뒤로 빠지면서 세 사람의 모습은 작아져서 결국 하나의 점이 되고, 이 점은 곧 실험실의 페트리 접시 속에 위치한다. 그리고 손이 나타나서 이 접시를 가져가면서 영화는 끝난다.(도판 13-16)

실험실에서 새로운 세포를 인공적으로 배양하는 것처럼, 이 영화는 당대 독일의 문화를 바탕으로 유토피아적인 새로운 세계관을 실험적으로 펼친다. 이런 방식으로 진행한 영화에 대한 메타

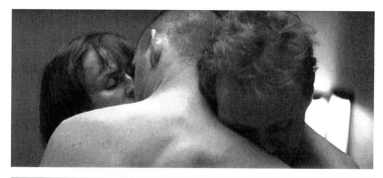

도판 13-16. 〈쓰리〉

성찰은 세 명의 인물에 공감하고 더 나아가 감정이입했던 관객에게 혼란을 줄 수 있다. 이 결말은 지어낸 이야기로서의 영화적 특성을 강조한다. 영화에 사용되는 자연스러운 감정이입 장치들(눈높이의 카메라의 위치, 클로즈업이나 숏-리버스숏, 효과음과 배경음악 등)은 관객으로 하여금 자신이 보고 있는 것이 실제로 일어나고 있는 일처럼 느끼게 한다. 더군다나 결말부에서 지금까지 관객이 본 것이 허구라는 것을 직접적으로 밝히는 것은 이런 현실감을 해체하고, 본 것의 진실성을 의심하게 한다. 하지만 티크베어는 관객이 가지고 있는 영화에 대한 태도가 단순히 감정이입의 도구로서 영화를 대하는 차원을 넘어선다고 본다. 그가 영사기사로서, 예술영화관의 프로그래머로서 본 많은 영화들은 영화학교를 다니지 않은 그가 풍부한 영화적 교양을 가질 수 있게 했으며, 이 교양의 핵심 내용은 영화 세계라는 허구와 이 허구가 가지는 힘에 대한 믿음일 것이다.

　세 사람이 만들어내는 대안적 파트너십은 미리 계획되고 구상된 것이 아니라, 우연히 생긴 가능성에서 나온 것이다. 이 가능성이 현실화될 수 있었던 것은 두 주인공이 기존에 살아왔던 삶과 밀접한 관련이 있다. 이들은 일반적으로 이상적이라 간주되는 삶의 모습, 즉, 직업적 성공, 부, 명예, 그럴듯한 가정 등에 관심이 없다. 이들을 규정짓는 것은 경제적이나 도덕적 요소가 아니라, 문화적 요소들이다. 이들의 직업이 이를 보여주며, 이들이 주로 머무는 곳이 영화관, 극장, 전시회 공간 등 문화 공간이라는 점이 이를 확인시킨다. 따라서 이들은 시민사회의 규범으로부터 어느 정도 자유로운 인물로 설정되어 있다. 〈쓰리〉는 한편으로 독일의 문화시민층의 현재와 가능성을 보여주며, 다른 한편으로는 이들에게 스스로 설정한 한계를 넘어설 것을 주문한다. 이 주문은 영화라는 문화적 형태로 제시된다.

〈쓰리〉는 전체적으로 봤을 때 〈롤라 런〉보다는 〈공주와 전사〉에 가까운, 숏의 길이만 놓고 본다면 비교적 느린 템포의 영화다. 그렇지만 〈쓰리〉의 영화 세계는 기법 면에서 다채롭다. 영화는 시작하면서 기차의 창밖에 있는 전선을 관찰하며 삶과 늙어감에 대한 철학적 독백을 들려주고, 분할화면을 통해서 한나와 지몬의 일상을 보여준다. 그리고 영화에는 다시 등장하지 않는 무용가 삼인의 안무를 통해서 세 명의 주인공이 만들어갈 영화의 주요 갈등을 짐작할 수 있게 한다. 한나, 지몬, 아담의 클로즈업이 영화 초반에 차례로 삽입되면서 세 사람의 내면세계에 대한 영화적 관심을 표현한다. 지몬의 어머니가 사망한 후에는 그녀의 환영이 지몬에 나타나기도 한다. 이런 형식 실험은 앞에서 언급한 영화의 마무리와도 잘 어울린다.

〈쓰리〉는 독일 문화시민층의 삶을 다루는 영화로서, 이들이 나누는 대화와 삶의 방식뿐만 아니라 영화적 형식에서도 개방성과 다양성을 보여준다. 이런 형식상의 특징이 영화 속에 완전히 녹아들었는지에 대해서는 논란의 여지가 있지만, 대규모 예산의 국제 합작영화 제작에 몰두했던 티크베어가 가지고 있는 독일 사회에 대한 예민한 감성을 볼 수 있다는 점에서 이 영화는 특별하다. 사랑의 힘은 자기 한계를 넘어설 것을 요구한다. 티크베어의 영화에 대한 사랑 역시 그로 하여금 어느 감독보다 더 많은 변화를 추구하게 하는 듯하다. 그런 점에서 티크베어는 새로운 작품으로 언제든지 관객을 놀라게 할 수 있는 감독이다.

2.4. 안드레아스 드레젠

안드레아스 드레젠은 1963년 구 동독 튀링겐 주 게라Gera에서 태어나고, 메클렌부르크포어포메른 주 슈베린Schwerin에서 자랐다. 그는 연극계에 종사하는 부모 아래 성장한다. 어머니 바바라 바흐만Barbara Bachmann은 연극배우였으며, 아버지 아돌프 드레젠Adolf Dresen 그리고 후에 부모가 이혼하면서 새아버지가 된 크리스토프 슈로트Christoph Schroth는 모두 연극 연출가였다.[13] 1982년 고등학교를 졸업한 후 드레젠은 슈베린 극장에서 음향기술자로, 동독의 국영 영화제작사인 DEFA 스튜디오에서 인턴으로 일한다. 그후, 1986년부터 1991년까지 포츠담 바벨스베르크에 위치한 콘라드 볼프 영화텔레비전대학Hochschule für Film und Fernsehen Konrad Wolf에서 정식으로 감독 수업을 받는다. 드레젠은 안드레아스 클라이너르트Andreas Kleinert(1961~)와 더불어, 동독에서 감독으로서 교육을 받았고, 재통일 후에도 구 동독 지역에 애정을 가지고 그곳에 사는 이들의 삶을 영상으로 옮기는 대표적인 감독으로 꼽힌다. 그는 같은 스태프 및 배우들과 반복적으로 작업하는 것을 선호한다. 이들 모두가 동독 출신인 것은 아니지만(예를 들어, 배우 악셀 프랄Axel Prahl과 잉카 프리드리히Inka Friedrich, 그리고 제작자 페터 롬멜Peter Rommel은 서독 출신이다), 카메라를 담당하는 미하엘 하몬Michael Hammon과 안드레아스 회퍼Andreas Höfer, 편집을 맡는 외르크 하우쉴트Jörg Hauschild, 시나리오 작가 라일라 슈틸러Laila Stieler, 볼프강 콜하제

---

13 친아버지 아돌프 드레젠은 안드레아스 드레젠이 14세였던 1977년에 일어난 볼프 비어만Wolf Biermann의 시민권 박탈 사건을 계기로 서독으로 이주해서 그곳에서 연극계 활동을 이어간다.

Wolfgang Kohlhaase, 쿠키 치셰Cooky Ziesche 등 대부분의 스태프는 동독 출신이다. 드레젠은 여전히 자신이 다닌 영화학교가 있는 포츠담에서 살고 있다.

그는 1992년에 발표한 〈조용한 땅Stilles Land〉으로 장편 극영화에 데뷔한다. 젊은 연극감독이 1989년에 동독의 한 지방극장에서 사무엘 베케트의 〈고도를 기다리며〉를 연출하는 내용이다. 몰락 직전 "유토피아"의 마지막 순간을 블랙 코미디풍으로 표현한 이 영화로 그는 헤센주 영화상과 독일 비평가상을 수상한다. 그가 비평계로부터 본격적인 주목을 받게 된 것은 데뷔작 발표로부터 7년이 지난 후 베를린 영화제 경쟁부문에 〈밤에 생긴 일 Nachtgestalten〉(1999)을 출품하면서이다. 베를린의 밤에 펼쳐지는 세 가지 이야기를 담은 이 영화는 독일영화상 은상과 독일비평가상을 수상한다.

2001년에 베를린 영화제에서 초연한 〈그릴 포인트Halbe Treppe〉 역시 큰 성공을 거두는데 이 영화로 베를린 영화제에서 은곰상, 독일 영화상 은상, 겐트와 시카고 영화제에서 감독상을 받는다. 독일과 폴란드의 국경에 있는 도시 프랑크푸르트 안 더어 오더 Frankfurt an der Oder를 배경으로 40대 두 커플의 사랑과 이별, 배신과 새로운 출발을 담은 영화로, 블랙 코미디의 성격을 띤다. 주인공들은 평범한 직업을 가지고 있는데, 재통일 후 이들의 삶이 쉽지 않음을 영화는 곳곳에서 암시하고 있다. 카메라는 주인공들을 원거리에서 촬영해서 이들이 상황에 즉흥적으로 반응할 수 있는 공간을 부여한다. 이를 위해서 드레젠은 촬영팀의 인원을 일곱 명으로 최소화했다.(Gras 2014, 170) 2004년에 발표한 〈빌렌브로크 Willenbrock〉는 동독의 유명 작가 크리스토프 하인Christoph Hein의 동명의 소설을 원작으로 했다. 주인공은 러시아 마피아와 거래를 하는 중고차 사업가인데, 별장에 강도가 침입하는 사건을 겪은 후 익숙한 일상의 궤적에서 벗어나서 상시적으로 불안과 의심에 빠진다. 드레젠의 영화 중에서 흥행 면에서 지금까지 가장 성공적인 영화는 〈발코니에서 맞은 여름Sommer vorm Balkon〉(2006)이다. 이 영화는 독일에서만 백만 명의 관객을 동원했다. 사랑과 성공을 꿈꾸는 두 젊은 여인의 이야기를 코미디풍으로 담은 이 영화로 드레젠은 에른스트 루비치 상과 바이에른 영화상 최우수 감독상을 받았다. 두 여인은 여름의 베를린을 배경으로 직장에서 그리고 사적으로 다양한 사람들을 만나면서 때로는 희망을, 때로는 좌절을 경험한다. 이 영화에서 드레젠은 평범한 사람들의 일상을 특별한 인과관계 없이 나열하며 에피소드식으로 보여준다. 드레젠은 극영화뿐 아니라 〈기민당의 비히만 씨Herr Wichmann von der CDU〉(2003)와 같은 다큐멘터리 영화도 제작하고, 연극 감독으로 활동했다. 2006년 2월에는 모차르트의 〈돈 조반니〉의 연출을 맡아 바젤 극장에서 공연하기도 한다.

다음 영화인 〈우리도 사랑한다Wolke 9〉(2008)는 대중매체에서 터부시되어 온 노년의 성을 주제로 다룬다. 한 여인이 자신의 남편이 아닌 다른 남자에게 사랑을 느끼고 새로운 출발을 감행한다. 영화는 우연한 만남부터 설렘, 첫 번째 섹스, 남편과의 갈등, 새로운 파트너와의 삶, 이별의 고통을 이야기한다. 평범한 사랑 이야기로 보이는 이 영화에서 가장 눈에 띄는 설정은 세 명의 주요 인물들이 모두 65세가 넘었다는 점이다. 드레젠은 이들의 사랑을 보통의 젊은이들의 그것처럼 보여준다. 영화는 노년의 섹스를 섬세하면서도 과감하게 보여주며, 세 주인공의 심리를 관객이 충분히 이해할 수 있도록 배려한다. 이 영화는 칸 영화제 "주목할 만한 시선" 심사위원 인기상, 2009년 독일 영화상 최우수 감독상과 최우수 여우주연상을 수상한다. 다음 작품인 〈보드카와 함께 위스키 Whysky mit Wodka〉에서는 늙어가는 과거 영화계 스타의 이야기를 코미디풍으로 담으면서, 업계 특유의 자만과 허영을 풍자한다. 2011년에는 〈스탑드 온 트랙Halt auf freier Strecke〉을 칸 영화제 "주목할 만한 시선" 부문에 출품한다. 이 영화는 치료 불가능한 뇌종양 판정을 받은 중년 남성의 이야기를 그와 가족을 중심으로 펼쳐 나간다. 영화는 이들 가족의 일상을 다큐멘터리처럼 보여주는데, 일반적인 영화 이미지 외에도 주인공이 스마트폰으로 촬영한 이미지도 같이 제시된다. 드레젠은 주인공이 사망하기 전까지의 우울한 과정에도 삶의 기쁨을 담겨 있는 순간을 함께 제시한다. 이 영화는 관객과 비평 모두에게 좋은 평가를 받으면서 "주목할 만한 시선" 심사위원상을 수상한다. 2012년 독일 영화상에서도 7개 부문에 후보에 올랐으며, 최우수 감독 부문에서 금상을 수상한다.

다음 극영화는 2015년에 발표한 〈우리가 꿈꾸었을 때Als wir träumten〉로 베를린 영화제 경쟁부문에 출품되었다. 이 영화는 1990년 독일 재통일 직후를 배경으로, 혼란과 새로운 희망을 경험하며 미래를 꿈꾸는 라이프치히의 다섯 청년들의 삶을 그려낸다. 클레멘스 마이어Clemens Meyer의 동명 소설을 원작으로 삼았다. 2017년에는 그의 첫 번째 아동영화인 〈팀 탈러, 웃음을 팔아버린 소년 Timm Thaler oder das verkaufte Lachen〉을 발표한다. 제임스 크뤼스James Krüss가 1962년에 발표한 이 소설은 아동 및 청소년 문학에서 현대의 고전으로 간주되는 작품으로 이미 텔레비전 시리즈로 영상화된 적도 있었다. 드레젠은 원작이 가지고 있는 사회비판, 특히 소비비판의 주제를 시대에 맞게 변형하고 확장시켰다. 다음 작품에서 드레젠은 다시 한 번 동서독 분단의 역사를 소재로 삼는다. 〈동독의 광부 가수 군더만Gundermann〉은 노동자이면서 가수였던 게하르트 군더만의 삶을 그려낸다. 43세의 나이에 세상을 뜬 그의 생전 행적은 논쟁의 대상이었다. 이 영화로 드레젠은 2019년 독일 영화상 최우수 영화상과 최우수 감독상을 수상한다.

드레젠은 구 동독의 시스템(포츠담 바벨스베르크 영화학교, DEFA 스튜디오)에서 연출을 공부하고, 통일 독일에서 성공적으로 자신의 경력을 쌓아 가는 몇 안 되는 감독 중 한 명으로 손꼽힌다. 특히 그의 초기 영화는 동독 영화의 사회적 사실주의 전통과 연관을 맺고 있다. 반파시즘 전통과 더불어 동독 영화의 양대 전통으로 간주되는 사회적 사실주의는 일반적으로 현대를 사는 보통 사람들을 주인공으로 내세워서 이들이 현실의 모순과 장애물을 극복하는 인본주의적 스토리를 담는다.(Berghahn 2006, 80) 드레젠의 영화 전반에는 이런 특징이 존재하지만, 그는 영화를 찍을 때마다 새로운 실험을 시도한다. 그의 영화가 보여주는 다양성은 예산, 촬영 조건, 서사 구조 등의 차이에서 기인하는데, 어떤 조건에서도 수작을 만들어 냈다는 점은 특기할 만하다.

여기에서는 그의 대표작으로 〈그릴 포인트〉, 〈우리도 사랑한다〉, 〈동독의 광부 가수 군더만〉을 다룬다.

2.4.1. 〈그릴 포인트〉

원제   : Halbe Treppe
감독   : 안드레아스 드레젠Andreas Dresen
시나리오 : 안드레아스 드레젠Andreas Dresen
카메라   : 미하엘 하몬Michael Hammon
편집   : 요르크 하우쉴트Jörg Hauschild
음악   : 17 히피17 Hippies
주연   : 슈테피 퀴너르트Steffi Kühnert(엘렌 역), 가브리엘라 마리아
         슈마이데Gabriela Maria Schmeide(카트린 역), 토어스텐
         메르텐Thorsten Merten(크리스티안 역), 악셀 프랄Axel Prahl(우베 역)
제작사   : Rommel Film e.K.(Berlin)
개봉연도 : 2002
상영시간 : 106분

　강 하나를 두고 폴란드와 국경을 맞대고 있는 독일의 소도시 프랑크푸르트 안 데어 오더에 사는 우베와 엘렌, 크리스와 카트린은 각각 부부이면서 친한 친구 사이다. 우베는 술과, 자신의 부인인 엘렌을 놀리는 것을 좋아한다. 엘렌은 우베와의 소시민적인 결혼생활에 점점 싫증을 느낀다. 우베는 계단참에서 간이식당을 운영하며(식당의 이름은 "반계단Halbe Treppe"으로, 이 영화의 독일어 제목이기도 하다), 엘렌은 귀금속 가게에서 향수 판매원으로 일한다. 크리스는 지역 방송국 아침방송 디제이이며, 카트린은 화물차 주차장에서 일한다. 평온해 보이던 이들의 일상은 엘렌과 크리스가 사랑에 빠지면서 큰 변화를 겪는다. 이들의 외도는 다른 파트너에게 분노와 슬픔을 불러일으키는 동시에, 이들의 결혼생활에 무엇이 잘못 되었는지 되돌아보는 계기가 된다. 엘렌과 크리스는 같이 살 집을 찾기도 하지만, 결국 크리스는 외도를 후회하고 다시 카트린

에게 돌아간다. 우베 역시 엘렌이 돌아오길 간절히 바라지만, 엘렌은 집을 나와서 새로운 삶을 살기로 결심한다.

〈그릴 포인트〉는 드레젠의 필모그래피에서 중요한 전환점이 된 영화다. 그것은 이 영화가 관객과 비평가 모두에게 호평을 받으면서, 베를린 영화제 은곰상과 독일 영화상 은상을 수상하고, 50만 명에 가까운 관객을 영화관으로 불러 모았기 때문만은 아니다. 이 영화를 찍기 전에 그는 대부분의 감독들이 그렇듯이 완성된 시나리오를 기반으로 영화를 제작했다. 이전 영화에서도 진정성을 강조하기 위해 배우들에게 즉흥연기를 권장했지만 큰 틀의 줄거리는 이미 정해진 상태였다. 〈그릴 포인트〉의 촬영을 앞두고 드레젠은 이런 방식에 스스로 문제를 제기한다. 이 영화의 제작 환경은 이전과 급진적으로 차이를 보인다. 10명 내외로 구성된 스태프를 중심으로, 캐릭터와 서사의 기본 전제만 설정하고 구체적인 시나리오 없이 영화를 촬영했다. 4인의 주연 배우를 포함하는 소규모 스태프들은 영화의 촬영과 전개에 대해서 감독과 동등한 권리를 가지며, 임금 역시 동일하게 받았다.(Räder 2011, 226) 이런 민주적인 제작환경을 통해서 드레젠은 보통 사람들의 생생한 삶의 모습을 포착하고자 했다.

이 영화의 주제는 중년의 삶과 사랑이다. 여기에서 노동은 주인공들의 삶에서 필수적인 요소로서, 이들이 일하는 모습은 자주 화면에 등장한다. 구 동독 지역인 프랑크푸르트 안 데어 오더에서 촬영했으며, 감독인 드레젠은 물론이고 우베를 연기한 악셀 프랄을 제외한 세 명의 주연들은 동독 출신이다. 그렇지만 이 영화는 통일 후 구 동독 지역의 사회적 문제를 적극적으로 고찰하지 않는다. 또한, 크리스와 엘렌이 폴란드에서 밀회를 즐기지 않았다면, 크리스가 자신이 일하는 고층 빌딩에서 주변 풍경을 바라보면서 폴란드를 언급하지 않았다면, 프랑크푸르트가 폴란드와 국경을 맞대고 있다는 사실 또한 관객의 주목을 받지 않았을 것이다. 따라서 이 영화를 통일 이후 동독의 현실 또는 독일의 지정학적 문제를 다루는 영화로 분류할 수 없다. 하지만 〈그릴 포인트〉가 동독인의 정서를 반영한 것은 틀림없는데, 이는 앞에서 언급한 대로 주인공을 형상화하는 데 있어서 노동의 비중이 크다는 점이 대표적이다. 영화 속 캐릭터들은 모두 적극적으로 노동을 할 뿐 아니라, 노동이 정체성에 미치는 영향 역시 상당하다. 노동은 이들이 힘든 상황에 있을 때 일상을 지탱하는 중요한 요소다. 노동의 중요성은 영화의 오프닝에서도 강조된다.

영화가 시작되고 네 사람이 우베와 엘렌의 집에서 이들이 휴가 때 찍은 사진을 보며 저녁시간을 보낸 다음 날 아침, 영화는 크리스, 우베, 카트린, 엘렌의 노동의 일상을 차례대로 보여준다. 크리스는 라디오 디제이로 아침방송을 진행하고, 우베는 대형마트에서 맥주와 고기를 구입한다. 카트린은 화물차 주차장에서 일을 하고 있으며, 엘렌은 아이들을 학교에 보내고 출근하기 위해서 화장을 한다. 이런 영화의 도입부는 일상과 노동의 연관성을 강조한다. 영화의 핵심 내용은 앨렌과 크리스의 불륜으로 인해서 일상이 파괴되고, 이 위기를 해결하는 과정이다. 두 사람이 서로에게 잠시 끌리는 것은 영화 속 우베의 말대로 "이해할 수 있는" 일이며, 실제에서도, 많은 영화에서도 자주 등장하는 소재이다. 외도 그 자체보다 흥미로운 것은 외도의 원인과 이후 갈등의 해결방안에 대한 영화의 시선이다. 여기에서도 노동은 중요한 역할을 담당한다.

외도가 있기 전부터 영화는 엘렌과 우베의 작은 다툼을 보여
준다. 오프닝에서 보여준 저녁 모임이 끝난 후, 엘렌은 술에 취한
모습을 담은 부끄러운 사진을 남들에게 보여줬다고 우베에게 항
의한다. 우베는 자신의 사진은 더 민망했다면서 엘렌의 말을 진지
하게 듣지 않는다. 다른 장면에서는 우베가 요리하기 전의 돼지다
리를 욕조에 넣어 놓은 것을 보고 놀란 엘렌이 그에게 항의한다.
하지만 마침 집에서 키우던 새 한스 페터가 엘렌이 열어 놓은 창
을 통해 날아가 버리고 두 사람은 새를 찾아다니느라, 우베는 자
신에 대한 앨렌의 불만을 주의 깊게 듣지 않는다. 왜 우베가 엘렌
의 항의에도 자신의 태도와 습관을 변화시키지 않는지에 대해서
는 영화는 그의 바쁜 생활을 보여줌으로써 힌트를 제공한다.

이 영화의 형식적 특징 중 하나는 인터뷰 장면의 삽입이다. 네
명의 주인공들은 자신이 그 캐릭터가 된 상태에서 보이지 않는 인
터뷰어 앞에서 인터뷰를 진행한다. 또한 영화에서 잠시 등장하는
인물인 치과 의사와 에어로빅 강사가 자신의 일에 대해 설명하기
도 한다. 자신이 일하는 가게에서 진행된 우베의 첫 번째 인터뷰에
서 그는 보통 10시, 여름에는 12시, 가끔은 3시까지 일한다고 하
면서, 일은 재밌지만 가정생활에는 어려움이 있다고 말한다. 우베
가 일을 시작하는 시간은 대략 6시경으로 추측할 수 있다(영화는
아침 방송을 하는 크리스와 장을 보는 우베의 모습을 교차 편집해서 이
들이 일하는 시각을 유추하게 한다). 엘렌의 외도를 알기 전까지 영화
가 보여주는 우베의 모습은 바쁘게 일을 하거나 장사를 준비하는
모습이 대부분이다. 스스로 사업가가 돼서 노동을 즐기라는 명령
은 신자유주의의 대표적인 특징이다. 통일 전에 이런 사업가 정신
과 거리가 멀었을 우베지만 이제는 시대의 흐름에 맞게 열심히 살

아간다. 하지만 그 과정에서 가정을 소홀히 할 수밖에 없는 것은 필연적이다. 반복되는 엘렌의 요청에도 우베가 아무런 변화를 보이지 않기 때문에, 엘렌의 외도는 (그녀의 상대 크리스에 비해서) 보다 근본적이다.

크리스는 유력 주간지의 기자를 지망한 적이 있다. 하지만 현실은 브리트니 스피어스의 인기곡을 반복적으로 틀고, 별자리 운세를 읽어주는 지역 방송국의 아침방송 디제이다. 그는 자신의 감정과 생각을 솔직하게 드러내는 타입이다. 외도를 들킨 후에도 그는 자신의 잘못을 인정하지만, 그럴 수도 있는 일이라고 우베에게 말한다. 또한 엘렌과 함께 살 집을 찾다가 먼저 관계를 정리하고 카트린에게 돌아간다. 그는 자신이 진행하는 라디오 방송을 이용해서 카트린과의 관계의 위기를 극복하고자 한다. 엘렌과의 관계를 정리하기로 한 다음에는 자신이 진심으로 뉘우치고 있다는 것을 방송을 통해 카트린에게 전달한다. 이런 크리스의 솔직하고 적극적인 태도는 그녀와의 관계를 다시 회복하는 데 결정적인 계기가 된다. 우베와는 달리 크리스는 자기표현에 능숙하며, 디제이라는 직업 역시 이런 그의 특성에 잘 맞는다.

영화는 40세를 전후한 중년의 위기가 변화를 거부하고 일상에 매몰되어 있기 때문이라고 진단한다. 엘렌의 외도는 우베에 대한 근본적인 불만과 관계가 되기 때문에, 크리스와의 관계가 정리된 이후에도 엘렌은 우베에게 돌아가지 않는다. 그녀는 크리스와 같이 둘러보던 집을 자신의 두 아이들과 살펴보면서 새로운 삶을 준비한다. 특히 엘렌은 네 사람 중에서 직업적인 삶과 사적인 삶의 차이가 가장 큰 인물이다. 평범한 가정주부로서 집에서 우베와 두 아이들을 대하는 모습과 우아한 향수 판매원으로서 직장에서의 모습은 상당히 다르다.(Lode 2009, 137) 이런 차이는 일상으로부터 벗어나고 싶은 엘렌의 마음을 이해할 수 있게 한다. 반면, 크리스와 카트린은 새로운 에너지와 시각으로 서로를 다시 사랑한다. 두 사람이 함께 오토바이를 타고 가는 장면은 이전에 카트린의 오토바이가 고장났을 때 다투던 장면과 대비된다. 그때 크리스는 퉁명스럽게 오토바이를 차에 싣고 불만을 표시했다. 결국 혼자 남은 것은 우베뿐이다. 하지만 우베의 미래에 대해서도 영화는 긍정적인 해석을 가능하게 한다. 이것이 잘 드러나는 것은 영화 속에 악단으로 등장하는 17 히피스의 존재와 음악이다.

〈그릴 포인트〉의 배경음악을 담당한 17 히피스는 영화에도 디제시스적으로 등장한다. 처음에는 우베의 식당 앞에서 이들 중 한 명이 백파이프를 연주하는데, 우베는 이국적인 음악을 낯설어하며 다른 곳에서 연주할 것을 부탁한다. 이렇게 끝난 줄 알았던 연주자와의 인연은 계속되어, 며칠 후에는 백파이프 외에도 우쿨렐레 연주자가 합류한다. 엘렌의 외도를 알게 된 후 어느 날에는 10명이, 엘렌과의 이별이 확정된 영화의 마지막에는 17명이 모두 등장한다. 이들에 대한 우베의 태도는 점차 변화한다. 처음에 그는 평소에 들을 수 없는 음악에 대해서 낯설고 귀찮아한다. 하지만 그에게는 이 음악을 멈출 수 있는 방법이 없다.(Preece 2017, 51) 우베는 악단을 식당 앞 계단에서 만날 뿐 아니라, 집에서 변기 뚜껑을 열 때도, 식당에서 라디오를 켤 때도 어디에서나 들려오는 이들의 음악을 듣게 된다. 영화가 끝나갈 즈음 우베는 17명의 음악가들을 식당 안으로 초대해서 마치 파티를 벌이는 것처럼 흥겨워한다. 피해 갈 수 없는 이 이국적인 음악은 스스로 새로운 삶을 만들지 않는다면, 적어도 자신에게 다가온 낯선 것을 받아들이라는 영화의 메시지다. 일상적이지 않은 것, 새로운 것에 대한 긍정을 우베의 위기에 대한 처방으로 영화는 제시하고 있다. 크리스 역시 카트린과의 관계를 회복한 후 방송에서 "이사를 하고자 하면 당장 해라. 자신의 결정에 용기를 가지고 다른 사람의 말을 듣지 말라. (…) 여행을 하고, 꿈을 실현하라"고 말한다. 비록 엘렌과 우베가 관계를 회복하지 못했지만, 영화는 주요인물의 미래에 대해 희망적이다.

두 쌍의 중년 부부를 중심으로 이들이 만들어가는 일상과 관계에 대해 이야기하는 〈그릴 포인트〉는 극단적인 사실주의 영화 실험인 '도그마95'와 비교될 정도로 사실적인 양식을 기본으로 한다. 영화의 사실적인 인상에 기여하는 것은 무엇보다 소형 카메라와 핸드헬드 기법을 이용한 자유로운 카메라 움직임, 인공조명의 배제, 인물을 보여줄 때 클로즈업과 미디엄 클로즈업을 주로 사용하는 쇼트의 크기, 즉흥성을 기반으로 한 자연스러운 연기 등이다. 그렇지만 이 영화는 사실성을 파괴하는 여러 장치를 통해서 또 다른 개성을 드러내기도 한다. 17 히피스의 음악과 출연은 대표적인 경우다. 그 밖에도 패스트모션과 슬로모션의 활용, 인터뷰 장면의 삽입 등을 들 수 있다. 이런 요소들은 영화의 메시지를 보다 명료하게 드러내는 역할을 담당한다. 패스트모션은 우베와 엘렌이 새로운 부엌가구를 마련하기 위해서 가구점을 돌아보는 장면에 삽입된다. 엘렌의 점심시간에 맞춰서 만나기로 한 약속도 잊었던 우베는 부엌을 바꾸는 것에 관심이 없어서 시무룩하고 무관심하게 엘렌의 뒤를 따라다닌다. 배경음악은 경쾌하고, 편집은 빠르다. 여기에 간헐적으로 패스트모션으로 두 사람의 모습을 보여줌으로써 가구점 방문 장면은 전반적으로 유쾌하고 익살스러운 느낌을 선사한다. 이는 엘렌과 우베의 갈등을 일상적인 것, 사소한 것으로 인지하게 하며, 따라서 이후 엘렌의 독립을 쉽게 이해하지 못하는 우베의 심정을 추체험할 수 있게 한다. 슬로모션은 영화의 마지막에 사용된다. 17 히피스가 우베의 식당 안에서 연주를 하고, 많은 사람들이 밝은 분위기 속에서 음악과 술을 즐기고 있다. 라이브 연주음악의 디제시스 음향은 서서히 사라지고, 슬로모션의 삽입과 함께 느리고 비디제시스적인 몽환적인 현악기 음악으로 바뀐다. 화면에는 식당에서 음악을 즐기는 사람들의 모습이 한 사람씩 클로즈업으로 보인다. 영화의 주인공들이 아니라 보통 사람들의 얼굴로 영화를 마무리하면서, 영화는 지금까지 보여준 이야기가 특별한 사람이 아닌 당대를 사는 일반인의 이야기임을 강조한다. 비디제시스적 음향은 영상에 대한 코멘트로 읽히는데, 보통 사람의 삶에 내재한 슬픔과 멜랑콜리를 말하는 듯하다. 특히 영화에서 마지막으로 등장한 여인은 처음에는 다른 사람들처럼 웃고 있지만, 곧 이어서 표정이 굳는다. 이를 통해서 행복이나 불행, 기쁨이나 슬픔 등 이분법으로 표현할 수 없는 삶을 비유적으로 보여준다.(도판 17-20)

영화에는 네 명의 주인공과 두 명의 일반인이 총 여덟 번 인터뷰어로 나온다. 네 주인공의 경우 자신이 맡은 캐릭터로서 인터뷰를 하면서 자신의 직업, 꿈과 희망, 외도에 관한 자신의 입장 등을 이야기한다. 두 명의 일반인은 자신의 직업과 관련해서 정보를 제공한다. 카메라를 비스듬히 바라보면서 진행하는 인터뷰는 다큐멘터리 영화에서 전형적으로 사용된다. 이런 다큐멘터리 요소를 극영화에 삽입함으로써 〈그릴 포인트〉는 한편으로 브레히트적 소외효과를 유도해서 이 영화가 허구라는 사실을 강조하며, 다른 한

도판 17-20. 〈그릴 포인트〉

편으로는 인물들이 언어를 통해서 자신의 내면을 직접적으로 드러낼 수 있게 한다. 패스트모션과 슬로모션, 인터뷰 장면의 삽입을 통해서 관객은 〈그릴 포인트〉가 현실을 있는 그대로 재현하는 것이 아니라, 희극과 비극이 공존하는 현실의 복합성을 다양한 영화 기법을 통해서 반영하고자 한 것을 알 수 있다. 영화의 정서에 바탕을 이루는 것은 즉흥성이 강조된 연기와 카메라 기법임은 앞에서 강조한 바 있다. 사실적인 기본 분위기에 비현실적이고 환상적인 요소를 추가하는 방식은 〈발코니에서 맞은 여름〉, 〈스탑드 온 트랙〉 등 이후 드레젠의 여러 영화들에서 관찰할 수 있다.

그의 이후 영화에서 두드러지는 또 하나의 경향은 〈그릴 포인트〉보다 사실성을 더 강조하며, 영상 차원에서의 환상성을 완전히 제거하는 것이다. 이를 대표하는 영화로 〈우리도 사랑한다〉가 꼽힌다. 이 영화에는 대해서 다음 장에서 다룬다.

2.4.2. 〈우리도 사랑한다〉

원제　　 : Wolke 9
감독　　 : 안드레아스 드레젠Andreas Dresen
시나리오 : 라일라 슈틸러Laila Stieler, 안드레아스 드레젠Andreas Dresen, 요르크
　　　　　 하우쉴트Jörg Hauschild, 쿠키 치쉐Cooky Ziesche
카메라　 : 미하엘 하몬Michael Hammon
편집　　 : 요르크 하우쉴트Jörg Hauschild
주연　　 : 우어줄라 베르너Ursula Werner(잉에 역), 호르스트 베스트팔Horst
　　　　　 Westphal(칼 역), 호르스트 레베르크Horst Rehberg(베르너 역), 슈테피
　　　　　 퀴너르트Steffi Kühnert(페트라 역)
제작사　 : Rommel Film e.K.(Berlin)
개봉연도 : 2008
상영시간 : 98분

　　가내 수선일을 부업으로 하는 60대 후반의 잉에는 30년이 넘게 베르너와 결혼생활을 하고 있다. 둘은 특별한 사건 없이 평범하고 안정적인 노년을 보내고 있다. 그러던 어느 날 잉에는 바지의 수선을 맡긴 한 남자에게서 갑작스러운 사랑의 감정을 느끼게 된다. 그녀가 사랑에 빠진 대상은 76세의 칼이며, 둘은 열정적인 사랑을 나눈다. 얼마간 주저하다가 잉에는 딸에게 이 사실을 알리는데, 딸은 진심으로 축하하면서도 베르너를 비롯해서 다른 사람들에게는 알리지 말라고 충고한다. 하지만 칼과 자주 만나게 되면서 내면의 갈등을 느끼던 잉에는 결국 베르너에게 자신의 새로운 사랑을 솔직하게 고백하게 되고, 이것을 들은 베르너는 분노한다. 잉에는 선택을 강요하는 베르너와의 갈등을 피해서 임시로 칼의 집에 머문다. 그리고 최종적으로 칼과 함께 살 것이라고 베르너에게 알린다. 얼마 지나지 않아 베르너는 스스로 목숨을 끊는다. 장

례식에서 돌아온 잉에는 칼의 품에 안겨 흐느낀다.

　2008년 5월에 칸 영화제에서 초연한 〈우리도 사랑한다〉는 그동안 자신과 비슷한 연령대의 주인공들을 전면에 내세웠던 드레젠으로서는 예외적으로 노년의 삶을 다룬다. 영화의 독일어 원제는 "Wolke 9"으로 영어 표현인 cloud 9을 직역한 것이다. cloud 9은 행복의 절정을 의미하는 관용구이다. 그런데 사실 독일어에서는 Wolke 7이 이에 상응하는 표현이다. 드레젠은 "감정의 거대함과 더 큰 추락을 표현하기 위해서"(Behrens 2008) 영어식 표현을 차용했다고 말한다. 오랫동안 결혼생활을 해온 베르너와 새롭게 그녀의 삶에 들어온 칼 사이에는 여러 가지 공통점이 있다. 이들은 모두 섬세한 성격의 소유자이며, 요리와 집안일을 하는 것을 당연하게 여긴다. 잉에가 육체적, 심리적으로 힘든 상황에 처하면 두 사람 모두 그녀를 정성껏 돌본다. 각각 여가시간에 몰두하는 대상(베르너의 증기기관차, 칼의 자전거)이 있다는 점도 공통점이다. 하지만 이들 간의 차이점 역시 뚜렷하다. 전직 교사인 베르너는 실내에서 하는 활동을 좋아하고(그는 기차 여행을 좋아하는데, 자신은 움직이지 않고 바깥 풍경을 즐긴다는 점에서 이 역시 실내활동처럼 정적이다), 자신의 삶의 방식을 확고하게 고수하고 표현한다(그는 요양원에 있는 아버지를 방문한 후, 잉에에게 자신이 저렇게 되면 총으로 쏴죽이라고 말하기도 하고, 잉에의 새로운 사랑을 알게 된 후에는 새로운 상황에 적응하지 못하고 결국 자살한다). 칼은 최초의 섹스 후에 잉에가 자신을 거부하지만, 자존심을 내세우지 않고 계속해서 그녀에게 구애한다. 그는 자신의 주장을 내세우지 않고, 상대방을 있는 그대로 받아준다. 자전거 타기나 수영처럼 자연 속에서 활동하는 것을 즐기는 건강하며 감각적 인간이다. 이런 두 사람의 차이점은, 두 사람 모두 기본적으로 선한 성품을 가지고 있음에도, 잉에가 베르너와는 다른 유형인 칼에게 끌리게 된 이유를 설명한다.

이 영화는 〈그릴 포인트〉처럼 확정된 시나리오 없이, 인물 설정과 대략의 전개방향만 정한 채 촬영했다.(Lode 2009, 194) 그렇지만 이 영화는 극영화이며, 극영화로 보이게 만드는 특성을 가지고 있다. 〈우리도 사랑한다〉를 극영화로 읽도록 만드는 것은 무엇보다 화자의 지위이다.(Odin 1990, 125-146) 이 영화의 화자는 허구적이다. 화자의 허구성을 알 수 있는 것은 화자와 관객 간 지식의 불균형이다. 〈우리도 사랑한다〉의 화자는 관객보다 사건의 진행에 대해 더 많은 지식을 가지고 있다. 화자의 시선을 대변하는 카메라는 특별한 사건이 일어날 시간과 장소가 어디인지 알고 있으며, 관객을 그곳으로 안내한다. 반면에 관객은 무슨 일이 일어날지 예측할 수 없는 상태에 있으며, 극의 전개에 따라 놀라움을 경험하기도 한다. 〈우리도 사랑한다〉의 도입부에서 관객은 그가 알 수 없는 고민에 빠진 상태에서 옷을 수선하고 있는 잉에를 본다. 곧이어 잉에는 트램을 타고 이동해서 어느 아파트 계단을 올라간 남자(칼)에게 바지를 가져다준다. 그리고 그의 집에서 둘은 처음으로 사랑을 나눈다. 두 사람이 처음으로 사랑을 나누는 시공간에 카메라가 있다는 것은 극영화가 아니라면 불가능한 일이다. 이처럼 〈우리도 사랑한다〉의 화자는 잉에에게 중요한 사건이 생길 때마다 그녀의 주변에 위치한다. 첫 사랑 이후 칼을 피하다가 다시 만날 때, 딸과 상의할 때, 베르너에게 모든 사실을 고백할 때 등 카메라는 현재 시제로 진행되는 모든 극적인 순간을 담는다.

이렇게 〈우리도 사랑한다〉는 화자의 측면에서 기본적으로 허구화 독해를 전제로 하고 있지만, 영화 전반에 걸쳐서 다양한 방식으로 다큐멘터리화 독해를 유도한다. 오댕의 정의에 의하면 다큐멘터리는 영화를 통해 현실 세계에 대한 지식을 전달하고자 한다.(Odin 1995, 227-235) 이 과정에서 서사계에 사실성을 부여하기 위해서 영화적 인지와 인간의 일상 인지가, 그리고 서사계와 현실 세계가 유사하게 조직된다. 여기에서는 인지 방식과 서사계 조직이라는 두 가지 측면을 중심으로 〈우리도 사랑한다〉가 다큐멘터리화 독해를 유도하는 방식을 살펴보고자 한다. 이 영화의 다큐멘터리적 독해 전략을 파악하는 것은 특히 〈우리도 사랑한다〉를 이해하는 데 핵심적이다. 왜냐하면 비범한 내용과 파격적인 영상을 바탕으로 하는 영화로서, 영화에 신빙성을 부여하고 이를 통해 관객의 몰입을 유도하는 것이 매우 중요하기 때문이다.

많은 영화들은 우리가 일상적으로 인지하는 방식과의 차이를 유희적으로 활용함으로써 관객들로부터 흥미를 유도한다. 극단적 카메라 시선, 빠른 카메라 이동, 쇼트의 잦은 변화 등은 이를 위해 자주 활용되는 방식이다. 그렇지만 〈우리는 사랑한다〉에서는 오히려 일상 인지와 유사한 방식으로 영화를 진행한다. 구체적인 예는 촬영, 음향, 조명에서 찾을 수 있다. 촬영의 경우 핸드헬드 방식이 자주 사용되었다. 대표적인 장면은 도입부에서 잉에가 칼을 만나기 위해 아파트 계단을 올라가는 장면이다. 잉에를 뒤에서 쫓아가며 촬영하는 카메라는 관객이 일상에서 걸어가며 관찰하는 것과 유사한 장면을 만들어낸다. 핸드헬드 카메라를 많이 사용하면서 편집은 적기 때문에, 영화의 쇼트는 전반적으로 길다. 촬영의 또 다른 특징은 먼 거리에서 관찰하듯이 카메라를 위치시킨 장면이 자주 등장한다는 점이다. 음향의 경우, 배경 음악, 즉 비디제시스 음향을 전혀 사용하지 않는다는 특징이 있다. 이 영화 속의 음향은 화면 안의 대상에 그 기원이 있거나, 적어도 서사계 내부에서 기원을 찾을 수 있는 것들이다. 음향을 통한 전지적 화자의 코멘트를 포기한 것은 다큐멘터리적 독해를 유도하는 중요한 기제이다. 대신 잉에가 활동하는 합창단의 노래를 통해서 변화하는 잉에의 심정을 간접적으로 표현하고 있다. 칼과의 관계가 아직 초기일 때 그녀는 낭만적인 사랑을 노래하다가("나와 아침까지 춤춰요Tanze mit mir in den Morgen", "오 아름다운 장미 정원이여Oh Du schöner Rosengarten"), 관계를 베르너에게 고백한 후에는 힘든 운명에도 불구하고 행복을 찾는 집시에 대해서("세 명의 집시Drei Zigeuner"), 그리고 마지막에는 베토벤의 '환희의 송가'를 개사해서(그렇지만 가사의 내용은 원작과 마찬가지로 희망적이다) 부른다.(Rieh-Emde 2014, 62) 조명은 노출이 과도하게 많아서 지나치게 밝거나, 과도하게 적어서 지나치게 어두운 장면들이 많다는 점을 특징으로 꼽을 수 있다. 밤에 촬영된 많은 장면은 특별히 보조광을 사용하지 않은 것처럼 보이며, 낮에 아파트에서 촬영된 장면의 경우 노출이 실내 촬영에 맞추어져 있어서 태양광이 들어오는 창문 쪽을 촬영할 때는 잠시 과다 노출 현상, 즉 흰 화면이 피사체에 겹치는 현상이 나타나기도 한다. 이렇게 촬영, 음향, 조명을 사용한 방식은 고전적인 극영화의 방식과는 큰 차이를, 반면 일상적인 인지와는 유사성을 보여준다. 이 밖에도 배우들이 (노년에도 불구하고 선탠을 잘 하고, 근육질을 과시하는 것이 아니라) 흔히 볼 수 있는 노인의 외모를 가지고 있다는 점, 영화의 오프닝 시퀀스에서 배우와 감독의 이름이 나오지 않고, 제작에 대한 최소한의 정보만 전달한다는 점도 다큐멘터리적 성격을 강조하는 한 요소들이다.

많은 사실주의적 영화와 마찬가지로 〈우리도 사랑한다〉 역시 생략적 전개를 선호한다. 또한 주인공들의 과거에 대해서 관객이 알 수 있는 것은 거의 없고, 대화를 통해서 추측할 수 있을 뿐이다. 생략적 전개의 예로, 텔레비전 뉴스를 같이 보다가 앞에 놓인 과자에서 담뱃재가 나와서 잉에가 베르너를 질책하는 장면이 있다. 이어지는 시퀀스에서는 시간과 공간이 바뀌면서 두 사람이 함께 완행 열차를 타고 있는 장면을 보여준다. 차창 밖으로 시골 풍경이 나오고, 베르너가 "기찻길 옆 시골 풍경이 고속도로 것보다 훨씬 예쁘다"라고 말한다. 이 말을 들은 잉에는 울음을 터뜨린다. 그녀가 자연과 운동을 좋아하는 칼에게 베르너를 옹호하면서 했던 말이기 때문이다. 생략적 서사의 이유는 무엇보다도 정교하게 짜여진, 따라서 인위적으로 느껴지는 스토리를 전달한다는 인상을 피할 수 있기 때문이다. 이 영화의 경우 생략적 전개와 갑작스러운 시퀀스의 변화라는 형식은 예기치 않은 사랑이라는 내용과도 서로 상응한다.(Lode 2009, 127)

〈우리도 사랑한다〉의 서사계는 당대 독일의 현실 세계와 상당한 유사성을 지닌다. 장르적 관습을 우선적으로 고려하면서 생기는 비현실성을 찾아볼 수 없다는 점이 이 영화의 서사계가 사실적으로 다가오는 가장 큰 이유이다. 관객이 직접체험이나 미디어를 통해서 알고 있는 현대 독일의 현실과 영화의 서사계 사이에는 차이가 없거나, 있다고 해도 매우 사소하다. 사회적 측면에서 본 사실적 인상의 근거는 잉에의 행동이 주변의 다른 사람들에게 큰 파급효과를 갖는다는 점을 들 수 있다. 이 영화에서는 주인공의 결정이 큰 어려움 없이 받아들여지고, 이를 바탕으로 다음 단계의 이야기로 넘어가는 방식이 아니라, 사회적 환경을 고려하기 때문에 주인공의 입장에서 결정을 내리는 것이 어렵다는 점이 강조된다. 결정에 따른 그녀가 칼과 함께 살기로 한 결정은 딸인 페트라의 동의를 얻지 못하고, 베르너의 죽음으로 이어진다. 덧붙여서 이 파급효과를 주인공이 통제하지 못한다는 점도 사실적 인상에 있어 중요하다. 잉에는 베르너의 죽음을 막을 수 없었고, 그의 죽음이 앞으로 그녀의 삶에 어떤 영향을 미칠지 영화는 아무런 답을 제시하지 않는다. 주인공의 의지로 모든 것이 해결되지 않는다는 점은 사회계의 복합성을 강조한다. 영화는 칼이 잉에를 위로하는 장면으로 끝난다. 이러한 열린 결말은 사실주의적 영화에서 전형적인 것이기도 하다.

〈우리도 사랑한다〉는 사랑에 빠진 잉에의 도덕적 딜레마를 설득력 있게 보여주는데 집중하고 있다. 즉, 이 영화는 뒤늦게 찾아온 사랑과 연관된 도덕의 문제를 전면에 내세우는 영화다. 잉에의 입장에서 봤을 때 베르너와의 기존 관계는 새로운 사랑을 위해서 일방적으로 부정당하고, 극복되어야 할 장애물이 아니다. 영화에서는 새로운 사랑이 주는 기쁨을 보여주는 시퀀스와, 잉에의 심리적 갈등을 보여주는 시퀀스가 반복적으로 교차한다.(도판 21-24) 이 두 가지 감정 사이에서 주인공은 쉽게 하나를 선택하지 못한다.

앞의 줄거리 요약에서도 알 수 있듯이 극적인 사건은 많지 않고, 서사의 진행은 느리다. 세 명의 주인공을 제외하면 잉에의 딸인 페트라만이 어느 정도 비중을 가지고 영화에 등장한다. 그녀는 잉에에게 새로운 사랑을 즐기되 베르너를 포함한 다른 사람들에게는 알리지 말 것, 사회적 체면을 생각할 것을 권유한다. 젊은 세대의 가치관을 반영하는 그녀의 반응은 이로써 잉에의 도덕적 갈등을 고조시키는 역할을 한다. 영화가 예순이 넘은 노인의 사랑을

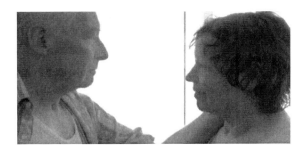

도판 21-24. 〈우리도 사랑한다〉

주제로 삼고 있으며, 이 사랑이 결혼이라는 제도 밖에서 이루어지기 때문에, 잉에의 심리를 이해하는 것은 영화 수용에서 매우 중요한 측면이다. 서사적 기능이 두드러지지 않는 다양한 장면들이 등장하는 이유 역시 이들이 잉에의 내면적 갈등을 이해하는 데 도움을 주기 때문이다. 대표적인 장면으로 영화 초반부에 잉에와 베르너가 장례식에서 돌아온 후 집 안에서 일어나는 일상적인 장면들을 들 수 있다. 베르너는 방으로 가서 외출복을 벗고, 욕조에 물을 받아 놓고, 방으로 가서 담배를 만다. 잉에는 부엌에서 식사를 준비하며 장례식 연사에 대해 언급한다. 잠시 후 잉에는 욕조에 앉아있는 베르너의 머리를 감겨준다. "옛 동료 교사들 중에서 살아 있는 사람은 나뿐이야."라는 베르너의 말에 잉에는 그를 쓰다듬으며 "우린 아직 함께 있잖아."라고 답한다. 외출에서 돌아온 다음 남편은 나체로 담배를 말고 목욕을 하며, 그런 그를 위해 저녁을 준비하고 머리를 감겨주는 일상의 모습은 두 사람이 함께 지낸 30년이라는 세월의 무게를 느끼게 한다. 이렇게 서사의 진행과 직접적인 관련이 없는 장면들도 이후에 전개될 잉에의 갈등을 이해하는데 중요한 역할을 담당한다.

〈우리도 사랑한다〉는 도발적인 영화다. 영화의 시작부터 잉에와 칼의 섹스 장면을 보여준다. 카메라는 이들의 섹스를 마치 20대가 주인공인 영화에서처럼 근거리에서, 아무런 거리낌 없이 보여준다. 그렇지만 이 영화는 단지 노년의 성생활을 자유롭고 사실적으로 보여주었기 때문에만 호평을 받은 것은 아니다. 새로운 사랑이 노년에 찾아온다면 이를 어떻게 받아들여야 하는가에 대한 문제는 이제까지 대중매체에서 진지하게 다루어지지 않은 도덕적 문제이며, 이에 대해 영화는 관객에게 같이 고민할 것을 요구한다.

2.4.3. 〈동독의 광부 가수 군더만〉

원제   : Gundermann
감독   : 안드레아스 드레첸Andreas Dresen
시나리오 : 라일라 슈틸러Laila Stieler
카메라   : 안드레아스 회퍼Andreas Höfer
편집   : 외르크 하우쉴트Jörg Hauschild
음악   : 옌스 크반트Jens Quandt
주연   : 알렉산더 쉐어Alexander Scheer(게하르트 군더만 역), 안나
            운터베르거Anna Unterberger(코니 군더만 역), 밀란 페셸Milan
            Peschel(폴커 역)
제작사   : Pandora Film Produktion GmbH(Köln)
개봉연도 : 2018
상영시간 : 128분

　영화는 1990년대 중반과 1970년대 후반을 오가면서 가수이자
대형 크레인 기사로 일하는 게하르트 군더만의 현재와 과거, 그의
삶과 음악을 보여준다. 1992년부터 시작하는 1990년대의 에피소
드들은 무엇보다 그가 1976년부터 1984년까지 슈타지의 비밀요
원으로서 활동했던 과거와의 대면을 집중적으로 다룬다. 1970년
대의 서사는 그가 동독에서 노동환경의 변화를 위해 노력하는 모
습과, 어릴 때부터 좋아했지만 다른 동료와 결혼한 코니를 자신의
부인으로 만드는 과정을 주로 다룬다. 그는 작센 주 호이어스베르
다의 슈프레탈 탄광에서 갈탄을 채취하는 대형 크레인 기사로 일
하면서, 그곳에서 싱어송라이터로서 작사, 작곡을 위한 영감을 얻
는다. 그는 공산주의에 대한 믿음이 확고하며, 현실사회주의의 부
정, 부패에 대해서는 단호하게 비판한다. 1970년대의 플래시백은
군더만의 슈타지 활동을 구체적으로 보여준다. 이상적 사회주의

를 실천하기 위해서 그는 슈타지와 협력하기도 하지만, 그의 비타협적이며 직설적인 태도는 비밀요원으로서의 가치를 제한한다. 1990년대에 그가 슈타지 비밀요원이었다는 것이 주변 사람들에 의해서 드러났을 때, 군더만은 자신이 한 일을 과소평가한다. 그렇지만 자신이 작성한 보고서를 읽은 후, 감시대상에 대해서 매우 자세히 밀고했으며, 이를 통해서 그들에게 해를 끼칠 수 있었다는 사실을 뒤늦게 깨닫는다. 군더만이 공연을 시작하기 전에 자신의 과거를 당당히 고백하고, 노래를 부르는 그의 모습으로 영화는 마무리된다. 마지막 자막은 그가 43살의 나이로 갑작스럽게 사망했다는 사실을 알린다.

〈동독의 광부 가수 군더만〉은 음악가이며 노동자였던 실존인물 군더만의 생애를 기반으로 제작한 전기영화다. 그렇지만 영화는 1955년 바이마르에서 태어나 1998년 슈프레탈에서 사망한 군더만의 전 생애를 다루지 않는다. 영화는 군더만의 나이로 보면 1975년부터 시작하는 20대 초반과, 1992년부터 시작하는 30대 후반의 삶을 집중적으로 보여준다. 군더만이 자신이 작사, 작곡한 노래를 부르던 음악가였다는 사실은 이 영화에 전기영화 이외에, 음악영화로서의 특징을 부여한다. 또한 어릴 적 친구이자 친구의 부인이며, 결국 자신의 부인이 된 코니와의 사랑 이야기 역시 자세히 다루고 있다. 그렇지만 〈동독의 광부 가수 군더만〉은 무엇보다 분단되었던 독일에 대한 역사영화다. 1990년대를 다루면서 영화는 자신의 슈타지 이력과 마주하는 군더만의 행적을 자세히 따라간다. 이 과정에서 영화는 단순한 선악의 구도를 피하고, 자신의 신념에 기반해서 슈타지 활동을 한 평범한 인물로서 군더만을 복합적으로 보여준다. 〈그릴 포인트〉와 〈우리도 사랑한다〉에서 그랬던 것처럼, 이 영화도 자신의 감정과 신념에 따라 사는 것이 가치 있지만 동시에 얼마나 힘든 일인지를 보여준다.

　영화는 공연을 위해서 다른 음악인들에게 자기 자신과 자신이 만든 노래를 소개하는 1990년대 군더만의 모습으로 시작한다. 미디엄 클로즈업으로 잡힌 군더만은 카메라를 바라보고 직접 이야기를 한다. 상투어를 반복하는 그에게는 말보다 노래가 더 편한 것처럼 보인다. 앞니가 튀어나오고 말총머리를 한 그는 평범한 외모의 소유자이며, 코를 훌쩍이는 버릇이 있다. 그가 부르는 서정적인 노래는 상처와 이를 치유하는 시간에 대해 이야기한다. 이어지는 시퀀스에서는 자신이 슈타지 비공식 요원으로 감시했던 인형극 연기자를 찾아간다. 군더만은 자신의 과거를 인정하지만, 사과는 거부한다. 자신이 정확히 어떤 보고를 했는지 기억하지 못하기 때문이다. 집으로 돌아가는 길에는 그는 다친 고슴도치를 발견해서 차에 싣고 간다. 여기까지 약 7분 동안 진행되는 영화의 도입부는 주인공 군더만의 캐릭터를 축약적으로 보여준다. 그가 부르는 첫 노래는 멜랑콜리로 가득하고, 그가 인형극 연기자 앞에서 보여주는 태도는 고집스럽고 건방지다. 하지만 다친 고슴도치를 정성껏 돌보는 모습에서는 천진함도 엿보인다. 도입부에서 보여준 다양한 군더만의 모습은 관객에게 그가 과연 어떤 사람인지 궁금증을 유발한다. 이를 위해서 이후 영화는 여섯 번의 플래시백을 통해서 1970년대의 군더만을 보여준다. 플래시백을 알리는 특별한 기법을 사용하지 않고, 다만 군더만 외모의 작은 변화(1970년대의 군더만은 1990년대와는 달리 머리를 묶지 않는다)를 통해서 시간의 변화를 알린다. 두 시간대에 공통적인 것은 군더만이 작곡한 음악을 사용한다는 점이다. 그의 음악은 때로는 정치적이고, 때로는 서정적이다. 영화에 삽입된 총 열다섯 곡의 노래에서 군더만은 보통 사람들의 일상에 대해, 광산에서의 노동에 대해, 그가 꿈꾸는 새로운 세상에 대해 노래한다.

영화는 이제 사적인 영역과 공적, 정치적 영역에서의 청년 군더만의 삶을 1975년의 과거로 거슬러 올라가서 보여준다. 사적인 영역은 코니와의 관계를 중심으로 전개된다. 군 고위관료를 칭송하는 노래를 작곡하지 않았다는 이유로 장교 학교에서 퇴학을 당하고 고향으로 돌아온 그는 출산하고 병원에 있는 코니를 제일 먼저 찾아간다. 이후 군더만은 코니, 그의 연인 베니와 삼각관계를 이룬다. 이미 가정을 이루고 살아가는 코니에게 미련을 버리지 못하고, 때로는 말과 행동을 통해서 직접적으로, 때로는 노래를 통해서 간접적으로 끊임없이 애정을 표현하는 군더만의 모습은 일상적인 도덕과는 무관하게 자신의 감정과 생각에 따라 살아가는 그의 특징을 잘 보여준다. 새로운 직업으로 광산의 대형 크레인 기사가 되기 위한 교육을 받는 군더만은 작곡가이자 가수로서 활동을 계속하면서, 노동환경의 개선을 위해서 당시 동독의 핵심 정당인 사회주의통일당(SED)에 가입하고자 한다. 입당을 위한 심사에서 그의 한 동료는 군더만을 다음과 같은 문장으로 정확하게 표현한다. "이 동지에게는 장점이자 단점이 있습니다. 자신이 생각하는 것을 그대로 말한다는 거죠." 그는 부당한 권위 앞에서는 반항적인 인물이다. 그럼에도 불구하고 권위 있는 남성들은 그의 삶에 큰 영향을 미친다. 그를 비밀요원으로 섭외하는 슈타지 요원, 탈당 심사를 담당한 원로 정치인, 그리고 그의 아버지이다.

코니와의 삼각관계로 우울한 어느 날, 나이가 지긋한 슈타지

도판 25. 〈동독의 광부 가수 군더만〉

도판 26. 〈동독의 광부 가수 군더만〉

요원이 그를 찾아온다.(도판 25) 그는 군더만의 밴드가 서방에서 공연하는 것을 허락하는 조건으로 그가 다른 멤버들에 대해 보고하는 것을 제안한다. 슈타지 요원이 그를 비공식요원으로 포섭하고 있는 중요한 상황임에도 군더만은 건네받은 서독의 과자를 먹으면서 아이 같은 태도를 보인다. 한편, 영화 중반부에 벌어지는 탈당 심사에서 그는 자신이 직장 동료에 대해서 지나치게 강한 어조로 비판했음을 인정하지만, 비판 내용을 번복하지 않을 것이라고 말하고, 심사를 담당하는 원로 정치인에게 자신에게는 매우 중요하다고 하면서 그의 의견을 묻는다.(도판 26) 그가 결국 탈당을 결정하고 당원증을 반납할 것을 요구하자, 군더만은 매우 실망하고 체념하지만, 동시에 당원증 반납을 거부하며 아이와 같은 반항적인 태도를 보인다.

여기에서 슈타지 요원과 원로 정치인은 그에게 부재하는 아버지의 대체자다. 영화 속에서 코니에게 말하듯이, 그의 아버지는 소년 군더만의 치기 어린 행동(군더만은 아버지가 숨겨 놓은 권총을 놀이터에 가지고 가서 자랑한다)으로 구금을 당하고, 이는 부모의 이혼으로 이어진다. 이후 아버지는 아들과의 관계를 끊고, 사망할 때까지 아무런 접촉도 하지 않는다. 군더만은 평소에는 권위에 매우 비판적이지만, 권위 있는 인물로부터 인정을 받고자 하는 군더만의 욕망은 아버지와의 단절에서 기인한 것으로 해석할 수 있다.(Bahl 2018) 그렇지만 이것이 군더만의 슈타지 활동에 대한 해명일까? 영화는 단지 아버지의 부재와 슈타지 활동의 연계성을 암시할 뿐이다.

더 직접적인 이유는 1990년대 장면에서 제시된다. 군더만은 처음에 자신은 과거에 단지 몇 차례 슈타지 요원과 대화했을 뿐이며, 그 역시 탄광의 작업환경을 개선하기 위한 노력의 일환이었다고 일관되게 주장한다. 영화는 또한 그도 다른 동료에 의해서 감시를 당한 인물임을, 즉 한편으로는 가해자(Täter)지만, 다른 한편으로는 피해자(Opfer)였음을 보여준다. 하지만 이 사실을 군더만 자신도, 다른 사람들도 그의 슈타지 활동에 대한 변명이나 정상참작의 요소로 간주하지 않는다. 그는 가해자는 자신이 보고한 것을 볼 수 없다는 법령 때문에 지역 언론인의 도움을 받아서 몰래 자신이 작성했던 서류를 보게 된다. 서류를 본 다음 군더만은 넋이 나간 사람처럼 보인다. 그는 자신이 생각했던 것보다 훨씬 더 자세히 여러 사람들의 사생활에 대해서도 보고했다는 것을 알게 된다. 이제 그는 자신이 비공식요원으로서 한 행동을 축소해서 평가하지 않는다. 그럼에도 그는 "사죄(Entschuldigung)"를 거부한다. 대신 "용서를 빌(um Verzeihung bitten)" 수 있을 것이라고 말한다, 그가 사죄를 거부하는 것은 자신의 행동이 비록 잘못된 것이었지만, 의도적으로 타인에게 해를 끼치려고 한 것은 아니라는 생각에 기반한다. 직접적인 해명은 없지만, 동독에 대한 군더만의 두 가지 언급은 이런 그의 태도를 판단하는 데 도움을 준다.

첫 번째는 젊은 시절 정당 가입을 위해서 공산주의에 대한 자신의 신념을 밝히면서, 그는 "이 세계관(=공산주의)이 이미 존재하지 않았다면, 내가 스스로 그 이념을 만들었을 것이다."라고 말한다. 두 번째는 1990년대에 일터에서 생각나는 것을 녹음하는 여러 장면 중에 나오는 것으로, 그는 "나는 제대로 된 말에 내기를 걸었지만, 그 말은 경주에서 이기지 못했다."고 말한다. 그가 현실에서 실패한 사회주의 국가가 아니라 이상적인 공산사회를 추구했다는 사실은 1970년대 장면에서 그가 탄광을 방문한 정치인과 언쟁을 벌이는 사건, 그리고 역시 같은 시기에 언급한 정당 가입을 위한 심사에서 유추할 수 있다. 이 두 장면에서 그는 관료주의 때문에 생긴 노동 현장의 문제를 지적하는데, 이때 항상 마르크스의 테제를 같이 언급한다. 이를 통해서 군더만이 동독이라는 현실사회주의에 비판적인 마르크스주의자로서 확고한 정체성을 가지고 있음을 알 수 있다. 군더만이 뒤늦게 다시 깨달은 것처럼 비공식요원으로서 그의 활동은 노동현장의 문제에만 국한되지 않고, 동독을 탈출하려던 사람들에 대한 세부기록도 포함되어 있다. 그럼에도 전체적으로 봤을 때 그의 슈타지 활동은 더 나은 동독 사회를 만들기 위한 노력의 일환이었으며, 사과를 통해 과거 자신의 행동

모두가 의미 없고, 범죄적인 것으로 간주되는 것을 피하고자 했다
는 해석을 가능하게 한다. 그렇기 때문에 관객의 입장에서는 일견
이해하기 쉽지 않지만, 슈타지 과거가 드러나자 군더만은 그동안
자기 자신에 대해 잘못된 판단을 했다는 것이 가장 실망스럽다고
말한다. 그는 다른 사람들의 사적인 영역에 대해서는 그렇게 자
세히 보고했다는 것을 잊고, 자신이 한 정치적인 이상주의자로서
의 언행만 기억하고 있었던 것이다. 이런 군더만의 태도는 슈타지
와 그 협력자에 대한 이분법적이고 정형화된 해석에서 벗어나서,
보다 세분화된 시선을 제공한다. 자신의 신념에 근거해서 더 나은
사회를 위해 정치에 참여한 것이 단죄의 대상이 된 것은 무엇보다
사회가 변했기 때문이다.

〈동독의 광부 가수 군더만〉은 드레젠이 10년 넘게 준비한
프로젝트였다. 그는 영화 제작을 결심한 계기 중 하나로 〈타인
의 삶〉(2006, 감독: 플로리안 헨켈 폰 도너스마르크)의 성공을 든
다.(Nicodemus/Rauterberg 2018) 아카데미 영화제 외국어 영화상
을 수상하는 등 국내외에서 큰 인기를 얻은 〈타인의 삶〉은 감시
대상인 작가가 동독을 비판하는 작품을 쓰는 데 몰래 도움을 주
는 슈타지 요원의 이야기를 담고 있다. 이 영화에서 문화부 장관
은 공적 지위를 사적인 관심을 위해 악용하고, 슈타지 국장은 출
세만을 바라며 문화부 장관의 명령을 따른다. 주인공인 슈타지 요
원은 예술인들을 감시를 하다가 예술에 감화되어 권위주의적이며
비인간적인 임무를 거부한다. 드레젠이 이 영화에서 문제적이라고
본 것은 슈타지 요원이 자신의 의지와 판단은 없고, 상부의 명령
에 따라 꼭두각시처럼 행동하는 인물로 그려진 것이다. 또한 그가
연극, 음악, 시와 같은 예술을 접하고 난 후 이전과는 완전히 다른

사람이 되는 것도 설득력이 부족하다고 본다. 악의 화신인 슈타지 요원의 마음 속에도 선함이 있다는 설정은 동화 같은 이야기는 사람들의 마음을 움직이지만, 역사적 진실을 파악하는 데는 아무런 도움이 되지 않는다고 드레젠은 판단한다.(Dresen 2017, 38) 〈타인의 삶〉은 슈타지를 심판하며, 단순화한다. 〈동독의 광부 가수 군더만〉은 〈타인의 삶〉과 달리 비록 슈타지에 협력했다고 하더라도 동독인들에게 주체성을 부여하고자 한다. 그들의 활동이 단지 명령에 의한 것이 아니라, 자신이 믿는 사회주의의 이념에 기반한 것이었음을 보여주고자 한다. 현실 사회주의 국가로서 동독은 멸망했지만, 영화는 더 공정한 사회를 지향하는 사회주의의 이상을 따랐던 사람들을 망각에서 구해내고자 한다. 드레젠 자신이 동독 출신이기 때문에 그는 〈타인의 삶〉 류의 정형화된 동독 해석에 더욱 강한 반감을 갖는다. 슈타지 협력자를 의심할 바 없는 악으로 간주하지 않고, 그 평가에 있어서 다층성과 불명확성을 인정한다는 점에 이 영화는 특별하다.

〈동독의 광부 가수 군더만〉은 군더만이 피해자인지 가해자인지 확실한 입장을 취하지 않는다. 다만 서로 모순되는 다양한 에피소드를 통해서 군더만의 복합적인 실체에 관객 스스로 다가갈 수 있도록 돕는다. 무엇보다 군더만의 상황과 언행을 통해서 동독의 역사를 흑백논리로 단순화할 수 없음을 이야기한다. 결국 군더만은 가해자이자 희생자며, 배신자이며 이상주의자다. 권위에 복종하지 않는 반항아인 동시에 권위 있는 인물의 인정을 바라는 인물이다. 단순화나 해피 엔드의 유혹에 빠지지 않고, 복합적이면서 모순적인 인물로서 군더만을 보여준 것은 영화의 큰 미덕이다.

2.5. 크리스티안 페촐트[14]

　베를린파(Berliner Schule)라는 명칭은 영화학계에서 2000년
대 독일의 새로운 예술영화를 지칭하는 개념으로 자리 잡았다.
페촐트를 포함하는 1세대 베를린파 감독들은 모두 1960년대 생
으로, 베를린 독일 영화텔레비전 아카데미(Deutsche Film- und
Fernsehakademie Berlin: 약칭 dffb)에서 수학하고, 1990년대 중반 이
후 처음 장편 극영화를 선보였으며, 현재까지 지속적으로 작품 활
동을 하면서 독일 영화계에 새로운 활력을 불어넣고 있다. 미국
의 영화학자 마르코 아벨Marco Abel은 베를린파를 "독일 서사영화
의 틀 안에서 영화미학을 발전시키려는, 뉴 저먼 시네마 이후 최초
의 (집단적) 시도"(Abel 2008)라고 평가한다. 이들은 상업영화와 일
정 정도 거리를 두면서 자신만의 독특한 개성을 지닌 영화를 만
들었다. 베를린 영화제를 비롯해, 칸과 베니스 영화제를 중심으
로 한 유수의 국제영화제에서 호평을 받고 있는 베를린파의 영화
는 현대 독일의 현실을 구체적이고 비판적으로 영상화하는 데 주
된 관심을 보인다. 베를린파 1세대 감독으로 앙겔라 샤넬렉Angela
Schanelec, 토마스 아슬란Thomas Arslan, 크리스티안 페촐트Christian
Petzold를 꼽는다. 그 밖에 벤야민 하이젠베르크Benjamin Heisenberg, 크
리스토프 호흐호이슬러Christoph Hochhäusler, 울리히 쾰러Ulrich Köhler,
헨너 빙클러Henner Winckler, 발레스카 그리제바흐Valeska Grisebach 등의
감독들도 베를린파의 미학을 공유하는, 2세대 베를린파 감독으로

---

14 국내 포털 사이트에서는 크리스티안 펫졸드(트)로도 검색이 되나, 이 책에서는
　　원어 발음에 가장 가까운 크리스티안 페촐트로 표기를 통일하였다.

간주된다. 베를린파 감독들은 서로 개인적인 친분 관계가 있으며, 정기적으로 만나 영화에 대해 토론했다. 또한, 고정 스태프와 제작 사를 기반으로 지속적으로 작업을 하고, 주로 독일 지방정부와 공 영방송들로부터 지원을 받아서 제작비를 마련했다. 미학적 측면 에서는 일상의 문제들을 단순하고 명료한 영상을 통해 전달하고, 사회적 약자의 위치에 있는 사람들과 그들의 태도를 영화의 중심 에 놓는다는 공통점을 가지고 있다.(Abel 2006) 이렇듯 베를린파 영화가 보여주는 일상에 대한 관심과 실험적 영상미학은 프랑스 의 언론이 베를린파를 "독일의 누벨 바그nouvelle vague allemande"라고 지칭하는 근거가 되기도 했다.(Rodek 2007)

　1960년 서독 노르트라인베스트팔렌 주의 힐덴Hilden에서 태어 나서, 같은 주에 있는 소도시 한Haan에서 성장한 크리스티안 페 촐트는 군 대체복무를 베를린에 있는 "청년을 위한 기독교 연합 (CVJM)"의 영화 클럽에서 수행한다. 대체 복무를 마친 후에 베 를린 자유대학에서 연극학과 독문학을 수학했으며, 1988년부터 1994년까지 베를린 독일 영화텔레비전 아카데미에서 학업을 이 어간다. 이 학교에서 만난 사람들 중에서 특히 하룬 파로키Harun Farocki는 스승이자 협력자로서 그에게 큰 영향을 미친다.[15] 페촐트 는 2014년 파로키가 사망하기 전까지 자신의 영화 대부분의 시나 리오를 그와 함께 집필했다. 재학 중 페촐트는 영화비평가로도 활

---

[15] 하룬 파로키는 1944년생으로, 1966년에 베를린 독일 영화텔레비전 아카데미 1 기로 입학한다. 재학 당시에 이미 정치적 다큐멘터리의 감독으로 큰 반향을 불 러일으켰으며, 1974년부터 1984년까지 영화잡지 『필름 크리틱Filmkritik』에 작 가이자 편집자로 참여하기도 한다. 2014년 사망할 때까지 다큐멘터리 영화 감 독, 비디오 아티스트, 독일 영화텔레비전 아카데미 교수로 독일 영화계에 큰 영 향을 미쳤다.

동했다.

몇 편의 단편영화를 촬영한 후, 1995년에 〈여자 비행사들Die Pilotinnen〉이라는 제목의 텔레비전 영화를 졸업작품으로 제작한다. 이 영화의 제작은 "슈람 필름 쾨르너 앤 베버"에서 담당했는데, 이 제작사는 지금까지 대부분의 페촐트 영화에서 제작을 맡고 있다. 다음 두 편의 영화인 〈쿠바 리브레Cuba Libre〉(1996)와 〈잠자리 도둑Die Beischlafdiebin〉(1998) 역시 텔레비전 영화로 비평으로부터 좋은 평가를 받는다. 초창기 세 편의 영화는 모두 범죄영화의 플롯을 담고 있다. 이는 1990년대에 데뷔한 감독으로서 페촐트가 마주한 당시 독일영화의 제작 상황과 밀접한 연관이 있다.(Gras 2014, 71f.) 당시 영화 제작에 있어서 텔레비전의 지원이 절대적인 상황이었으며, 이 지원은 독일에서 가장 인기가 많은 장르인 범죄물일 때 용이했다. 페촐트는 이후 국제적인 명성을 쌓은 후에도 텔레비전용 영화와 장편 극영화를 번갈아가면서 제작하는 특이한 이력을 가지고 있다. 이는 경제적인 요소와 더불어, 텔레비전 영화의 제작 환경(이미 존재하는 캐릭터, 제한된 예산, 90분이라는 분량 등)이 극영화와는 다른 작품을 만들 수 있는 기회를 제공하기 때문이다.

그의 이름이 널리 알려지게 된 것은 첫 번째 장편 극영화인 〈내가 속한 나라Die innere Sicherheit〉(2000)의 성공 이후다. 2001년 독일영화상에서 최우수 영화상을 수상한 이 영화는 좌파 테러리스트로 활동하다가 도피 생활을 하고 있는 부모와 그들의 딸인 사춘기 소녀의 이야기를 담고 있다. 부모는 최종적으로 브라질로 도피하기 위해 마지막으로 돈을 모으고 있다. 하지만 포르투갈에서 우연히 만난 독일 청년과 사랑에 빠진 딸은 자신의 현재를 느끼고 즐기고자 한다. 이 영화의 성공으로 페촐트는 독일 영화계에서 가장 중요한 감독 중 한 명으로 자리매김한다. 페촐트가 여배우 니나 호스Nina Hoss와 처음 같이 작업한 작품은 2003년에 발표한 〈볼프스부르크Wolfsburg〉이다. 이 영화는 베를린 영화제에서 국제영화평론가협회상 FIPRESCI을 수상한다. 자동차 판매상으로 성공적인 직장 생활을 하고 있는 필립은 운전 중에 잠시 한눈을 팔다가 어린 아이를 치고, 도주한다. 아이는 결국 사망하고, 그의 범행은 밝혀지지 않았지만 그의 삶은 죄의식과 불안정으로 점철된다. 그는 몰래 아이의 엄마를 찾아내고, 점차 그녀와 연인 관계가 된다. 2005년작 〈유령Gespenster〉과 2007년 작 〈옐라Yella〉는 〈내가 속한 나라〉와 더불어 유령 삼부작으로 불린다. 〈내가 속한 나라〉에 이어서 다시 한 번 주연을 맡은 율리아 훔머Julia Hummer는 〈유령〉에서 베를린을 떠돌아다니는 유령과 같은 존재로서의 젊은이 니나의 초상을 그려낸다. 그녀는 한 프랑스 여인을 우연히 만나기도 하는데, 이 여인은 니나가 예전에 실종된 딸이라고 믿는다. 최초의 어색함과 의심은 시간이 지나면서 희석되고, 두 사람은 조금씩 가까워지는 것처럼 보이지만 두 사람 모두 결국 자신만의 세계에서 살고 있다는 것이 명확해진다. 〈옐라〉는 통일 후 시대에 뒤처지고 활력이 없는 동독의 소도시를 떠나 서독에서 새로운 삶을 시작하려고 하는 젊은 여인 옐라가 주인공이다. 그녀는 경제적으로 파멸한 남편을 뿌리치고 회계원으로 일하기 위해 하노버로 간다. 하지만, 그녀의 소망과는 달리 과거의 그림자는 계속해서 그녀를 따라오고, 새로운 삶은 기대했던 경제적 안정과 사랑을 선사하지 못한다. 옐라 역을 맡은 니나 호스는 이 영화로 2007년 베를린 영화제에서 여우주연상, 2008년 독일 영화상을 수상한다. 2009년에 제작한 〈예리호Jerichow〉는 니나 호스와 페촐트의 네 번째 공동 작품으로, 『포스트맨은 벨을 두 번 울린다』를 각색한 것이지만, 현 시점의 독일의 문제를 적극적으로 반영한다. 간이식당 수십 개를 관리하는 터키계 사장은 우연히 자신을 도와준 독일인을 고용한다. 그는 군대에서 불명예 제대를 한 실업자이다. 이 독일인과 사장의 아름다운 부인은 점점 서로에게 끌리고, 경제적으로 종속관계에 있는 두 사람은 사장을 살해할 계획을 세운다. 이 영화는 베니스 영화제 경쟁부문에서 초연되었다. 2012년 베를린 영화제를 통해서 발표한 〈바바라〉는 니나 호스에게 또 한 번 이 영화제의 여우주연상(은곰상)을 선사한다. 서독으로 망명을 계획하는 동독 여의사의 이야기를 담은 이 영화는 독일 영화상에서도 최우수 촬영, 최우수 시나리오, 그리고 최우수 영화상을 수상한다. 2014년 9월 토론토 영화제에서 초연한 〈피닉스〉는 하룬 파로키와 마지막 공동작업을 통해 시나리오가 완성되었다. 1945년 종전 직후의 베를린을 배경으로 자신을 배반한 연인의 무고를 믿으면서 그의 사랑을 되찾으려는 유대계 여인의 이야기를 담고 있다. 영화는 프리츠 바우어Fritz Bauer에게 헌정되었는데, 그는 1950년대 말에 처음으로 나치 부역자를 추적하고 법정에 세운 판사이다.[16] 이 영화 역시 좋은 평가와 함께 산 세바스티안 영화제 국제영화언론상 등의 다양한 수상 경력을 자랑한다. 2018년에 개봉한 〈트랜짓Transit〉은 파로키에게 헌정했으며, 나치와 비시 정권 시기의 프랑스 마르세유를 배경으로 진행되는 안나 제거스Anna Seghers의 1944년작 소설을 영화화했다. 나치를 피해서 유럽 대륙을 떠나려고 하지만 쉽게 떠나

16　프리츠 바우어에 대해서는 〈집념의 검사 프리츠 바우어〉와 〈침묵의 미로에서〉를 분석하는 이 책의 3.3.장에서 보다 자세히 다룬다.

지 못하는 인물들의 이야기를 주인공 남자와 죽은 남편을 기다리는 여자를 중심으로 펼쳐나가는 이 영화는 시간적 배경을 현재로 설정하여 진행한다. 2020년 2월에는 베를린 영화제 경쟁부문에 〈운디네Undine〉를 출품한다. 널리 알려진 동화의 모티브를 현대 독일로 무대를 옮겨와 각색한 멜로드라마다. 이 영화의 여주인공 역을 맡은 파울라 베어Paula Beer는 최우수 여우주연상을 수상한다.

다음에는 그의 대표작으로 〈내가 속한 나라〉, 〈바바라〉, 〈트랜짓〉을 다룬다.

2.5.1. 〈내가 속한 나라〉

원제   : Die innere Sicherheit
감독   : 크리스티안 페촐트Christian Petzold
시나리오 : 크리스티안 페촐트Christian Petzold, 하룬 파로키Harun Farocki
카메라   : 한스 프롬Hans Fromm
편집   : 베티나 뵐러Bettina Böhler
음악   : 슈테판 빌Stefan Will
주연   : 율리아 훔머Julia Hummer(잔 역), 바바라 아우어Barbara Auer(클라라
          역), 리치 뮐러Richy Müller(한스 역), 빌게 빈귈Bilge Bingül(하인리히 역)
제작사   : Schramm Film Koerner & Weber(Berlin)
개봉연도 : 2000
상영시간 : 106분

    잔은 적군파 출신의 부모인 한스, 클라라와 함께 출생부터 지금까지 15년째 도피 생활을 하고 있는 소녀다. 현재 이들은 포르투갈의 휴양지에 숨어 있으면서 유럽을 떠나 브라질로 도주할 계획을 세운다. 하지만 숙소에 도둑이 들어서 가진 돈을 잃은 후, 옛 동지들로부터 도주 자금을 구하기 위해 독일로 향한다. 그렇지만 독일에서 만난 그들은 이들 가족을 도와주는 데 한계를 보인다. 변호사로서 성공적인 삶을 사는 한 인물은 그들에게 전향을 권하고, 출판업에 종사하는 옛 동료는 경찰의 개입으로 돈을 전달하지 못한다. 당장 숙소를 구할 수 없을 경제적인 어려움에 처하자, 잔은 포르투갈에서 호감을 가지고 잠시 만났던 하인리히가 들려준 이야기를 생각해 내고, 사람이 살지 않는 함부르크의 한 빌라에서 가족과 함께 은둔생활을 시작한다. 잔이 가족과 함께 함부르크에 간 것은 하인리히를 만나려는 목적도 있었다. 얼마 후 잔은 그를 다시 만나 사랑에 빠진다. 그러나 잔의 부모는 돈을 마련해 브라

질로 이주할 계획을 계속 추진하는데, 이들에게 딸의 사랑이란 은 둔생활을 어렵게 하는 요소일 뿐이다. 오랜 갈등 끝에 부모는 잔 을 독일에 남겨 두기로 결심하지만, 마지막 순간에 잔은 사랑을 포기하고 부모와 함께 있기로 결심한다. 클라라와 한스는 자금을 마련하기 위해 은행을 습격하는데, 이 과정에서 한스는 총에 맞고, 클라라는 경비원을 사살한다. 경찰을 피해 브라질로 도주해야 하 는 새벽, 부모 몰래 하인리히를 찾아간 잔은 결국 그에게 자신과 가족의 정체를 밝히고, 이를 들은 하인리히는 잔의 가족을 경찰에 신고한다. 잔의 가족은 자동차로 이동하다가 경찰의 공격을 받는 다. 자동차는 전복되고, 거기에서 빠져나온 잔만이 혼자 텅 빈 들 판을 바라본다.

　사춘기에 들어서며 자신만의 삶을 꿈꾸는 잔은 은둔 생활을 하는 부모와 함께 이곳저곳을 떠돌아다니면서 살고 있다. 우연히 독일 청년 하인리히를 알게 되고 사랑에 빠지지만 잔은 어디에도 뿌리내리지 못한 삶, 주위에 자신을 잠재적으로 위협하는 것이 있 는지 끊임없이 살펴봐야 하는 삶을 살고 있다. 부모는 잔에게 다 른 사람의 눈에 띄지 않을 것, 누구와도 대화를 나누지 말 것을 반 복해서 요구한다. 지나친 경계로 보이지만, 경계를 늦추는 순간 그들은 도둑을 맞기도 하고, 자신들에게 돈을 마련해 주기 위해 약속장소에 온 옛 동지가 경찰의 급습을 받고 체포되는 것을 보기 도 한다. 위협은 어디에나 존재한다. 영화가 주목하는 것은 떠돌 아다니는 삶과 한 인간의 성장이 어떻게 충돌하는지를 보여주는 데 있다. 부모가 갑자기 가야 한다고 말을 하거나 몸짓을 하면, 잔 은 하던 일을 멈추고 바로 자리를 떠난다. 하지만 뒤를 바라보는 잔의 시선은 그곳에 남아 있다.

적군파 소속이었으며, 현재까지 도피 생활을 하는 부모와 그들 딸의 삶을 보여주는 〈내가 속한 나라〉[17]는 적군파의 유산을 직접적으로 다루는 데 관심을 보이지 않는다. 한스와 클라라가 이전에 구체적으로 무슨 활동을 했는지, 어떤 범죄를 저질렀는지, 그동안 어디에서 머무르면서 어떻게 생활자금을 마련했는지 등 그들의 과거에 대해서 영화는 언급하지 않는다. 페촐트는 이들과 경찰 사이의 쫓고 쫓기는 관계에서 생기는 역동성과 적군파의 역사적 의미보다는, 잔을 중심으로 은둔생활을 하는 주인공들의 심리상태에 집중한다. 한스, 클라라, 잔의 몸짓 언어와 태도, 표정에 밴 긴장, 주위를 미심쩍게 관찰하는 시선을 통해서 그들의 과거와 그에 따른 지하생활이 그들에게 얼마나 큰 심리적 부담으로 작용하는지, 그리고 그것이 어떻게 그들의 육체에 흔적을 남겼는지를 보여준다. 개봉 당시 영화가 비평계로부터 큰 관심을 받은 배경에는 적군파의 유산에 대해 독일의 공론장에서 다시 한 번 활발한 토론이 있었던 당시의 상황과 무관하지 않다. 2001년 1월 16일 현직 독일 외무부 장관이자 68운동 당시 거리의 투사였던 요시카 피셔 Joschka Fischer가 전직 테러리스트 한스요아힘 클라인Hans-Joachim Klein의 재판에 증인으로 출석하면서 그의 투쟁사와 68운동의 유산에 대해 논쟁을 촉발한다. 비슷한 시기에 적군파의 핵심 인물이었던 울리케 마인호프의 딸 베티나 뢸Bettina Röhl은 68운동 당시 피셔가 경찰을 구타하는 사진을 언론에 공개하기도 한다.(Katholischer

---

17 영화의 독일어 제목 〈내부 안전Die innere Sicherheit〉은 한스와 클라라의 과거와 연관 지어 해석하면 테러조직으로부터 지켜야 하는 국가 내부의 안전을 의미하는 동시에, 사춘기 소녀 잔의 심리적 혼란을 지칭하는 이중적 의미가 있다.

Filmwerk, 10)

영화는 적군파 출신들이 현재를 사는 세 가지 방식을 보여준
다. 먼저 독일에 와서 처음 찾아간 옛 동료는 정원이 딸린 큰 저택
을 소유하고 있으며, 변호사라는 사회적으로 안정된 직업을 갖고
시민층의 대변인이 되어 있다. 현 사회에 통합되어 사는 그는 한스
가족의 도피생활을 비웃으며, 이들을 돕는 것을 거부한다. 그는
이들에게 '벤츠'와 만나 보라고 권유한다. '한스 벤츠'는 1980년대
중반부터 1990년대 말까지 적군파의 회유를 담당한 연방안전기
획부 요원의 가명으로 알려져 있다.(Deutsche Kinemathek 2011, 4)
그의 태도에 분노한 그들은 그에게 폭력을 행사하지만(영화는 이
장면은 직접 보여주지는 않는다), 이를 문제 삼지 못하고 맞은 부위
만 만지고 있는 옛 동료의 모습은 여전히 도피 중인 그들이 도덕
적 우위를 차지하고 있다는 점을 보여준다.

한스보다 클라라와 더 가까운 관계였던 것으로 보이는 다른
중년의 남성은 출판사를 운영하면서 사회 내부에서 자신의 이상
을 이루려는 싸움을 계속했지만, 현재 그는 알코올 중독자이며,
출판사는 이미 소유주가 바뀐 상태이다. 그가 적군파에 호의적이
었으며, 배후의 중요 인물이었다는 사실은 이제 출판사의 홍보에
도움이 되는 일종의 에피소드일 뿐이다. 다시 재회한 클라라와의
친밀함, 그리고 한스가 그에게 보이는 적대적인 태도는 이 남성이
클라라와 동지 이상의 관계였을 것임을 암시한다. 이 남자와의 첫
번째 만남 이후 잔은 클라라에게 "그 사람이 내 아빠"인지 묻기까
지 한다. 클라라는 미소를 지으면서 부인한다. 잔이 이 질문을 던
지는 태도는 놀랍다. 아무런 감정적인 동요 없이 질문을 하고, 아
니라는 대답에 더 이상 이에 대해 생각하지 않는 모습은 잔의 건

조한 내면을 보여주는 또 다른 장치다.

한스와 클라라는 현재는 구체적인 혁명적 행동은 하지 않지만, 사회변혁의 이상을 간직하고 있는 인물들로 등장한다. 그러나 시대는 변했고, 오랜 지하생활을 통해 혁명가로서의 정체성은 상실한 지 이미 오래이다. 이들은 도피로 인해서 사회적, 정치적 삶에 참여하지 못하고 과거에 묶여서 살고 있으며 현재 역시 과거의 기준으로 판단하며 살아간다. 일상적이고 무해한 상황조차 이들에게는 편집증적인 반응을 불러일으킨다. 이것을 보여주는 가장 대표적인 장면은 교차로 신이다. 차량이 드문 사거리에서 한스와 가족은 자동차 안에서 신호가 바뀌기를 기다리고 있다. 이때 사방에서 차량이 빠른 속도로 와서 교차로에 급정거한다. 한 자동차는 한스의 바로 뒤에 멈추고, 운전석에서 내려 차에 기댄 채로 앞을 바라본다. 자신이 포위되었다고 느낀 한스는 차에서 내려 항복의 표시로 두 손을 든다. 하지만 뒷사람은 아무 반응도 보이지 않다가, 신호가 바뀌자 다시 차를 타고 이동한다. 이 모든 상황은 신호가 빨리 바뀌지 않아서 생긴 일상적인 장면이었을 뿐이다.

영화는 급진적 방식으로 세상을 바꾸려고 했던, 그리고 현재까지도 이 이상을 포기하지 않은 한스와 클라라에게 특별히 우호적 시선을 보이지 않는다. 영화의 핵심은 무엇보다 잔을 통해 특수한 상황 속에서 한 청소년기 소녀의 성장이 어떻게 방해받는지를 보여줌을 통해 가족의 의미를 되새기는 데 있다. 잔의 부모는 여전히 군대에서나 볼 법한 규율성과 긴장감으로 살아가고 있으며, 이제 다른 삶을 살아가는 옛 동지들과 적대적인 모습을 보인다. 이들은 여전히 과거의 정치적 꿈을 포기하지 않고 있고, 이로 인해 현실과는 동떨어진 삶, 유령과 같은 삶을 수행한다. 이에 반해 딸인 잔으로부터는 어떠한 정치 성향도 느껴지지 않는다. 잔이 원하는 것은 평범한 10대 소녀로서의 일상적인 삶이다. 이런 일상적인 것에 대한 욕망은 부모의 지하생활로 인해 그들의 안전을 위협하는 행동의 근원이 된다. 클라라와 한스는 잔의 자연스러운 욕망에 대해 모두의 삶을 위협한다고 단죄한다. 성인이 되는 필수적인 조건인 부모로부터의 정신적 독립은 이 상황에서 불가능하다.

급하게 포르투갈에서 독일로 도주하는 과정에서 얼마 안 되는 소지품의 대부분을 잃고, 한스는 주유소에서 값싸고 촌스러운 티셔츠를 사서 잔에게 건넨다. 잔은 그런 옷은 절대 입지 않겠다고 하지만, 결국 한스로부터 "우린 지금 캠핑 다니는 게 아니잖아!"라는 꾸중을 듣고 그 옷을 입는다. 외모에 신경 쓰는 것을 부모가 전혀 이해하지 못하기 때문에, 잔은 함부르크에서 은둔 생활을 할 때 몰래 음반과 옷을 훔친다. 그렇지만 잔이 위험을 무릅쓰면서까지 옷을 훔치는 것은 평범하고자 하는 욕망의 반영이다. 그러나 다른 아이들과 같은 스타일의 옷을 입고자 하는 잔에게 부모는 공감하지 못한다. 옷을 가운데에 두고 벌어지는 세대 간의 갈등은 부모와 딸 사이에 극복하기 어려운 이해의 차이가 있음을 뚜렷하게 보여준다.

잔은 부모에게 다양한 것을 배운다. 번역, 시 낭송, 수학 등 학교에서 배울 만한 것들은 물론, 자신의 몸을 숨기는 법, 자신이 약하다고 느낄 때 상대방에게 들키지 않는 방법 등 도피 생활을 위한 구체적인 조언도 얻는다. 하지만 잔은 또래의 친구들을 사귀고 싶고, 사랑하고 싶다. 영화 속에서 잔이 또래와 어울리는 장면은 세 번 등장한다. 첫 번째는 포르투갈에서 만나서 사랑에 빠지고, 다시 함부르크에서 인연을 이어가는 하인리히와의 만남이다.

첫 만남에서 두 사람은 서로에게 거짓말을 한다. 잔은 자신이 영국에 있는 기숙학교를 다닌다고 말하고, 하인리히는 아버지로부터 물려받았다는 빌라에 대해 이야기한다. 두 번째는 예전에 함께 운동을 했던 부모의 지인인 변호사를 만난 집에서다. 주유소에서 산 옷을 입은 잔은 위층에서 음악을 듣는 지인의 딸을 만나서 함께 담배를 피우고, CD를 훑어보며 웃는다. 지인의 딸이 입은 옷에는 Diego Maradona라고 쓰여 있다. 나중에 잔은 옷가게에서 여러 벌의 옷과 신발을 훔치는데 그중에는 이때 본 옷도 있었다.(도판 27, 28) 이 장면은 자기 또래 아이들의 평범한 삶에 대한 잔의 관심을 보여준다.

도판 27. 〈내가 속한 나라〉

도판 28. 〈내가 속한 나라〉

세 번째는 길에서 우연히 만난 여학생을 따라서 함께 알랭 르네Alain Resnais의 다큐멘터리 영화 〈밤과 안개Nacht und Nebel〉(1956)를 보는 장면이다. 여학생은 담배를 피우고 있는 잔에게 다가가서 담배를 빌린다. 잔을 같은 학교 학생으로 착각한 그녀는 수업의 일부로 진행되는 영화를 잔도 보러 갈 것이라고 생각한다. 영화 상영이 끝난 후, 잔은 교사에게 꾸중을 듣는다. 이전 수업에는 안 들어오고, 영화를 볼 때만 참여한다는 것이다. 무표정하게 교사의 말을 듣고 있던 잔은 같이 왔던 아이에게 아무 말도 하지 않은 채 혼자 영화 상영장소를 빠져나온다. 또래 아이들과 매우 빠른 속도로 관계를 맺지만, 관계를 끝내는 데도 아주 익숙한 잔의 모습은 그녀가 현재 삶에 대한 불만을 부모에게 표출할 때 그녀를 이해할 수 있는 근거가 된다.

잔과 부모 사이에 가장 큰 갈등 요소는 잔에게 남자친구 하인리히가 생긴 사건이다. 한스와 클라라의 입장에서는 잔이 그들의 곁에 있는 것이 최선이며, 밖에 나가더라도 그들이 시킨 일만 빠른 시간 내에 처리하고 집으로 돌아오는 것이 가장 바람직하다. 잔이 밤에 하인리히를 만나고 온 사실을 안 이들은 잔을 추궁한다. 이 추궁을 잔은 '심문'이라고 부르며, 자리를 박차고 나간다. 현재의 독일 사회와 아무런 연관을 맺지 않고 지하생활을 계속해야만 하는 부모는 이처럼 도피생활을 위해서 가정 내에서는 비민주적인 모습을 보인다. 과거 청산과 사회의 민주화를 요구했던 68 세대의 이상을 생각한다면 이는 아이러니하다. 결정 과정은 딸의 의견보다는 지하생활의 안전이 우선적으로 고려되고, 딸의 입장과 감정은 부모가 이미 다 알고 있는 것, 그러나 가족의 안전을 위해 희생되어야 하는 것으로 간주된다. 영화의 초반에는 세 사람이 해변에 있거나 이동하는 장면을 주로 한 숏 안에 담은 반면, 이때의 카메라는 숏 리버스숏 기법을 사용해서, 부모와 잔을 분리한다.

영화는 마지막 장면으로 경찰에 의해 차량이 전복된 후, 가족 중에서 유일하게 살아남은 잔의 모습을 클로즈업으로 보여준다. 환한 햇볕이 비치고 새들이 지저귀는 가운데 잔은 어딘가 먼 곳을 바라보고 있다. 잔의 얼굴이 화면을 채우고 있기 때문에 그녀의 시선이 어디를 향하고 있는지 정확히 알 수 없다. 그럼에도 불구하고 이 장면은 햇볕과 새소리로 인해 새로운 시작을 예감하게 한다. 사고가 일어나기 직전에 엄마의 무릎 위에 아기처럼 누워 있던 모습과 연결되어 이 두 장면은 잔의 새로운 탄생이라는 의미가 생

도판 29. 〈내가 속한 나라〉

도판 30. 〈내가 속한 나라〉

성된다.(도판 29, 30)

　〈내가 속한 나라〉는 지하생활이라는 특수한 설정을 통해, 부모와 자녀의 관계가 밀접할 수밖에 없는 가족을 보여준다. 영화는 이를 통해 세대 간의 갈등을 효과적으로 보여준다. 영화는 가정을 안정과 안전을 보장하는 곳인 동시에, 독립된 인격으로 성장하기 위해서는 결국 벗어나야 할 곳으로 묘사한다.

2.5.2. 〈바바라〉

원제   : Barbara
감독   : 크리스티안 페촐트Christian Petzold
시나리오 : 크리스티안 페촐트Christian Petzold
카메라   : 한스 프롬Hans Fromm, 파스칼 슈미트Pascal Schmit
편집   : 베티나 뵐러Bettina Böhler
음악   : 슈테판 빌Stefan Will
주연   : 니나 호스Nina Hoss(바바라 역), 로날트 제어펠트Ronald
         Zehrfeld(앙드레 역), 라이너 복Rainer Bock(클라우스 쉬츠 역),
         마크 바취케Mark Waschke(요르크 역), 페터 베네딕트Peter
         Benedict(게하르트 역)
제작사   : Schramm Film Koerner & Weber(Berlin)
개봉연도 : 2012
상영시간 : 108분

1980년대 초반 동독의 소도시를 주요 배경으로 하는 〈바바라〉
는 서독 이주 신청을 했다가 기각된 후, 슈타지와 동료 의사의 감
시를 받으며 직장 생활을 하는 바바라 볼프가 여주인공이다. 이주
신청의 결과로 당국의 감시대상이 된 그녀는 명망 있는 베를린 샤
리테 병원에서 발트해 근교에 위치한 시골 병원으로 전근된다. 이
곳에서 그녀는 새로운 동료들과 거리를 둔 채, 서독에 있는 애인
요르크의 도움을 받아 동독을 몰래 탈출할 계획을 세우고 준비에
전념한다. 바바라의 직속 상관인 앙드레 라이저는 비공식 정보원
으로 슈타지 요원인 클라우스에게 바바라의 행적에 대해 보고한
다. 앙드레의 이런 역할을 바바라는 처음부터 인식하고 있었고, 그
에 대한 은근한 경멸과 반감을 숨기지 않는다. 탈출을 준비하는
과정에서 그녀는 가택 및 신체 수색 등 동독 생활을 견디기 힘들
게 하는 사건들을 여러 차례 경험한다. 그렇지만 그녀는 의사로서

의 의무만큼은 충실하게 수행한다. 특히 노동 교역소에서 몰래 탈
출한 스텔라를 돌볼 때는 의사로서 뛰어난 자질과 능력을 보여준
다. 앙드레는 처음부터 지속적으로 바바라에게 인간적인, 더 나아
가 이성적인 관심을 보이며, 그녀의 의사로서의 능력을 높이 평가
한다. 바바라 역시 앙드레가 기회주의적 인물이 아니라, 나름의 신
념과 이상을 가지고 의사로서 활동하고 있다는 것을 알게 되면서
그에 대해서 서서히 호감을 느낀다. 탈출과 이후 서독에서의 삶만
을 생각하던 바바라는 준비 과정에서 서독이 자신이 바라는 삶을
제공할 수 있는지 조금씩 회의하기 시작한다. 약속한 탈출일에 바
바라는 자신이 아니라 스텔라를 보트에 태워 서독으로 보내고, 자
신은 다시 환자와 앙드레가 있는 병원으로 돌아온다.

〈바바라〉가 배경으로 하고 있는 1980년대 초반, 아무도 예견
하지 못했지만 베를린 장벽이 무너지기까지 채 10년이 남지 않은
동독 사회를 이후 제작된 영화들은 주로 사회주의 국가의 감시와
억압이라는 측면에서 조명하거나, 오스탈기Ostalgie[18]의 대상으로
다루는 경우가 많다. 전자에는 주로 공영방송에서 많이 제작되는
다양한 다큐멘터리들과 〈약속Das Versprechen〉, 〈타인의 삶Das Leben der
Anderen〉과 같은 극영화가, 후자로는 〈태양의 거리Sonnenallee〉, 〈굿
바이 레닌〉, 〈우리가 꿈꾸었을 때Als wir träumten〉 등의 극영화가 속
한다.[19] 반면, 〈바바라〉는 동독을 탈출하려고 시도하는 여인과 그

---

18 오스탈기는 동독을 의미하는 Ost와 향수라는 의미의 Nostalgie의 합성어로,
  1990년 통일 후 구 동독인들이 동독을 그리워하는 현상을 지칭한다.

19 1990년 이후 억압국가로서의 동독의 모습을 다룬 영화와 이에 대한 자세한 해
  설은 오브라이언(O'Brien 2012, 99-172)을 참조하라.

녀를 사랑하는 남성의 이야기를 축으로 진행되며, 영화의 마지막에 여주인공은 그동안 겪은 억압과 폭력에도 불구하고 동독에 남기로 결정한다.[20] 즉, 이 영화의 핵심은 동독의 억압적 체제에 대한 비판이 아니라, 그럼에도 그 안에서 희망과 의지를 가지고 그곳에서 살아가는 것을 선택한 사람들이다. 여기에서 주목해야 할 점은 이 영화에서 동독 체제에 대한 비판 역시 매우 직접적인 방식으로 진행된다는 사실이다. 영화는 억압적 체제라는 사회적 환경이 바바라와 앙드레의 사적 관계에 어떻게 영향을 미치는지, 어떻게 이런 환경 속에서 인간적 신뢰와 애정이 생겨나는지를 보여준다.

바바라는 새로 이사 온 집 앞에 있는 차량이 자신을 감시하기 위해서 있다는 것, 그리고 그녀의 직속상관인 앙드레가 그녀의 활동을 슈타지에 보고하는 비공식 정보원임을 알고 있다. 그녀의 주변 어디에나 감시의 눈길이 존재한다. 영화는 그녀가 서독으로의 비밀 탈출을 준비하는 과정에서 겪는 감시와 부당한 처사를 숨김없이 보여준다. 그녀가 서독에서 방문한 애인을 호텔에서 몰래 만나고 온 직후, 그녀의 행방을 추적하던 슈타지 요원은 그녀의 몸을 수색하게 한다. 영화는 바바라가 이미 몸수색을 당한 바가 있음을, 동시에 이를 매우 끔찍하게 생각하고 있음을 암시한다.

하지만 영화는 동독을 불법국가Unrechtsstaat로 비판하는 데서 그치지 않는다. 서사적 측면에서 봤을 때, 영화를 추동하는 힘은 바바라와 앙드레의 관계 변화이다. 바바라는 시간이 흐를수록 자신

---

20 영화는 환자를 사이에 두고 서로 마주 보며 옅은 미소를 짓는 둘의 얼굴을 클로즈업하며 끝난다. 이 장면은 반드시 두 사람이 연인이 되리라는 확신을 주지 않는다. 대신 의사로서의 소명을 동독에서 수행하고자 하는 의지를 느낄 수 있다. 따라서 결말은 해피엔딩이라기보다는 열린 결말로 보는 것이 타당하다.

을 감시하는 동시에 자신에게 호감을 느끼는 앙드레에 대해 긍정적인 인상을 얻는다. 초반부에 그녀는 슈타지에 협력하는 그에 대한 경멸을 숨기지 않지만, 그는 자신이 의료 사고로 인해서 더 이상 의사직을 수행할 수 없었고, 이를 만회하기 위해서 슈타지에 협력할 수 없었음을 솔직하게 밝힌다.[21] 또한 예술을 이해하고 즐기는 그의 모습은 그녀가 호감을 갖게 되는 계기들로 작동한다.[22] 앙드레가 동독 사회에 적응하면서 살아가는 인물임에도 말이다.

그녀가 동독에서의 삶의 가치에 대해 생각하는 계기에는 서독에 살고 있는 연인 요르크와의 만남도 포함된다. 그와 관련된 두 가지 일화가 대표적이다. 첫 번째는 두 사람이 동독에서 밀회를 하면서 요르크가 바바라에게 서독으로 오면 더 이상 일할 필요가 없다고 말하는 부분이다. 그는 바바라에게 자신 있게 본인이 두 사람이 먹고살기에 충분한 돈을 번다고 이야기한다. 이에 대해 바바라는 어리둥절한 표정을 짓는다. 바바라에게 의사직은 생계를 위한 수단이라기보다는 자기실현의 장으로서 중요하다는 것을 관객들은 환자에 대한 그녀의 헌신적인 태도를 통해서 이미 짐작한 바 있다. 그런 바바라에게 일을 하지 않아도 된다는 말은 그녀의 사회적 정체성을 부정하는 것이다. 다른 하나는 그녀와 마찬가지로 몰래 서독 애인을 만나는 다른 젊은 여인과의 우연한 만남

---

21 앙드레의 이야기가 끝난 후 바바라는 이것이 지어낸 이야기가 아닌지 의심한다. 관객은 끝까지 이 이야기가 진실인지 정확히 판단할 수 없다. 확실한 것은 이것을 계기로 바바라가 앙드레에 대한 경계를 조금씩 풀어간다는 사실이다.

22 예술을 즐기는 것은 동독 사회에서 저항의 일부로 간주되었다. 무엇보다 예술을 통해서 체제에 대한 비판적 메시지가 간접적으로 전달되고 해석되었기 때문이다. 동독에서의 예술의 역할에 대해서는 핀폴드의 논문을 참조하라.(Pinfold 2014)

이다. 바바라는 호텔방에서 그녀와 잠시 시간을 보내는데, 그녀는 서독의 통신판매업체인 크벨레Quelle의 카탈로그를 보면서 머지않아 자신도 누리게 될 서독의 부와 사치에 대해 들뜬 마음을 보인다. 그녀를 바라보는 바바라의 표정에는 과연 자신도 물질적 부에 만족하면서 서독의 삶에 적응하며 살게 될 것인지 고민하는 마음이 드러난다. 이런 사건들을 통해서 바바라는 서독의 삶이 직업에서 가정으로의 이동을 의미하는 것이라는 점을 인식하고, 이것이 진정으로 그녀가 원하는 것인지 회의하게 된다.

앙드레와 클라우스라는 두 감시자의 모습은 영화가 전달하고자 하는 역사상이 무엇인지를 알 수 있게 한다. 앙드레는 바바라에 대해서 슈타지에 보고한다는 측면에서는 악인이다. 그렇지만 의사로서 자신의 사명에 누구보다 충실하고, 예술과 삶을 사랑하는 모습에 바바라뿐만 아니라 그녀의 시선을 바탕으로 영화를 감상하는 관객들 역시 호감을 가지게 된다. 슈타지 요원인 클라우스는 바바라를 감시하고 검문하는 모습에서 전형적인 악인의 태도를 보인다. 불심검문을 하면서 마치 자신의 집인 듯 소파에 앉아서 바바라를 관찰하는 모습을 예로 들 수 있다. 그렇지만 암으로 고통 받고 집에서 투병생활을 하는 그의 부인을 앙드레가 방문 진료하고, 이것을 바바라가 우연히 목격하게 되는 장면은 두 가지 측면에서 의미가 있다. 첫 번째는 이를 통해서 클라우스의 개인적 감정이 드러나며, 이를 억지로 감추려고 하지 않는 그의 모습을 통해서 그 역시 공식적인 정체성 이외에 개인적인 감정을 가지고 있는 인물임을 알려준다는 점이다. 이 과정에서 우연히 만난 바바라를 알아보지 못하는 그의 모습은 슈타지 요원으로의 활동 역시 의무 이상의 것이 아닐 수 있다는 추측을 가능하

게 한다.(Pinfold 2014, 288) 두 번째는 바바라가 환자에 대해 물어
볼 때 보이는 앙드레의 반응이다. 여기에서 바바라는 환자를 "그
여인(die Frau)"이라고 지칭하는 반면, 앙드레는 프리델이라는 그
녀의 이름을 사용해서 대답한다. 이 장면은 이전에 병원에서 스텔
라를 두고 나눈 두 사람의 대화를 환기시킨다. 이 대화에서는 앙
드레가 환자의 이름을 부르지 않고 그저 "이 아이(das Mädchen)"
라고 하자, 바바라는 그의 말을 끊고 "이 아이의 이름은 스텔라
(Das Mädchen heißt Stella)"라고 지적한다. 인격을 갖춘 개별적 인
간으로 환자를 대해야 한다는 은근한 비난이 담긴 교정이다. 두
장면을 통해서 인격체로서 환자를 대하는 태도라는 측면에서 두
사람의 차이는 사라진다.

이미지의 측면에서 〈바바라〉는 억압국가로서 동독을 다루는
영화들에서 자주 보이는 단조로운 무채색을 벗어나서 파스텔 톤
의 부드러운 색상을 주로 사용한다. 음향의 측면에서는 오프 음향
으로서 배경음악을 사용하지 않는 대신, 바람, 파도, 숲의 소리 등
자연의 소리를 음향 효과로서 적극적으로 삽입함으로써 이미지에
개방성과 자연스러움을 부여한다. 이런 방식으로 영화 속 동독은
이전 다른 영화들에서는 볼 수 없었던 온기를 얻는다.

〈바바라〉는 동독에도 예술을 사랑하고 자신의 직업에 긍지를
느끼면서 살아가는 인물들이 있었음을 말한다. 영화는 앙드레와
같이 현실사회주의에 적응하며 살아가고 있는 인물을 단순히 악
인으로 묘사하지 않는다. 이런 영화적 설정은 통일 직전까지 쇠락
한 동독 사회를 유지하고 있던 사람들에 대한 존중을 담고 있다.
동독의 감시체제는 바바라가 앙드레에 대해 알아가고, 그에게 호
감을 가지는 데 많은 시간을 필요로 하게 한다. 하지만 이곳에서

는 서독과 달리 공적인 일과 사적인 사랑이 불가분의 관계를 맺고 있으며, 이는 바바라의 자기 정체성 규정에서 중요한 부분이다.(Fisher 2013, 143) 이처럼 국가로서의 동독에 대해서도 영화는 세분화된 관점을 제시한다.

장르로 봤을 때 〈바바라〉는 멜로드라마로 분류된다. 이 영화의 멜로드라마적 특징은 특히 앙드레의 캐릭터를 통해서 잘 드러난다. 그는 처음에는 바바라의 상관으로 그녀에 대해 보고하는 의무를 가지고 그녀를 대한다. 그렇지만 그는 점점 바바라에게 호감을 느낀다. 영화는 그 이유에 대해 명확하게 표현하지 않지만, 그역시 동독의 부자유를 느끼고 있으며,[23] 의사로서의 뛰어난 자질을 가지고 있는 바바라를 높이 평가한다는 측면에서 그녀와 동질감을 느꼈을 것이라는 추측을 가능하게 한다. 그렇지만 그가 바바라에 대해 느끼는 감정을 그녀는 외면한다. 서독으로 탈출을 계획하는 입장에서 감시자이기도 한 앙드레로부터 거리를 유지하려는 것이다. 앙드레가 자동차로 그녀를 바래다주자, 그녀는 자전거로 통근을 한다. 하지만 그 역시 쉽게 물러나지 않고, 자전거를 구해 동행한다. 영화의 끝부분에서 바바라가 약속한 수술 시간에 나타나지 않을 뿐 아니라 집에도 없다는 사실을 안 그의 얼굴에는 바바라에 대한 그의 감정이 외면당했음을 아는 자의 표정이 드러난다. 앙드레는 처음부터 바바라의 인정을 얻기 위해 노력한다. 그는 감시자라는 사실을 숨기지 않지만, 동시에 그것이 두 사람의 관계를 배타적으로 규정하도록 놔두지 않는다. 서로를 인정하는 과정

---

23 렘브란트의 그림을 설명하는 장면에서 그는 바바라에게 그림이 있는 덴 하그에 가 보고 싶다는 소망을 이야기한다. 이에 대해 바바라는 퉁명스럽게 "출국신청서(Ausreiseantrag)를 제출하시죠."라고 대답한다.

은 앙드레의 경우 감시자라는 신분 때문에, 바바라의 경우 체류지로서 동독이 그녀에게 가지는 임시적 성격 때문에 느린 속도로 진행된다. 영화는 두 사람이 병원과 환자를 매개로 서로를 알아가고, 이 과정에서 생겨나는 개인적인 감정을 세심하게 표현한다. 바바라의 경우도 직업과 정치, 사랑 사이에서 갈등하는 모습, 그녀에게 가해지는 압박과 억압에도 불구하고 앙드레와의 신뢰와 사랑을 지속적으로 쌓아 가는 과정은 멜로드라마적 요소를 내포하고 있다.(Gerhardt 2016, 555)

〈바바라〉에는 다양한 예술작품이 소재로서 등장한다. 라디오에서 들려오는, 푸르트뱅글러가 지휘하는 베버의 〈마탄의 사수〉, 바바라가 연주하는 쇼팽의 〈녹턴〉, 두 주인공의 대화에서 언급되는 투르게네프의 〈시골 의사〉 등은 영화 속에서 나름의 상징성을 가지고 있다. 그렇지만 가장 비중 있게 등장하는 예술품은 렘브란트의 그림 〈튈프 박사의 해부학 시간Die Anatomie des Dr. Tulp〉(1632)이다. 영화의 초반부에 등장하는 이 그림은 니콜라스 튈프 박사가 일곱 명의 의사 앞에서 아리스 킨트라는 범죄자의 사체를 해부하는 장면을 그린 것으로, 킨트의 왼손이 절개된 상태로 표현되어 있다. 앙드레가 주목한 것은 왼손이 실제로는 오른손처럼 그려져 있다는 사실이다. 그는 자신의 개인 실험실에 걸려 있는 렘브란트의 그림을 보면서 다음과 같이 설명한다.

> 저기 손은 도감의 해부도를 그대로 옮긴 것처럼 그렸어요. 렘브란트는 사실
> 우리는 볼 수 없고 저기 있는 사람들만 볼 수 있는 것을 그림에 그려 넣었죠.
> 손의 해부도 말입니다. 이 실수로 인해 우리는 더 이상 의사들의 눈으로 바라
> 보지 않습니다. 우리는 그 사람, 희생자 아리스 킨트를 보게 되죠. 우리는 그

와 함께 있습니다. 저기 있는 저 사람들이 아니라요.

감시자로서 앙드레를 주목하던 바바라에게 미술 작품에 대한 앙드레의 유려한 해석은 바바라가 전혀 예상하지 못한 것이다. 앙드레의 설명은 이미 주어진 해석에만 집착하기 때문에 실제 사물을 제대로 파악하지 못하는 오류를 지적한다. 그림 속 인물과 달리 이런 오류를 파악할 수 있는 관찰자는 사소한 범죄로 처형을 당한 후 자신의 신체가 해부로 훼손되기까지 했지만 여전히 정당한 인식과 인정을 받지 못하는 대상으로서의 아리스 킨트에 주목하게 된다는 것이다.[24] 이 해석은 한편으로는 바바라를 감시해야 하는 앙드레가 자신의 입장을 간접적으로 표현하는 것이다. 그는 슈타지에 협력하지만, 그림 속 의사들처럼 지침만 따르면서, 바바라의 실제 모습을 외면하는 사람은 아니라는 것이다. 이를 통해서 그는 자신이 고통 받는 바바라의 처지를 이해하고, 함께하고자 한다는 것을 암시한다.(Ebbrecht-Hartmann 2018, 181f.) 다른 한편으로 그의 해석은 동독으로부터의 탈출이라는 목표 때문에 동독에서의 삶의 다른 측면, 특히 의사로서의 사명감을 포기하려는 바바라가 자신을 돌아보는 계기로도 작용한다. 바바라가 동독의 감시체제를 겪으면서 더 이상 관심을 갖지 않는 그곳의 일상에는 앙드레와의 만남도 포함된다. 전체적으로 앙드레의 그림 해석은 바바라가 앙드레에 대해 긍정적으로 생각하는 최초의 계기로 작동하며, 이로써 영화의 결말부에서의 반전, 즉 자신 대신 스텔라를 서

---

24 여러 저자가 지적한 것처럼 영화 속 그림 해석은 W. G. 제발트의 『토성의 고리』에서 제시된 동일한 그림의 해석과 상당 부분 일치한다.(제발트 2011, 20-26)

독을 보내는 결말을 예비하는 중요한 역할을 담당한다.

마지막으로 앙드레의 그림 해석에서 중요하게 볼 것은 "모두 해부학 도감을 보고 있다"는 언급이다. 해부학 도감이 권위 있고 모범으로 삼아야 하는 당위성을 갖춘 서적이라고 본다면, 모두 그 책만 보고 있다는 지적은 전체주의적 국가로서의 동독의 현실에 대한 암시다. 그렇지만 실제로는 그림 속의 한 인물들은 도감을 보고 있지 않다. 오히려 그는 정면을, 관람자를 바라보고 있다.(도판 31, 32) 이 점을 영화 역시 인식하고 있으며 화면으로 보여준다.(Pinfold 2014, 189) 이는 앙드레의 해석이 이 점에서는 사실에 부합하지 않는 것임을 확인시킨다. 앙드레는 렘브란트가 왼손

도판 31. 〈바바라〉

도판 32. 〈바바라〉

의 그림이 잘못되었다는 것을 알면서도 그렇게 그렸을 것이라고 추측한 바 있다. 마찬가지로 모두 도감만 보고 있다는 자신의 해석도 실제 그림과는 다르다는 것을 앙드레 자신도 알고 있었을 것이다. 앙드레는 자신의 '잘못된' 해석을 통해서 권위적인 국가에서의 삶이 필연적으로 획일성을 의미하지 않는다는 점을 바바라에게 전달하고자 한다. 정면을 바라보는 그림 속 의사는 앙드레일 수도, 바바라일 수도 있는 것이다.

〈바바라〉는 감시사회로서의 동독을 묘사하면서도, 그곳에서 나름의 신념을 가지고 살아갔던 평범한 사람들을 존중한다. 이런 점에서 이 영화는 오스탈기 영화나, 동독 비판 영화로 분류될 수 없는 독특한 위상을 갖는다.

2.5.3. 〈트랜짓〉

원제　　　: Transit
감독　　　: 크리스티안 페촐트Christian Petzold
시나리오 : 크리스티안 페촐트Christian Petzold
카메라　　: 한스 프롬Hans Fromm
편집　　　: 베티나 뵐러Bettina Böhler
음악　　　: 슈테판 빌Stefan Will
주연　　　: 프란츠 로고스키Franz Rogowski(게오르크 역), 파울라 베어Paula
　　　　　Beer(마리 역), 고데하르트 기제Godehard Giese(의사 리하르트
　　　　　역), 릴리엔 바트만Lilien Batman(드리스 역), 마리암 자레Maryam
　　　　　Zaree(멜리사 역)
제작사　　: Schramm Film Koerner & Weber(Berlin)
개봉연도 : 2018
상영시간 : 102분

영화는 파리의 한 카페에서 시작한다. 게오르크는 반체제 작
가 바이델에게 두 통의 편지를 전달해 달라는 지인의 요청을 받
고, 그를 찾아 호텔로 간다. 하지만 그는 이미 자살했고, 게오르크
는 원고를 비롯한 유품을 챙긴다. 은신처로 돌아온 그는 중상을
입은 하인츠가 마르세유로 가는 도피길에 동행할 것을 요구받고,
같이 화물기차에 탄다. 이동 중에 그는 바이델의 유고와 그의 부
인이 보낸 편지를 읽는다. 마르세유 근교에 도착했을 때, 그는 하
인츠가 죽은 것을 발견하고 혼자 도주한다. 마르세유에서 게오르
크는 하인츠의 부인을 찾아가 그의 사망 소식을 전하고, 곧 이들
의 아들 드리스의 친구가 된다. 바이델에게 비자를 내준 멕시코 영
사관을 찾아가 그의 비자와 유품을 반납하려 하지만, 영사는 그가
바이델이라고 오인하고 그에게 멕시코행 배편과 여행자금을 전달
한다. 게오르크는 이제 미국의 통과비자만 구하면 유럽 대륙을 떠

나 멕시코로 갈 수 있는, 많은 사람들이 부러워하는 위치에 있다. 멕시코와 미국 영사관, 호텔과 카페에서 그는 많은 피난민을 만난다. 그들은 들어줄 사람만 있다면 언제든 풀어 놓고 싶은 자신만의 사연을 가지고 있는데, 마르세유를 벗어나는 것이 이들의 최종 목표이지만 그만큼 어려운 일이기도 하다. 마르세유에서 게오르크는 한 여인을 여러 차례에 걸쳐 우연히 마주친다. 이 여인은 바이델의 부인이자, 드리스를 치료하는 의사 리하르트의 연인인 마리다. 그녀가 사망한 바이델이 마르세유에서 체류하고 있다고 믿고 그를 찾아다닌다는 것을 알게 된 게오르크는 그녀에게 연민을 느끼고 그녀를 돌보기로 결심한다. 그는 드리스와도 좋은 관계를 맺고 있었지만, 그가 떠날 계획을 하고 있다는 것을 안 드리스는 실망하고 그를 멀리 한다. 마리는 자신이 파리에서 버린 남편이 다시 돌아오기를 기다린다. 그녀의 연인인 리하르트는 혼자 멕시코로 떠날 수 있지만, 마리를 데려갈 수는 없다. 리하르트 역시 마리와 함께 산으로 갈, 성공 가능성이 희박한 계획을 세운다. 게오르크는 자신이 바이델의 이름으로 영사관을 출입하며 비자를 발급받았다는 사실을 마리에게 털어놓지 못한다. 그는 멕시코 비자와 배표를 가지고 있는 의사를 먼저 보내고, 자신이 바이델로서 부인 마리의 통과비자를 얻어서 따라갈 계획을 세운다. 완벽해 보이는 이 계획은 예상치 못한 사건으로 인해 의사의 출국이 좌절되며 실패한다. 마리 역시 남편을 다시 만나기 전까지는 멕시코로 떠나지 않겠다고 하여, 게오르크는 좌절한다. 한동안 아무도 만나지 않던 게오르크를 어느 날 마리가 찾아온다. 그리고 함께 출국을 준비한다. 그렇지만 마리가 출국을 결심한 것은 바이델이 배에 탔을 것이라는 확신 때문이었다. 게오르크가 바이델로서 비자와 배편을 구입한 정보 때문에 그녀가 오해한 것이다. 잠시 멕시코에서 마리와의 사랑을 꿈꾸었던 게오르크는 자신의 표를 의사에게 넘기고 마르세유에 남는다. 얼마 후, 거리에서 마리를 봤다고 생각한 그는 선박회사에서 마리가 정말 탑승했는지 확인하러 갔다가, 배가 폭침을 당해 탑승자가 모두 사망했다는 소식을 듣는다. 그렇지만 게오르크는 그들이 자주 찾았던 카페에 앉아서 그녀를 기다린다.

2018년 베를린 영화제 경쟁부문에 출품된 〈트랜짓〉은 1944년에 출간된 안나 제거스Anna Seghers의 동명 소설을 원작으로 삼는다.[25] 페촐트와 오랫동안 공동으로 시나리오 작업을 하고, 그의 영화세계에 큰 영향을 미친 하룬 파로키에게 헌정한 작품이기도 하다. 이 영화는 파로키와 페촐트의 마지막 협력작업이다. 영화는 파로키가 사망한 후 제작되었지만, 두 사람은 이 소설의 영화화에 대해서 오랜 기간 논의하고 계획했다. 이전의 페촐트 영화는 특정한 상황에서 인물들이 어떤 행동을 하는지, 그 행동을 하는 사회적, 심리적 요인은 무엇인지 집중적으로 고찰했다. 앞에서 본 〈내가 속한 나라〉와 〈바바라〉도 마찬가지다. 〈내가 속한 나라〉는 폭력적 사회변혁 운동이 힘을 잃어버린 시기에 여전히 신념을 버리지 않은 사람들, 그리고 무엇보다 은둔생활을 하며 유령처럼 살아가는 그들의 자녀가 겪는 심리적 갈등을 이야기한다. 〈바바라〉는 억압적 동독 사회에서 탈출을 계획하는 여의사가 준비과정에서 겪는 일련의 사건을 통해서 일과 사랑, 그리고 탈출 자체의 의

---

25 한국에서는 『통과비자』(2014)라는 제목으로 출간되었다.

미에 대해서 새롭게 정의하는 과정을 그린다. 이들 주인공은 현재 상태에 머무를 수 없지만, 새로운 출발의 가능성은 너무나 멀리 있고, 그것이 최종 구원일지 확신할 수 없다. 이런 특징을 가진 페촐트의 영화세계는 〈트랜짓〉에서도 근간을 이룬다. 그렇지만 장편 소설인 원작의 내용을 반영하면서 몇 가지 변화가 생겨난다. 아래에서는 페촐트 영화세계에서의 연속성과 변화를 중심으로 〈트랜짓〉에 대해 분석하고자 한다.

〈바바라〉, 〈피닉스〉에 이어서 페촐트는 다시 한 번 과거를 영화의 시간적 배경으로 삼는다. 하지만 이 영화에서 가장 눈에 띄는 특징은 과거를 지시하는 역사물로서의 소품이 매우 제한적으로 사용된다는 점이다. 영화의 주요 인물들은 점점 다가오는 독일군을 피해서 도주하는 독일인이다. 영화의 시작에서 게오르크에게 편지 전달을 부탁하는 다른 독일인은 자신이 그동안 쓴 글 때문에 미국행 위험비자를 받았다고 말한다. 이런 상황은 제거스의 원작 소설에서처럼 2차 세계대전 당시 나치가 프랑스를 점령하던 시기를 소환한다. 그렇지만 두 사람이 대화를 나누는 동안 지나가는 경찰차도, 행인들의 옷차림도, 거리와 건물의 모습도 모두 현대의 것이다. 이런 불일치는 영화가 진행되면서 계속된다. 주요인물들의 구체적인 정황, 그리고 일부 소품(바이델의 여권, 마리의 글씨체)은 1940년대를 지시하지만, 도판 33과 34에서 보듯이 대부분의 시각적, 공간적 배경은 현대인들에게 익숙한, 지금의 것이다. 이런 상황과 배경의 불일치는 영화에 긴장감을 부여한다.

이런 불일치를 통해서 〈트랜짓〉은 이미 지나간 시간을 완결된 과거로서 다루는 전형적인 역사물이 아니라는 점을 명확히 한다. 역사적 사건을 소재로 한 최근의 독일영화는 크게 두 가지 부

도판 33. 〈트랜짓〉

도판 34. 〈트랜짓〉

류로 나눌 수 있다. 하나는 과거를 긍정적으로 묘사하며, 공식적
인 국가 정체성을 확인하는 영화이다. 대표적인 영화로 〈베른의
기적〉을 들 수 있다. 다른 하나는 이와 반대로 비판적으로 과거를
돌아보는 영화이다. 대중의 주목을 받은 대부분의 독일 역사 영화
가 여기에 속하는데, 〈타인의 삶〉, 〈몰락〉, 〈굿바이 레닌〉 등을 들
수 있다. 하지만 어디에 분류하든지 위 영화들은 영화적으로 구성
된 과거로 관객을 몰입시키는 것을 목표로 한다. 현재와의 연관성
은 대부분 관객이 스스로 만들어 내야 하는 것이며, 가끔은 틀 이
야기를 통해서 영화에서 직접 제시되기도 한다. 하지만 후자의 경
우에도 영화의 대부분을 구성하는 것은 과거에 벌어진 이야기다.

그렇지만 〈트랜짓〉은 영화가 진행되는 동안 끊임없이 현재를 소환한다. 그리고 이를 통해서 1940년대와 2010년대 사이에 차이점 못지않게 공통점도 있다는 것을 관객이 인식하도록 한다. 공통점은 구체적으로는 영화 속 캐릭터들이 난민으로서 경험하는 생존의 문제, 더 나아가서 이들이 보여주는, 어느 한 곳에 정착하지 못하고 부유하는 삶의 모습에서 찾을 수 있다. 2011년부터 시작된 시리아 내전으로 촉발된 난민의 유럽 이주는 유럽 사회와 정치에 큰 영향을 준 사건으로, 여전히 진행 중이다. 독일의 경우에도 난민을 수용해야 한다는 중도 연합정부 및 좌파 정당의 입장과, 난민을 엄격히 통제해야 한다는 일부 우파 및 극우파 정당의 입장이 서로 대립하고 있다. 독일 정부는 한때 한 해 100만 명이 넘는 난민에게 거주지를 제공했지만, 극우정당 독일대안당(AfD)의 급부상에서도 알 수 있듯이 기반 민심은 정부의 정책에 호의적이지만은 않다. 〈트랜짓〉은 난민이라는 주제에 대해 여러 가지 방식으로 언급한다.

　멕시코 영사에 의해서 게오르크가 바이델로 오인되고, 곧 이어 그가 바이델의 정체성을 받아들이면서 영화는 첫 번째 전환점을 맞는다. 비자와 배편, 돈이 생긴 게오르크는 이제 출항할 때까지 통과비자만 받으면 되는, 상대적으로 여유로운 상황이다. 이때 그는 하인츠의 아들인 드리스를 돌본다. 그에게 새 축구공을 사주고, 고장난 라디오를 고쳐준다. 노래도 불러주고, 놀이공원에서 함께 논다. 이렇게 두 사람은 친해지고, 드리스는 그를 부재한 아버지의 대체자로 받아들이고 의지한다. 하지만 드리스와 그의 어머니 멜리사는 불법체류자이며 곧 마르세유를 떠나 근처 산으로 도피할 계획이다. 드리스는 게오르크가 혼자 멕시코로 떠날 것이라는 사실을 알고 크게 실망하고, 그를 만나는 것을 거부한다. 게오르크와 드리스의 관계는 떠도는 삶 속에서도 사랑과 온기를 나눌 곳을 찾는 인간의 심리를 그려내면서, 동시에 인간적 관계를 유지하는 것이 얼마나 어려운가를 동시에 보여준다. 난민이라고 모두 같은 처지는 아니다. 바이델이 된 게오르크는 비자와 돈이 있지만, 멜리사와 드리스는 어떤 물질적, 사회적 기반도 없다. 더군다나 유럽인 남편은 사망했다. 각자 자신이 처한 입장에서 마르세유를 탈출해야 하는 상황은 난민 전체가 연대감을 갖는 것을 어렵게 한다. 어느 날, 멜리사의 아파트를 찾아간 게오르크는 그녀가 이미 떠나고, 그녀와 드리스가 살던 아파트에 다른 아프리카계 난민들이 가득 차 있는 것을 보게 된다. 이들의 불안한 표정과 좁은 공간과 대비되는 많은 숫자는 현실의 난민의 삶을 엿보게 한다.

하지만 〈트랜짓〉에 등장하는 주요 난민들은 독일인이다. 나치에 저항하거나 나치를 피해서 독일을 떠난 이들은 일단 프랑스로 이주, 또는 도주했지만, 전쟁이 일어나면서 이제 프랑스도 안전하지 않다. 결국 이들에게는 프랑스의 남쪽 끝 항구 마르세유를 통해 유럽을 떠나 미국이나 멕시코 등 제3국으로 이주하는 방법밖에 남지 않았다. 난민이 된 독일인들은 끊임없이 불안을 느끼며 살아간다. 영화에는 게오르크, 마리, 리하르트 등 주요 인물들뿐 아니라 이들과 마찬가지로 유럽을 떠나려고 하는 많은 독일인들이 등장한다. 대표적인 사람은 개를 데리고 다니는 여성 건축가와 베네수엘라로 가려는 남성 지휘자다. 이들 모두 게오르크에게 자신의 사연을 들려준다. 건축가에게는 개가 유럽을 떠날 수 있는 보증수표이다. 개의 주인인 유대계 미국인의 부탁을 받고 개를 돌보는 중이기 때문이다. 하지만 어느 날 영화에는 나오지 않은 이유로 개가 죽고, 그녀는 (아마도 처음이자) 마지막으로 게오르크와 함께 마르세유의 건축과 풍경을 즐긴다. 게오르크에게도 오랜만에 안정감을 선사한 이 일상의 시간은 하지만 갑작스러운 그녀의 자살로 허무하게 끝난다. 개가 없이는 그녀가 마르세유를 떠날 방법이 없기 때문이다. 다른 인물인 지휘자는 모든 서류를 다 갖추고 있고, 베네수엘라에 일자리도 구한 상태이다. 사소한 서류 문제 (잘못된 사진 속 자세) 등으로 영사관을 자주 방문하지만, 그럼에도 자신은 곧 마르세유를 떠날 수 있다고 믿는다. 하지만 아무리 구원이 멀리 있지 않다고 해도, 난민에게는 기다림 자체가 노역이라는 것을 관객은 그가 갑작스러운 심장마비를 일으키고, 그로 인해 사망하는 사건을 통해 느끼게 된다. 1940년대의 서사와 2010년대의 공간을 사용하는 〈트랜짓〉은 시공간의 불일치로 생기는 긴장을 통해 이야기의 현재성을 강조한다. 이것은 위에서 본 것처럼 독일 출신의 난민들의 모습을 통해서 강화된다. 특히 독일 관객의 입장에서 봤을 때, 난민이라는 타자가 독일인이라는 동일자를 만나기 때문에 생기는 충돌이다.

　게오르크가 마리에게 사랑을 느끼는 두 번째 전환점 이후로 영화는 두 사람의 이야기를 집중적으로 보여준다. 그가 몇 차례에 걸쳐서 우연히 만나 호기심을 가졌던 마리에게 연민과 사랑의 감정을 갖게 된 것은 그녀가 찾는 사람이 바이델이라는 사실을 알게 되면서이다. 게오르크는 바이델의 정체성을 이용해서 안전한 곳으로의 피난을 눈앞에 두고 있는 반면, 마리는 더 이상 존재하지 않는 바이델을 찾아 떠돌아다닌다. 그전까지 미지의 여인이었던 마리의 정체, 그리고 마리가 애타게 찾고 있던 인물이 바이델이라는 것을 게오르크가 알게 되면서 이제 그는 마리의 구원자가 되고자 한다. 구원의 일차 계획은 바이델의 부인으로서 동반 비자를 얻어서 그녀를 자신과 함께 멕시코로 데려가는 것이다. 이것은 현재 마리의 동반자인 의사 리하르트의 딜레마 역시 해결한다. 그는 마리를 두고 혼자 떠날 수 없어서 모든 것이 다 준비되었음에도 마르세유를 떠나지 못하는 상태다. 그가 구한 배편으로 먼저 멕시코로 떠나고, 마리와 게오르크가 다음 배편으로 그곳으로 가는 방법이 게오르크가 보기에 합리적인 방안이다. 하지만 여기에서 그가 생각하지 못한 것은 그녀와 바이델의 관계이다. 그녀는 이미 리하르트와 함께 마르세유를 떠날 기회가 있었다. 하지만 그것을 포기한 이유는 남편 바이델 때문이다. 파리에서 그를 떠난 것은 그녀지만, 그렇다고 단호하게 영원한 이별을 결심한 것은 아니었다. 영화의 처음에 남편에게 마르세유로 오라는 편지를 보낸 것은, 자신의 비자 문제를 해결하기 위한 것이라는 공식적이고 실용적인 이유보다 그를 다시 만나고 싶은 마음이 더 컸던 것이다. 바이델에 대한 그녀의 애착은 그가 죽었다는 사실을 듣고도 믿지 않는 것에서도 알 수 있다. 하지만 바이델에 대한 마리의 마음을 이해하지 못하는 게오르크는 그녀가 비자만 마련된다면 자신과 함께 멕시코로 가서 새 삶을 시작하리라 기대한다.

이 기대가 틀렸다는 것을 게오르크는 두 번에 걸쳐서 인지한다. 첫 번째는 의사가 먼저 멕시코로 가기 위해서 항구로 간 후에 일어난다. 의사를 보내고 나서 두 사람만의 시간을 보내려는 순간, 마리는 자신은 남편을 기다릴 것이며, 게오르크와 함께 떠나지 않을 것이라고 말한다. 거기에 의사 역시 군인들에게 좌석을 내줘야 하는 돌발 사건으로 배를 타지 못하고 다시 마리에게 돌아

온다. 이에 실망한 게오르크는 더 이상 마리를 찾지 않는다. 두 번
째는 게오르크가 타기로 한 배가 출발하기 하루 전부터 시작한다.
어딘지 모르게 들떠 있는 마리는 게오르크를 찾아와서 같이 떠나
자고 말한다. 그는 이로써 마리의 마음이 자신과 함께 하는 것으
로 정리되었다고 믿는다. 들뜬 상태에서 마리의 동반비자를 구한
게오르크는 항구로 가는 택시 안에서 자신의 판단이 잘못됐다는
사실을 깨닫는다. 마리는 바이델인 게오르크가 이날 배를 탄다는
정보를 얻고, 남편을 다시 만날 수 있다는 기쁨에 출국을 계획한
것이다. 결국 게오르크는 출국 계획이 어긋나서 절망에 빠져 있던
의사에게 자신의 배표를 양보하고, 이로써 마리와의 미래를 포기
한다. 비슷한 시기를 배경으로 하는 고전 영화 〈카사블랑카〉를 연
상시키는 이 전개는 다시 한 번 반전을 맞이한다. 혼자 남은 그는
마리가 탄 배가 운행 중에 폭침으로 침몰했으며 아무도 살아남지
못했다는 소식을 듣는다. 그렇지만 게오르크는 끝까지 마리를 기
다린다. 그는 길에서 마리의 모습을 봤다고 믿고, 카페에 혼자 앉
아 있는 그가 관객은 얼굴을 볼 수 없는 한 여인을 바라보며 환하
게 웃는 장면으로 영화는 마무리된다. 그에게 사랑은 구원이 아니
라 포기이며, 더 나아가 현실이 아니라 환영이다. 이렇듯 주인공
게오르크의 정착에 대한 희망은 이루어지지 못한다.

　게오르크가 정착하지 못하는 이유는 무엇인가? 일단, 그가 처
한 난민이라는 사회적 상황은 사람들 사이에 안정적 관계를 만들
어내는 것을 어렵게 한다. 게오르크가 드리스 가족과 함께 떠나지
않은 것에서 알 수 있듯이 같은 난민이라도 바이델이 된 게오르크
의 경우 탈출하기에 훨씬 더 용이한 위치에 있다. 멕시코라는 확실
한 탈출구가 보이는 상황에서 그가 드리스와 함께 불안정안 도피

를 택할 이유는 없어 보인다. 대신 그는 마리와 함께 멕시코에서의 삶을 꿈꾼다. 이것이 이루어지지 않은 것은 마리의 바이델에 대한 사랑이 결정적이다. 영화는 버린 자와 버려진 자의 관계를 반복해서 언급한다. 마리의 말처럼, 아무도 자신처럼 버린 자를 옹호하지 않는다. 그녀는 바이델을 버렸지만 시간이 지나면서 이 행동은 일차적으로 죄책감을, 더 나아가 바이델에 대한 새로운 사랑을 촉발시켰다. 여기에 새로운 인연인 게오르크의 자리는 없다. 하지만 이미 죽은 바이델에 매어 있는 그녀의 삶은 유령의 그것과 다름 없다. 과거로부터 탈출하지 못하고 떠돌아다닌 삶을 사는 페촐트 세계의 인물을 〈트랜짓〉에서 충실히 구현하는 인물은 게오르크가 아니라 마리다. 그녀로 인해서 영화의 서사는 진행되지 못하고, 다른 인물들 역시 마르세유를 떠나지 못한다. 마리, 게오르크, 리하르트, 이 세 명의 주요인물은 떠나야만 하는 사회적 상황과 떠날 수 없는 개인적 상황의 모순을 겪고 있다. 이를 통해서 〈트랜짓〉은 부유하는 삶의 비극을 보여준다.

형식적인 면에서 눈에 띄는 것은 보이스오버의 삽입이다. 특별한 해설 없이 영상을 통해 진행되던 영화에 게오르크가 마르세유에 도착하는 시점부터 보이스오버 해설자가 등장한다. 나중에 밝혀지는 것처럼 이 해설자는 게오르크가 즐겨 찾던 카페 몽보투 Mont Vertoux의 바텐더다. 이로써 관객이 보고 있는 이야기는 게오르크가 바텐더에게 전해 준 이야기를 바탕으로 한 것이 된다. 그렇다고 영화가 완벽하게 바텐더의 시점으로 재구성된 것은 아니다. 게오르크가 전달하기 어려웠을 디테일까지 영화는 보여주고 있기 때문이다. 바텐더가 말로 전하는 이야기와 관객이 보는 이미지 사이의 불일치 역시 흥미롭다. 바텐더의 보이스오버는 마르세유행

기차 장면부터 삽입되는데, 특히 후반부로 갈수록 이미지와 보이스오버의 불일치가 자주 관찰된다. 이는 이미지가 사건의 전부를 보여주지 못하기 때문에 생겨난다. 예를 들어서 게오르크는 마리의 배표와 비자를 구하고, 그 진위를 판별하기 위해서 의사는 항만으로 간다. 카페에는 마리와 게오르크만 남아 있다. 이 장면에서 보이스오버는 "나는 그들이 손잡는 것을 보았다. 마리가 우는 것을 보았다. (…) 나는 그가 그녀에게 키스하는 것을 보았다. 그리고 그녀가 키스를 허락하는 것도."라고 전한다. 하지만 이미지 속의 마리는 게오르크를 바라보고 있을 뿐 울지 않는다. 그리고 서로 손을 잡고 있을 뿐이다. 이를 통해서 관객은 자신이 보는 것이 이야기의 전부가 아니라는 점을 인식한다. 이런 인식은 모순적인 캐릭터 마리를 이해하는 데 도움을 준다. 관객은 보이는 대로의 그녀를 온전히 이해하기 어렵다. 의사와 함께 살면서 바이델을 그리워하고, 게오르크와 연인과 같은 관계를 갖는다는 것이 가능한가. 관객은 마리를 완벽하게 이해할 수 없지만, 이미 보이는 것만으로 누군가를 이해한다는 것 자체가 불가능한 시도다. 타인에 대한 공감은 그 사람의 모든 것을 아는 것을 전제로 하는 것이 아니라, 그가 처한 상황에 대한 보편적 이해에 기반해야 하기 때문이다. 관객이 보고 들은 것은 이해의 바탕을 마련해주는 간접적 증거물이며, 이것으로 충분하다.

〈트랜짓〉은 독일인들을 주요 인물로 내세워서 긴박하고 절실한 난민의 삶을 보여준다. 영화 속 다양한 인물들이 보여주는 난민으로서의 삶은 탈출 가능성이 얼마나 큰지와 무관하게 매우 불안정하고 위태롭다. 방황하는 인물로서 마리의 캐릭터 역시 현대인에게 익숙한, 보편적인 특성을 가지고 있다. 과거로부터 빠져나오지 못한 그녀는 현재에는 존재하지 않는, 더 이상 실체가 없는 것에 매달린다. 이런 그녀의 비극은 유럽을 탈출해야 하는 상황과 게오르크와 같은 조력자를 통해서 강화된다. 이렇게 〈트랜짓〉은 현대 유럽에 대한 정치적 비유담이자, 과거를 놓지 못하고 떠도는 개인의 비극에 대한 영화가 된다.

2.6. 앙겔라 샤넬렉

앙겔라 샤넬렉은 1962년 2월 14일 바덴뷔르템베르크 주 알렌 Aalen에서 태어났다. 1982년부터 1984년까지 프랑크푸르트 음악 공연예술 대학Hochschule für Musik und Darstellende Kunst Frankfurt am Main에 서 연기를 공부한 후, 크리스티안 치버스Christian Ziewers 감독의 영 화 〈하얀 말의 죽음Der Tod des weißen Pferdes〉(1985)에서 주연을 맡았 으며, 1991년까지 함부르크 탈리아 극장, 쾰른 샤우슈필하우스, 베를린 샤우뷔네, 보쿰 샤우슈필하우스 등 독일의 대표적인 극 장에서 배우로서 활발하게 활동한다. 1990년에 베를린 독일 영 화텔레비전 아카데미에서 연출 전공으로 다시 학업을 시작한 샤 넬렉은 1995년에 졸업 영화로 첫 번째 장편 〈내 여동생의 행운 Das Glück meiner Schwester〉을 선보인다. 본인이 직접 주연 중 한 명 을 연기한 이 영화는 독일 영화비평상에서 최우수 영화상을 수 상한다. 샤넬렉의 두 번째 영화 〈도시의 장소Plätze in Städten〉(1998) 는 칸 영화제 '주목할 만한 시선'을 통해서 소개된다. 다음 영화들 인 〈늦여름Mein langsames Leben〉(2001), 〈마르세유Marseille〉(2004), 〈오 후Nachmittag〉(2005)를 통해서 샤넬렉은 고전적인 서사 영화와는 거 리가 먼, 차분하고 절제된 연출과 기술의 개입을 최소화하는 자신 의 스타일을 확고히 한다. 이런 스타일은 샤넬렉이 베를린파의 대 표 감독으로 꼽히는 이유이기도 하다. 편집의 경우, 장면 간의 인 과성이나 연속성보다는 구조적 특징을 고려하는 방식으로 이루 어진다. 원인보다 결과가 먼저 장면으로 제시되고, 영화의 서사는 그 원인을 차츰 밝히는 방식을 종종 사용한다. 관객의 입장에서는 원인을 알지 못하기 때문에 주인공들의 행위가 수수께끼처럼 보인다. 주인공의 딜레마는 우연이 불러온 사건이나 위기를 통해서 해결된다. 관객은 자신에게 점진적으로, 파편적으로 주어지는 정보를 바탕으로 인물들과 그들의 문제를 이해해야 한다. 이를 위해서 필요한 정보는 친절하고 상세히 제공되지 않는다. 때로는 불필요한 정보가 지나치게 많이 제공됨으로써 관객의 혼란을 불러일으키기도 한다. 〈늦여름〉은 베를린의 여름을 배경으로 주인공 발레리의 일상을 보여준다. 그녀는 동거인 마리의 오빠와 사랑에 빠지기도 하고, 마리가 겪는 관계의 위기를 옆에서 관찰하기도 한다. 아버지의 죽음은 발레리에게 이전과 다르게 세상을 바라보게 한다. 〈마르세유〉에서 베를린에 사는 소피는 마르세유에 사는 한 여인과 집을 바꿔 그곳에서 휴가를 보낸다. 휴가를 마치고 독일로 돌아온 그녀는 여전히 풀리지 않는 일상의 문제들, 무엇보다 관계의 힘겨움과 다시 대면하게 된다. 이 어려움을 피해서 다시 마르세유로 간 그녀는 강도를 만나고, 이는 자신의 삶을 또 한 번 돌아보는 계기가 된다.

기법상의 공통점이 존재하지만 〈오후〉는 이전 영화들과 여러 면에서 차이를 보인다. 이전의 모든 영화는 샤넬렉이 직접 시나리오를 작성한 데 반해, 이 영화는 안톤 체호프Anton Chekhov의 『갈매기』(1895)를 현대적으로 각색한 작품이다. 체호프의 소설에서와 마찬가지로 어머니, 아들, 아들의 여자친구, 삼촌, 어머니의 애인 등이 주요 인물로 등장하는데, 샤넬렉은 이들 사이에 존재하는 긴장을 특별한 극적인 요소나 편집 기법을 사용하지 않고 표현한다. 이를 위해서 배우들의 연기가 중요하며, 영화 역시 관객이 연기를 집중해서 관찰할 수 있도록 긴 숏의 길이와 카메라 시점을 통해 도움을 준다. 2010년에 발표한 여섯 번째 장편영화인 〈오를리

Orly〉는 베를린 영화제 포럼 부문에 출품된다. 이 영화는 2003년에 체결된 독일-프랑스 합작영화 진흥 협약을 통해 조성된 기금으로 제작되었으며, 파리의 오를리 공항에서 마주치는 다양한 사람들의 이야기를 에피소드식으로 담고 있다. 여기에서도 샤넬렉은 이전과는 다른, 새로운 시도를 한다. 형식적으로 봤을 때, 공항을 배경으로 하는 극영화이지만, 배우들을 실제 공항이 운영되는 시간에 실제 공항에 위치시킨다. 따라서 화면에는 배우뿐 아니라 공항을 이용하는 사람들의 모습이 지속적으로 보이며, 연출된 것과 연출되지 않은 것 사이의 긴장을 부여한다. 영화는 공항을 이용하는 승객들, 그리고 공항 직원들의 삶의 모습을 보여주는데, 특히 공항이 가지고 있는 임시적 특성, 유동성이 이들 인물의 말과 행동에 드러나는 방식을 주목하게 한다. 2014년에는 국제적으로 기획된 옴니버스 영화 〈사라예보의 다리들Ponts de Sarajevo〉에 13명의 유럽 감독들과 함께 참여한다. 이후 2016년에 샤넬렉은 일곱 번째 장편 영화 〈꿈길Der traumhafte Weg〉을 선보인다. 그리스의 1994년과 베를린의 2014년의 이야기가 공명하는 이 영화는 20년이 지난 후 우연히 다시 베를린에서 만나는 커플과, 현재 베를린에서 관계의 위기를 맞은 한 부부의 이야기를 다루고 있다. 이 영화는 독일 영화 비평상에서 최우수 편집과 최우수 카메라상을 수상한다. 그녀의 여덟 번째 영화이자 최신작인 〈나는 집에 있었지만...Ich war zuhause, aber...〉은 2019년 베를린 영화제 경쟁부문에 출품되었으며, 은곰상에 해당하는 감독상을 수상한다.

다음으로는 〈마르세유〉, 〈오를리〉, 〈꿈길〉 세 편의 영화를 자세히 다룬다.

2.6.1. 〈마르세유〉

원제   : Marseille
감독   : 앙겔라 샤넬렉Angela Schanelec
시나리오 : 앙겔라 샤넬렉Angela Schanelec
카메라   : 라인홀트 포어슈나이더Reinhold Vorschneider
편집   : 베티나 뵐러Bettina Böhler
주연   : 마렌 에거트Maren Eggert(소피 역), 에밀리 아테프Emily Atef(젤다 역),
           알렉시스 로레Alexis Loret(피에르 역)
제작사   : Schramm Film Koerner & Weber(Berlin)
개봉연도 : 2004
상영시간 : 94분

　소피는 젤다라는 이름의 프랑스 여인과 베를린에 있는 자신의
집을 바꿔서 초봄의 마르세유에서 휴가를 보낸다. 사진작가인 그
녀는 마르세유의 거리를 촬영하고, 자동차를 빌려서 도시 외곽 나
들이를 한다. 차를 빌리는 과정에서 알게 된 자동차 정비공 피에르
와 바에서 시간을 보내고, 그의 친구들과 클럽을 방문하기도 한다.
베를린으로 돌아온 소피는 친구 한나를 방문한다. 그녀의 파트너
이반은 소피처럼 사진작가로 일하는데, 요즘에는 세탁기 공장에서
인물 사진을 찍는 중이다. 연극배우인 한나와 이반 사이에는 이유
를 알 수 없는 긴장감이 흐른다. 수영장에서 한나는 소피가 이반의
좋은 모습만 보며 그를 사랑한다고 비난하고, 소피는 한나가 불행
을 연기하고 있다고 반박한다. 소피는 다시 한 번 마르세유로 떠난
다. 하지만 도착 직후 강도를 만나고, 경찰서에서 사고에 대해 진술
한다. 저녁에 그녀는 마르세유의 해변가를 혼자 거닌다.

　〈마르세유〉의 주인공 소피는 특정인이나 특정 장소에 정착하

지 못하고 떠돌아다닌다. 소피가 만나서 대화를 나누는 대상은 몇 명 되지 않는다. 마르세유에서 방을 빌려준 젤다와 역시 그곳에서 만난 피에르, 베를린에서 오랫동안 알고 지내는 한나, 이반, 이들의 아들인 안톤이 그녀가 대화를 나누는 상대다. 그렇지만 이들과의 대화나 만남이 소피의 삶에 결정적인 변화를 주지 않는다. 기본적으로 소피와 주변 인물들은 자신의 세계 속에서 사는 인물들이다. 이것을 잘 보여주는 것은 이미지의 프레이밍이다. 영화는 수차례에 걸쳐서 같은 공간에 있는 두 사람을 분리해서 보여주거나, 기본적인 사각의 프레임 외에도 수직선, 수평선, 또는 다른 프레임을 첨가해서 소피의 고립을 표현한다. 영화가 시작하면 관객은 소피와 방을 바꾼 젤다의 뒷모습만을 약 1분간 보게 된다. 그녀가 차에서 내려 길가 상점에서 지도를 사 온 후, 옆에 앉은 소피의 모습이 잠깐 보인다. 젤다의 집에서도 서로 열쇠를 교환하기 위해 대화를 나눌 때, 가운데 있는 소피는 두 개의 기둥에 둘러싸여 있으며, 젤다는 화면의 오른쪽 끝에 고립되어 있다.(도판 35) 소피가 혼자 방에 있을 때 방범창의 창살은 그녀가 갇혀 있는 것처럼 보이게 한다.(도판 36)

분할 프레이밍을 통해서 나뉜 공간은 인물이 같은 곳에 있어도 서로 분리되어 있는 느낌을 준다. 고립되어 있고 갇혀 있음을 강조하는 영상 구성은 그녀가 여행을 왔으며, 그곳이 마르세유라는 사실 때문에 더욱 모순적으로 느껴진다. 영화는 지중해에 위치한 휴양도시로서 마르세유의 모습을 보여주지 않는다. 여행과 휴가가 연상시키는 해방감과 자유로움은 어디에서도 느껴지지 않는다. 또한, 소피는 이 숙소가 집 같은 느낌이 들지 않는다는 사실을 낯설게 느낀다. 그녀는 나중에 피에르에게 숙소가 휴가용 펜션 같

도판 35. 〈마르세유〉

도판 36. 〈마르세유〉

다고 말한다. 이 말은 그녀가 휴가를 와서도 집처럼 편안함을 느낄 수 있는 장소를 원하고 있다는 사실을 보여준다. 아직 관객은 왜 소피가 이렇게 편안함과 안정감을 원하는지, 그녀의 불안이 어디에서 기인하는지 알 수 없다. 영화는 먼저 이렇게 현상적으로 소피의 내면에 대한 정보를 전달한다.

　마르세유를 묘사하는 영화의 방식은 독특하다. 언급한 것처럼 이 유명한 해변 도시를 대표하는 전형적 이미지는 등장하지 않는다. 소피는 사진을 찍기 위해서 거리를 돌아다니는데, 영화 속 마르세유의 거리는 다른 도시의 그것과 다를 바 없다. 한 쇼핑몰에서 소피는 사진기를 가지고 있다는 이유만으로 건물을 촬영을 하지 말라는 요청을 받고, 그곳을 떠나게 된다. 어느 나라에서나 비슷한 외관을 하고 있는 쇼핑몰에서 사진 촬영이 금지되어 있다는 사실은 아이러니하다. 이를 통해서 영화는 모든 것을 비슷하게 만들고, 쇼핑몰에 부여한 목적, 즉 소비가 아닌 활동을 제한하는 현시대를 비판적으로 보여준다. 소피가 마르세유의 사진을 찍는 모습은 자주 나오지만, 실제로 그녀가 찍은 사진을 볼 수 있는 기회는 관객 입장에서 매우 제한적이다. 단 한 번, 그녀가 숙소에서 마르세유 지도 옆에 자신이 찍은 사진을 붙이는 장면을 통해서 관객은 몇 장의 사진을 잠시 엿볼 뿐이다. 〈마르세유〉에서는 사진 촬영의 결과물이 아니라 촬영이라는 행위 그 자체가 중요하다. 소피는 사진을 통해서 세상 속에서 자신의 위치를 확인하고 싶어 하는 듯하다. 지도 옆에 사진을 붙이는 행위는 방향성을 찾으려 하는 그녀의 욕망을 대변하는 행동이다.

베를린에 돌아온 소피가 한나와 수영장에서 나누는 대화는 〈마르세유〉가 주요 인물들의 관계를 표현하는 방식을 전형적으로 보여준다. 관객은 이전 장면을 통해서 한나와 이반의 관계가 원만하지 못함을 알고 있다. 한나가 묘사하는 이반의 생일파티는 특별한 것이 없고, 한나는 알 수 없는 통증 때문에 병원을 다니는 상태이며, 이에 대한 이반의 반응은 거의 사무적이라고 할 정도로 무심하다. 그렇다고 한나가 이런 이반의 태도 때문에 크게 상처를 입는 것도 아니다. 한나가 진심으로 불쾌한 것은 이반에 대해 잘 모르면서 그에게 호감을 느끼는 소피다. 이에 대한 대화가 수영장에서 이루어진다. 한나는 소피가 이반 사이에서 아무런 책임감을 느낄 필요가 없기 때문에 그를 좋아하는 것, 더 나아가 사랑하는 것이라고 주장한다. 이에 대해 소피는 한나가 스스로 불행하다고 느끼는 것은 연기일 뿐이라고 말한다. 이 장면에서 두 사람은 서로의 마음 속에 있던 생각을 처음으로 직접적으로 말한다. 노이로제를 앓고 있는 것처럼 보이는 한나와 계속 이동하면서 불안함을 감추며 살아가는 소피의 이면에는 이반을 둘러싼 갈등이 존재한다. 이 갈등이 두 사람의 삶에 어느 정도 비중으로 자리 잡고 있는지 정확히 알 수 없다. 그렇지만 수영장에서 이루어지는 두 사람의 대화는 상대방에게 상처를 주기에 충분하다.

〈마르세유〉에서 특징적이며 전형적인 것을 이 대화의 마지막과 다음 장면으로의 전환을 처리하는 방식에서 찾아볼 수 있다. 소피의 말이 끝난 후 두 사람 사이에는 아무런 말도, 큰 움직임도 없이 앉아 있다. 다만 상대방을 보거나 수영장을 바라보는 시선의 변화만이 간헐적으로 존재한다. 카메라 역시 정지한 상태다. 50초가 흐른 후, 수영을 하던 안톤이 프레임 안으로 들어오고, 한나는 그의 몸을 수건으로 닦는다. 이때, 마지막으로 소피를 바라보는 한나의 시선에서는 공격적인 불쾌함이 느껴진다. 이어지는 시퀀스는 한나의 집에서 안톤에게 책을 읽어주는 소피의 모습으로 시작한다. 수영장 장면에서 말없이 시선만 교차하는 50초는 직전의 대화가 두 사람에게 미친 영향을 보여준다. 두 사람 모두 무슨 말을 해야 할지 모르는 상태에서 시선이 마주치는 것조차 피한다.(도판 37) 수영장의 대화는 소피와 한나 모두에게 중요하지만, 어떤 결과나 변화를 가져오지 않는다. 한나의 집에서 진행되는 다음 시퀀스에서 이반, 안톤과 함께 있는 소피의 모습으로 보아 두 사람의 관계는 크게 달라진 것이 없다.(도판 38) 이 영화에서는 하나의 사건(여기에서는 수영장에서의 대화)이 바로 변화된 관계와 다른 사건을 만들어 내지 않는다. 다만 소피는 반복되며 변화 없는 일상을,

한나의 집과 베를린을 떠남으로써 해결하고자 한다. 그녀는 다시 마르세유로 간다.

도판 37. 〈마르세유〉

도판 38. 〈마르세유〉

한나 역시 현대인의 불안을 잘 보여주는 인물이다. 관객은 한나가 공원에서 정신없이 뛰어다니는 모습으로 그녀를 처음 영화 속에서 만난다. 무슨 일 때문에 황급히 뛰어다니는지 알 수 없는 관객에게 그녀의 모습은 매우 급박하고 절망적으로 보인다. 하지만 곧 그녀가 찾던 사람인 어린 아들 안톤은 멀지 않은 곳에서 나무를 타고 있었다는 사실이 밝혀진다. 안톤은 한나와 달리 차분한 모습이며, 엄마의 흥분을 이해하지 못한다. 일상에 내재한 불안을 보여주는 두 번째 장면은 한나가 이반과 가사를 돕는 여성과 함께 있는 아침의 풍경이다. 이 장면에서 한나는 이반에게 자신이 통증 때문에 의사에게 다녀온 이야기를 하며, 통증의 원인은 알 수 없지만 병원에 다녀온 게 치료에 도움이 된다고 말한다. 침대에 누워서 자신을 전적으로 돌봐줄 사람, 곧 체호프의 드라마에 자주 등장하는 시골의사 같은 존재를 갈망하는 한나의 모습은, 아무 말 없이 방을 청소하는 가사 도우미의 모습과 대조를 이룬다. 마지막으로 연극 연습 장면은 불안의 근원에 대한 힌트를 제공한다. 관객은 스트린드베리Strindberg의 「죽음의 무도」(1901)의 한 부분을 본다. 중년 부부의 신경전 가운데, 갈등의 원인 중 하나로 보이는 하녀가 등장한다. 한나가 연기하는 하녀의 연극 속 역할은 크지 않다. 그렇지만 한나는 등장이 조금 늦었기 때문에, 또는 한 단어를 더 이야기했기 때문에 반복해서 같은 장면을 연습해야 한다. 완벽에 대한 자신과 타인의 요구는 한나를 힘들게 한다. 완벽주의의 강박은 많은 현대인이 공통적으로 겪는 문제이다.

　　앞에서 다룬 분할 프레임과 마찬가지로, 수영장 신에서 관찰되는 정적인 장면과 갑작스러운 장면 전환은 소피가 겪는 단절의 감정을 효과적으로 전달하고 있다. 즉, 화면 구성뿐 아니라 서사 방식에서도 단절은 중요한 형식상의 특징이다. 갑작스러운 장면 전환을 보여주는 대표적인 장면은 마르세유에서 베를린으로의 장소 이동이다. 먼저 영화는 마르세유의 한 클럽에서 소피가 피에르의 친구들과 어울리는 장면을 세 개의 숏으로 보여준다. 여기에서 소피는 피에르와 춤을 추고, 다른 사람들이 춤추는 장면을 바라보고, 자신의 사진기에 관심을 보이는 피에르의 친구와도 간단한 대

화를 나눈다. 전반적으로 흥겨운 분위기임에도 불구하고 여기에서
도 소피는 다른 사람들과 완전히 통합되어 있지 못하다. 사진기에
대해 대화를 나눌 때 분할 프레임은 사용하지 않지만, 초점 심도를
이용해서 소피와 사진기에 관심을 보이는 남자를 분리하고 있다.
또한 소피는 뒷모습만 보여줌으로써 정면을 보는 남자와 대조를
이룬다. 그럼에도 불구하고 클럽 시퀀스에서 소피의 모습은 관객
으로 하여금 마르세유에서 만난 프랑스인들, 특히 피에르와의 관
계가 발전될 것이라는 일말의 기대를 하게 한다. 하지만 다음 시퀀
스는 아무 예고 없이 베를린의 밤거리를 배경으로 전개된다.

이 시퀀스의 전환은 매우 갑작스러운 것이어서, 만일 소피에게
말을 거는 여인이 자연스러운 독일어를 사용한다는 사실에 유의
하지 않으면, 관객은 장소의 변화를 알아차릴 수 없을 정도다. 생
략이 강조되는 장면 전환은 개별 이야기들을 에피소드처럼 읽히
게 한다. 인과성을 중심으로 전개되는 고전적 서사와 달리, 샤넬렉
의 서사는 단절과 비약을 바탕으로 한다. 이것은 샤넬렉 영화
가 제시하는 사실성 전략으로 볼 수 있다. 관객은 소수의 주요 인
물들을 관찰하는데, 이들의 행동이 원인이 되어서 다른 행동을 유
발하는 방식의 인과적 구성은 여기에서는 찾아볼 수 없다. 행동은
그저 쌓일 뿐이며, 축적된 행동은 관객이 인물의 감정 상태를 파
악하는 데 도움을 준다. 마르세유에서 소피는 사진을 찍고 피에르
와 만난다. 그러지만 그녀는 전형적인 관광객도 아니고, 그렇다고
적극적으로 새로운 만남을 찾아 나선 것도 아니다. 영화 속 마르
세유는 그저 수많은 유럽 도시 중 하나로 보일 뿐이다. 그녀가 찍
는 사진의 주요 대상인 도로의 모습은 마르세유라고 특별하지 않
다. 피에르를 우연히 알게 되고, 그와 술을 마시고, 다른 친구들과

함께 클럽에도 가지만, 소피의 태도는 수동적이며, 대화 역시 단편적으로만 이어진다. 이런 소피의 태도가 베를린에서 경험하는 한나와 이반과의 갈등의 원인인지, 반대로 결과인지는 명확히 판단할 수 없다. 영화는 인물의 심리와 행동을 설명하는 단순한 인과관계를 거부한다.

소피가 두 번째로 마르세유로 가는 장면은 마르세유에서 베를린으로의 갑작스러운 전환만큼이나 놀라운 전개를 보여준다. 영화는 마르세유에 도착한 소피를 보여준 다음, 바로 이어서 경찰서 취조 장면으로 넘어간다. 소피는 도착하자마자 강도 사건에 연루된다. 용의자가 소피와 옷을 바꿔 입고 달아났고, 소피는 사건과 자신이 아무런 연관성이 없다는 것을 입증해야 하기 때문에 심문을 받는다. 강도 사건을 설명하는 소피는 처음에는 통역의 도움을 받아가면서 차분하게 질문에 응한다. 그녀가 대답을 망설인 질문은 사진사로서 무엇을 찍느냐는 질문이다. 질문을 받은 후 한참 있다가 소피는 "거리"라고 대답한다. 이제 소피는 프랑스어로 마르세유행 기차에 탔을 때부터 강도를 당했을 때까지의 과정을 직접 설명한다. 강도에게서 벗어난 후 경찰차를 발견했으며 음악을 듣고 싶었다는, 어색한 문장들로 사건의 재구성을 마친 소피는 하염없이 눈물을 흘린다. 프랑스어로 사건을 재구성하는 장면에서 소피는 오랫동안 혼자 이야기한다. 사건을 회상하면서 그녀는 음악을 듣고 싶었다는 말과 함께 살고 싶었다는 이야기를 한다. 이 말은 소피가 처음으로 자신의 욕망을 적극적으로 표현했다는 점에서 의미가 있다. 이반을 향한 사랑을 비난하는 한나에게 직접적인 대답을 피하고, 한나가 불행을 연기한다고 화제를 돌린 소피였기 때문에, 강도 사건은 그녀의 삶에서 이전까지는 볼 수 없었던 전환점을 의미한다.

소피가 경찰서에서 나와서 독일 영사관으로 가는 장면이 나오고, 이어서 영화는 마지막으로 마르세유의 저녁 해변가 풍경을 보여준다. 파노라마 숏으로 인해서 자그마하게 보이는 사람들이 서로 해변의 일상을 즐기고 있다. 주의 깊게 보면 해변을 보여주는 네 번째 숏에서 노란 옷을 입은, 소피로 추정되는 인물이 보인다. 그녀는 해변을 걷다가 잠시 앉는다. 그리고 곧 다시 일어나서 걷는다.(도판 39, 40) 그리고 이 장면으로 영화는 끝이 난다. 해변 장면에서 영화는 처음으로 탁 트인 자연을 보여준다. 마르세유를 배경으로 하는 영화로서 관객이 갖는 기대와 달리, 영화는 이전까

도판 39. 〈마르세유〉

도판 40. 〈마르세유〉

지 단 한 차례 바다의 모습을 보여주었다. 바다는 소피가 처음 마르세유에 도착해서 방을 인수받은 직후 창문을 통해서 보인다. 그때와 달리 바다를 향한 카메라의 시선에는 아무런 제약도 없으며, 해변가에서 여유로운 시간을 보내는 사람들의 풍경 속에 소피가 자연스럽게 함께하는 영화의 마지막 장면은 소피가 기존에 자신이 설정한 삶의 틀에서 벗어나서, 새로운 사람들과 함께하는 새로운 삶을 살 수 있을 것이라는 기대를 하게 한다. 이런 점에서 강도 사건은 그녀의 삶에서 뜻하지 않은 변화의 계기로 표현된다.

〈마르세유〉는 파편화된 공간 구성, 비인과적인 사건 전개, 생략적이며 에피소드적인 서사라는 형식적 특성을 바탕으로, 마찬가지로 파편화되고 뚜렷한 목표가 없으며, 자신의 삶에 거대한 서사를 부여할 수 없는 상황에 있는 현대인의 이야기를 담고 있다. 이런 특징은 특수한 것이 아니라 보편적인 것이다. 소피가 느끼는 불안과 주저함은 현대인에게 익숙하다. 그녀의 불안은 물질적인 것이 아니다. 소피뿐 아니라 한나와 이반, 피에르까지 모든 영화 속 인물들에게는 특별한 경제적 문제가 없다. 하지만 이들은 끊임없이 불안해하면서 가까운 사람들과 갈등을 겪는다. 〈마르세유〉는 소피를 중심으로 인간관계로 힘들어하며 이를 장소의 변화를 통해서 해결 또는 회피하려는 현대인의 모습을 그려내고 있다. 소피가 세계를 경험하는 방식은 독일에서나 프랑스에서나 다르지 않게 단절적이다. 그녀의 체험들은 어떤 의미 있는 결과를 만들어내지 않는다. 그렇지만 마지막 강도 사건을 통해서 영화는 이런 체험의 특성에서 긍정성을 읽어낸다. 오히려 계획하지 않았고, 이전의 활동과 아무런 연속성이 없는 경험이 뜻밖의 새로운 인식을 제공하기도 한다.

2.6.2. 〈오를리〉

원제	: Orly
감독	: 앙겔라 샤넬렉Angela Schanelec
시나리오	: 앙겔라 샤넬렉Angela Schanelec
카메라	: 라인홀트 포어슈나이더Reinhold Vorschneider
편집	: 마틸데 본포이Mathilde Bonnefoy
음악	: 캣 파워Cat Power
주연	: 마렌 에거트Maren Eggert(자비네 역), 조세 드 파우Josse De Pauw(테오 역), 나타샤 레니에Natacha Régnier(줄리엣 역), 브루노 토데스키니Bruno Todeschini(뱅상 역), 에밀 베링Emile Berling(벤 역), 미레유 페리에Mireille Perrier(헬렌 역)
제작사	: Nachmittagfilm(Berlin), Ringel Filmproduktion(Berlin)
개봉연도	: 2010
상영시간	: 83분

영화는 파리의 거리를 걷는 한 여인(자비네)의 모습을 보여주면서 시작한다. 곧이어 한 남자(테오)가 자신의 집에서 가사도우미의 모바일폰을 이용해서 자비네에게 전화를 건다. 자비네는 그에게 더 이상 연락하지 말라고 부탁하고 전화를 끊는다. 오를리 공항에서 줄리엣과 뱅상이 두 차례에 걸쳐서 우연히 만난다. 두 사람은 모두 프랑스인이지만 지금은 각각 캐나다와 미국에서 살고 있다. 둘은 비행기를 기다리면서 가족, 이민, 자신이 하는 일 등 일상적인 것들에 대해서 두서없이 이야기를 나눈다. 뱅상이 다시 파리로 돌아오기로 결정한 것을 안 줄리엣은 이를 매우 반가워하다가, 마지막에 그의 직장 이름과 다시 만날 수 있을지를 물어본다. 다음 에피소드에서는 중년의 어머니와 청소년 아들이 별거 중이던 남편/아버지의 장례식에 가기 위해서 비행기를 기다리고 있다. 두 사람은 여러 가지 문제로 사소한 다툼을 이어간다. 모처럼 대

화의 기회지만 어머니가 하는 이야기를 아들은 그녀의 의도와 다르게 해석해서 대화가 이어지지 않는다. 그러던 중에 우연히 자전거에 대한 이야기를 하다가 아들이 자신이 같이 자전거를 타던 남자 친구와 잠자리를 한 적이 있다고 고백한다. 어머니는 충격을 받지만 마지막에는 아들의 위로를 받으며 비행기에 함께 탑승한다. 다음에 등장하는 인물은 같이 배낭여행을 하는 젊은 독일 남녀다. 파리 여행을 마치고 다음 행선지로 이동하는 이들은 서로 대화를 나누기보다는 각자 시간을 보낸다. 여자는 자신이 읽던 책을 남자에게 읽어주기도 하고, 남자가 찍은 사진을 같이 보기도 하지만, 대화는 지속되지 않는다. 남자는 공항에 도착한 자비네를 우연히 보고 그녀의 뒤를 쫓아가기도 한다. 이 밖에 공항에서 일하는 스튜어디스가 일을 하고, 휴식을 취하는 모습이 나온다. 영화의 마지막에 자비네는 공항에서 테오가 보낸 편지를 읽는다. 같은 시각 공항은 테러의 위협 때문에 폐쇄되고, 텅 빈 공간이 된다. 편지를 읽은 자비네는 택시를 타고 다시 파리로 돌아간다.

〈오를리〉의 주요 무대는 프랑스 파리의 2대 공항 중 하나인 오를리 공항이다. 이 영화는 실제 공항이 운영되는 중에 촬영했으며, 카메라는 원거리에서 배우들을 관찰하듯이 보여준다. 일반인들 사이에 섞여 있는 배우들은 대부분의 시간 동안 특별한 움직임 없이, 정적인 상태에서 상대방과 대화를 나눈다. 숏의 크기 역시 크게 변하지 않는다. 이런 설정은 일차적으로 관객들이 언어를 통해 이루어지는 커뮤니케이션에 주목하게 한다. 그렇지만 영화 속 커뮤니케이션은 1차 커뮤니케이션 매체인 언어로만 이루어지지 않는다. 영화의 디제시스에는 언어 이외에도 모바일폰, 책, 편지 등

다양한 확산매체Verbreitungsmedien가 등장한다.[26]

〈오를리〉는 공항을 배경으로 평범한 인물들의 만남을 통해서 현대인들의 불안과 불안의 바탕에 있는 정체성의 문제를 현상적으로 보여준다. 영화는 이들 삶의 전체가 아니라 인과성이 제거된 채로 일부만 선별적으로 보여줌으로써, 엄격한 의미의 이야기보다는 위기와 불안의 장면을 포착해서 제시하는 데 집중한다. 공항은 프랑스의 인류학자 마르크 오제Marc Augé를 통해서 대중화된 개념인 "비장소non-lieu"의 대표적인 공간이다. 오제는 현대인들이 비장소에 머무는 시간이 늘어나면서 정체성의 문제가 더욱 첨예화된다고 지적한다. 그는 비장소가 가지고 있는 뿌리 내릴 수 없는 공간, 특성 없는 공간, 지나치는 공간으로서의 특징을 강조한다.(오제 2017. 특히 141-146 참조) 〈오를리〉는 이런 비장소에 대한 오제의 견해와는 다른 공항의 특성을 포착한다. 여기에서 공항은 기다림의 공간이다. 다른 장소로 이동하기 위해서 공항에서 밟아야 하는 다양한 절차는 필연적으로 대기시간을 포함한다. 즉, 공항에서는 행위의 연속성이 단절되고, 이로 인해 일상에서는 경험할 수 없는 시간적 잉여가 생겨난다. 이 잉여를 대부분의 영화 속 인물들은 커뮤니케이션의 기회로 활용한다. 비장소가 일상의 영역이 되었으며, 더 이상 외면할 수 없는 현대인의 현실 속에서 〈오를리〉는 커뮤니케이션의 측면에서 비장소의 긍정성을 포착한다.(Baer 2013, 75)

먼저 뱅상과 줄리엣의 대화를 살펴보자. 대기실에서 우연히 만

---

26 본 글에서 커뮤니케이션 매체를 언어라는 1차 커뮤니케이션 매체와 기술적 매체인 확산매체로 구분하는 것은 니클라스 루만의 매체론에 근거한다.(Luhmann 1997, 202-230 참조)

난 이들은 각각 미국과 캐나다에 살고 있지만, 정서적으로는 모국인 프랑스에 매여 있다. 뱅상은 예전 프랑스 직장에서 자신이 필요가 없다고 생각해서 미국으로 떠났으며, 줄리엣은 파리에서 식당을 운영하면서 보람은 있었지만 경제적으로 힘들었고, 캐나다인과 결혼을 하면서 프랑스를 떠났다. 그렇지만 뱅상의 아들, 그리고 자신이 테오와 같이 만든 회사가 여전히 프랑스에 있다. 줄리엣 역시 핑계를 만들어서 이전보다 자주 프랑스를 방문하고 있다. 그들은 줄리엣의 잃어버린 외투, 엄마와 가족, 타국에서의 삶에 대해 이야기를 나눈다. 마지막 대화에서 줄리엣은 뱅상이 다시 프랑스로 돌아와 운영하게 될 회사의 이름을 물어보고, 이어서 다시 만나고 싶다는 의사를 표시한다. 두 사람의 에피소드는 줄리엣의 뜻밖의 고백에 이어지는 그녀의 불안한 표정과 뱅상의 어리둥절한 표정을 대조적으로 보여주면서 끝난다.

두 번째 에피소드에서는 건강이 그다지 좋아 보이지 않는 엄마와 청소년 아들이 비행을 기다리고 있다. 대기하다가 엄마는 결혼 후 경험했던 다른 남자와의 사랑 이야기를 들려준다. 아들은 엄마의 이야기를 이해하지 못하고, 아빠가 죽었기 때문에 부담 없이 이야기하는 것이라고 생각한다. 탑승을 위해서 잠시 자전거를 짐칸에 맡겨야 하는 상황 앞에서 울며 떼쓰는 아이를 보면서 엄마는 아들에게 사준 빨간색 경주용 자전거를 떠올린다. 엄마가 아들과 함께 자전거를 타던 친구를 언급하자, 아들은 자신이 그와 동성애 관계를 가진 적이 있음을 불쑥 털어놓는다. 아들의 성적 정체성은 이미 바에서 일하는 청년을 통해서 암시된 바 있다. 바에서 일하는 청년을 그의 시점숏을 통해 보여주면서 청년에 대한 관심을 강조한 바 있기 때문이다.(도판 41, 42) 따라서 관객의 입장에서는 아들이 동성애자라는 점은 크게 놀랍지 않다. 놀라운 것은 그것이 밝혀지는 방식이다. 특별한 목적 없이 진행되던 두 사람의 대화 중에 아들의 입장에서는 오랫동안 말하고 싶었지만 말하지 못한 것이 갑자기 발화된다.

도판 41. 〈오를리〉

도판 42. 〈오를리〉

줄리엣과 뱅상, 그리고 모자의 대화에는 두 가지 공통점이 있다. 첫 번째는 그들의 대화가 그 자체만 보면 사소한 것들로 이루어져 있다는 점이다. 등장인물이나 관객 모두에게 대화 내용에서 중요한 의미를 찾으려고 하는 것은 영화 속 대화의 성격을 잘못 파악한 것이다. 이는 두 번째 커플의 아들이 보이는 태도이기

도 하다. 그는 어머니가 이야기하는 사건들에 의미를 부여하고, 원
인을 찾고자 한다. 하지만 어머니가 전해주는 삶의 모습은 원인
과 결과, 즉 인과의 연속으로 구성되어 있지 않다. 우연한 일, 사소
한 일, 서로 관련 없는 일이 파편처럼 이어진다. 물론 아들이 어머
니의 사건에 주목하는 것은 이해할 수 있다. 이렇게 우연하고 사
소하고 관련 없는 수많은 일들 중에서 어머니는 과거 남자친구에
대한 이야기, 또는 자신이 잔디를 공작가위로 깎던 이야기를 골랐
기 때문이다. 그렇지만 아들의 이런 관점에 반응하는 어머니의 태
도와 표정은 그 이야기들에 과도하게 의미를 부여하는 것을 터무
니없게 생각한다는 점을 잘 보여준다. 이런 일상의 이야기들이 가
능한 것은 공간적 특수성과 관련이 있다. 성인이 되어가는 아들과
어머니 사이에 대화가 특별한 목적 없이 진행될 수 있는 것은 공
항이라는, 어쩔 수 없이 시간을 보내야 하는 공간에 함께 있기 때
문이다. 그렇지만 사소한 것은 사소한 것에 그치지 않는다.

두 대화의 두 번째 공통점은 이들의 대화가 예측하지 못했던
방식으로 매듭지어진다는 점이다. 뱅상과 줄리엣의 대화의 끝에
는 그와 관계를 이어가고 싶어 하는 줄리엣의 마음이 표현되었고,
엄마와 아들의 대화의 마지막에서는 아들이 처음으로 자신의 성
정체성을 밝히게 된다. 이것은 각각의 에피소드에서 핵심적인 사
건이라 부를 만하다. 원인과 결과의 연속적 전개를 중시하는 대중
영화라면 두 커플의 대화 중에서 핵심 사건과 직접적인 관련이 없
는 내용은 상당 부분 생략했을 것이다. 그렇지만 〈오를리〉에서 중
요한 것은 이 사건 그 자체보다 사건이 일어나게 되는 과정이다.
의미 없이 보이는, 직접적인 결과를 가져오지 않는 이전의 많은 대
화가 없다면 마지막의 고백도 존재할 수 없다. 이들의 커뮤니케이

션은 전달하고자 하는 내용보다 커뮤니케이션이 이루어지고 있다는 사실 그 자체가 의미를 가졌던 것이다. 사람과 사람 사이에서 계속해서 이어지는 커뮤니케이션, 즉 후속 커뮤니케이션을 유발하는 커뮤니케이션은 친밀감을 기반으로 하거나, 친밀감을 만들어내는 전제가 되기 때문이다. 이런 관점에서 봤을 때 남녀 배낭여행객의 관계는 문제적이다. 이들 역시 여러 대화를 나눈다. 다음 비행기 탑승을 위한 정보, 옆에서 같이 대기하고 있는 부부의 신생아, 파리에서 찍은 사진, 사야할 물건에 대해서 등. 그렇지만 앞의 두 커플과는 달리 이들의 대화는 오래 이어지지 않는다. 영화는 혼자 있는 여자, 또는 남자의 모습을 자주 보여준다. 남자는 공항을 돌아다니면서 우연히 만난 자비네에게 관심을 보이기도 한다. 문제는 이들의 커뮤니케이션이 특정한 행위 결과를 가져오지 않는다는 것이 아니라, 커뮤니케이션 자체가 연속적으로 이루어지지 않는다는 점이다.

영화의 시작과 중간, 끝에 등장하는 인물은 자비네다. 영화가 시작하면, 파리의 거리를 걸어가는 그녀의 모습이 보이고, 곧이어 그녀에게 전화하는 테오가 화면에 등장한다. 테오의 기대와는 달리 자비네는 두 사람의 관계가 돌이킬 수 없이 끝났다고 말한다. 영화의 중간에는 택시를 타고 공항으로 이동하는 그녀의 모습을 볼 수 있다. 자비네는 공항 대기실에서 테오의 편지를 읽는다. 테오가 편지를 통해서 전하는 에피소드에 따르면 그는 카페에서 우연히, 그가 신이라고 명명한 노인과 그의 말벗이 되어주는 젊은 여인을 만나고, 이후 그는 그들의 주변을 떠나지 않는다. 테오는 모르지만 유명인으로 보이는 이 노인은 더 이상 어떤 사인도, 인터뷰도 하지 않을 것이라는 것을, 젊은 여인이 그들 주변을 배회하는 테오에게 말한다. 그럼에도 그는 계속해서 기다린다. 그리고 신과 세상, 자기 자신에 대해 질문을 던진다. 그의 편지에는 사랑을 잃어버리고 삶의 의미 역시 상실한 사람의 상심이 담겨 있다.

테오와 자비네의 이별은 이미 영화가 시작되기 전에 확정된 사건이다. 영화 속에서 자비네는 테오와 마지막 통화를 하고, 이제 파리를 떠나려고 한다. 최종적인 이별 직전에 그녀는 테오의 편지를 읽고, 공항은 마침 일시 폐쇄된다. 테오의 보이스오버로 들려오던 편지 내용은 끝나고, 이어서 자비네가 공항에서 택시를 타고 다시 시내로 돌아가는 장면이 나온다. 하지만 그녀는 이전과는 다른 밝은 표정을 하고 있다. 테오는 편지를 통해서 자신의 존재에 대해서 근원적인 질문을 던졌으며, 이런 내용은 자비네가 두 사람의 관계를 다시 생각해 보는 계기가 된 듯하다. 영화는 왜 자비네가 테오에게 돌아가는지 그 이유에 대해서 명확하게 제시하지 않는다. 다만 전화 통화를 거부당했던 테오가 그 후에도 편지를 통해서 시도한 커뮤니케이션에 자비네가 응답하는 과정을 보여준다. 영화의 마지막 부분에서는 택시 안에서 합승한 것으로 보이는 아이들과 이야기를 나누는 자비네의 모습을 보여준다. 이름은 무엇인지, 집에 기다리고 있는 사람은 있는지 등. 마지막 자비네의 질문은 다른 배경음이 모두 제거된 채로 들려온다. "너는 어디로 가려고 했니?" 공항은 최종적인 이별의 장소이다. 이 이별을 앞두고 자비네는 자신이 떠나고자 했던 결심을 다시 뒤집는다. 어디로 가고자 했는지, 그리고 왜 가고자 했는지 스스로 묻는다.

〈오를리〉는 일상적으로 이루어지지 않는 행위인 기다림과 떠남의 장소로서 공항이 유발하는 커뮤니케이션의 다양한 양상을 보여준다. 이런 설정에서 영화에서 여러 번 등장하는 지상직 승무

원의 존재는 이질적이다. 그녀에게 공항은 일터다. 큰 표정 변화 없이 자신의 임무를 수행하는 모습은 공항이 그녀에게는 직장일 뿐이라는 점을 잘 보여준다. 그녀는 샌드위치를 먹고 나서 쓰레기 통에 버려진 가방을 발견한다. 주인 없는 가방은 공항 폐쇄에 이를 만큼 중요한 사건이 된다. 하지만 그녀는 이런 위험성을 인식하지 못한다. 그녀에게는 공항에서 벌어지는 일들이 일상적이기 때문이다. 뱅상과 줄리엣의 전화 통화와 달리 그녀의 통화는 아무런 흥분 없이 차분하게 진행된다.

영화는 일차적으로 언어로 이루어지는 커뮤니케이션에 집중한다. 앞에서 본 것처럼 등장인물이 나누는 대화는 메시지를 전달하는 수단이기도 하지만, 그 자체로 관계의 양상을 보여주는 것이기도 하다. 흥미로운 점은 1차 커뮤니케이션 매체인 언어 이외에도 언어와 이미지를 전달하는 확산매체인 모바일폰, 사진, 문학, 편지 등이 인물들 간의 관계의 양상을 보여주는 데 중요한 역할을 담당한다는 점이다. 이런 점에서 〈오를리〉는 다양한 매체를 이용한 커뮤니케이션에 대한 연구가 된다. 다음에는 영화 속 인물들이 확산매체를 통해 진행하는 커뮤니케이션의 양상을 살펴본다.

1) 모바일폰: 모바일폰은 영화의 초반부에 여러 차례에 걸쳐서 등장한다. 모바일폰은 일차적 커뮤니케이션 매체인 언어를 활용하지만, 공간적으로 분리되어 있는 상대와의 커뮤니케이션에 이용되는 확산매체이다. 영화가 시작하고 파리 시내를 걷는 자비네를 보여준 다음, 테오의 집을 비춘다. 테오는 가사도우미의 핸드폰을 이용해서 자비네와 통화하고자 한다. 그렇지만 자비네는 그와 통화하고 싶은 마음이 없다. 테오는 억지로 대화를 이어나가려고 하지만, 그와의 대화를 거부하는 자비네에게 의사소통을 강제할 수

있는 수단이 없다. 모바일폰을 통한 의사소통은 긴 시간이 지나지 않아서 끝난다. 첫 번째 커플인 뱅상과 줄리엣의 이야기에도 모바일폰이 등장한다. 줄리엣은 어머니, 그리고 친구와 통화를 한다. 어머니와의 통화는 집에 두고 온 결혼반지 때문이다. 두 차례에 걸쳐 이루어지는 통화 중에서 첫째 통화는 줄리엣이 건 것으로 보인다. 여기에서 반지가 어머니의 집에 있다는 것을 확인하지만, 반지를 줄리엣이 사는 캐나다로 보내주겠다는 어머니의 말에 그녀를 그럴 필요가 없다고 강하게 거절한다. 이후 어머니는 한 번 더 전화를 해서 반지를 보내주겠다고 하지만, 줄리엣은 이를 거절한 다음 비행기를 타야한다고 둘러대고 전화를 끊는다.

두 사람의 통화 방식은 확산매체로서의 모바일폰의 특징을 잘 보여준다. 비대면 커뮤니케이션으로서의 모바일폰을 활용한 대화는 시공간의 제약을 그다지 받지 않기 때문에 유용하다. 그렇지만 대화가 원하지 않는 방식으로 진행이 되는 경우에는 언제든지 커뮤니케이션을 중단할 수도 있는 특징이 있다. 〈오를리〉는 모바일폰을 활용한 대화에서 대화 상대의 모습을 보여주지 않기 때문에 관객의 입장에서 통화하는 사람의 몸짓, 표정, 언어에 더욱 집중하게 한다.(Nessel/Pauleit 2011, 217) 이를 통해서 영화는 테오와 줄리엣의 절망과 좌절감을 보다 직접적으로 제시하며, 확산매체의 활용이 반드시 커뮤니케이션의 활성화로 이어지지 않는다는 것을 보여준다.

2) 사진과 책: 사진과 책은 배낭여행 커플의 관계를 잘 보여주는 확산매체다. 영화는 남자와 여자가 혼자 있는 장면을 여러 번에 걸쳐서 보여준다. 이때, 여자는 옆에 있는 다른 여행자와 이야기를 나누기도 한다. 남자는 간단한 쇼핑과 이륙 정보를 얻기 위

해서 공항을 돌아다닌다. 함께 있을 때도 두 사람은 대화를 나누기보다는 각자의 시간을 보낸다. 둘은 주변을 관찰하거나 책을 읽는다. 커뮤니케이션에 소극적인 태도를 보이는 사람은 남자다. 그는 혼자 공항을 다니는 경우가 많고 우연히 만난 여인(자비네)의 뒤를 따라가기도 한다. 또한 여자 친구와 함께 있을 때도 주변을 바라보며 의미 없이 시간을 보낸다. 반면 여자는 몇 차례에 걸쳐서 의사소통을 시도한다. 하나는 책, 다른 하나는 사진과 관계가 있다.

자비네를 뒤쫓다가 다시 자리에 앉은 남자는 멍하니 주변을 관찰하고 있고, 여자는 계속해서 책을 읽는다. 그러다가 갑자기 여자가 자신이 읽던 책의 한 구절을 남자에게 들려준다. 여자는 낭독하는 중에 나오는 웃음을 참기 힘들 정도로 책의 재미에 빠져 있다. 그녀가 들려주는 내용은, 소설 속 남녀가 길을 가던 중에 귀도라는 사람을 만나서 여자는 그와 대화를 하고, 귀도를 처음 만난 남자가 그에 대한 인상을 일인칭 시점으로 전달하는 부분이다.[27] 책을 읽어주는 여자는 아주 즐거워하는 반면에 남자는 별다른 반응을 보이지 않는다. 잠시 후, 남자는 낭독을 중단한 여자에게 계속 소리 내서 읽을 것을 권하고 여자는 그렇게 하지만, 남자의 무관심한 태도는 바뀌지 않는다. 관객은 여자가 읽어주는 책의 내용을 듣지만, 그 부분이 왜 특별히 그녀의 마음에 드는지 이해할 수 없다. 이 점은 남자도 마찬가지일 것으로 추측할 수 있다.

---

27 여자가 낭독한 책은 이탈리아 작가 이탈로 스베보(1861~1928)의 『제노의 의식 La coscienza di Zeno』(1923)이다. 작가의 자전적 이야기를 담았으며, 줄거리는 인과성보다 일인칭 화자의 내면세계를 따라가며 기술된다. 현대 심리소설의 고전으로 간주된다.

책은 일차적으로 그 책을 읽는 개별 독자와 소통하지, 사람과 사람 간의 직접적인 커뮤니케이션에는 제한적으로만 기여할 수 있다. 책을 직접 읽은 사람과 전달을 통해서 내용을 알게 된 사람 사이에는 수용에 있어서 큰 차이가 있기 때문이다. 그럼에도 여자가 책을 읽어주는 것은 내용에 대한 공감을 기대했다기보다 아무 말 없이 옆에 앉아 있는 남자와 어떤 방식이라도 커뮤니케이션 하고 싶었기 때문이다. 남자의 무관심한 태도에도 여자는 어떤 식의 감정적 반응을 보이지 않는다. 이들 사이의 커뮤니케이션 단절은 일상적인 것으로 표현된다.

다시 지루하게 대기하던 중에 여자는 남자에게 파리 여행에서 찍은 사진을 보자고 제안한다. 그들은 디지털 카메라의 디스플레이를 통해서 사진을 함께 본다. 사진은 주로 파리의 국립도서관 앞에서 찍은 것들이다. 그렇지만 남자가 찍은 사진들 속의 여자는 전형적인 인물 사진 속 인물이 아니다. 영화에서 보이는 14장의 사진 중에서 처음 두 장만 두 사람의 얼굴이 잘 보이는 사진이며, 나머지는 도서관 앞 계단에 있는 여자를 임의로 찍은 것처럼 보인다. 일부 사진은 여자보다 계단이 주요 대상인 것처럼 보인다. 여자는 그가 찍은 자신의 사진이 예쁘다고 생각하는지 남자에게 물어본다. 남자가 다시 정말 예쁘다고 생각하는지 물어본 거냐고 질문을 하자 여자는 자신도 무엇을 물어봤는지 모르겠다고 말한다. 이렇게 이들은 무료한 시간을 보내기 위해서 사진을 본다. 그렇지만 사진 역시 두 사람의 커뮤니케이션을 활성화시키지 못한다. 전체적으로 보아 배낭여행 커플의 관계는 이미 회복하기 어려운 것으로 제시된다. 그렇지만 커뮤니케이션 실패의 직접적인 원인은 영화 속에서 밝혀지지 않는다. 영화는 이들 커플의 관계를 여자의

다양한 시도에도 불구하고 남자가 보여주는 무반응, 즉 후속 커뮤
니케이션의 실패를 통해서 현상적으로 보여주고 있다.

3) 편지: 영화의 마지막 부분에서 자비네는 공항에 도착한 후
테오가 보낸 편지를 읽는다. 편지가 테오의 목소리를 빌려 보이스
오버로 들리는 동안, 시각적으로는 대피 명령으로 인해 점점 비어
가는 공항을 보여준다. 공항은 이전에 많은 사람들로 붐비던 공간
이었기 때문에 영상의 대비는 더욱 명확하다. 테오의 편지가 처음
낭독될 때 자비네는 사람들에게 둘러싸여 있으며, 그의 보이스오
버 역시 다른 배경음과 함께 들린다. 그렇지만 편지의 내용이 진행
되면서 테오의 목소리 이외에는, 아무런 외부 소음도, 시각적 자극
도 존재하지 않는다. 영상은 비어가는 공항의 모습을 마치 정지된
사진처럼 보여준다. 이로써 자비네와 마찬가지로 관객도 편지의
내용에 집중하게 되며, 혼자 파리에 남아서 철저하게 외로움을 느
끼는 테오의 심정이 효과적으로 전달된다. 편지에서 테오는 한 카
페에서 만난 노인과 젊은 여인에 대해 이야기한다. 두 사람은 모
두 부드러운 외모를 가지고 있으며, 서로 존중하고 사랑하는 태도
가 느껴진다. 노인은 노쇠하지만, 여인의 도움으로 일상을 꾸려나
간다. 테오는 카페를 나서는 두 사람을 따라간다. 그들의 집 밖에
서 밤을 지새우고 난 다음 날 새벽, 여인은 테오에게 그가 누구인
지 묻는다. 이 질문을 테오는 자비네에게 돌린다. "사랑하는 이여,
나는 누구인가?" 그리고 "테오"라는 말과 함께 편지는 끝난다. 영
상은 테오가 노인의 집 앞을 떠나지 않겠다고 말한 부분부터, 택
시를 타고 이동하는 자비네를 보여준다. 자비네는 비행기를 타지
않고 다시 파리로, 테오에게 돌아가기로 결심한 것이다.

테오의 편지에는 실제 일어난 일과 자신의 환상이 섞여 있는

것으로 보인다. 카페에서 막연한 기대감을 가지고 들어오는 사람들을 관찰하다가 노인과 여인을 발견한 것부터 노인과의 개인적 만남을 거절하는 장면까지는 사실적인 서사방식을 따르고 있다. 그렇지만 그 이후 테오가 그 집 앞에서 밤을 새우고 그의 곁에서 여인이 함께 있었다든지, 새벽녘에 가서야 여인이 그의 정체에 대해 물어봤다는 서술은 현실에서 벌어진 일이라고 보기 어렵다. 이미 테오는 편지의 앞부분에서 자신의 "흐릿해진 이성"에 대해 말한 바 있다. 편지에는 현실과 환상이 얽혀 있다. 이와 같은 내용적 특성에서 과장이 아니라 진정성이 느껴지는 데에는 편지라는 형식이 큰 역할을 한다. 편지이기 때문에 테오는 자신의 개인적인 생각과 감정을 직접적으로 전달할 수 있으며, 영화는 그의 보이스오버를 통해 편지의 내용을 전달함으로써 친밀감을 더욱 강화한다.(Nessel/Pauleit 2011, 218) 영화의 초반부에 자비네와 전화통화를 시도하는 테오의 모습을 볼 수 있었다. 그러나 자비네가 그와의 대화를 거부하는 상황이기 때문에 대화는 오랫동안 지속되지 못한다. 이에 반해 편지는 이러한 제약을 받지 않는다. 일단 수신자가 편지를 개봉해서 읽기 시작한다면 편지의 내용은 제약 없이 전달된다. 영화는 관객이 편지를 읽은 자비네가 다시 테오에게 돌아가는 것을 예상하게 함으로써, 편지를 이용한 커뮤니케이션이 후속 커뮤니케이션을 가능하게 했다는 점을 보여준다.

〈오를리〉는 일차적으로 디제시스 속 인물들을 통해서 언어를 통해서 이루어지는 커뮤니케이션의 양상에 집중한다. 먼저, 언어라는 1차 커뮤니케이션 매체를 통해 이루어지는 커뮤니케이션에서 중요한 것은 계속해서 커뮤니케이션이 이루어지고 있는지의 여부라는 점이 강조된다. 줄리엣과 뱅상, 모자의 예를 통해서 알 수 있듯이 내용의 연속성과 상관없이 계속해서 진행되는 후속 커뮤니케이션은 그 자체로 인물들 간의 친밀성을 의미하거나, 친밀성이 생겨날 수 있는 기반이 된다. 외적으로는 가장 친밀한 관계인 것처럼 보이는 배낭여행자들 사이에서 오히려 커뮤니케이션은 단절되어 있다. 이들의 경우 책이나 사진 등의 2차 커뮤니케이션 매체, 즉 확산매체를 이용한 커뮤니케이션 역시 후속 커뮤니케이션으로 이어지지 않는다. 확산매체가 긍정적인 역할을 하는 경우는 테오와 자비네의 관계에서 볼 수 있다. 테오가 쓴 편지를 대화를 거부하는 자비네가 읽게 되고 그 결과 그녀는 다시 테오에게 돌아간다. 편지처럼 비기술적이며 고전적인 확산매체가 불러일으키는 관계의 변화는 영화에 낭만성을 부여한다. 전반적으로 확산매체는 언어를 통한 직접적 대면 커뮤니케이션의 한계를 극복할 수 있는 가능성을 가지고 있다. 실제 운영 중인 공항에서 촬영한 〈오를리〉는 평범한 사람들의 만남과 그들의 다양한 매체 활용을 보여주면서 커뮤니케이션을 하는 현대인의 모습을 그려내고 있다.

2.6.3. 〈꿈길〉

원제　　 : Der traumhafte Weg
감독　　 : 앙겔라 샤넬렉Angela Schanelec
시나리오 : 앙겔라 샤넬렉Angela Schanelec
카메라　 : 라인홀트 포어슈나이더Reinhold Vorschneider
편집　　 : 앙겔라 샤넬렉Angela Schanelec, 마야 텐슈테드Maja Tennstedt
주연　　 : 미리암 야콥Miriam Jakob(테레스 역), 토르뵈른 뵤른손Thorbjörn
　　　　　 Björnsson(케네스 역), 마렌 에거트Maren Eggert(아리아네 역), 필
　　　　　 헤인즈Phil Hayes(데이빗 역), 아나야 자프Anaya Zapp(파니 역)
제작사　 : Filmgalerie 451(Berlin)
개봉연도 : 2016
상영시간 : 81분

　　1984년 서로 사랑하는 사이인 영국인 켄과 독일인 테레스는
그리스의 여행지에 노래를 부르며 여행비를 조달한다. 어느 날, 켄
은 자신의 어머니가 사고를 당했다는 소식을 듣고, 테레스를 남
겨둔 채 서둘러 집으로 향한다. 얼마 후 그는 테레스를 만나러 그
녀가 사는 독일에 오지만, 테레스는 이미 마음으로 켄과의 관계를
정리하고, 대학에 진학해서 교직을 공부하기로 결심한 상태이다.
영국에서 켄은 아버지가 보는 앞에서 식물인간이 된 어머니를 안
락사한다. 30년이 지난 현재의 베를린에서는 중견 배우인 아리아
네가 인류학자인 남편 데이빗과 헤어지려 한다. 데이빗은 베를린
중앙역 근처에 있는 아파트로 이사를 하는데, 창밖으로 노숙자가
된 켄의 모습이 보인다. 그곳에서 켄과 테레스가 우연히 마주친다.

　　〈꿈길〉은 샤넬렉의 이전 영화처럼 핵심적인 사건이라고 부를
만한 것이 없다. 사건보다는 켄과 테레스, 아리아네와 데이빗의 두

커플을 통해서 사랑, 그리고 이별의 정서를 표현한다. 영화는 일상의 장면을 주요 내용으로 삼으며 등장인물의 배경에 대해서는 자세히 언급하지 않는다. 인물들은 더 나은 삶을 갈망하며 지속적으로 이동상태에 있다. 이런 인물들을 영화는 생략적으로, 비서사적으로 보여준다. 〈꿈길〉은 그리스에서 신발 끈을 묶고 있는 테레스와, 그녀를 물끄러미 바라보고 있는 켄의 숏으로 시작한다. 관객은 두 사람에 대해서 아무런 직접적인 정보도 얻지 못한다. 이들의 외모와 그리스의 관광지로 보이는 공간적 배경을 통해서 관객은 이들이 젊은 배낭여행객이며, 노래를 부르며 여행비를 마련하고 있을 것이라는 추정을 하게 한다. 1984년이라는 시간적 배경 역시 첫 번째 유럽선거를 위해 유세를 하는 그리스 젊은이들, 자동차의 종류 등을 통해서 추론하게 된다. 이렇게 영화는 관객 스스로 채워나가야 하는 서사적 빈 공간을 많이 제공한다. 켄이 어머니의 사고 소식을 듣고 난 후 숙소에서 짐을 싸는 장면은 이런 빈 공간에 대한 많은 예 중에 하나이다. 테레스는 이 방 한 구석에서 웅크리고 앉아서, 짐을 싸는 켄의 모습을 바라본다. 일반적인 서사영화라면 대사와 표정을 통해서 이 둘 사이에 지금 무슨 일이 벌어지고 있는지 명확하게 밝힐 것이다. 그렇지만 여기에서는 고정된 카메라를 통해서 두 사람의 모습을 가만히 보여줄 뿐이다. 테레스의 자세와 표정을 통해서 관객은 그녀가 이 갑작스러운 이별을 두 사람의 관계에 중대한 영향을 미치는 사건으로 받아들이고 있을 것이라는 점을 추론할 수 있다. 흥미로운 점은 켄 어머니의 사고에 대한 테레스의 반응은 영화 속에서 나오지 않는다는 점이다. 영화가 제목처럼 핵심적인 인물에게 중요한 핵심적인 사건, 그리고 그와 연결된 감정에 집중하고 있다는 점을 알 수 있다.

테레스와 켄의 관계가 끝났다는 것 역시 영화는 간접적인 방식으로 보여준다. 두 사람이 독일에서 다시 만났을 때, 켄은 테레스에게 그녀가 입고 있는 재킷이 누구의 것이냐는 질문을 반복한다, 관객은 두 사람의 복장에서 혼란을 느낀다. 왜냐하면 그리스에서 입었던 바로 그 옷을 두 사람 모두 그대로 입고 있기 때문이다. 이는 영화가 30년이 지난 현재 시점으로 진행될 때도 마찬가지이다. 노숙자가 된 켄이나, 의사가 된 아들을 둔 테레스 모두 30년 전의 외모와 옷차림을 하고 있다. 시간의 흐름과 상관없는 외모와 의상은 이 영화의 수수께끼 중 하나다. 동일한 외양은 시간의 흐름과 상관없이 변하지 않은 이들의 본질을 상징하는 것으로 보인다. 이렇게 봤을 때, 테레스의 새로운 재킷에 대한 켄의 집요한 질문은 자신이 알지 못하는 테레스의 면모에 대한 두려움이 반영된 것이다. 물론 재킷 안에는 변하지 않은 그녀가 있지만, 과거에 매여 있어서 테레스의 새로운 모습에 적응하지 못하는 켄의 심리를 보여준다. 두 사람이 마지막 밤을 보내는 호텔에서 테레스는 켄이 성악을 공부할 것이라는 이야기를 듣고, 그가 앞으로 유명해질 것이며, 그의 소식을 신문을 통해서 알 수 있을 것이라고 말한다. 이 대사를 통해서 관객은 테레스에게 켄은 더 이상 연인이 아님을 알 수 있다.

아리아네와 데이빗 커플의 이야기 역시 관객이 스스로 채워야 하는 빈자리가 많다. 아리아네는 데이빗에게 그를 더 이상 사랑하지 않는다면서 이별을 요구하는데, 역시 그 이유는 제시되지 않는다. 그렇지만 돌이켜 생각해보면 영화는 그녀가 이별을 준비하고 있다는 암시를 준 바 있다. 이 암시는 데이빗이 출장을 떠나고 배우인 아리아네가 야외에서 촬영을 준비하는 장면으로 시작한다.

그녀는 깊이 생각에 빠져 있어서 치마 사이에 화장지가 붙어 있는 지도 모를 정도다.(도판 43) 경사길을 오른 그녀가 정상에서 본 풍경은 비현실적일 만큼 낭만적이고 전원적이다. 넓은 호수, 푸른 잔디, 자유롭게 뛰어다니는 두 마리의 말, 한 여자와 한 남자가 보인다.(도판 44) 이 장면의 아름다움은 아리아네의 주관적 관점이 반영된 것으로 보인다. 이어서 이 장면에 있었던 남자 배우와 같이 있는 아리아네의 모습이 보이는데, 그녀는 촬영이 끝났지만 촬영

도판 43. 〈꿈길〉

도판 44. 〈꿈길〉

장을 떠나지 않고 있었다. 이는 주변 사람들의 반응으로 보아서 매우 특이한 일이다. 그녀가 이 남자 배우를 사랑하는지는 알 수 없지만, 그가 있는 풍경이 지나치게 아름다웠고, 그녀가 그를 기다리고 있었다는 사실은 그녀의 기존 관계가 위기에 처해 있음을 충분하게 보여준다.

전작에서 샤넬렉은 긴 숏을 이용해서 등장인물의 반응을 오랫동안 보여주며, 감독이 컷을 통해서 현실을 조작하고 해석을 통제하는 것을 최소화하고자 했다. 〈꿈길〉에서도 이런 긴 숏이 많지만, 예전에 볼 수 없었던 신발, 모자, 허리 등 사물과 신체의 일부를 클로즈업으로 보여주는 숏이 등장한다. 일반적으로 숏은 사람의 신체를 기준으로 분류한다. 예를 들어, 머리부터 발끝까지 전체 모습이 다 잡히면 풀 숏, 머리부터 가슴까지 보이면 미디엄 숏, 머리만 보이면 클로즈업으로 분류한다. 이런 분류는 인체, 특히 인간의 머리를 중심에 놓은 것으로, 그만큼 영화 이미지에서 얼굴이 중심이 된다는 사실을 반영하는 셈이다. 그렇기 때문에 〈꿈길〉에 사용된 클로즈업은 예외적이다. 얼굴이 아닌 다른 신체 부분, 그리고 사물을 클로즈업의 대상으로 삼고 있기 때문이다. 이런 "신체와 사물 클로즈업"은 그리스 장면에서 주로 사용된다. 여기에서는 산을 오르는 테레스와 켄의 낡은 신발이 보이고,(도판 45) 어머니의 사고 소식을 듣고 실신하는 켄의 팔과 몸통이 강조된다.(도판 46) 개별 이미지들은 상징성을 가지고 있다. 낡은 신발은 그들이 오랜 시간에 걸쳐 다양한 곳을 다니고 있음을, 켄의 팔과 몸통은 이 두 신체 부위는 켄이 받은 주체할 수 없을 만큼의 큰 충격을 상징적으로 보여준다. "신체와 사물 클로즈업"을 통해서 이미지는 언어가 된다. 이 언어는 문장이 아니라, 단어로 된 감정을 표현한다. 이

도판 45. 〈꿈길〉

도판 46. 〈꿈길〉

클로즈업이 30년 전에 일어난 일을 회상하는 그리스 장면에 등장하는 것은 특징적이다. 영화는 산문적 기억이 아니라, 인상과 감정이 중심이 되는 시적 기억을 재현하고 있다. 베를린 장면에서는 클로즈업은 아니지만 사물이 숏의 핵심이 되는 장면이 자주 등장한다. 책장, 위스키병과 쓰러진 와인 잔, 자동으로 내려가는 블라인드는 이것과 관계를 맺는 사람들의 상태를 간접적으로 보여준다.

두 커플의 이야기는 영화의 후반에 들어서면서 교차한다. 데이빗의 아파트 밖으로 켄이 보이고, 켄의 옆을 데이빗의 딸 파니가 지나간다. 아리아네가 파니를 픽업해서 가는 길가에는 자전거를 만지고 있는 테레스가 보인다. 그렇지만 두 이야기는 서로 독립되어 있다. 영화는 이들의 우연한 만남을 인과성의 차원으로 발전시키지 않는다. 우연은 관객에게 "존재론적 무기력eine ontologische Ohnmacht"(Nicodemus 2017)을 경험하게 한다. 존재는 우연에 의해서 지배받는다는 경험이다. 인과성에서 해방된 인물과 에피소드는 다른 것이 아니라 그 자체로 존재한다. 관객은 개별 이미지를 자세히 관찰하면서 그것의 아름다움과 의미를 즐길 수 있다.(Behn 2017) 또는, 스스로 영화 속 상징과 암시를 연결해서 맥락을 만들고 의미를 생산할 수 있다. 이를 통해서 영화의 모든 것을 설명할 수 없더라도 관객은 자기만의 영화를 갖게 된다. 두 커플의 파국에 대한 원인 역시 관객이 스스로 파악해야 한다.

클로즈업을 통해서 특정한 감정을 상징적으로 언어화하고 있지만, 영화의 전반적인 분위기는 신비스럽고 난해하다. 영화는 표정이나 대사가 아니라, 보다 근원적인 방식으로 신체를 통해서 소통한다. 몸이 보여주는 자세, 움직임, 행동은 인간의 상태를 비언어적으로 전달한다. 두 개의 큰 이야기가 어떤 연관성을 갖는지도 명확하지 않다. 위와 같은 이유에서 〈꿈길〉은 샤넬렉의 영화 중에서 가장 급진적인 영화로 간주된다.(Knörer 2017) 샤넬렉의 영화는 관객에게 영화를, 이를 통해서 세상을 다른 방식으로 볼 것을 요구한다. 이 요구는 주류 영화의 문법에 익숙한 관객에게 하나의 도전이지만, 요구를 진지하게 받아들인다면 관객은 이전에는 주목하지 않았던 시각 세계를 보게 되는 기회를 얻게 된다.

현재까지 베를린파의 정신을 가장 잘 보여주는 감독으로 샤넬렉을 꼽을 수 있다. 베를린파 1세대 중에 아슬란과 페촐트는 2000

년대 중반 이후 특히 범죄물의 장르성을 새롭게 구현하는 데 애착
을 보였다. 하지만 샤넬렉은 미니멀리즘을 기반으로 하는 자신의
미학적 기조를 유지하면서, 동시에 작품마다 새로운 시도를 보여
주고 있다.

3

독일영화와 역사:
2000년대 홀로코스트 영화

2000년대에 본격화된 독일영화의 긍정적인 변화는 국제적인 주목을 받는 영화감독들의 존재뿐 아니라, 역사적 사건을 소재로 한 영화들이 국내외에서 받은 호평에서도 확인할 수 있다. 1장에서 본 것처럼 나치시대를 소재로 한 독일영화는 여러 차례 오스카 영화제 최우수 외국어 영화상을 수상했으며, 독일에서 흥행한 영화 중에도 역사 영화의 비중이 컸다. 이들 영화는 주로 나치시대, 테러리즘이 사회적 문제로 대두되었던 68운동 이후의 서독, 사회주의 정권이 붕괴되기 직전인 1980년대의 동독을 주요 배경으로 삼았다. 2000년대에는 흥행과 비평에서 좋은 성과를 거둔 역사영화들이 다수 선보이고 있다.[1]

이 장에서는 2000년대 독일에서 제작된 모든 역사 영화를 개괄하지 않고, 독일역사를 통틀어서 독일인이 저지른 가장 큰 범죄로 간주되며, 2차 세계대전 이후 독일인의 정체성 형성에 결정적인 영향을 준 사건인 홀로코스트를 다룬 극영화로서, 영화관에서 개봉하고 독일 미디어에서 적극적인 비평의 대상이 된 작품들로 분석대상을 제한한다. 여기에서는 홀로코스트를 "2차 세계대전 시기에 나치에 의해 자행된 약 1200만 명에 달하는 유대인, 집시, 소련 전쟁 포로, 레즈비언과 게이, 정치적 반대자(공산주의자, 사회주의자, 노조운동가, 프리메이슨), 종교 단체(여호와의 증인, 예수교), 슬라브족(폴란드인, 체코인, 우크라이나인), 신체 및 정신 장애인 등을 체계적이며 산업화된 방식으로 학살한 사건"(Ginsberg 2007, 1f)으

---

1   여기에서 역사 영화는 오브라이언의 제안에 따라 다음과 같이 정의한다. 즉, 역사 영화란 과거를 배경으로 한 극영화로, 이 영화는 실제 역사적 사건이나 인물에 기반하거나, 특정한 역사적 시기에 일어났을 법한 가상의 사건을 중심으로 전개된다.(O'Brien 2012, 9)

로 정의한다. 따라서, 히틀러와 나치 정권을 주로 다루면서 홀로
코스트와는 간접적으로만 연관을 갖은 영화나, 나치시대의 사건
이나 경험이 주요 서사의 축을 이루고 홀로코스트와 그 영향은 부
차적인 요소로 다룬 영화는 분석대상에서 제외한다.[2]

　홀로코스트 영화는 1945년 2차 세계대전이 끝난 다음부터 지
속적으로 제작되었다. 독일에서 큰 반향을 불러일으킨 홀로코스
트 영화 중에는 독일이 아닌 해외에서 제작된 영화도 있다. 다음
에서는 다큐멘터리 영화를 포함해서, 독일 내 홀로코스트 담론
에 큰 영향을 미친 핵심적인 영화들을 중심으로 1945년 이후부터
2000년 이전까지 홀로코스트 영화의 주요 특징을 간략히 살펴
본다.

　1945년 2차 세계대전의 끝이 보일 무렵, 유대인을 중심으로
한 나치의 민간인 대량 살상과 강제수용소의 현실이 무엇보다 동
부전선에서 승리한 소련군을 통해서 본격적으로 알려지게 된다.

2　전자에 해당하는 2000년대 영화로는 〈다운폴Der Untergang〉(2004, 올리버 히
르쉬비겔), 〈나폴라Napola〉(2004, 데니스 간젤), 〈소피 숄의 마지막 날들Sophie
Scholl-die letzte Tage〉(2005, 마르크 로테문트), 〈나의 영도자-아돌프 히틀러
에 관한 진실〉(2007, 다니 레비), 〈호텔 룩스Hotel Lux〉(2011, 레안더 하우스
만), 〈그가 돌아왔다Er ist wieder da〉(2015, 다비드 브넨트) 등이 있으며, 후
자에 해당하는 영화에는 〈베른의 기적Das Wunder von Bern〉(죙케 보르트만,
2003) 〈포 미니츠Vier Minuten〉(크리스 크라우스, 2006), 〈더 리더: 책 읽어주
는 남자Der Vorleser〉(스테펀 달드리, 2008) 등 주로 전후시기를 배경으로 하
는 많은 영화들이 있다. 또한 이 책은 독일 영화를 다루기 때문에, 독일의 제작
사가 공동제작한 작품이더라도 감독이 독일어권 출신이 아니거나, 영화 언어가
독일어가 아닌 영화는 분석의 대상에서 제외했다.(예를 들어, 〈사라의 열쇠Elle
S'appelait Sarah〉(2010), 〈나의 독일인 친구El amigo aleman〉(2012) 등이 여기에
해당한다.)

종전 후 독일을 분할 통치한 미국, 영국, 프랑스, 소련은 독일 국민의 재교육과 탈나치화를 위한 도구로 홀로코스트의 참상을 널리 알리기로 결정한다. 여기에서 중요한 역할을 한 것은 특히 다큐멘터리 영화다. 마치 짐짝처럼 좁은 화물열차로 수용소까지 이송되는 유대인, 산처럼 쌓인 주인 없는 외투, 신발, 여행가방, 버려진 물건처럼 쌓여 있는, 포크레인이 구덩이에 몰아 놓는 시체, 좁은 침상에서 퀭한 눈으로 카메라를 바라보는 수감자 등 다큐멘터리 영화를 통해서 전달된 참혹한 이미지들은 이후 홀로코스트를 대표하는 이미지로 자리 잡았다. 당시 대표적인 다큐멘터리 영화로 미국이 제작한 〈죽음의 공장Death Mills〉(하누쉬 버거Hanuš Berger, 1945)을 들 수 있다. 연합군은 이런 영화가 제공하는 끔찍한 이미지가 독일인들에게 일종의 충격요법으로서 반성의 계기로 작용하기를 바랐다. 또한, 1945년부터 1946년까지 진행된 1차 뉘른베르크 재판에서 수용소의 광경을 담은 영화와 사진이 증거자료로 제시되면서 홀로코스트는 나치 정권의 만행을 증명하는 역사적 사건으로 간주되었다. 하지만 정작 대다수 독일인들은 홀로코스트에 대해서 큰 관심을 보이지 않았다. 승전국에 의해서 강요된 과거 청산과 반성에 대한 반발심과 더불어, 패전의 상흔을 안고 물질적인 곤경 속에서 살아가야 하는 현실에서 독일인들의 적극적인 반성이나 통찰을 기대하기는 어려웠다. 오히려 다큐멘터리 영화의 잔인한 홀로코스트 이미지는 독일인들에게 반감과 거부감을 불러일으켰다.(Corell 2009, 55) 1949년까지 이어진 연합군 4개국 분할 점령 시기에 서방 3개국이 관할하던 영토, 즉 1949년에 서독이 된 지역에서는 홀로코스트에 대한 영화는 거의

제작되지 않았다.[3]

　1950년대의 서독 정부는 경제성장과 서방세계로의 통합을 주요 과제로 삼았으며, 성공적으로 이 과제를 수행했다. 경제적으로는 소위 말하는 "라인강의 기적Wirtschaftswunder"의 시기였고, 서독은 1955년 나토에 가입하는 등 미국을 중심으로 한 서방세계의 일원으로 인정받는다. 당시의 비정치적인 분위기 속에서 프랑스에서 제작된 다큐멘터리 영화 〈밤과 안개Nuit et brouillard〉(알랭 르네Alain Resnais, 프랑스 1956)는 독일인을 비롯한 많은 사람들에게 홀로코스트의 참상을 일깨웠다. 아우슈비츠에서 1940년대에 찍은 자료 사진과 현재 아우슈비츠의 모습을 각각 흑백과 컬러로 담은 이 영화는 32분의 상영시간 동안 편집, 음악, 해설자 코멘트 등 다양한 미적 방법을 통해서 관객에게 아우슈비츠의 비극을 잊지 말 것을 호소한다.[4] 칸 영화제 출품이 확정되었던 이 영화는 독일인에 대한 증오심을 불러일으킬 수 있다는 독일 정부의 항의로 상영이 취소되기도 한다. 이 영화는 다큐멘터리 영화지만 홀로코스트의 참상을 뉴스처럼 그대로 보여주는 것이 아니라, 비극적 장소의 의미를

3　1945년부터 4년간 영화 제작을 비롯한 문화 정책은 각 점령국 사령부의 관할 하에 진행되었다. 미국 점령지역에서는 〈긴 길Lang ist der Weg〉(1947)과 〈그림자 속 결혼Ehe im Schatten〉(1947) 정도가 홀로코스트를 다룬 영화로 간주된다. 반면, 소련 점령 지역과 동독에서는 상대적으로 많은 수의 영화가 홀로코스트를 다룬다. 대표적인 영화로 〈우리 중에 살인자가 있다Die Mörder sind unter uns〉(1946), 〈신들의 창고Der Rat der Götter〉(1949), 〈재판이 연기되다Der Prozeß wird vertagt〉(1958), 〈늑대 가운데 벌거 벗은Nackt unter Wölfen〉(1963), 〈거짓말장이 야콥Jakob der Lügner〉(1963) 등이 있다.

4　아우슈비츠 절멸 수용소에서는 1942년 1월부터 1944년 11월까지 최소 백십만 명의 유대인이 살해된 것으로 추산된다. 이는 홀로코스트가 일어난 단일 절멸 수용소 중에서 최대 인원이다.(Benz 2018, 107)

여러 영화기법을 통해서 상기시킨다는 점에서 홀로코스트 영화의 새로운 유형으로 간주된다.

　서방세계에서 홀로코스트에 대한 대중적 관심을 불러일으킨 대표적인 작품으로 미국 텔레비전방송국 NBC에서 제작, 방영한 4부작 미니 시리즈 〈홀로코스트Holocaust〉(감독: 마빈 촘스키Marvin J. Chomsky, 미국 1978)를 꼽는 것은 학계의 일치된 견해다. 4편으로 구성되고 총 475분 분량인 이 시리즈는 가상의 유대인 가족인 바이스 가의 이야기를 중심으로 1935년부터 1945년까지의 독일 유대인 박해의 역사를 재현한다. 이 영화는 미국에서 상영한 다음 해인 1979년 독일에서도 방송되었다. 4부작 중에서 한 편이라도 본 독일인은 이천만 명에 이르렀는데, 이는 대략 독일 성인의 절반에 해당했다.(Kaes 1987, 38) 이전까지 홀로코스트가 주로 다큐멘터리 영화를 통해서 다루어진 데 비해서, 〈홀로코스트〉는 가상의 인물을 주인공으로 하는 픽션이라는 점에서 큰 차이가 있다. 기존의 다큐멘터리와는 달리 이 드라마는 많은 시청자들로부터 적극적인 반응을 유도했으며, 이후 독일 대중이 홀로코스트를 기억하고 이와 대면하는 데 결정적인 역할을 한 것으로 평가받는다. 유대인 가족에게 감정이입을 유도하는 멜로드라마적 이야기는 그동안 가해자로 간주되어 온 독일인 역시 유대인의 입장에 서서 가해자를 단죄하는 정서적 효과를 가져왔다. 현재 나치에 의한 유대인 학살을 홀로코스트라는 명칭으로 부르는 것 역시 이 미니 시리즈가 미친 영향으로 볼 수 있다.

　반면, 클로드 란즈만Claude Lanzmann 감독의 〈쇼아Shoah〉(프랑스 1985)는 무엇보다 생존자의 증언을 통해서 홀로코스트를 추체험하게 한다는 점에서 새로운 시도로 간주된다. 540분 분량의 이 영화에서 란즈만은 기존의 이미지를 이용해서 홀로코스트를 재현하려는 시도를 단호히 거부한다. 그는 다큐멘터리든 극영화든 이전에 제작된 수용소의 이미지를 사용하지 않는다. 이해 불가능한 사건으로서 홀로코스트는 재현 불가하며, 이를 묘사하는 것은 홀로코스트의 유일무이성을 파괴시킨다는 그의 신념 때문이다.(Wende 2002, 12) 전통적인 재현 이미지를 사용하지 않기 때문에 생겨나는 여백은 관객이 주체적으로 상상불가한 것을 상상하도록 유도하는 역할을 한다. 이 영화에서 아우슈비츠는 중요한 공간적 배경이지만, 영화는 현재 아우슈비츠의 모습과 여기에서 진행되는 생존자의 진술을 중심으로 진행된다.

그렇지만 〈홀로코스트〉가 큰 반향을 불러일으킨 이후에는 〈쇼아〉 식의 다큐멘터리식의 접근방법보다는 픽션의 형식을 활용하는 작품이 다수 선보인다. 시각보다 청각을 더 중요하게 다루는 〈쇼아〉가 비판적이며 주체적인 관객을 전제로 하는 반면, 픽션 영화는 관객이 홀로코스트를 감정이입을 통해서 추체험하는 방식을 사용하고, 사실적인 연출을 통해서 영화를 통해서 보는 것이 마치 실제인 것 같은 진정성을 전달하고자 한다. 대표적인 영화로 스티븐 스필버그Steveb Spielberg의 〈쉰들러 리스트Schindler's List〉(미국 1993)를 들 수 있다. 이 영화는 진정성을 연출하기 위해서 다양한 기법을 사용한다. 흔들리는 핸드 카메라로 다큐멘터리와 같은 효과를 유도해서 긴박감을 조성하며, 수용소에서 벌어지는 사건은 흑백 필름으로 촬영했다. 또한 시간과 공간을 자막을 통해서 제시해서 영화 속 사건이 실제로 일어난 일임을 강조한다. 쉰들러의 유대인 구출 사건 역시 실제로 일어났던 일을 기반으로 하고 있으며, 폴란드 현지 촬영을 통해서 사실감을 부여한다. 내용 면에서 이전의 홀로코스트 영화와 다른 점은 학살이 아니라 구출과 생존을 중심으로 이야기가 전개된다는 점에 있다. 관객은 유대인들을 구하는 쉰들러에 집중하면서 참혹한 현실 속에서도 선한 인간성이 승리하는 긍정적 메시지를 얻게 된다.

사실적인 재현이 우세한 분위기 속에서 이전에는 볼 수 없었던 새로운 유형의 홀로코스트 영화가 1990년대 후반에 주목을 끌었다. 사실적 영화를 통한 추체험이 관객들에게 익숙하고 더 나아가 식상하게 다가오던 시점에서 로베르토 베니니Roberto Benigni의 〈인생은 아름다워La vita è bella〉(이탈리아 1997)와 라두 미하일레아누Radu Mihăileanu의 〈생명의 기차Train de vie〉(프랑스, 벨기에 1998)를 통해서 "홀로코스트 코미디"라는 새로운 장르가 등장한다. 〈인생은 아름다워〉의 주인공 귀도는 유대인으로, 아들과 함께 수용소에 수감되지만, 아들에게 그곳에서 벌어지는 일이 일종의 게임이라고 속임으로써, 아들을 비극적 현실로부터 보호하려고 애쓴다. 이 영화 전반부는 귀도와 그의 부인의 사랑 이야기를 중심으로 멜로드라마적으로 진행되고, 후반부는 수용소를 배경으로 한 코미디풍의 영화로 분위기가 전환된다. 〈생명의 기차〉는 강제 수용소 이주를 앞두고 한 마을에 사는 유대인들이 기차를 구입하고 스스로 이송되는 것처럼 꾸며서 나치의 추적으로부터 도주하는 이야기를 담고 있다. 마을의 바보로 간주되던 슐로모의 제안에서 시작된 여정은 나치의 눈을 피해 아슬아슬한 위기를 넘긴다. 마지막에는 나치군으로 위장해서 기차를 탈취하려는 집시족을 만나서 유대인과 집시족은 함께 피난처를 향해 달린다. 홀로코스트라는 비극을 희극적으로 표현해도 되는가에 대한 윤리적 논쟁을 불러일으킨 이들 영화는 홀로코스트를 충실하게 재현하는 것이 불가능하다는 전제에서 출발한다. 영화의 주인공들은 순진무구한 인물로 비극적 현실에 대항해서 자신만의 상상의 세계를 구축한다. 이들의 행위는 참혹한 현실을 거부하는 저항을 담고 있다. 〈인생은 아름다워〉의 귀도는 수용소가 해방되기 직전에 사망하고, 〈생명의 기차〉에서는 모든 이야기가 수용소에 수감된 슐로모의 상상이었음을 알리면서 끝난다. 이런 비극적인 요소는 이들 영화가 완벽한 코미디가 아니라는 점을 보여주면서, 관객으로 하여금 현실화되지 못한 희망을 생각해 보게 한다. 두 영화의 성공은 이제 홀로코스트를 가상의 이야기를 통해서 재현할 수 있으며, 더 나아가 "공포와 희극이 혼재한 동화"(Distelmeyer 2000)로도 연출할 수 있다는 대중의 인정을 의미한다.

독일에서는 1990년대 중반 이후 홀로코스트와 반유대주의에 대한 영화가 집중적으로 선보이기 시작한다. 왜 이 시기부터 그동안 민감한 주제로 간주되어 온 홀로코스트를 독일 영화계가 적극적으로 다루기 시작했는지에 대해서는 다양한 해석이 있다. 첫 번째, 베르크한은 이런 현상이 1990년 이루어진 동서독 통일과 밀접한 관련이 있다고 파악한다. 홀로코스트는 40년이라는 동서 분단의 세월 동안 양 독일에서 유일하게 공통적으로 기억한 트라우마적 사건이기 때문이다.(Berghahn 2006, 87) 따라서 홀로코스트는 통일된 독일의 정체성을 구성하는 데 중요한 역할을 담당한다. 통일 직후인 1990년대에 제작된 대표적인 홀로코스트 영화로는 미하엘 페어회펜Michael Verhoeven의 〈억척어멈Mutter Courage〉(1995), 요셉 필스마이어Joseph Vilsmaier의 〈코미디언 하모니스트Comedian Harmonists〉(1998), 다니 레비Dani Levi의 〈지라프Meschugge〉(1998), 롤프 쉬벨Rolf Schübel의 〈글루미 선데이Gloomy Sunday〉(1999), 막스 페어

버뵉Max Färberböck의 〈에이미와 야구아Aimée und Jaguar〉(1999) 등이 있다. 두 번째, 홀로코스트가 자행된 나치 시대를 배경으로 한 영화의 붐에는 영화감독과 관객 모두 그 시대를 실제로 경험하지 않은 세대라는 점도 기여한다. 젊은 세대는 나치 역사에 대한 이전 세대의 진지하고 엄숙한 접근방식으로부터 상대적으로 자유롭다. 이들에게는 대중적 극영화가 과거를 보다 직접적이며 용이하게 경험할 수 있다는 장점을 제공한다.(Cooke/Homewood 2011, 10) 세 번째, 유대인 희생자에게 감정이입을 하는 것이 용이해졌다. 대중영화는 관객이 주인공에게 적절히 감정이입을 하도록 서사를 진행하는 것이 일반적이다. 대부분의 홀로코스트 영화의 주인공인 유대인은 이제는 더 이상 보호 받지 못하는 약자가 아니라, 국제적으로 막강한 영향력을 행사하는 강자로 간주된다. 지금 고통 받고 있는 희생자에게 감정 이입을 하는 것은 관객에게 더 많은 도덕적, 정치적 개입을 요구한다. 이제 유대인은 관객에게 이런 부담을 주지 않는 집단이 된 것이다.(Goldberg 2009, 234) 네 번째, 16년간 보수당 집권을 끝내고 1998년에 독일 정치사에서 처음으로 등장한 사민당과 녹색당의 연정, 즉 적녹 연정은 예전에는 수정주의로 비판받던 역사인식을 공개적으로 주장한다. 수상인 게하르트 슈뢰더는 독일을 "정상 국가normal state", 즉 "역사를 의식하지만, 그것에 강박감을 느끼지 않는mindful of its history, but not be obsessed by it" 성숙하고 책임 있는 국가로 언급한다.(Taberner/Cooke 2006, 2) 이런 새로운 역사적 자의식은 2차 세계대전 시기에 독일이 받은 고통 역시 인정하며, 홀로코스트가 단지 독일만의 문제가 아니라 전 유럽에 걸친 반유대주의의 산물이자, 다른 유럽국가의 협력 없이는 불가능한 일로 해석하게 했다. 이런 입장은 2000년 스톡홀름에서 열린 국제 홀로코스트 포럼International Forum on the Holocaust에서도 확인되었다.(Evans 2013, 243) 이런 국내외의 인식 변화는 독일 미디어가 홀로코스트를 다루는 데 따르는 부담을 덜어주었다. 다섯 번째, 독일영화계에서 나치 시대를 비판적으로 그려내는 것이 공적 영화진흥기금을 확보하는 데 용이하고 안전한 접근 방법이 되었다는 라이너 간제라Rainer Gansera의 지적도 설득력이 있다.(Gansera 2010) 이 책의 1.4 장에서 본 것처럼 독일에서 대부분의 영화는 영화진흥제도를 활용하지 않으면 제작이 불가능한데, 과거사에 비판적인 영화는 제작 및 배급, 그리고 이후 관객 수용의 측면에서 어느 정도 예측 가능하다는 암묵적 합의가 영화계에 존재한다.

다음에서는 2000년대에 제작된 독일 홀로코스트 영화를 네 가지로 분류해서 구체적인 특징을 다룬다. 첫 번째 부류는 수용소를 중심으로 홀로코스트를 재현한 영화들이다. 두 번째는 홀로코스트가 일어나던 시기에 수용소 밖에서 벌어진 반유대주의를 다룬 영화들로, 유대인 그리고/또는 독일인이 주인공으로 등장한다. 세 번째 부류의 영화는 나치가 패망한 후 홀로코스트를 역사적 사건으로 대면하게 된 독일인들의 이야기를 다룬다. 마지막은 21세기를 살아가는 유대인과 독일인 홀로코스트 3세대가 주인공으로 등장하며, 이들을 통해서 홀로코스트의 현재적 의미를 묻는 영화다. 네 부류에 속하는 13편의 극영화를 분석하면서, 이들 영화의 서사적 특징과 홀로코스트에 접근하는 방식을 중점적으로 살펴본다.

3.1. 홀로코스트의 재현

〈마지막 기차〉(2006), 〈카운터페이터〉(2007),
〈8월의 안개〉(2016)

이 장에서는 2차 세계대전 시기에 벌어진 홀로코스트를 서사의 핵심적 사건으로 하는 세 편을 다룬다. 여기에서 주인공은 기차를 타고 절멸수용소(Vernichtungslager)로 이동하거나(〈마지막 기차〉), 수감자로 강제수용소(Konzentrationslager)나(〈카운터페이터〉) 정신병원에서(〈8월의 안개〉) 생활한다.[5] 이 영화들은 홀로코스트와 관련된 역사적 사실을 바탕으로 제작되었으며 진정성 있는 충실한 재현에 큰 가치를 부여하지만 동시에 허구의 요소를 담고 있는 극영화이기 때문에, 연출의 사실성과 서사의 허구성은 영화 안에서 긴장을 불러일으킨다. 이 문제는 특히 〈쉰들러 리스트〉 이후 활발한 논쟁의 대상이 되어 왔으며, 사실적 재현을 기반으로 하는 홀로코스트 영화를 평가할 때 집중적으로 제기되고 있다. 수용소의 현실은 다큐멘터리를 포함해서 이미 수많은 영화를 통해서 재현된 바 있다. 2000년대에도 이를 다루는 영화는 어떻게 이 소재에 접근하는지 살펴본다.

---

5 일반적으로 나치시대의 수용소는 강제수용소와 절멸수용소로 구분한다. 강제수용소(Konzentrationslager)는 1933년 나치의 집권과 함께 건설되어서, 수감자들에게 열악한 환경에서 강제 노역을 시키며 "노동을 통한 죽음(Vernichtung durch Arbeit)"을 유도했다. 반면 수감자들을 체계적으로 살해할 목적으로 세워진 절멸수용소(Vernichtungslager)는 1942년부터 본격적으로 운영되었다. 나치는 강제수용소의 존재에 대해서는 집권 초기부터 공개적으로 인정했으나, 절멸수용소에 대해서는 엄격하게 비밀로 유지했다.

3.1.1. 〈마지막 기차〉

원제　　　: Der letzte Zug
감독　　　: 요제프 필스마이어Joseph Vilsmaier, 다나 바브로바Dana Vávrová
시나리오 : 슈테판 글란츠Stephen Glantz, 아르투어 브라우너Artur Brauner
카메라　　: 요제프 필스마이어Joseph Vilsmaier
편집　　　: 울리 쇤Uli Schön
음악　　　: 크리스티안 하이네Christian Heyne
주연　　　: 게데온 부르크하르트(헨리 노이만 역), 랄레 튀르칸 야바스Lale Türkan
　　　　　 Yavas(레아 노이만 역), 레나 바이어링Lena Beyerling(니나 노이만 역),
　　　　　 유라이 쿠쿠라Juraj Kukura(프리드리히 박사 역), 시벨 케킬리Sibel
　　　　　 Kekilli(루트 질버만 역), 로만 로트Roman Roth(알베르트 로젠 역)
제작사　　: CCC Filmkunst GmbH(Berlin)
개봉연도 : 2006
상영시간 : 123분

　〈마지막 기차〉는 1943년 4월에 있었던 베를린 거주 유대인들
의 마지막 수용소 이송을 다루고 있다. 이 시기에 총 688명의 유
대계 성인 남녀와 아이들이 아우슈비츠로 이송되었다는 것은 역
사적 사실로 간주된다. 하지만 영화의 줄거리는 픽션이며, 인물들
은 영화를 위해 새롭게 창작되었다. 영화는 마지막 기차 중에서
한 차량에서 벌어지는 사건들에 집중하면서, 관객들에게 기차에
갇혀서 이송되는 인물들의 고통에 공감하도록 유도한다. 반면, 이
송과 관련된 역사적 사실은 거의 다루어지지 않으며, 다루어지는
몇 가지 사실 역시 논쟁의 대상이 되었다.
　〈마지막 기차〉는 아르투어 브라우너(1918~2019)가 제작하고,
부부인 요제프 필스마이어와 다나 바브로바가 함께 감독했다. 폴
란드계 유대인으로 소련에서 숨어서 홀로코스트를 피할 수 있었

던 제작자 브라우너는 이미 1948년에 〈모리투리Morituri〉를 제작해서, 독일영화사에서 처음으로 극영화의 형식으로 홀로코스트를 다룬 바 있다. 이후에도 나치 시대와 관련된 영화를 다수 제작한 그는 〈마지막 기차〉에서 슈테폰 글란츠와 함께 시나리오를 쓰고, 영화의 감독으로 필스마이어를 낙점한다. 필스마이너는 이미 〈스탈린그라드Stalingrad〉(1993), 〈코미디안 하모니스트Comedian Harmonists〉(1997) 등 나치 시대를 배경으로 여러 영화를 제작한 바 있는 흥행감독이다. 영화 촬영 과정에서 병을 얻은 그는 배우 출신의 부인 바브로바와 함께 영화를 완성한다.

영화는 마지막 기차를 타고 아우슈비츠로 간 희생자들을 기리는 추모비를 현재 시점에서 보여주면서 시작한다. 바로 이어서 1943년의 과거로 간 영화는 히틀러의 생일을 맞이해서 유대인이 없는 베를린을 선물하겠다는 나치 관료가 언급하는 장면을 보여주고, 한밤중에 유대인들을 집에서 체포하는 장면으로 이어간다. 폭력적으로 가정집에 들어가는 게슈타포, 당황하고 절망하는 유대인, 역까지 강압적인 이송과 그 과정에서 생기는 희생자 등. 영화는 이미 많은 홀로코스트 영화를 통해서 널리 알려진 인물 이미지를 활용한다. 본격적인 이송을 앞두고 영화는 주요 인물을 제시하고, 이후 이들을 통해서 홀로코스트의 비극을 보여준다. 영화의 주요 인물은 두 아이의 부모인 노이만 부부(레아와 헨리), 연인 사이인 루트 질버만과 알베르트 로젠, 노부부인 가브리엘레 헬만과 야콥 노쉭이다. 좁은 열차칸에서 벌어지는 이야기가 상영시간의 대부분을 구성하는 이 영화에서 이들 인물은 서사를 진행하는 데 핵심적인 역할을 담당한다. 열차를 타기 전 기차역에서 유대인들이 모여 있는 도입부에서는 주요인물 중 한 명인 알베르트 로젠이

헨리 노이만을 비롯한 젊은 남성들과 접촉하면서 자신이 끌과 도
끼를 가지고 있다는 사실을 밝히고, 앞으로 있을 탈출 시도에 협
조를 요청하는 장면이 나온다. 이로써 이후 영화의 진행에서 비인
간적인 조건 속에서 고통받는 유대인들의 모습 이외에 탈출을 위
해서 위험한 수단을 동원하는 인물들의 행위가 중요하게 다루어
질 것이라는 암시를 관객에게 제공한다. 또한 도입부에서는 이송
에 저항하는 유대인들뿐만 아니라, 이들을 아우슈비츠를 보내려
는 나치 친위대(SS)[6] 대원들도 등장한다. 수송 책임을 지고 있는
젊은 SS 장교는 히틀러에게 맹목적인 충성심을 보여주며, 다른 간
부는 승차를 거부하는 여인을 사살한다. 선하고 힘없는 유대인과
악하고 강한 나치의 선명한 구분은 기존의 익숙한 스테레오타입
을 반영한 것으로, 이 영화에서 이 스테레오타입은 유지되고 강화
된다. 특히 친위대 장교의 모습은 비열한 나치라는 일반적 이미지
를 벗어나지 않는다. 그는 굶주리는 유대인들에게 아무런 동정심
을 느끼지 않는다. 열차 안에서 첫 번째 탈출 시도가 있은 직후에
이 장교는 어린 니나를 사탕으로 유혹하면서, 어디에 탈출 장비를
숨겼는지 말하도록 유도한다. 니나는 이 유혹에 넘어가지 않음으
로써 어린 나이에도 불구하고 비열한 나치와 분명히 구분되는 도
덕적 승자가 된다. 영화는 기본적으로 재난 영화의 서사를 따라
간다. 관객이 동일시할 수 있는 소수의 영웅적 인물들은 같은 열
차에 탄, 이름 없는 군중을 대표해서 저항과 구원을 위해 행동한

---

6 나치 친위대(Schutzstaffel: SS로 불림)는 나치 정당인 국가사회주의노동자당
(NSDAP)의 하위 조직으로, 나치 정권기에 경찰을 대신했으며, 유대인의 이송
과 홀로코스트를 담당했다. 나치 정권 후기에는 무장 친위대(Waffen-SS)를 조
직해서, 독일 정규군과 함께 전쟁에도 참여했다.

다.(Heinzelmann 2006)

영화는 많은 이송자들이 한 칸의 좁은 기차 안에서 보내는 엿
새의 시간을 집중적으로 보여준다. 한 통의 물을 제외하고는 마
실 것도, 먹을 것도 없는 사람들은 점차 절망에 빠진다. 이제 카메
라가 기차 외부를 보여주는 것은 두 가지 경우뿐이다. 하나는 주
요 인물들의 회상신이다. 노이만의 어린 딸이 발레를 배우는 장면,
노이만 부부가 처음 만나서 사랑하게 되는 장면, 자신은 유대인
이 아님에도 남편을 떠나지 않는 가브리엘레 헬만을 보여주는 장
면 등 회상신은 기차 안의 현실과 대비되는 행복한 날들을 제시한
다.(도판 47, 48) 주로 밝은 조명과 함께 실외에서 촬영된 회상 장

도판 47. 〈마지막 기차〉

도판 48. 〈마지막 기차〉

면들은 한편으로 시간이 지날수록 점점 더 피폐해지는 사람들의 외모 및 심리와 대비되어 수송의 비참함을 더욱 강조한다. 하지만 회상신은 다른 한편으로 과연 수송 이전의 유대인들의 삶이 나치 시기임에도 불구하고 이렇게 일관되게 밝고 긍정적일 수 있었는지에 대한 의구심을 불러일으키는 것도 사실이다.

기차 밖에서 벌어지는 또 다른 장면은 기차가 정차해 있을 때 기차 밖에서 일어나는 에피소드들로 구성된다. 기차가 정차하면 물과 먹을 것을 필요로 하는 수송자들의 외침이 외부를 향한다. 이때 외부의 반응을 통해서 영화는 당대의 시대상을 반영한다. 대부분의 독일인들은 이들의 모습을 외면한다. 하지만 기차 밖에서 일어나는 에피소드 중에는 독일군 병사들이 수송을 책임지고 있는 친위대 장교의 반대에도 불구하고 유대인들에게 빵을 건네주는 장면도 있다. 이 장면을 통해서 영화는 히틀러를 맹목적으로 추종하는 나치 친위대와 독일군의 차이를 강조한다.(Heinzelmann 2006) 그럼에도 인간적인 독일군의 모습을 통해서 전달하고자 하는 메시지는 모호하다. 독일인들, 심지어 전쟁에 적극적으로 참여한 독일 군인이라고 해도 모두가 나쁜 사람은 아니었다는 것을 말하고 싶은 것일까? 긍정적인 독일군의 모습은 독일 관객들에게 도덕적 가책을 덜어주려는 장치로 보인다. 영화는 독일군 역시 나치에 이용당한 집단이라는 오래된 신화를 반영하고 있다.[7]

---

7 무고한 독일 정규군이라는 신화는 이미 1950년대 흥행 영화에서 토포스로 등장한다. 대표적인 영화로 친절한 독일 군의관이 주인공으로 나오는 〈스탈린그라드의 의사Der Arzt von Stalingarad〉(1958), 독일군이 희생자로 나오는 〈08/15〉(1954), 〈최후의 전선Hunde, wollt ihr ewig leben?〉(1959)을 꼽을 수 있다. 국제적으로 반전영화로 주목을 받은 〈다리Die Brücke〉(1959) 역시 순진한 청소년들이 나치 이데올로기에 빠져서 무고한 죽음을 당하는 이야기를 담고 있

영화의 대부분 장면이 기차 안에서 이루어지며, 카메라가 이송 중인 유대인들 사이에 위치하고 있기 때문에 숏은 대개 클로즈업이나 미디움 클로즈업이며, 이를 통해 고통 받는 이들의 표정을 강조한다. 시간이 지날수록 이들의 외모와 복장은 다른 이미지를 통해서 알고 있는 수용소의 수감자의 그것과 큰 차이가 없어진다. 또한 헨리와 레아의 어린 아기가 결국 죽고 정신이 나간 레아가 죽은 아이를 계속해서 품에 안고 있는 장면, 반쯤 정신이 나간 상태에서 마치 짐승처럼 바닥에 떨어진 물을 핥는 장면, 한 여인이 아이에게 수유를 하기 위해서 오줌까지 마시다가 결국 절망 속에서 자신의 아이를 살해하는 장면 등은 관객을 보고 있기 힘든 한계까지 몰아간다.

영화가 도입부에서 암시한 탈출 가능성은 영화의 종반부에서 본격적으로 다루어진다. 객차의 옆으로 난 창살을 뚫고 탈출하려는 시도가 중반에 실패한 후, 헨리와 알베르트는 공구를 이용해서 바닥에 구멍을 뚫는다. 처음에는 이런 시도 자체를 반대하는 사람들이 많았지만, 결국 가녀린 몸매의 루트와 어린 니나가 탈출할 만큼의 공간이 마련된다. 영화는 역경을 극복하고 구원을 향해서 스스로 노력하는 유대인들의 모습을 통해서 비극적 상황 속에서도 존재하는 한 줄기 희망을 강조한다. 사람들이 점점 지쳐가고, 더 이상 타인에 대한 배려를 기대할 수 없는 상황 속에서 헨리와 알베르트는 인간적 위대함을 보여준다. 결국 루트와 니나는 폴란드 레지스탕스의 도움까지 받아서 탈출에 성공한다. 물론 이런 식의 탈출은 역사적으로 검증되지 않은 사실이라는 점은 지적되어

다.(Brockmann 2010, 290)

야 한다.(Jacoby 2006)

　　두 사람의 탈출이 성공한 후 얼마 지나지 않아서 기차는 아우슈비츠에 도착한다. 기차에서 이미 사망한 사람들을 뒤로하고, 남은 사람들은 기차에서 하차한다. 기차에서 계속해서 낙관적인 말과 태도로 주변 사람들에게 웃음과 희망을 포기하지 않도록 독려했던 노인 노쉭은 하차하기 직전 부인을 잃는다. 제정신이 아닌 상태에서 그는 기차의 난간에 서서 베토벤의 교향곡 9번 중에서 쉴러Schiller의 시에 멜로디를 붙인 〈환희의 송가〉를 부른다. 그가 총에 맞아 죽기 전에 마지막으로 부른 소절은 "형제여, 많은 별들 위에는 사랑하는 아버지가 살고 계심이 틀림없다."이다. 노래를 부르는 노쉭의 앞에는 소각장에서 날려 온 재가 눈처럼 휘날린다.

도판 49. 〈마지막 기차〉

도판 50. 〈마지막 기차〉

죽음의 수용소에 도착한 냉혹한 현실 앞에서 신에 대한 믿음을 노래하는 노쉭의 캐릭터는 전체 이야기가 가지고 있는 비극성을 강화한다.(도판 49, 50) 베토벤의 9번 교향곡은 1937년과 1942년 히틀러의 생일 때 연주된 것으로도 유명하다.(Prager 2011, 81) 히틀러가 즐겼던 곡을 죽음을 앞둔 노쉭이 부르면서, 감독은 이 곡이 가진 원래의 인본적인 성격을 상기시킨다.

살아남은 니나는 부모님을 생각하면서 숲에서 혼자 유대교의 기도문을 읊는다. 신에 대한 믿음을 고백하는 니나의 기도문은 역시 노쉭의 노래처럼 강한 인상을 남긴다. 마지막으로 영화는 영화가 개봉하기 일 년 전인 2005년에 설치된 베를린 홀로코스트 기념비의 모습을 다양한 숏을 통해서 보여준다. 과거와 현재의 연관성을 보여주는 장치이다.

〈마지막 기차〉는 홀로코스트를 사실적으로 재현한 영화로서, 현대의 관객들이 당시 유대인들이 겪은 정신적, 육체적 고통을 추체험하는 것을 목적으로 제작되었다. 그렇지만 사건의 비극성 때문에 지나치게 어두운 영화가 되지 않기 위해서, 탈출과 구원의 가능성을 서사적으로 제시한다. 즉, 한편으로는 홀로코스트의 비극을 역사적 고증을 기반으로 사실적으로 재현하되, 다른 한편으로는 강하고 긍정적인 인물들을 배치해서 비극적 상황 속에서 희망을 잃지 않는 인간성을 보여주고자 했다. 하지만 실제 1943년 마지막 이송 중에 이런 희망적인 해석을 가능하게 하는 사건에 대해서는 알려진 바 없다. 이런 점에서 이 영화는 역사적 사실보다는 감성적 호소를 더 중요하게 여긴 것으로 판단할 수 있다. 감성에 대한 호소가 보다 많은 관객을 확보하려는 의도와 밀접하게 연관되어 있다는 것도 부정할 수 없는 사실이다.

3.1.2. 〈카운터페이터〉[8]

원제   : Die Fälscher
감독   : 슈테판 루초비츠키Stefan Ruzowitzky
시나리오 : 슈테판 루초비츠키Stefan Ruzowitzky
카메라   : 베네딕트 노이엔펠스Benedict Neuenfels
편집   : 브리타 날러Britta Nahler
음악   : 마리우스 룰란트Marius Ruhland
주연   : 칼 마르코비치Karl Markovics(살로몬 소로비치 역), 아우구스트
            딜August Diehl(아돌프 부르거 역), 데비드 슈트리조Devid
            Striesow(SS 프리드리히 헤어조크 역), 아우구스트 지르너August
            Zirner(클링어 박사 역)
제작사   : Aichholzer Filmproduktion(Wien), Magnolia Filmproduktion
            GmbH(Hamburg)
개봉연도 : 2007
상영시간 : 98분

1961년 오스트리아 빈에서 태어난 슈테판 루초비츠키 감독은 다양한 장르의 영화를 자신의 개성을 가미해서 성공적으로 가공하는 감독으로 유명하다. 그는 성장기 영화(〈Tempo〉 1996), 향토 영화(〈Die Siebtelbauern〉 1998), 호러 영화(〈Anatomie 1, 2〉 2000, 2003)에 이어서 2007년에는 〈카운터페이터Die Fälscher〉로 홀로코스트를 소재로 한 역사영화까지 장르 영역을 확장한다. 2007년 제80회 베를린 영화제 경쟁부문에 출품되어 초연된 이 오스트리아-독일 합작영화는 2008년에 아카데미 영화제 외국어 영화상을 수상하면서 다시 주목을 받는다. 이 영화에서 루초비츠키는 감독뿐

---

8   한국 개봉 제목인 〈카운터페이터〉는 독일어 원제를 영어로 번역한 것으로, "위조자"라는 뜻이다. 영어 제목은 독일 제목처럼 복수형을 사용했지만("conterfeiters"), 한국어 제목은 단수로 옮겼다.

아니라 각본도 담당했는데, 초반 자막을 통해서 이 영화가 아돌프 부르거Adolf Burger(1917~2016)의 체험기인 〈악마의 작업장Des Teufels Werkstatt〉(1999)을 토대로 자유롭게 각색한 영화라는 것을 밝히고 있다. 부르거는 영화 〈카운터페이터〉에서도 주요 인물 중 한 명으로 등장하지만, 이 영화의 주인공은 "베를린의 위조왕"이라 불렸던 살로몬 소로비치다. 소로비치를 중심으로 일군의 유대인들은 나치를 위해서 서류와 화폐를 위조하는 임무를 맡는다. 나치는 화가, 은행원, 인쇄공, 사진사, 위조범으로 활동했던 유대인들을 작센하우젠 수용소로 모은다. 이들이 대량으로 위조한 파운드화와 달러화를 이용해서 연합국의 경제를 불안정하게 만드는 것이 나치의 목표다. 이 영화의 특별한 점은 굶주리고 학대받는 유대인이 아니라, 나치에 협력하면서 기본적으로 안락한 생활을 하는, 회색지대의 유대인을 주인공으로 하고 있다는 점이다. 물론 그렇다고 이들의 생존이 보장된 것은 아니다. 거대한 범죄의 성공 여부에 이들의 목숨도 달려 있다. 여기에서 범죄물로서 이 영화의 긴장이 생겨난다.

영화는 2차 세계대전이 끝난 직후, 몬테카를로의 해변에서 호텔로 향하는 허름한 차림의 소로비치의 모습으로 시작한다. 보증금을 요구하는 호텔 직원에게 돈다발을 건네고, 은행의 금고에 거액을 예치한다. 이제 턱시도를 차려입은 그는 카지노에서 쉽게 큰돈을 번다. 여기에서 만난 한 여성과 잠자리를 하다가, 문신을 통해서 그가 강제 수용소 출신이라는 것이 밝혀진다. 관객은 수용소에서 풀려난 그가 어떻게 그렇게 거액을 소유할 수 있는지 의문을 가지게 된다. 소로비치가 1945년 몬테카를로의 레스토랑 테라스에 앉아 혼자 샴페인을 즐기는 장면은 곧이어 1936년 베를린의 한

술집의 모습으로 전환된다. 여기에서 소로비치는 돈과 술을 나누는데 관대한, 매우 인기 있는 인물로 등장한다. 카메라는 주로 그의 뒤쪽 측면에 위치하면서, 원형을 그리며 그와 주변인들의 대화를 경쾌하게 전달한다. 대화 장면을 촬영할 때 전형적으로 사용하는 방법인 오버 더 숄더 숏을 사용하지 않기 때문에, 관객의 입장에서는 소로비치에게 감정이입을 하기보다 그와 주변인들의 유쾌한 상호작용을 관찰하게 된다. 술집의 음악은 전반적으로 밝고 경쾌해서, 나치 집권기임에도 근심 없는 유흥가의 분위기를 강조한다. 그의 집에서 진행되는 다음 시퀀스에서 소로비치는 유대계 레지스탕스로부터 여권 위조를 부탁받지만 사례비가 적다고 거부하기도 한다. 여기까지 1936년 장면을 통해서 관객은 소로비치에 대한 몇 가지 정보를 얻게 된다. 첫 번째, 그는 술집에서 만난 채무자를 위협하면서, "널 봐주면, 내일은 다른 사람이 그렇게 될 거고, 곧 모든 사람이 날 우습게 알겠지. (…) 중요한 건 원칙이야."라고 말한다. 받아야 할 돈의 액수보다 그에게 더 중요한 것은 원칙이다. 아직 이 원칙의 내용은 모호하지만, 이후에 영화가 진행되면서 그가 규정하는 원칙은 매우 중요한 역할을 담당한다. 두 번째, 그는 유대인이지만 유대인으로서의 정체성은 그에게 의미 없는 것으로 보인다. 그는 다른 유대인에게 "유대인이 박해당하는 이유가 뭔지 알아? 유대인들은 적응을 안 하거든."이라고 말한다. 범죄세계에 몸을 담고 있긴 하지만, 그는 독일 사회에 완벽하게 적응하며 성공적인 삶을 살아가는 것에 자부심을 느끼고 있다. 자신의 집에서 한 여인과 잠을 자고, 그녀와 춤을 추며, 그녀의 여권을 위조하는 장면은 탱고 음악과 함께 번갈아 가면서 제시된다. 노동과 놀이의 구분이 없는 그의 삶은 이보다 더 좋을 수 없다. 그렇지만 그는 결국 위조범으로 베를린 경찰에게 체포되고 오스트리아에 있는 마우트하우젠 수용소에 수감된다. 하지만 이곳에서도 그는 곧 완벽하게 적응한다. 카포를 협박해서 자신을 건드리지 못하게 한 후, 그림 실력을 이용해서 나치의 선심을 얻는다. 그들을 영웅적인 모습으로 그려내면서 언제든 죽을 수 있는 중노동에서 면제되어 초상화와 벽화를 그리며, 추가로 먹을 것을 제공 받는다. 수용소 생활을 시작한 지 5년이 지난 후, 그는 작센하우젠 수용소로 이송 명령을 받게 되고, 같이 도착한 네 명의 다른 수감자들과 함께 위조화폐를 만드는 "베른하르트 작전"에 추가로 투입된다.

전체 상영시간 98분 중에서 약 19분의 시간이 지난 후 시작되는 소로비치의 "베른하르트 작전" 참여는 영화의 핵심 서사를 구성한다. 소로비치는 이미 작업에 투입되어 일하고 있는 다른 유대인들과 함께 위조화폐를 만든다. 이 작업반은 수용소에서 생활하지만, 다른 수감자들과는 다른 특별대우를 받는다. 이들은 마치 연구소나 실험실같이 잘 정돈된 노동환경에서 일하며, 푹신한 침대와 제대로 된 식사, 그리고 세면장을 제공받는다. 영화는 이제 수용소에서 벌어진 이 특수한 작전에 집중한다. 이제 소로비치가 중요하게 여기는 원칙이 자신의 생존과 동료애라는 것이 드러난다. 위폐를 만들어서 나치의 편에서 전쟁에 기여한다는 것은 그에게는 아무런 도덕적 갈등을 유발하지 않는다. 생존을 위해서라면 무슨 일이라도 한다는 것이 그의 원칙이기 때문이다. 오히려 수감되기 전에는 장비 부족으로 할 수 없었던 위폐의 제조, 특히 달러화를 만들 수 있다는 사실은 그의 성취욕을 자극하는 듯하다. 폭동을 일으키자는 부르거의 제안에 그는 "오늘 총살을 당하느니 내일 가스실로 가겠어. 하루가 어디야?"라고 대답한다. 살아 있는 것에 가치를 부여하는 그로서는 당연한 대답이다. 하지만 그의 또 다른 원칙, 즉 생사고락을 함께 하는 동료를 배반하지 않는다는 원칙은 그에게 딜레마로 작용한다. 여기에서 중요한 역할을 담당하는 인물이 부르거다. 인쇄공이자 공산주의자로 나치에 저항하는 선전물을 만들다가 수감된 부르거는 위조 달러를 만들어서 나치에 협력하는 것을 거부하고, 이로 인해서 베른하르트 작전뿐 아니라 동료들의 목숨까지 위태롭게 만든다. 철저한 분업으로 진행되는 위폐 작업에서 한 명의 사보타주는 나치가 원하는 결과를 만들어내지 못하게 한다. 죽음의 공포를 느끼는 동료들은 부르거를 나치에게 고발하려 하지만, 동료들뿐 아니라 나치 장교인 헤어조크의 신망을 받고 있는 소로비치는 부르거를 배반하는 것을 허락하지 않는다.

작전에 투입된 수감자들이 부르거의 저항을 보면서 죽음의 공포를 느끼는 것은 자연스러운 일이다. 얇은 판자 하나를 사이에 두고 일반 수감자들과 분리되어 있는 이들에게도 죽음은 상존한다. 그들은 소리를 통해서 안전해 보이는 이들의 공간이 완벽하게 자신을 보호하지 못하고 있음을 알고 있다. 샤워실에서 우연히 만난 다른 수감자를 도우려 하다가 그가 총살을 당하는 것을 목격하기도 한다. 영화는 특히 젊은 화가 카를로프를 통해서 수감자들의 심리상태를 효과적으로 전달한다. 그는 처음 샤워실에 도착해서, 그곳이 가스실일 것이라는 생각에 절망에 빠진다. 주변의 다른 동료들은 그럴 리가 없다고 그를 달래지만, 천장에서 물이 나올 때까지 그는 자신이 곧 죽을 것이라는 사실을 의심하지 않는다. 소로치비는 그에게 "이건 그냥 물이야. 물이라고!"라고 외친다. 러시아 출신이지만 돈이 없어서 가족의 죽음을 막지 못하고 독일로 도망쳤던 그가 러시아어를 하는 많지 않은 순간 중 하나다. 소로비치의 동료애와 관련해서 한 가지 중요한 사실은 동료애의 범위다. 그의 동료애는 모든 유대인, 모든 수감자, 또는 베른하르트 작전을 함께 하는 모든 동료에게 해당하는 것이 아니다. 그것은 부르거와 카를로프에만 제한된다. 두 사람은 소로비치와 처음 친해진 인물이다. 카를로프는 작센하우젠으로 이송되는 기차에서 만나 우정을 쌓고, 역시 자신과 함께 나중에 작센하우젠에 합류한 부르거는 처음부터 위조자들에게 제공된 안락함을 포기하는 용기를 보여줌으로써 소로비치로부터 존중을 받는다. 이렇게 소로비치는 동료애를 최소한으로 제한함으로써, 생존이라는 다른 반대되는 원칙과 어느 정도 공존할 수 있게 한다.

소로비치는 생존과 동료애라는 원칙의 충돌을 자신의 방식으로 해결한다. 그는 부르거를 배신하려는 수감자들로부터 그를 보호하는 한편, 마지막 순간에 혼자의 힘으로 달러화 위폐를 완성함으로써 이들을 죽음의 위기에서 구한다. 이렇게 영화는 생존이라는 이기적 목표와 동료애라는 이타적 목표를 동시에 달성하는 소로비치를 통해서 죽음을 눈앞에 둔 위급한 상황 속에서도 자신의 원칙을 지켜가는 그의 모습을 긍정적으로 보여준다. 그렇지만 여기까지 봤을 때, 소로비치가 파운드화의 대량 위조에 이어서 달러화까지 만들어 냄으로써 나치 정권에 기여했다는 씁쓸한 느낌을 관객의 입장에서는 완전히 피할 수 없다. 이를 해결하기 위해서 영화는 후반부에서 소로비치의 변화를 암시한다. 수용소가 해방된 후 자살한 동료를 안고 수용소를 헤매던 소로비치의 모습을 끝으로 회상 장면이 끝나고 영화는 다시 1945년의 몬테카를로로 돌아온다. 동료의 죽음뿐 아니라 작업장 밖의 다른 유대인들의 죽음을

대면하며 망연자실해하는 그의 모습은 이전까지 냉철하고 주도적
으로 행동하던 모습과는 대조적이다.(도판 51, 52) 이를 통해서 영
화는 그가 자신의 작업장 밖의 수용소 현실에 대해서 제대로 알
수 없었던 그의 처지를 옹호한다.

도판 51. 〈카운터페이터〉

도판 52. 〈카운터페이터〉

모든 회상 장면이 끝난 시점에 소로비치는 처음과 달리 일부러
카지노에서 자신의 돈을 모두 탕진한다. 물론 그가 더 이상 돈을
중요하게 여기지 않는 것은 아니다. 잃은 돈을 아쉬워하는 여인에
게 "돈이야 새로 만들면 되지."라고 대답하는 것에도 알 수 있다.
다만 나치에게 협력하면서 위조한 돈을 거부한 것이다. 이 행위는

자신의 과거에 대한 반성으로 읽힌다. 이로써 그는 부르거와 함께 영화의 핵심 인물인 나치 소령 헤어조크와 대조를 이룬다.

1936년에 수사반장으로 베를린에서 소로비치를 체포했던 헤어조크는 작센하우젠에서 나치 소령으로서 베른하르트 작전의 총책임자로 근무한다. 그는 작전의 성공을 위해서 소로비치에게 모든 지원을 아끼지 않는다. 자신의 부하이자 수감자들을 학대하고 살해하는 사디스트적 나치 홀스트와 달리, 헤어조크에게는 유대인에 대한 증오를 찾아볼 수 없으며, 대의명분은 너무나 먼 개념이다. 그는 자신의 지위과 가족의 안위에만 관심이 있다. 이로써 헤어조크는 정확히 부르거와 반대 지점에 위치한다. 독일의 대표적인 연기파 배우인 데비드 슈트리조가 맡은 이 역할은 이전 영화에서는 볼 수 없었던, 기회주의자이자 관리인로서의 나치라는 새로운 유형을 형상화한다. "사람을 쓰레기 취급하면 그들로부터 아무런 성과도 얻지 못해.", "인력관리는 미래에 아주 중요한 주제가 될 거야." 등 나치 장교인 그가 하는 말은 현대 경영자의 그것과 차이가 없다. 공산주의자로 시작해서 수사반장을 거쳐 나치 장교가 된 그는 독일의 패배가 가까워오자, 소로비치를 따로 불러서 자신과 가족의 스위스 위조여권을 부탁한다. 그리고 부대가 철수한 밤에 숨겨놓은 달러 위폐를 가져가기 위해서 작업장에 몰래 들른다. 자신만을 생각하는 그는 위폐를 훔쳐서 사용하는 데 아무 거리낌이 없다. 이런 헤어조크의 태도는 몬테카를로에서 돈을 탕진하는 소로비치와 대조를 이룬다. 이를 통해서 소로비치는 도덕적 승자로 자리매김한다.

〈카운터페이터〉는 유대인 학살을 핵심에 놓은 전형적인 홀로코스트 서사가 아니라, 학살의 중심에서 특권을 누리며 나치에게 협력했던 유대인들에 대해 이야기한다. 그런 점에서 이 영화는 홀로코스트 일반에 대한 영화라기보다는 극한 상황에서도 일관되게 인간적인 선택을 한 한 사기꾼에 대한 영화에 가깝다. 홀로코스트는 이런 극한 상황을 구체화하는 사건으로서 의미를 갖는다. 영화에서 묘사하고 있는 마우트하우젠과 작센하우젠 수용소의 일반 수감자들의 비참한 삶은 과거의 다른 영화를 통해서 익히 알고 있는 것을 다시 확인시켜 준다. 익숙한 비참한 이미지를 반복적으로 보여주는 것은 이 영화의 약점이다. 이는 마치 감독이 홀로코스트를 배경으로 사기꾼 이야기를 하는 것에 부담을 느끼고 있는 것처럼 보이게 한다. 소로비치가 수용소 체험을 통해서 도덕적으로 조금은 더 나은 사람이 된 것 역시 자연스럽기보다는 인위적인 해결책으로 느껴진다. 평론가 죽스란트는 이 영화에서 수용소가 평범한 감옥이 되고, 따라서 〈카운터페이터〉 역시 다양한 수감자 유형과 그들의 관계를 중심으로 한 평범한 감옥 영화가 되어버렸다고 비판한다.(Suchsland 2007) 그의 지적은 홀로코스트의 보편성을 해치지 않으면서 특수한 이야기를 진행하는 것이 얼마나 어려운 일인지에 대해 생각하게 한다.

 홀로코스트의 공간을 배경으로 하지만, 홀로코스트를 도덕적 선택의 배경으로 사용하는 것은 국내외를 막론하고 많은 동시대 홀로코스트 영화에서 나타나는 특징이다. 이는 한편으로 수용소의 비극적 현실을 충실히 재현하는 과거의 (다큐멘터리) 영화에 대한 현대 극영화의 반작용으로 읽히지만, 다른 한편으로는 이제 60년 이상이 지난 시점에서 홀로코스트가 그 자체로는 더 이상 많은 관객의 주목을 끌기 어려워진 현실을 반영한 것으로 보인다.

3.1.3. 〈8월의 안개〉

원제　　 : Nebel im August
감독　　 : 카이 베셀Kai Wessel
시나리오 : 홀거 카스텐 슈미트Holger Karsten Schmidt
카메라　 : 하겐 보그단스키Hagen Bogdanski
편집　　 : 티나 프라이탁Tina Freitag
음악　　 : 마르틴 토트샤로프Martin Todsharow
주연　　 : 이보 피츠커Ivo Pietzcker(에른스트 로사 역), 제바스티안 코흐Sebastian
　　　　　 Koch(발터 파이트하우젠 역), 토마스 슈베르트Thomas Schubert(파울
　　　　　 헤히틀레 역), 프리치 하벌란트Fritzi Haberlandt(소피아 수녀)
제작사　 : Collina Filmproduktion GmbH(München)(Ulrich Limmer
　　　　　 Produktion), Constantin Film Produktion GmbH(München)
개봉연도 : 2016
상영시간 : 126분

　　홀로코스트는 유대인에만 한정된 사건이 아니다. 공산주의
자, 동성애자, 집시 등과 함께 장애인 역시 나치의 대량학살 정책
의 핵심 희생자다. 히틀러는 집권 직후인 1933년 7월에 "유전적 병
이 있는 후손의 보호를 위한 법안(Gesetz zur Verhütung erbkranken
Nachwuchs)"을 통과시켰으며, 그 결과 수십만 명의 장애인들이 불
임 수술을 받았다. 나치의 목표는 인종적으로 순수하고 건강한 아
리안 민족을 만드는 것이었다. 1939년 가을 히틀러는 "병의 상태
를 엄격하게 판단했을 때 치료가 불가능한 환자는 안락사를 보장
할 수 있다."는 내용의 서류를 승인한다. 이 문서는 히틀러가 소수
자에 대한 대량학살을 정당화하며 작성한 것 중에서 유일하게 남
아 있는 문서로 알려져 있다.(Behrendt 2016) 이러한 히틀러의 반
장애인 정책에 따라 전시에 독일에서만 약 20만 명의 신체 및 정

신 장애인들이 안락사를 당한다.[9] 독일이 점령한 지역에서 이루
어진 안락사까지 포함하면 약 30만 명이 목숨을 잃은 것으로 추
산된다. 1939년에 본격화된 안락사 프로그램은 베를린 티어가르
텐거리 4번지에 위치한 빌라에서 히틀러의 주치의였던 칼 브란트
Karl Brandt의 주도로 진행되었다.[10] 신체 장애인뿐 아니라 지역 정신
병원이 치료 가능성이 없다고 판단한 정신병 환자들도 소위 말하
는 살해기관Tötungsanstalt으로 보내져서 살해되었다. 이런 살해기관
은 독일에 여섯 군데가 있었으며 그중에서 헤센 주 하다머Hadamar
에 있는 기관이 가장 악명이 높았다. 그렇지만 안락사 프로그램의
시행이 외부에 알려지면서, 나치 정권은 시민들과 가톨릭 교회의
비판을 받는다. 특히 1941년 8월에 뮌스터 교구의 주교인 폰 갈
렌Von Galen은 공개적으로 반대 의사를 표명한다. 몇 주 후 여섯 군
데 살해기관을 통한 안락사는 중지되지만, 이제는 환자들이 이송
되지 않고 개별 정신병원에서 살해당한다. 또한 이 과정을 통해서
얻은 지식은 후에 유대인 학살을 위한 절멸 수용소 건설과 운영에
사용된다.(Behrendt 2016)

〈8월의 안개〉는 정신병원에 수감된 소년 에른스트 로사의 이
야기를 통해서 나치의 안락사 프로그램을 집중적으로 다룬다. 감
독 카이 베셀(1961~)은 1999년에 12부작 텔레비전 드라마 〈클렘
퍼러 – 독일에서의 삶Klemperer – Ein Leben in Deutschland〉을 통해 나치

9　〈타인의 삶Das Leben der Anderen〉(2005)의 감독으로 유명한 플로리안 헨켈
폰 도너스마르크Florian Henckel von Donnersmarck는 자신의 다른 영화인 〈작
가 미상Werk ohne Autor〉(2018)의 도입부에서 나치의 안락사 정책으로 인한
무고한 인물의 죽음을 다룬다.

10　안락사를 주도한 기관의 주소를 따서 안락사 프로그램을 "T4 작전"이라고 부
른다.

시대 유대인들의 삶을 다룬 바 있다. 2008년에 발간된 동명의 실화소설을 바탕으로 한 〈8월의 안개〉는 원작과는 달리 주인공 소년의 전 생애가 아니라, 그가 정신병원에 이송되어 생을 마감하기까지의 기간인 1944년의 마지막 세 달을 다룬다.(Diekhaus 2016) 에른스트는 13세 소년으로 흔히 집시라고 불리는 예니쉬 족의 아이다. 보부상을 하는 홀아버지를 둔 그는 여러 소년원을 전전하다가 "교육 불가" 판정을 받고 1942년 자가우Sargau[11]의 정신 병원에 수감된다. 이곳에는 주로 어린 나이의 정신병 환자와 신체 장애인들이 수용되어 있다. 에른스트는 그의 반항적이며 독립적인 태도가 일종의 교정 불가능한 정신병으로 간주되어 이곳에 온 것이다. 영화는 에른스트와 원장 파이트하우젠과의 첫 대면부터 시작한다. 원장은 매질의 흔적이 뚜렷하게 남아있는 에른스트의 등을 본후, "이곳에서는 아무도 폭력을 쓰지 않는다."며 친절하고 온화한 모습을 보인다. 건강한 에른스트는 낮에는 밭에서 일을 하며, 병원에서 생활하는 다른 아이들을 사귄다. 이 중에는 그를 괴롭히는 아이도 있고, 금세 친해진 아이도 있다. 에른스트는 자신에게 으름장을 놓는, 자신보다 훨씬 큰 아이 앞에서도 기죽지 않고 당당하게 대응해서 다른 아이들로부터 인정을 받는다. 에른스트에게 호의적인 아이 헤르만은 첫 날부터 그에게 자신의 비밀 장소를 알려주면서, 자신의 꿈을 이야기한다. 곧이어 에른스트는 병원 관리인인 비트의 조수가 되어서, 시체 검안실을 비롯해서 병원의 이곳저곳을 다니며 그를 돕는다.

여기까지 영화는 성장영화의 서사를 따라간다. 문제아로 낙인

---

11 실제로 존재하지 않는 가상의 지명이다.

찍혔던 아이가 자신의 가치를 알아보는 사람들, 특히 성인(이 영화의 경우 원장과 관리인)들을 만나서 숨겨졌던 자신의 가능성을 펼치는 이야기가 전개되는 듯하다. 하지만 이런 예상을 섣불리 할 수 없게 하는 장면이 도입부에 삽입되어 있다. 그것은 늦은 밤에 원장과 그의 조수 헤히틀레 사이에 이루어지는 대화를 담고 있다. 원장은 내일모레를 위한 명단이라며 종이를 건네는데, 명단을 본 헤히틀레는 건강한 아이인 크리스토프의 이름을 보고 결정에 문제를 제기한다. 이때 원장은 하다머로 보낼 환자를 직접 뽑고 싶냐고 물으며 헤히틀레를 다그친다. 나치의 안락사에 대한 배경지식이 있는 관객이라면 원장이 건넨 명단에 이름이 실린 사람들은 곧 죽게 된다는 것을 알 수 있다. 영화는 얼마 후 공포에 질린 채 이송을 피해 도망치는 크리스토프의 모습을 통해서 하다머의 의미를 확인시켜준다.

하다머로의 이송 장면 전에 에른스트의 변화를 알리는 중요한 시퀀스가 위치한다. 이미 헤히틀레의 시계를 훔친 적이 있는 에른스트는 소피아 수녀가 아멜리에게 밥을 먹이다가 잠시 자리를 비운 틈을 타서 탁자 위에 놓인 묵주를 훔치려고 한다. 이때 그를 바라보는 아멜리와 눈이 마주치게 되고, 무엇에 홀린 듯이 에른스트는 아멜리에게 밥을 떠먹인다. 소피아 수녀는 아멜리가 이전에는 자신이 주는 밥만 먹었다면 신기해하고, 그에게 계속 그녀의 식사를 담당할 것을 제안한다. 이 장면은 정신병원이 에른스트에게는 잠재되어 있던 착한 성품이 발현되는 공간임을 보여준다. 그는 자신보다 어려운 조건 속에서 살아가는 아이들을 도와주며, 반대로 다른 아이들은 그를 인정하고 좋아한다. 이로써 영화의 도입부는 기본 갈등 구조를 설정한다. 에른스트는 믿음직하고 선량한 아이로, 병원의 다른 아이들과 유대관계를 쌓아간다. 반면, 처음에는 자비롭고 온화한 모습으로 제시된 원장은 명령에 따라서 안락사를 진행하는 것에 대해 아무런 문제의식이 없는 인물이다. 따라서 이후 영화의 가장 큰 갈등은 장애인 아이들을 안락사시키려는 원장과 자기 자신과 아이들을 지키려는 에른스트 사이에서 생겨난다.

이 갈등 구조는 영화가 본격화되면서 강화된다. 먼저 정신병원에서 생활에 잘 적응한 에른스트는 점점 더 많은 사람들과 친해지며 신뢰를 얻는다. 그가 조수로 일하는 관리인 비트뿐 아니라 간호사 소피아 수녀와 신뢰를 쌓으며, 아이들 중에서는 특히 또래 여자아이인 난들과 가까운 사이가 된다. 반면 원장은 하다머에서 온 새로운 간호사 에디트를 맞이한다. 나치의 정책이 바뀌어서 더 이상 환자를 하다머로 이송하지 않고, 개별 병원에서 직접 안락사를 실행하게 된 것이다. 에디트 역시 안락사 정책에 아무런 거부감이 없고, 원장은 영양가가 없는 수프를 제공해서 안락사시키는 방법을 연구해서 발표하는 등 나치의 정책에 적극적으로 협력한다. 안락사의 대상으로 선별되어 먼저 토니가 죽는다. 이 과정에서 에른스트는 에디트 간호사가 아이들에게 먹이는 주스에 약이 들어가 있음을 깨닫고, 아멜리가 그것을 마시지 못하게 하고 소피아 수녀의 도움을 받아 그녀를 숨기기도 한다. 그렇지만 에른스트와 소피아 수녀 두 사람의 힘만으로는 이어지는 안락사를 막을 수 없다. 아무도 모르게 난들의 가장 친한 친구인 테레사가 죽고 난 후, 에른스트와 난들은 이제 탈출을 시도한다.

에른스트가 있는 병원에서 진행되는 안락사는 여러 사람의 저항에 부딪힌다. 영화는 신체 및 정신 장애인의 안락사가 나치의 계획대로 원활히 진행되지는 않았지만, 그렇다고 독일사회에서 적극적이고 조직적인 형태의 저항은 없었음을 이야기한다. 앞에서 지적한 것처럼 독일 내 여섯 군데 병원에서 집중적으로 실시하던 안락사를 중단한 배경에는 독일 가톨릭의 반대가 결정적이었다. 그렇지만 가톨릭 교회 역시 히틀러 정권과 정면 대결하는 것을 꺼렸다. 영화에서 소피아 수녀는 자신이 일하는 병원에서 안락사가 이루어지는 것을 알고 원장에게 항의하지만 그는 꿈쩍도 하지 않는다. 수녀는 곧 주교를 찾아가서 사실을 밝히지만, 주교는 이 끔찍한 일도 언젠가는 지나갈 것이라는 입장이다. 수녀는 병원에서 철수하길 원하지만, 주교는 당장 자신이 할 수 있는 일은 없으며, 환자들은 위로와 보살핌이 필요하다며 거부한다. 그가 할 수 있는 일은 추기경에게 이 사실을 알리는 서한을 보내고, 그 서한이 교황에게 전달되기를 바라는 것뿐이다. 실제로 안락사를 지켜보면서 이를 막으려 하는 소피아 수녀와 달리, 주교는 교회의 조직에 숨어서 책임을 회피한다. 이렇게 영화는 나치 시대 안락사에 대한 교회의 소극적 태도를 비판한다.

난들과 에른스트가 지하실을 통해 탈출을 시도하는 그 순간, 병원은 연합군의 폭격을 받는다. 이때, 소피아 수녀, 그리고 그녀가 안락사를 피해 몰래 숨겨서 돌보던 아멜리가 사망하고, 난들은 다리를 다친다. 소피아 수녀의 죽음은 에른스트가 원장에게 직접적으로 반기를 드는 계기가 된다. 소피아 수녀의 장례식에서 원장은 그녀의 종교와 그의 학문이 서로 보완적이었다고 말하고, 고통 받는 약자를 돕는 것이 그녀의 뜻에 따르는 것이라고 말한다. 그는 이 도움에 안락사가 포함된다는 것을 명확히 말한다. 아무런 표정 변화 없이 추도사를 이어가는 원장과 달리, 에른스트의 표정

도판 53. 〈8월의 안개〉

도판 54. 〈8월의 안개〉

은 원장에 대한 경멸과 혐오를 담고 있다.(도판 53, 54)

　　장례식이 끝난 후, 에른스트는 원장에게 "비겁한 거짓말쟁이, 범죄자, 살인자"라고 외친다. 처음으로 자신의 권위에 도전을 받은 원장은 당황한 표정을 보이고, 이는 곧 에른스트를 안락사시키겠다는 결정으로 이어진다. 영화는 에른스트가 죽임을 당하는 장면을 보여주지 않는다. 난들을 돌보느라 피곤해진 그를 조수 헤히틀레가 빈 침실로 안내하고, 얼마 후 그와 에디트 간호사가 주사기를 들고 방으로 들어가는 장면으로 이어진다.

　　영화의 주요 캐릭터 중에서 주인공 에른스트 외에 가장 주목할 만한 인물은 파이트하우젠 원장이다. 그는 안락사를 막으려는 에른스트와 대척지점에 있는데, 에른스트가 병원에 와서 새롭게 자신의 가능성을 찾아가며 주변에 긍정적인 영향을 미치는 반면, 원장은 일관되게 안락사를 지지하고 실행한다. 그렇지만 영화는 그를 악마로 묘사하지 않는다. 앞에서 본 것처럼 에른스트와의 첫 만남에서 보인 원장의 친절한 모습은 호감을 불러일으킨다. 하지만 그는 국가의 안락사 정책이 성공해야 한다는 단호한 입장을 보인다. 에른스트의 아버지가 병원을 방문했을 때, 원장은 에른스트를 퇴원시킬 수 없는 이유를 합리적이며 차분하게 설명하고 아버지의 동의를 얻어낸다. 에른스트의 아버지는 집시로 간주되어서 수용소 생활을 하다가 석방되었는데, 확실한 주거지가 없는 상태에서 에른스트를 데려간다면 아이의 장래도 위험에 처할 수 있기 때문이다. 자신이 합리적으로 행동하고 있다는 원장의 확신은 안락사라는 주제에서도 흔들림이 없다. 그는 유전적으로 문제가 있는 사람들을 고통으로부터 해방시키는 안락사가 꼭 필요하다는 신념을 가지고 있으며, 스스로 영양가가 없는 수프를 이용해서 성인 환자를 아사시키는 방법을 고안하고 회의상에서 발표한다. 안락사를 합리적이고 인간적인 것으로 포장하는 원장의 모습은 관객들에게 충격으로 다가온다. 하지만 원장의 캐릭터화에서 아쉬운 것은 왜 그가 신념 어린 안락사 지지자가 되었는지, 그의 내면에 어떤 심리가 자리하고 있는지 관객 입장에서 판단할 수 있는 근거가 부족하다는 것이다.

영화는 이에 대한 몇 가지 힌트만 제공한다. 다른 동료의 이름을 대면서 그들의 계획에 반대하는 듯한 모습에서는 업적에만 관심이 있는 기회주의자의, 안락사에 대한 공식 이데올로기에 아무런 의문을 제기하지 않는 모습에서는 관료주의자의 모습이 보인다. 그리고 자신을 비난하는 에른스트에게 안락사를 명령함으로써 그동안 보여준 모습과는 다른 비겁한 소시민의 태도도 엿보인다. 어떤 내적 동기가 원장을 안락사 신봉자로 만들었는지 명확히 알 수 없는 영화의 설정은 한 가지 윤리적 문제를 동반한다. 즉, 장애인 안락사가 특별한 동기가 없이도 그 자체로 찬성할 수 있고, 실행할 수 있는 일이라는 인상을 남긴다는 점이다. 덧붙여 병원에 와서 자신의 반사회적인 특징을 버리고 "정상인"이 된 에른스트의 죽음이 영화의 비극적 절정을 구성하면서, 마치 삶의 가치라는 측면에서 장애인과 비장애인 사이에 차이가 있는 듯한 오해를 유도한다는 점도 문제적이다. 이는 안락사를 비판하는 영화로서는 큰 결함이다.

원장의 편에 서서 안락사를 시행하는 간호사 에디트 역시 아무런 고민 없이 맡은 일을 수행하는 평면적 인물로 제시되고 있다. 그녀는 자신의 아버지가 두 다리를 다친 새끼 노루를 죽음으로 "구원한" 사건을 에른스트에게 말하면서, 안락사의 논리를 제시한다. 이 이야기에서 노루를 집을 데려가 치료하려는 자신과 대비되는 "아버지"의 행동을 강조함으로써, 자신보다 권위 있는 자의 결정을 따르는 것이 옳다는, 전체주의적 세계관을 보여준다. "아버지"는 히틀러에 대한 비유로도 읽힐 수 있다.

영화의 결말은 긍정적 메시지를 담고 있다. 난들은 병실에 온 비트 씨의 표정을 통해서 에른스트의 죽음을 알아차리지만, 식사하는 다른 환자들에게 그가 미국으로 탈출하는 데 성공했다고 말한다. 그러자 환자들은 한때 에른스트가 항의의 표시로 그랬던 것처럼 접시를 손으로 쳐서 식사로 나온 생선을 허공으로 보낸다. 이로써 에른스트는 없지만, 그가 다른 사람들에게 전파한 저항 정

신은 살아있음을 보여준다. 마지막 자막은 에른스트가 실제로 죽
은 날을 밝히면서 영화가 사실에 기반하고 있음을 알리고, 전후
주요 책임자들의 불충분한 처벌에 대해 이야기하면서 영화에서
다루지 못한 정보를 알려준다.

　〈8월의 안개〉는 에른스트 로사라는 아동을 주인공으로 내세
운다. 이는 많은 홀로코스트 영화에서 채택하는 방식이기도 하다.
최근에 제작된 아동을 주인공인 홀로코스트 영화 중에서 널리 알
려진 영화로 〈줄무늬 파자마를 입은 소년〉(2008, 영국)을 들 수 있
다. 하지만 이 영화의 주인공 브르노와 슈무엘과는 달리, 에른스
트는 나치 범죄의 본질을 누구보다 먼저 깨닫고 적극적으로 저항
한다. 그가 가진 저항 수단은 제한되어 있었고, 결국 그도 죽임을
당한다. 그렇지만 영화는 그의 용기를 부각시키면서, 나치의 안락
사 정책과 이를 적극적으로 수행한 인물들을 비판함과 동시에 실
존 인물이었던 에른스트 로사를 추모한다. 에른스트라는 인물에
집중해서 서사가 전개되면서, 나치의 안락사 정책에 대한 비판이
약해진 것은 이 영화의 약점이다. 그렇지만 〈8월의 안개〉는 시의
적절한 영화다. 우리는 지금 인간의 수명이 늘어나고 인공적으로
연명하는 치료 방식에 대한 반발로 "적극적 안락사"에 대한 논의
가 본격화된 사회에 살고 있다. 이 영화는 어떤 삶이 가치가 있고,
어떤 삶은 가치가 없는지에 대한 판단이 외부에 의해 강제되어서
는 안 된다는 교훈도 전달하고 있다.(Gansera 2016)

　이 장에서 살펴본 세 편의 영화는 1940년대 나치 독일을 배경
으로 홀로코스트가 벌어졌던 현장과 밀접한 관련을 맺으며 서사
가 진행된다. 세 영화 모두 실제 있었던 역사적 사건을 기반으로

하고 있으며, 영화의 진정성을 뒷받침하는 문헌 또는 사실을 영화에서 강조하고 있다는 공통점이 있다. 그렇지만 이들 픽션 영화가 역사적 사실을 다루는 방식은 다양하다. 이 중에서 홀로코스트의 잔인함을 가장 직접적인 방식으로 보여주는 영화는 〈마지막 기차〉다. 베를린에서 아우슈비츠로 이송되는 유대인 주인공들이 당하는 비인간적 대우와 기차 안에서 겪는 고통을 자세히 보여주며, 카메라와 서사 기법을 통해서 이들에게 감정이입을 하도록 유도한다. 이들의 현재는 밝고 활기찼던 과거와 대비를 이루며 비극성을 더욱 강조한다. 동시에 이 재앙으로부터 스스로를 구하려는 긍정적 행위도 보여준다. 이런 감성적 접근은 미니 시리즈 〈홀로코스트〉 이후 대중화된 것으로, 홀로코스트를 경험하지 못한 이들에게 추체험의 기회를 제공한다는 면에서 긍정적이지만, 역사적 사건으로서 홀로코스트에 대해 새로운 사실이나 관점을 제시하지는 못한다. 〈카운터페이터〉의 경우 수용소에서 벌어지는 일을 다루지만, 나치의 비호를 받으며 상대적으로 안전한 삶을 살아가는 유대인을 주인공으로 삼는다는 점에서 전례가 없는 영화다. 영화는 일반인들에게 잘 알려지지 않은 홀로코스트의 다른 측면을 다룬다는 점에서 긍정적이다. 이 영화에서 서사를 끌고 가는 힘은 나치 장교와 유대인 주인공 사이에서 벌어지는 생존을 둘러싼 협력과 갈등이다. 홀로코스트가 벌어지는 수용소를 배경으로 하지만, 영화는 인간으로서 갖추어야 할 도덕성에 대한 우화로 읽힌다. 〈8월의 안개〉 역시 잘 알려지지 않은 소재인 장애인의 안락사를 다루고 있다. 안락사를 추진하고 실행하던 당대 독일인에 대한 비판적인 시각을 바탕으로, 나치 시대를 지탱한 관료주의가 어떻게 진행되었는지 엿보게 하며, 한 인간의 생존을 결정하는 일이 얼마나

잔인한지도 보여준다. 세 영화는 홀로코스트를 직접적으로 다루
지만, 현대의 관객에게 호소력을 갖기 위한 전략을 모색한다. 이것
은 시대를 초월해서 유효한 도덕성과 인간적 미덕의 확인으로 드
러난다. 이는 이들 극영화가 홀로코스트를 직접적으로 다루고 있
지만, 역사적 사실을 전달하고 현재와의 연관성을 조명하는 것이
아니라, 감성적, 도덕적 호소를 주요 목적으로 한다는 점을 잘 보
여준다.

3.2. 수용소 밖의 홀로코스트
〈러브 인 아프리카〉(2001), 〈로젠 거리〉(2003),
〈아홉 번째 날 〉(2004), 〈유대인 쥐스-양심 없는 영화〉(2010),
〈런 보이 런〉(2013)

앞 장에서 본 것처럼 나치는 강제수용소와 절멸수용소를 운영하면서 유대인과 장애인, 신티와 로마족, 정치적 반대자 등을 수감하고 살해했다. 이 중에서 나치의 주적으로 간주된 집단은 유대인이다. 1933년 나치의 집권 이후 독일에서 점점 강화된 반유대주의는 독일에 살던 모든 유대인들에게 저항과 순응, 도피와 정주사이에서 선택을 강요했다. 이 장에서 다루는 영화들은 나치 독일시기 수용소 밖에서 이루어진 유대인과 비유대인의 삶을 조명하고 있다. 영화의 주인공들은 나치를 피해 낯선 환경 속에서 힘들게 삶을 이어가기도 하고(〈러브 인 아프리카〉, 〈런 보이 런〉), 나치의지배 아래 살면서 자신 또는 가족이 처한 홀로코스트 위험에 대처해야 하는 위기와 마주한다.(〈로젠 거리〉, 〈아홉 번째 날〉, 〈유대인 쥐스-양심 없는 영화〉) 외부로부터 닥친 거대한 위기는 기존의 사적, 사회적 관계를 뒤흔들어 놓는데, 많은 주인공들은 이 상황과 대면하면서 자신도 몰랐던 내부의 힘으로 이를 극복하지만, 어떤 인물은 외부의 압력을 견디지 못하고 무너지기도 한다. 다음에서는 다섯 편의 영화가 나치 시기 수용소 밖에서 벌어진 삶의 투쟁을 어떻게 묘사했는지 살펴본다.

3.2.1. 〈러브 인 아프리카〉

원제　　: Nirgendwo in Afrika
감독　　: 카롤리네 링크Caroline Link
시나리오 : 카롤리네 링크Caroline Link
카메라　: 게르노트 롤Gernot Roll
편집　　: 파트리샤 롬멜Patricia Rommel
음악　　: 니키 라이저Niki Reiser
주연　　: 율리아네 쾰러Juliane Köhler(예텔 레트리히 역), 메랍 니닛츠Merab
　　　　 Ninidze(발터 레트리히 역), 시데데 오뉼로Sidede Onyulo(오부어
　　　　 역), 마티아스 하비히Matthias Habich(쥐스킨트 역), 카롤리네
　　　　 에커르츠Karoline Eckertz(청소년기의 레기나 역), 레아 루크카Lea
　　　　 Kurka(아동기의 레기나 역)
제작사　: MTM Medien & Television München GmbH(München)
개봉연도 : 2001
상영시간 : 141분

〈러브 인 아프리카〉[12]는 카롤리네 링크(1964~) 감독의 세 번
째 장편영화로, 1995년에 출간된 슈테파니 츠바이크Stefanie Zweig
의 동명의 자전소설을 바탕으로 제작되었다. 뮌헨 영화학교 출신
인 링크의 데뷔작 〈비욘드 사일런스Jenseits der Stille〉(1996)는 1998년
아카데미 영화제 외국어 영화상 후보에 올랐고, 5년 후인 2003년
〈러브 인 아프리카〉는 본상을 수상한다. 데뷔작에서 링크는 언어
장애인 부모를 둔 딸의 이야기를 중심으로 가족 간의 갈등과 화해
를 섬세하고 작위적이지 않은 방식으로 그려내어 큰 호평을 받았
다. 그녀의 두 번째 장편인 〈퓡크트헨과 안톤Pünktchen und Anton〉은

---

12 원제인 〈Nirgendwo in Afrika〉는 "아프리카 어디에도"로 번역할 수 있다. 영어
　　제목 〈Nowhere in Africa〉는 독일어 제목을 충실하게 옮겼다.

아동문학 작가 에리히 캐스트너가 1929년에 발표한 동명 소설을 현대적 배경으로 각색한 작품이다. 이 영화는 두 소년 소녀의 우정을 다루면서 동시에 경제적으로는 유복하지만, 부모의 애정을 많이 받지 못하는 동시대 아동의 문제를 짚고 있다.

〈러브 인 아프리카〉는 1938년부터 1947년까지의 시기를 배경으로, 나치 치하의 독일을 떠나 케냐로 망명한 유대계 독일인 레틀리히Redlich 가족의 이야기를 담고 있다. 유복한 환경에서 살던 세 명의 가족 구성원들은 서로 다른 방식으로 새로운 상황에 적응한다. 독일에서 변호사로 활동했던 발터는 다른 가족보다 먼저 케냐에 와서 농장관리인으로 일하며 독일에 남은 가족을 케냐로 데려오기 위해서 노력한다. 그는 독일의 상황을 비관적으로 보며, 어떻게든 새로운 사회에 적응하려고 노력한다. 그를 따라 케냐로 이주한 발터의 부인 예텔은 독일을 그리워하며, 케냐에서의 평범한 삶에 만족하지 못한다. 이에 반해, 두 사람의 어린 딸 레기나는 또래의 케냐 아이들, 그리고 요리사인 오부워와 친밀한 관계를 맺으면서 아프리카를 자신의 새로운 고향으로 받아들인다. 시간이 지나면서 예텔은 점차 케냐와 시골 농장에서의 삶에 적응해가지만, 발터는 자신의 존재가치를 확인하기 위해서 영국 군대에 입대한다. 전쟁이 끝난 후 1947년 독일 헤센 주 지방법원 판사로 임용된 발터는 케냐에서 잘 적응하고 있던 아내와 딸을 데리고 독일로 향한다. 〈러브 인 아프리카〉는 나치 시대를 시간적 배경으로 하지만, 가족 간의 사랑과 갈등을 핵심적으로 다루는 드라마다. 영화의 핵심 캐릭터는 부부인 발터와 예텔, 딸인 레기나다. 부부의 이야기는 주로 두 사람 사이의 관계에 집중되는 반면, 레기나의 존재는 낯선 것과의 만남과 우정이라는 주제를 부각시킨다. 가족이 고향을

떠나서 케냐로 오게 만든 반유대주의와 홀로코스트는 한편으로
는 독일에서 들려오는 소식을 통해서, 다른 한편으로는 케냐의 영
국인으로부터 겪는 차별을 통해서 아프리카에서도 존재한다.

　영화는 도입부에서 독일에 있는 예텔과 레기나, 케냐에 있는
발터를 대조하며 평행 편집으로 보여준다. 눈 쌓인 독일에서 눈썰
매를 타며 다른 가족과 함께 행복한 시간을 보내는 두 사람과, 말
라리아에 걸려서 다른 유대계 독일 이주민 쥐스킨트와 오부워의
간호를 받는 발터의 상황은 대조적이다. 그렇지만 이런 대조의 이
면에는 다른 현실이 존재한다. 눈썰매장에서 예텔은 곧 누군가에
의해 밀쳐져서 넘어지고, 그녀에게 도움의 손길을 내민 청소년은
나치 청소년단의 완장을 가지고 있다. 레기나도 누군가가 던진 눈
덩어리에 맞는다. 은근한 반유대주의의 정서가 예텔 가족의 나들
이에 쓸쓸한 뒷맛을 남긴다. 반면, 발터는 오부워의 도움으로 말
라리아를 극복하고, 현명한 사람이 입는 것이라면서 독일에서 입
던 법복을 오부와에게 선물한다. 말라리아는 그가 아프리카에 적
응하는 통과의례처럼 보인다. 이 도입부 장면을 독일에서의 기억
을 회상하는 레기나의 보이스오버가 동반한다. 레기나는 독일을
어두운 곳으로 기억하며, 나치가 권력을 잡은 후 아빠의 변호사
자격과 할아버지의 호텔을 빼앗겼다고 말한다. 이유를 묻는 질문
에 "우리가 유대인이라 그렇지."가 그녀가 들은 대답이었다.

　발터의 판단에 따라 독일을 떠나 케냐에 도착한 예텔은 독일
에서 상류층 시민으로서 살던 사고 및 생활 방식을 쉽게 버리지
못한다. 그녀가 케냐로 가져온 짐에는 발터가 부탁한 냉장고는
없고, 대신 로젠탈 그릇과 야회복이 들어있다. 그녀는 사회적 지
위가 추락하고 가난하게 살아가는 현재의 상황이 오래 가지 않

을 것이라고 생각한다. 아프리카어로 오부워와 소통하는 것을 거
부하고, 다시 독일로 돌아갈 것을 발터에게 요구하기도 한다. 그
렇지만 독일에서 일어난 1938년 11월 대규모 유대인 박해사건
은 예텔이 꾸던 빠른 귀향의 꿈을 접게 만든다.[13] 시간이 지나면
서 그녀는 서서히 아프리카 농장에서의 삶에 적응해 간다. 이것
은 남편으로부터 해방되어 자립적인 여성으로 변화하는 과정과
밀접한 연관이 있다. 그녀가 처음으로 자신이 무언가를 변화시킬
수 있다는 것을 알게 된 계기는 2차 세계대전이 발발하고, 케냐에
거주하는 독일인들이 성별을 나누어 감금되었을 때다.[14] 남성은
수용소에 감금되고, 여성과 아이는 호텔에서 격리되어 있을 때,
예텔을 중심으로 몇몇 유대계 여성들은 케냐 지역사회에 영향력
있는 나이로비 유대인협회를 통해서 남편을 만나게 해달라는 청
원을 한다. 이는 많은 아내와 자녀가 남편과 아버지를 잠시 만날
수 있는 기회를 제공한다. 부자유한 호텔 체류 경험은 예텔이 농
장에서의 상대적으로 자유롭고 자립적인 삶을 받아들이는 계기
가 되지만, 발터를 고용했던 영국인이 그를 해고함으로써 가족은
다시 위기를 맞는다. 이때 예텔은 자신에게 호감을 보이던 영국

---

13 1938년 11월 9일 밤에 일어난 "11월 박해Novemberpogrom"는 나치 정권에 의
   해 조직된 유대인에 대한 폭력 사태였다. 유대인과 관련된 다양한 건물(교회
   당, 상점, 공동묘지, 주택 등)에 대한 습격으로 약 800명의 유대인이 사망하고,
   1400개의 건물이 피해를 입은 것으로 추산된다. 이 사건은 반유대주의가 폭력
   적인 양상으로 전환되었음을 알려주는 것으로, 홀로코스트의 전조를 보여주는
   사건으로 간주된다.

14 케냐는 역사상 처음으로 1885년 독일의 식민지가 되었다가 1895년부터 공식
   적으로 영국령이 된다. 영국으로부터 독립은 1963년에 이루어진다. 2차 세계대
   전 당시 독일과 영국은 적국이었기 때문에 케냐에 사는 독일인들도 그들의 이
   념과는 무관하게 전쟁포로가 되었다.

장교로부터 새로운 농장을 소개받고, 그와 잠자리를 같이 한다. 영화는 영국 장교를 바라보는 그녀의 밝은 표정을 클로즈업하면서, 그녀가 단지 일자리 때문에 장교와의 관계를 가진 것이 아닐 것이라는 짐작을 하게 한다.

새로운 농장에서 그녀는 이전과 달리 적극적으로 농장 운영에 참여하며 아프리카에서의 삶에 점점 더 적응하지만, 영국 장교와의 일탈은 그녀와 그녀를 의심하는 발터, 그리고 외도를 목격한 레기나 사이에 작은 균열을 일으킨다. 발터는 보다 의미 있는 일이라고 생각하는 독일과의 전쟁에 직접 참여하기 위해 영국 군인이 되어 농장을 떠나고, 예텔은 전체 농장을 관리하면서 케냐에서의 생활에 완전히 적응한다. 처음부터 부부를 도와주던 쥐스킨트도 점점 그녀를 좋아하게 되고, 혼자 있는 그녀를 자주 방문하고 돕는다. 독일 상류층 여인으로서 예텔은 처음에는 아프리카에서의 농장 감독인으로서의 생활을 일종의 사회적 추락으로 받아들이며, 케냐 흑인들을 하인으로 대한다. 그렇지만 남편이 감금되어 있을 때부터 자신이 여성으로 가지고 있는 영향력을 깨닫고, 점점 자신감을 가지고 낯선 세계와 대면한다. 이런 예텔의 변화는 발터와는 대조적이다.

독일에서 변호사로 활동하던 발터는 나치의 박해가 일시적인 것이 아니라고 판단하고, 먼저 케냐로 와서 정착한 후 남은 가족을 데려온다. 그는 요리사인 오부워뿐 아니라 농장에서 그의 지도를 받는 다른 흑인들을 친절하게 대한다. 그가 농장의 흑인 인부를 대하는 태도는 영국인 농장주가 그를 대하는 태도보다 훨씬 더 정중하다. 그렇지만 이것이 그가 케냐 사회에 성공적으로 통합되었다는 것을 의미하지는 않는다. 흑인 인부들에게 보이는 그의 정중한 태도에는 거리감이 느껴진다. 그가 진지하게 대화를 나누는 상대는 쥐스킨트가 유일하다. 쥐스킨트는 1933년에 나치가 집권하자마자 케냐로 온 유대계 독일인이다. 발터 부부를 적극적으로 돕는 쥐스킨트는 자신의 농장을 가지고 있으며, 물질적으로도 이들과 비교할 수 없을 만큼 넉넉하다. 그가 발터의 유일한 친구라는 점에서 발터 역시 흑인들과의 교제에 소극적이라는 것을 알 수 있다. 더군다나 발터는 전쟁이 일어나고 영국군에 입대할 기회를 얻자 바로 농장과 가족 대신 군인이 되는 것을 선택한다. 이런 선택의 배경에는 자신이 쓸모 있다는 것을 느끼고 싶은 일종의 공명심이 있다. 변호사로서 사회적 존경을 받던 그는 농장관리인이라는 현재의 직업에서 보람을 느끼지 못한다. 생계가 중요하며 예전과는 다른 삶을 살아야 한다고 예텔에게 반복적으로 말하지만 실은 스스로도 과거의 틀에서 자유롭지 못하다.

이에 반해서 레기나는 새로운 환경에 문제없이 적응한다. 다른 흑인 아이들과 어울려서 농장에서 놀고, 같이 연극도 하며, 부족의 예식에도 거부감 없이 참여하는 모습에서 레기나의 아이다우면서 개방적인 성격을 알 수 있다. 부모는 각자 자신의 문제에 빠져 있지만, 레기나에게는 부모의 역할을 대신하는 오부워가 있다. 오부워는 농장에 도착한 레기나를 처음 안아주고, 레기나가 아프리카의 환경에 적응하도록 도와준다. 오부워는 요리사로서 자신의 직업에 긍지를 가지고 있으며, 자신을 고용한 발터 가족에 성심껏 봉사하지만 비굴한 태도는 절대 보이지 않는다. 오부워의 일관되고 안정된 캐릭터는 레기나뿐 아니라, 서로의 관계와 적응에 힘들어하는 주인공 부부와 대비를 이루면서 영화를 보는 관객에게도 호감을 불러일으킨다. 자신도 세 명의 부인과 여섯 명의 자녀가 있음에도 그에게는 아무런 관계의 문제가 없다. 그가 유럽의 물약이 아닌 아프리카의 약초로 발터의 말라리아를 치료하는 장면, 여성의 일인 물 나르기를 예텔 대신하면서 다른 케냐 여인들에게 놀림을 당하는 장면, 발터 가족이 농장을 옮겼을 때 새 농장까지 수소문해서 찾아오는 장면 등은 영화가 끝난 후에도 기억에 남는 에피소드들이다.

영화의 후반부에서는 케냐에 남으려 하는 예텔과 판사로 일하기 위해 독일로 떠나려고 하는 발터 사이에 갈등이 생긴다. 이 갈등이 해소되는 계기는 메뚜기떼의 습격이다. 다툼 후에 농장을 떠나던 발터가 다시 돌아와 메뚜기떼를 함께 쫓는 것을 본 예텔은 그에 대한 신뢰를 회복하고, 그에게 미래에 대한 결정을 맡긴다. 외부에서 온 재앙이 내부의 결속을 끌어내는 서사적 진행은 진부하다는 비판을 피하기 어렵다. 영화의 결말부에서 세 명의 가족이 독일로 가기 위해서 기차를 타고 항구로 향한다. 기차가 잠시 멈췄을 때 창밖에서 그녀에게 바나나를 팔려는 여인에게 예텔은 "나는 아무 것도 살 수 없어요. 나는 원숭이처럼 가난해요."라고 웃으며 지역의 언어로 말한다. 원작 소설에서는 레기나가 했던 말인 이 대사를 통해 영화는 예텔의 변화를 강조한다.(Egger 2002) 이 대사는 예텔이 케냐의 언어를 능숙하게 사용할 수 있음을, 그리고 자신의 가난을 아무런 부끄러움 없이 인정할 수 있음을 보여준다. 이로써 영화는 변화한 예텔의 캐릭터에 관객이 호감을 느낄 수 있도록 유도한다. 〈러브 인 아프리카〉는 멜로드라마 장르의 관습을 기본으로 이야기를 풀어나간다. 이 영화에서는 발터, 그리고 특히 예텔이 겪는 감정적 갈등을 중요하게 다루는데, 이 갈등은 가정과 사랑, 제도로서의 결혼과 밀접한 관련이 있다. 따라서 반유대주의와 홀로코스트는 이들 주인공의 갈등을 강화하는 소재로서 제한적으로만 의미가 있다. 그럼에도 이 영화는 나치 시대의 유대인의 삶과 반유대주의에 대해서 몇 가지 흥미로운 관찰을 보여준다.

독일을 떠나기 전에 예텔과 레기나가 겪는 반유대주의는 도입부에서 간략하게 다룬다. 앞에서 언급한 눈썹매장 장면과 이웃집 아이들이 유대인에게는 인사를 해선 안 된다고 말하는 장면 등이다. 케냐로 이주한 뒤 남아 있는 가족들의 상황은 편지나 엽서를 통해서 짧게 전달된다. 발터의 부모와 누이는 나치를 피해 은둔하다가 발각되어 죽음을 당하고, 예텔의 어머니와 동생은 폴란드로 이송된다. 이런 사건들은 발터와 예텔의 정서를 불안하게 하고, 두 사람의 관계를 위기로 몰고 가는 점에서만 의미가 있다. 반면 레기나가 영국계 기숙학교에서 경험한 반유대주의는 당시 이것이 단지 독일에만 국한된 현상이 아니었음을 보여준다. 학교에서 유대계 학생들은 기도 시간에 같이 기도하는 것이 금지되었고, 유대교 안식일을 배려 받지 못한다. 특히 교장과 레기나의 대화는 널리 퍼진 반유대주의 정서를 잘 보여준다. 방학을 앞두고 교장은 학업 성적이 우수한 레기나를 불러서 왜 공부를 열심히 하는지 묻는다. 이에 대해 레기나는 돈이 없어서라고 대답하자, 교장은 "항상 돈에 대해 이야기하는 게 유대인의 풍습인가?"라고 말한다. 칭찬을 하려고 교장실로 불렀음에도 유대인에 대한 편견은 지식인 층에 속하는 교장에게도 뿌리 깊이 박혀 있다는 것을 알 수 있다. 계속되는 면담에서 레기나가 가정의 어려운 경제 상황, 그리고 발터가 변호사였다는 사실을 알리자, 교장은 레기나에게 방학 중에 읽을 책을 빌려주는 등 친절한 태도를 보인다. 레기나의 가정환경을 자세히 몰랐다면 교장의 유대인에 대한 편견에는 변화가 없었을 것이라는 추측이 가능하다. 나중에 좀 더 큰 레기나는 예텔과 이야기를 나누면서 "왜 유대인은 어디서나 미움을 받지?"라고 질문한다. 영화에서는 이와 관련한 구체적인 사건을 보여주지 않았지만, 레기나는 케냐에서 반유대주의를 자주 경험했다는 것을 암시하는 질문이다.

영화는 또한 나치 집권 이후 독일의 상황에 대한 유대인들의 상이한 판단을 보여준다. 발터나 쥐스킨트는 나치가 통치하는 독일에서 유대인의 미래가 없다고 판단하는 부류에 속한다. 반면 호텔을 운영하던 발터의 아버지는 예텔이 케냐로 떠나던 1938년에도 상황을 낙관적으로 보면서 1, 2년 후면 모든 것이 지나갈 거라고 말한다. 예텔 역시 나이로비의 유대인 협회장 부부를 만나 이야기하면서 "우리는 끝까지 우리의 문명화된 친구들이 히틀러를 막기 바랐다."라고 말하며, 나치의 집권을 불운하며 일회적인 사건으로 파악한다. 반면 유대인 협회장은 "친구"라는 표현에 거부감을 표현하면서, 히틀러가 반유대주의를 만든 것은 아니라고 지적하면서 예텔의 의견을 강하게 반박한다.

이 영화는 아프리카를 공간적 배경으로 하지만, 일반적으로 널리 사용되는 전형적인 이미지들, 즉, 석양을 배경으로 초원을 노니는 코끼리 떼, 눈 쌓인 킬리만자로, 신비롭지만 이해할 수 없는 아프리카인 등의 익숙한 모티브를 사용하지 않는다. 대신 아프리카인과 그들의 생활을 자연스럽게 보여주는데 이것은 아프리카인과의 체험을 레기나의 시선으로 보여주기 때문이다. 아프리카 사람과 문화에 아무런 거부감이 없는 어린아이로서 레기나는 부모가 기숙학교로 보낼 때까지 케냐의 흑인 아이들과 함께 성장한다. 레기나는 또래 아이들과 같이 놀고, 기우제와 제사 등 부족민들의

예식에도 함께 한다.(도판 55) 레기나는 영화의 화자로도 등장한
다. 그녀의 보이스오버는 청소년기의 목소리로 영화의 전체에 삽
입되서 자신의 생각과 감정을 관객에게 직접 전달한다. 보이스오
버를 통해서 레기나는 독일에 대한 기억을 회상하고, 발터가 포로
로 잡혀갔을 때의 의아함을 표현하며, 학교에서 느낀 이방인의 경
험 등을 이야기한다. 이런 방식은 관객은 레기나의 내면을 알게 되
고, 다른 인물에 비해서 그녀를 정서적으로 더욱 친밀하게 느낀다.
이렇게 호감이 가는 캐릭터의 긍정적인 시선으로 바라본 아프리
카는 관객에게도 거부감 없이 다가온다. 기우제와 축제 장면에서
는 동물들을 도살하고 가죽을 벗기고 피를 마시는 장면도 등장하

도판 55. 〈러브 인 아프리카〉

도판 56. 〈러브 인 아프리카〉

지만, 레기나가 이런 모습에 거부감이 아니라 호기심을 보이며, 관객 역시 레기나와 유사한 태도를 취하게 된다.(도판 56)

　〈러브 인 아프리카〉에서 홀로코스트는 주인공이 독일을 떠나게 되는 계기로 작동한다. 하지만 영화의 주 무대가 케냐로 옮겨진 이후에는 주인공들의 삶에 주로 심리적으로 영향을 미칠 뿐, 홀로코스트는 본격적으로 다루어지지 않는다. 기본적으로 이 영화는 예텔과 발터를 중심으로 펼쳐지는, 감독 스스로 밝혔듯 "아프리카를 배경으로 하는 실내극ein Kammerspiel vor afrikanischer Kulisse"(Kürten 2002)이다. 영화에는 다양한 스토리라인이 있지만, 그중에서 가장 중요하게 다루어지는 것은 예텔의 변화와 관련한 내용이다. 그럼에도 홀로코스트와 유대인 박해에 관심이 있는 관객은 예텔과 유대인 협회장의 대화, 레가나의 학교생활 등을 통해서 히틀러와 유대인 박해, 반유대주의에 관한 다양한 관점을 관찰할 수 있다.

3.2.2. 〈로젠 거리〉

원제   : Rosenstraße
감독   : 마가레테 폰 트로타Margarethe von Trotta
시나리오 : 마가레테 폰 트로타Margarethe von Trotta
카메라   : 프란츠 라트Franz Rath
편집   : 코리나 디츠하이네Corina Dietz-Heyne
음악   : 뢰크 디커Loek Dikker
주연   : 카챠 리만Katja Riemann(레나 피셔 역), 마리아 슈라더Maria
          Schrader(한나 와인스테인 역), 위르겐 포겔(아르투어 폰 에쉔바흐
          역), 마르틴 파이펠(파비안 피셔 역), 유타 람페Jutta Lampe(루트
          와인스테인 역)
제작사   : Studio Hamburg Letterbox Filmproduktion GmbH(Hamburg),
          Tele-München Fernseh GmbH & Co.(München)
개봉연도 : 2003
상영시간 : 135분

감독 마가레테 폰 트로타(1942~)는 뉴 저먼 시네마를 대표하
는 감독 중 한 명으로, 또 다른 핵심 인물이자 당시 남편이었던 폴
커 슐렌도르프와 함께 1975년에 〈카타리나 블룸의 잃어버린 명
예Die verlorene Ehre der Katharina Blum〉의 감독을 맡았으며, 1978년 〈크
리스타 클라게스의 두 번째 각성Das zweite Erwachen der Christa Klages〉
에서 처음 장편영화를 단독으로 연출한다. 이후 〈독일자매Die
bleierne Zeit〉(1981), 〈로자 룩셈부르크Rosa Luxemburg〉(1986), 〈약속Das
Versprechen〉(1994) 등을 통해서 RAF 테러, 독일제국기의 혼란, 동서
독 분단 등 중요한 역사적 시기를 여성의 시선과 경험을 기반으로
재현했다. 2003년 베니스 영화제 경쟁부문을 통해 초연한 〈로젠
거리〉는 1943년 2월 27일부터 3월 6일까지 베를린 로젠 거리에서
일어난 사건을 여성들의 경험을 중심으로 보여준다. 당시 나치는

베를린에 얼마 남지 않은, 아리아인을 배우자로 둔 유대인들을 체포하고, 이들을 로젠 거리에 있는 건물에 감금한다. 많은 독일 여성은 자신의 유대인 남편이 그곳에 감금되어 있다는 것을 알고, 건물 앞에서 이들이 석방되기를 기다린다. 기다리는 사람들의 숫자는 점점 늘어나고, 여인들은 때로는 석방을 요구하는 구호를 외치기도 한다. 남편을 기다리는 여인 중 한 명인 레나 피셔는 같은 곳에 엄마가 감금된 루트를 알게 되고, 혼자 된 그녀를 자신의 아이처럼 돌보기 시작한다. 레나는 남편의 석방을 위해서 의절을 했음에도 퇴역 장군인 아버지를 찾아가기도 하고, 역시 고위직 군인인 동생의 도움으로 괴벨스를 만나기도 한다. 결국 레나의 남편을 비롯해서 로젠 거리에 남아있던 유대인들은 모두 석방이 되고, 피셔 부부는 루트를 데리고 집으로 간다. 아리아계 남편으로부터 이혼을 당한 루트의 엄마는 이미 로젠 거리에서 수용소로 이송된 다음이었다. 1943년 베를린에서 벌어진 이 사건은 현재 시점에서 중년이 된 루트의 이야기와 교차한다. 남편의 장례의식을 치루는 루트는 갑자기 유대교 의식을 고집하고, 딸 한나의 약혼녀 루이스가 유대인이 아니라는 이유로 한나에게 그와 헤어질 것을 요구한다. 엄마의 갑작스런 변화에 의아해하던 한나는 엄마의 베를린 유년시절 레나의 존재를 알게 되고, 독일에서 레나를 만나 로젠 거리의 이야기를 듣는다.

〈로젠 거리〉는 오랫동안 알려지지 않았던 1943년의 사건을 극영화로 재현했다. 이 사건은 여성들이 거둔 작은 승리에 대한 이야기며, 히틀러 치하에서도 저항이 가능했다는 것을 보여주는 사례이기도 하다. 스티븐 스필버그가 〈쉰들러 리스트〉(1993)를 만들기 전까지 쉰들러의 행적이 널리 알려지지 않았던 것처럼, 로젠 거리의 여인들 역시 1990년대 초 다큐멘터리 영화(〈1943년 베를린 로젠 거리의 저항Widerstand in der Rosenstraße, Berlin 1943〉)으로 소개되기 전까지는 대중에게는 낯선 사건이었다.(Schenk 2003) 영화는 본격적으로 시작하기 전에 "베를린 로젠 거리에서 1943년 2월 27일부터 3월 6일까지 있었던 사건은 실제 일어난 일이다."라는 자막을 통해 영화의 진정성을 확인한다.

영화는 세 가지 시간을 넘나들며 진행된다. 먼저 영화의 시작은 2001년, 현재의 뉴욕이다. 루트는 남편을 잃고 슬픔에 빠져 있으며, 그녀의 딸인 한나는 자신들이 유대인임을 강조하는 엄마의 갑작스러운 변화에 어리둥절해한다. 그리고 곧 엄마를 이해하기 위해서는 엄마가 유년 시절을 보낸 나치 집권기의 경험에 대해 알아야 한다는 것을 깨닫고, 우연히 그 존재를 알게 된 레나를 만나기 위해 베를린으로 떠난다. 레나는 한나에게 1943년 로젠 거리 사건을 중심으로 당시의 이야기를 들려준다. 그녀의 회상 중에는 나치가 집권하기 전인 1930년대 초반의 행복한 기억도 있다. 피아니스트였던 그녀는 바이올린 연주자인 파비안과 함께 성공적으로 연주회를 하며, 결혼을 약속한다. 이후 영화는 2001년과 1943년의 사건들을 교차하면서 보여준다. 두 시간대는 영상에서도 차이를 보인다. 선명한 색조의 2001년과는 달리(도판 57) 1943년은 전반적으로 채도가 낮고, 어두운 색감을 보인다.(도판 58) 반면 잠시 등장하는 1930년대 장면에서는 2001년처럼 색조가 선명하다. 이렇게 영화는 시각적으로도 나치 시대를 이전과 이후의 두 시간대와 확연히 구분되는 시기로 제시한다. 아래 도판에서 보듯이 두 장면 모두 낮에 진행된 외부촬영임에도 조도의 차이가 뚜렷하다.

도판 57. 〈로젠 거리〉

도판 58. 〈로젠 거리〉

　　1943년 베를린에서는 "혼종 결혼Mischehe"을 한 유대인을 갑자기 체포한다. 나치의 압력에도 불구하고 유대인 남편과 이혼을 하지 않았던 여인들에게 갑작스러운 남편의 감금은 예상하지 못했던 사건이다. 이전까지 혼합 결혼을 한 유대인은 강제이송 대상이 아니라고 간주되어 왔기 때문이다. 배우자를 찾기 위해서 절망적인 상태에서 곳곳의 게슈타포와 SS 본부를 찾아다니는 레나의 모습은 같은 처지에 있던 많은 독일 여성들을 대변한다. 레나는 우연히 로젠 거리에 있는 건물 앞에 모여 있는 여인들을 발견하고, 곧이어 그 건물에 남편 파비안이 있다는 사실을 확인한다. 이후 그녀는 밤낮을 가리지 않고 파비안이 감금되어 있는 건물 앞에서 그를 기다린다. 거기에 그치지 않고 그녀는 그를 구출하기 위해서 적극적으로 노력한다. 일단 동부로 이송되면 다시 만날 수 없다는 것을 그녀를 비롯해서 1943년을 사는 로젠 거리의 여인들은 알고 있다. 레나는 독일 귀족 집안 출신으로, 아버지는 은퇴한 장성이며, 스탈린그라드 전투에서 한쪽 다리를 잃은 남동생 아르투어도 고위직 군인이다. 하지만 남편을 찾는 그녀를 적극적으로 돕는 동생 아르투어와 달리, 유대인 사위를 인정하지 않는 아버지는 아무 도움을 주지 않는다. 아버지는 당시 보수적인 시민사회가 유대인 학살에 대해서 어떤 입장을 가졌는지를 보여주는 상징적 인물이다. 그는 유대인 학살에 대한 소문이 라디오 런던, 즉 연합군 측의 선전이라고 폄하한다. 자신의 눈으로 친위대가 수천 명의 유대인을 학살하는 것을 봤다는 아르투어의 증언에도 그의 반응은 무덤덤하다. 그저 한 개인이 할 수 있는 일은 없다는 말을 덧붙일 뿐이다.

루트는 엄마가 로젠 거리에 수감되자 레나가 엄마를 대신해서 자신을 돌봐줄 수 있다고 생각하고, 그녀에게 의지한다. 그녀의 엄마는 로젠 거리에 수감된 후 얼마 지나지 않아서 이미 동부로 이송되었지만, 이 사실을 알 길이 없는 루트는 레나와 함께 그녀의 집과 로젠 거리를 오가며 생활한다. 로젠 거리에 수감되었던 사람들이 모두 석방된 후 혼자 남은 루트는 계속해서 레나와 함께 생활한다. 한나는 루트가 이후 자신의 어머니에 대해서 자세히 알려 하지 않았고, 레나 역시 루트에게 어머니의 행방과 관련된 진실을 말하지 않았다는 점을 의아하게 생각한다. 루트는 레나와 3년을 함께 살다가 뉴욕에 사는 이모에게 이민을 간다. 이 이별의 경험은 루트에게 큰 상처로 남아 있다. 이후 미국에 사는 루트는 엄마를 잃은 독일 시절, 그리고 레나라는 인물은 강박적으로 잊고자 애써왔다.

세 가지 시간대에서 펼쳐지는 이야기 중에서 제목이 말하듯 1943년 로젠 거리에서 벌어지는 서사가 영화의 핵심을 이룬다. 핵심 인물은 남편을 구하려고 백방으로 노력하는 레나다. 레나와 파비안의 사랑은 1930년대 장면으로 더욱 강조된다. 이 영화는 장르로 본다면 멜로드라마에 가장 가깝다. 어떤 외부적 장애에도 굴복하지 않고 끝까지 서로에 대한 애정과 신뢰를 잃지 않는 무고한 사람들의 감성적 이야기는 멜로드라마에서 자주 발견하는 서사 유형이다. 레나의 경우 역시 남편을 찾아 나치 사령부를 찾아다니며, 의절한 아버지를 만나며, 스스로 유대인인 척 가장해서 건물에 들어가려고 하는 등 파비안을 구출하기 위해서 모든 노력을 다한다. 이 노력의 정점에는 괴벨스와의 만남도 있다. 영화인들의 파티에 화려한 드레스를 입고 참석한 레나는 괴벨스의 눈에 띄는 관심을 끈다. 영화에서 명확하게 밝혀지는 않지만, 괴벨스를 유혹해서 로젠 거리의 수감자들을 석방시키려는 레나의 다양한 시도는 실패한 것으로 보인다. 노년의 레나는 이 시도에 대해서 "절박감에서 나온 어처구니없는 행동"이었으며, "희망을 잃어간다는 증거"였다고 한나에게 말한다. 그럼에도 파비안을 구하려는 레나의 시도는 관객에게 감동을 주기에 충분하다. 감금되어 있는 파비안 역시 레나 몰래 사랑을 지키기 위해 자신의 안위와 경제적 안정을 포기했음이 밝혀진다. 레나는 자신의 아버지가 파비안에게 이혼의 대가로 그에 돈을 주고 영국 이주를 제안했었다는 것을 뒤늦게 알게 된다. 두 사람이 로젠 거리 건물에서 창문을 사이에 두고 표정

도판 59. 〈로젠 거리〉

도판 60. 〈로젠 거리〉

과 시선으로 애틋한 마음을 나누는 모습은 영화에서 가장 기억에
남는 장면 중 하나다.(도판 59, 60)

　로젠 거리에는 레나 외에 다른 많은 여인들이 함께 있다. 영화
는 이 중에서 특히 클라라의 이야기를 자세히 보여준다. 그녀는
남편이 유대인이라는 사실을 숨기기 위해서 직장에서 거짓말을
하며 로젠 거리에 나오지만, 결국 남편이 동부로 이송되었다는 사
실을 알고 얼마 지나지 않아 자살한다. 반면 한 노년의 여인은 남
편을 기다리면서 "내 남편을 돌려줘", "살인자" 같은 구호를 외치
는 용감하고 당당한 모습을 보여주기도 한다. 또 한 명의 흥미로
운 인물은 나치 배지를 달고 이 모임에 참여하는 여인이다. 다른

여인이 그녀를 보고 나치 배지를 하고 여기에서 뭐하는 것이냐고 호통을 친다. 하지만 이 여인 역시 제부를 구하기 위해 왔다면서 물러서지 않는다. 이 작은 소동은 곧 잠잠해지고, 두 여인 모두 이후 장면에 반복적으로 등장한다. 이것은 로젠 거리에서 벌어진 여인들의 시위가 이데올로기적 차원이 아니라 자신이 아끼고 사랑하는 사람을 구하기 위한 노력에서 일어났다는 것을 의미한다. 하지만 나치 시대에 사적 저항은 곧바로 정치적 저항이 된다.

　로젠 거리 여인들의 저항을 나치가 적극적으로 막지 못한 것은 무엇보다 나치 스스로 최고의 미덕으로 강조하는 "충직Treue"과 관련이 있다.(Wydra 2003, 17) 이 단어는 남녀 간의 관계에서 사용할 때는 "정절"로 번역하기도 한다. 배우자가 유대인이라고 충직의 미덕에 예외를 두는 것은 논리적으로 맞지 않는다. 이런 딜레마가 나치 시대에 유례가 없는 8일간의 시위를 가능하게 했다. 젠더와 관련해서 영화는 두 성별의 차이를 뚜렷하게 보여준다. 로젠 거리 밖에서 시위하는 사람들은 모두 여성이다. 건물 안에는 감금된 여성들도 많이 있는데, 시위자 중에는 남성이 없다는 사실에 대해 영화는 직접적으로 언급하지 않는다. 다만 루트 엄마의 경우, 아리아인인 남편이 이미 2년 전에 이혼을 했다는 것을 밝힌다. 나치의 압력에 남성들이 더 민감하게 반응하고 굴복했음을 보여주는 예다.

　앞에서 언급한 것처럼 영화는 2001년의 뉴욕에서 시작하는 도입부로 시작한다. 도입부는 본격적으로 1943년의 서사가 시작하기까지 약 25분의 시간을 차지한다. 여기에서는 유대 문화를 고집하는 루트와 이에 대해 의문을 가지는 한나가 핵심 인물이다. 이 영화의 도입부는 단순히 과거의 일을 회상하기 위한 장치로만 쓰인 것이 아니라, 과거의 이야기를 통해 풀어야 할 의문을 제시한다. 엄마 루트가 갑자기 유대인임을 내세우는 이유가 바로 그것이다. 도입부에 등장한 루트의 사촌 레이첼 역시 루트에게 "용서를 해야 평안을 찾을 수 있다."고 말하며 관객의 궁금증을 증폭시킨다. 베를린에서 레나를 만나 이야기를 듣고, 로젠 거리 수용소에서 기다리던 엄마를 만나지 못한 루트의 심정을 헤아리면서, 한나는 엄마의 고통과 상심을 이해한다. 또한 전쟁 후 레나와의 이별은 루트에게 "엄마를 두 번째 잃어버린 것과 다름없다."고 말하며, 한나는 자신을 루트와 동일시한다. 이를 통해서 관객은 두 번에 걸친 이별의 상처가 루트에게 깊이 자리하고 있음을 알게 된다. 헤어지면서 레나는 루트가 미국으로 가면서 준 반지를 한나에게 건네준다. 미국으로 돌아온 한나는 루트로부터 그 반지를 받고 기뻐하고, 루이스와의 결혼 역시 루트의 축복을 받으며 성대하게 이루어진다.

이렇게 영화는 끝이 나지만, 정작 유대인의 정체성과 용서에 대한 도입부의 질문은 영화 내에서 온전히 해결되지 않는다. 진실을 찾아가는 한나는 그녀와 마찬가지로 루트의 과거에 대해서 무지한 관객에게 동일시 인물로 기능해야 하지만, 마지막에 한나가 자신을 루트와 동일시하는 것과 달리 한나와 관객의 동일시는 잘 이루어지지 않는다. 이것은 무엇보다 호감이 가는 인물로 관객의 공감을 이끌어 내기에는 영화 전체에서 한나의 역할이 작고 수동적이기 때문이다. 또 다른 이유로는 영화가 1943년의 레나를 중심으로 로젠 거리 시위를 보여주다 보니, 도입부의 핵심 인물인 루트에 대해서는 회상신에서 그다지 많은 정보를 전달하지 못한다는 데 있다. 이 드라마투르기 상의 문제는 감독이 로젠 거리의 저항과는 별개로 회상의 두 가지 방식을 보여주고자 하는 의도에서 비롯되었다.

폰 트로타 감독은 한 인터뷰에서 영화가 다루는 "두 가지 완전히 다른 종류의 회상"에 대해 이야기한다.(Wydra 2003, 18) 레나의 기억은 기꺼이 드러내는 성격의 것이다. 한나를 만난 레나는 마치 모든 것을 "어제 체험한 것"처럼 이야기한다. 그녀의 기억은 승리의 기억이다. 반면 루트의 경우 남편의 죽음으로 심리적 위기 상태를 맞이하면서 오랫동안 억압했던 기억이 습격하듯이 찾아온다. 이 기억은 두 번의 이별이라는 상처와 관련되어 있어서 고통스럽다. 두 명의 엄마를 "잃은" 기억을 억압하고 있던 루트는 이 기억이 되살아나면서, 공포의 상태에서 원초적인 보호막 안으로 들어간다. 그것은 유대인이라는 핏줄이다. 또한, 비유대인인 아빠가 엄마를 배신한 기억이 다시 살아나면서, 자기 딸의 배우자는 유대인이어야만 한다는 고집으로 이어진다. 문제는 루트의 갑작스러운 변화에 가장 큰 영향을 준 두 가지 사건이 1943년 회상 장면에서는 그다지 큰 비중을 차지하지 않는다는 점이다. 루트의 엄마는 밤에 동부로 이송된 후로 더 이상 등장하지 않고, 레나와 루트의 이별은 대사로만 전달된다. 결과적으로 회상 장면은 레나 중심으로 진행되기 때문에 이를 바탕으로 도입부의 루트를 이해하는 데 한계가 있다. 마지막 결혼식 장면에서 루트는 어두운 기억에서 해방되어 딸의 결혼을 축하한다. 트라우마적 기억이 그렇게 쉽게 극복될 수 있는지도 의문이다. 과거 로젠 거리를 다루는 이야기와 현재 뉴욕에서 벌어지는 이야기 사이에 불충분한 유기성은 영화의 완성도를 떨어뜨린다.(Winkle 2012, 451)

영화는 로젠 거리 사건이 실제로 일어난 일임을 강조하며 시작했다. 그렇다고 해서 이 영화와 역사적 사건이 동일한 것은 아니다. 저명한 역사학자이며 반유대주의 연구소 소장이었던 볼프강 벤츠Wolfgang Benz는 〈쥐트도이치 신문〉에 기고한 글에서 〈로젠 거리〉를 키치라고 비판한다. 그는 로젠 거리에 감금되었던 유대인의 석방은 여성들의 시위와 아무 관계 없이 이미 결정된 사항이었다고 지적하고, 영화 속에서 괴벨스와 레나의 동침 이후 사건이 해결되는 전개는 로젠 거리 여성들의 시위를 조롱하는 것이라 비판한다.(Benz 2010) 반면, 다른 역사학자인 장크리스토프 카론 Jean-Christoph Caron은 로젠 거리 시위가 아무 효과가 없었고 석방이 이미 결정되어 있었다고 볼 근거가 부족하며, 괴벨스가 영화인들과 모임을 가진 후 자신의 일기장에 로젠 거리 시위에 대해 언급한 것을 근거로, 영화 속 설정이 충분히 개연성이 있다고 판단한다.(Caron 2004)[15] 이 밖에도 괴벨스와 레나가 동침한 것으로 본 벤츠의 견해는 영화적으로 봤을 때 설득력이 부족하다. 괴벨스의 만남 후 레나의 반응이나, 노년의 레나의 회상으로 보아 이 시도는 실패한 것으로 보는 것이 타당하다.

역사적 사실에 충실하면서 동시에 대중적 극영화로서 적절하게 허구화와 드라마화를 하는 것은 모든 역사 영화의 핵심 과제일 것이다. 〈로젠 거리〉는 사건의 사실성을 강조하면서 더 많은 논쟁을 불러일으켰다. 하지만 영화적 완성도를 결정하는 데는 역사적 충실성 외에도 많은 요소가 작용한다. 무엇보다 현재 시점의 도입부와 회상 장면의 연결, 그리고 연결에서 중심적인 역할을 하는

---

15 로젠 거리 시위에 대한 역사적 논쟁에는 위에 언급한 학자들 외에 네이슨 스톨츠퍼스Nathan Stoltzfus와 볼프 그루너Wolf Gruner도 자신의 견해를 자세히 제시했다. 로젠 거리 시위 논쟁에 대해서는 윙클(Winkle 2012)의 글을 참조하라.

캐릭터 한나의 한계가 더 큰 단점으로 다가온다. 〈로젠 거리〉를 한나를 중심에 놓고 현재 시점까지 지속되는 홀로코스트의 영향에 대한 영화로 본다면 이 책에서 분류 역시 다르게 되어야 할 것이다. 그렇지만 영화의 방점은 결국 로젠 거리의 시위에 있다는 점에서 홀로코스트가 일어난 나치 시대에 대한 영화로 보는 것이 타당하다.

이 영화에서는 엄마와 딸의 관계를 중심으로 세 가지 이야기를 진행한다. 첫 번째는 2001년의 유대인 모녀 루트와 한나, 두 번째는 1943년의 유대인 모녀 미리암과 루트, 세 번째 역시 같은 시기의 비유대인 레나와 루트다. 이들의 관계는 모두 깊은 애정을 바탕으로 하고 있다. 이 중에서 가장 눈에 띄는 것은 세 번째, 즉 혈연으로 묶이지 않은 레나와 루트의 관계이다. 특히 레나가 루트를 보듬고 그녀를 자신의 가족으로 받아들이는 것은 반유대주의의 광기 속에서도 인간이자 여성으로서 가지고 있는 보편적 사랑의 승리로 해석된다. 하지만 "선한 독일인"을 전면에 내세운 영화의 인본주의적 태도가 구체적인 역사적 사실에 대한 비판적 해석을 가로막고 있다는 파킨슨Parkinson의 지적은 역사의 비극을 배경으로 하면서도, 대중적 호소력을 가진 긍정적인 메시지를 전달하고자 하는 모든 역사 영화가 당면한 딜레마를 보여준다.(Parkinson 2010, 128)

3.2.3. 〈아홉 번째 날〉

원제   : Der neunte Tag
감독   : 폴커 슐린도르프Volker Schlöndorff
시나리오 : 에버하르트 괴르너Eberhard Görner, 안드레아스 플뤼거Andreas Pflüger
카메라   : 토마스 에어하르트Tomas Erhart
편집   : 페터 R. 아담Peter R. Adam
음악   : 알프레드 슈니트케Alfred Schnittke
주연   : 울리히 마테스Ulrich Matthes(앙리 크레머 역), 아우구스트 딜August
       Diehl(겝하르트 역), 힐마 타테Hilmar Thate(필립 룩스 주교 역),
       비비아나 베글라우Bibiana Beglau(마리 클레머 역)
제작사   : Provobis Gesellschaft für Film und Fernsehen mbH(Leipzig)
개봉연도 : 2004
상영시간 : 97분

　〈아홉 번째 날〉은 뉴 저먼 시네마를 대표하는 감독 중 한 명인 폴커 슐렌도르프Volker Schlöndorff(1939~) 감독의 영화다. 그는 프랑스에서 루이 몰Louis Malle, 알랭 르네Alain Resnais 등의 감독의 조연출로 일하면서 영화를 배웠고, 1966년에 〈젊은 퇴를레스Der junge Törless〉로 데뷔한다. 〈카타리나 블룸의 잃어버린 명예Die verlorene Ehre der Katharina Blum〉(1975), 〈양철북Die Blechtrommel〉(1979), 〈호모 파버Homo faber〉(1991) 등의 작품으로 국제적인 명성을 얻으며, 독일과 미국을 오가면서 작품을 발표했다. 2017년작 〈리턴 투 몬탁Rückkehr nach Montauk〉을 베를린 영화제 경쟁부문에 출품하는 등 2010년대에도 활발하게 활동하고 있다. 1992년부터 1997년까지는 구 동독의 최대 영화 스튜디오인 바벨스베르크 필름스튜디오의 책임자로서, 독일의 영화 유산을 보존하고 발전시키는 데 큰 역할을 담당하기도 했다.

　〈아홉 번째 날〉의 주인공은 가톨릭 사제 크레머다. 1941년 뮌헨 근교에 위치한 다하우Dachau 수용소에는 독일 점령국 출신인 약 2800명의 사제들이 수감되어 있었으며, 이들이 수감된 곳을 사제동Pfarrerblock이라고 불렀다. 영화는 이곳에 수감되어 있던 크레머 신부가 휴가를 받아서 고향인 룩셈부르크에 도착한 1942년 1월 15일부터 9일간의 이야기를 중심으로 진행된다. 영화의 초반부에서는 그가 수용소에서 겪는 비인간적인 조건 속의 삶을 집중적으로 보여주는데, 이후에도 수차례 회상 장면을 통해서 수용소의 현실과 그 안에서 수감자들의 생활을 생생하게 전달한다. 크레머는 9일간의 휴가 동안에 자기 자신과 수용소에 있는 동료 사제들을 위해서 자신의 신념과 위배되는 행동을 하도록 강요당한다. 나치 장교인 겝하르트가 나치에 대한 저항으로 국민들 사이에서 높은 명망을 누리고 있는 사제 크레머가 나치에 소극적 저항을 하고 있는 룩셈부르크 교회를 비판해서, 교회의 여론에 균열을 일으키길 요구한 것이다. 협조의 대가로는 크레머 자신뿐 아니라 수감되어 있는 모든 룩셈부르크 사제를 풀어주겠다고 제안한다. 크레머는 이 제안을 받아들인 것인지, 아니면 거부하고 다시 수용소로 갈 것인지 선택의 기로에 놓인다. 크레머 사제는 가상의 인물이지만, 영화의 시나리오는 장 베르나Jean Bernard의 수기 『사제동 25487』을 기초로 작성되었다.

　〈아홉 번째 날〉은 기차 소리에 이어서 크레머를 비롯해서 수용소에 도착하는 사람들, 이들을 잔인하게 대하는 나치의 모습을 보여주며 시작한다. 수용소의 현실을 묘사하는 방식은 전반적으로 사실적이다. 핸드 카메라의 흔들리는 기법을 활용해서 긴박감을 강조하고, 클로즈업으로 탄압하고 탄압 받는 사람들의 표정과 감정을 직접적으로 전달한다.(도판 61) 감독은 수용소에 도착하는 사람들의 모습을 위에서 내려다보는 극단적 상향 시선을 사용해서 이들이 마치 짐칸에서 내린 동물처럼 보이게 하며, 이로써 이들의 인격적인 특성을 앗아간다.(도판 62)

도판 61. 〈아홉 번째 날〉

도판 62. 〈아홉 번째 날〉

영화는 홀로코스트의 피해자 중에서 나치에 반대했던 사제의 이야기를 전한다. 도입부에서 수용소에 막 도착한 크레머는 사제라는 이유 때문에 더 심한 학대를 받는다. 또한 십자가형에 처해지는 다른 사제의 모습을 통해서 가톨릭 교회에 적대적인 나치의 만행을 명확하게 보여준다. 이 장면에서 나치 장교는 "신이 있다고 정말 믿나? 어디 있지? 여기 어디에서 신을 볼 수 있지?"라고 묻는다. 언제 나치의 자의적인 처분에 의해 죽임을 당할지도 모르는 상황에 있던 크레머는 갑작스럽게 석방 명령을 받는다. 여기까지 영화의 도입부는 핵심인물인 크레머를 소개하고, 수용소의 현실을 통해서 나치와 가톨릭 교회 사이의 긴장을 보여준다. 그렇지만 영화가 진행되면서 점점 명확해지는 것처럼, 이 긴장은 나치에 적극적으로 저항하는 사제 개개인과 나치 정권 사이에서 생겨나는 것이다. 가톨릭 교회의 공개적인 지지를 받지 못하는 이들 사제의 수용소 삶은 다른 수감자들과 다를 바 없으며, 때로는 더욱 잔인한 대우를 받는다.

이 영화가 홀로코스트 영화에서도 잘 이야기되지 않은 특별한 사건을 다루고 있다는 점은 그가 석방돼서 고향인 룩셈부르크로 돌아온 둘째 날 확실해진다. 그가 돌아온 첫 날 친위대 장교인 겝하르트는 역에서 그를 마중하고 가족이 이사 간 집으로 안내해준다. 그리고 다음 날 오전 자신과 면담할 시간을 알려준다. 둘째 날의 면담에서 그는 크레머가 석방된 것이 아니라, 9일간의 휴가를 얻은 것이라고 알린다. 그리고 만약 그가 도주한다면 수용소에 있는 룩셈부르크 출신의 사제들이 모두 총살에 처해질 것이라는 경고를 한다. 크레머가 수용소로부터의 휴가라는 특별한 기회를 왜 얻게 되었는지 관객은 크레머에 앞서서 먼저 겝하르트와 대관구장Gauleiter과의 대화를 통해 알게 된다. 겝하르트는 크레머를 이용해서 룩셈부르크 가톨릭 교회가 나치 정권에 적극적으로 협력하도록 유도하고자 한다. 두 사람의 대화는 겝하르트의 입장에서도 크레머를 회유하는 것이 왜 중요한지 공식적인 이유를 제시한다. 대관구장은 겝하르트의 주도하에서 진행되는 이 기획을 전적으로 지지하는 입장은 아니다. 그는 가톨릭 교회와 나치 정권 사이의 관계에 큰 문제가 없다고 보는 입장이다. 겝하르트는 특히 유대인 문제로 가톨릭 교회가 나치 정권에 반대할 수 있음을 지적하면서, 크레머를 이용해서 선제적으로 가톨릭 교회에 균열을 내고자 한다는 점을 밝힌다. 대관구장은 겝하르트의 시도가 실패할 경우, 그가 동부의 수용소로 전근 가는 것을 막을 수 없다고 말한다. 이 말을 들은 겝하르트의 굳은 표정은 수용소의 현실이 친위대 장교인 그에게조차도 피하고 싶은 것임을 암시한다.

〈아홉 번째 날〉에서 가장 중요한 서사의 축은 배반을 유도하는 겝하르트와 이에 저항하는 크레머의 심리 대결이다. 겝하르트의 언급을 통해서, 관객은 크레머가 레지스탕스로 활동한 저항운동가이며, 나치의 반유대주의를 비판하는 글을 쓰기도 한 명망 있는 학자라는 사실을 알게 된다. 두 번째 날 처음으로 자신의 사무실에서 크레머를 맞은 겝하르트는 그에게 시가와 초콜릿을 제공하면서 친절을 베푼다. 그렇지만 두 사람의 만남은 공포와 억압의 분위기가 지배적이다. 세 번째 날 겝하르트는 나치가 소련에 맞서 싸우며 기독교 세계를 구원하고 있다고 주장하면서, 소극적인 저항을 하고 있는 룩셈부르크 주교로부터 히틀러를 지지하는 선언에 서명을 받아올 것을 요구한다. 룩셈부르크 주교가 크레머와의 만남을 거부하고 크레머 역시 주교와의 만남을 적극적으로 추진하지 않자, 여섯 번째 날에 겝하르트는 크레머에게 주교를 비판하는 내용의 성명서를 작성하도록 요구한다. 그렇게 한다면 수용소에 있는 동료 사제들 역시 풀어줄 것을 약속하면서 크레머를 유혹한다.

처음에는 소극적인 태도로 겝하르트의 요구를 듣기만 하던 크레머는 시간이 지나면서 적극적으로 자신의 신념을 표현하기 시작한다. 먼저 겝하르트는 열두 사도 중 한 명이었던 유다에 대한 자신만의 해석을 통해 크레머의 태도 변화를 유도한다. 유다의 배반이야말로 예수의 죽음, 그리고 이어지는 기독교의 건설에 핵심적인 역할을 한 것이라고 주장한다. 크레머의 과거 행적을 고려했을 때, 관객의 입장에서는 겝하르트의 이런 주장이 크레머의 변화를 유도할 것이라고 믿기 힘들다. 오히려 흥미로운 것은 성서를 기반으로 크레머를 설득하고자 하는 겝하르트의 캐릭터다.

겝하르트는 사제 서품 직전에 교회를 떠나 세상을 구원하고자 하는 신념을 실천하기 위해 나치당에 들어간 인물이다. 겉으로는 확신에 찬 나치주의자로서 크레머를 회유하지만, 그의 내면에는 기독교인과 나치 장교라는 두 가지 정체성이 충돌하고 있다. 그가 원하는 것은 교회와 나치가 적극적인 협력관계를 맺는 것이다. 이 계획이 매우 개인적인 성격을 가지고 있다는 것은 두 가지 사건을 통해서 알 수 있다. 첫 번째는 크레머가 도주했다고 오판하고 그의 집을 들이닥쳤을 때 그가 보이는 감정적 반응이다. 그동안 주로 절제되고 냉소적인 태도를 보이던 그가 도주 소식을 듣고 매우 흥분하면서, 크레머 누이의 뺨까지 때린다. 두 번째는 여덟 번째 날에 동부 수용소에 관한 크레머의 질문에 대해서 그가 보이는 반응이다. "수용소에서 무엇을 봤습니까?"라는 크레머의 마지막 질문에 그는 혼란스러운 표정을 보인다. 겝하르트는 기독교인이자 나치 장교지만, 그가 본 수용소의 현실은 기독교인으로서 자신의 정체성과 양립할 수 없는 것이다. 따라서 교회를 나치의 편으로 만들려는 그의 시도는 자기 내면의 혼란을 극복하고자 하는 시도이기도 하다. 〈아홉 번째 날〉은 겝하르트를 사악한 나치주의자로 단순화하지 않고, 종교와 정치 사이에서 갈등을 겪는 인물로 제시함으로써 캐릭터에 깊이를 부여한다.

수용소의 참혹한 현실을 보여주면서 시작한 영화는 크레머가 과연 수용소로 돌아갈지 그의 선택에 대해 주목하게 한다. 크레머에게는 수용소로 돌아가지 않을 두 번의 기회가 제공된다. 첫 번째는 가족들이 권유하는 대로 도피를 하는 것이다. 그의 형과 누이는 크레머가 파리나 스위스로 몰래 도피할 것을 제안한다. 두 번째는 앞에서 언급한 겜하르트의 제안으로, 교회를 배신할 경우 크레머 자신뿐 아니라 수용소에 있는 동료 사제들까지 구원의 기회를 얻는다. 나치에 협조하도록 권유하는 사람에는 주교좌 신부도 있다. 그는 가톨릭 교회 전체를 위해서 저항보다는 협력이 필요하다고 생각한다. 크레머는 모든 유혹을 이겨내고 아홉 번째 날에 지옥 같은 수용소로 돌아간다. 이것은 단지 그가 강인하고 영웅적인 성격의 소유자이기 때문이 아니다. 영화는 여러 차례에 걸친 회상 장면을 통해서 수용소에서 그가 한 사람이 마시기에 충분한 양의 물이 나오는 수도관을 발견하고, 다른 수감자에게 비밀로 한 채 혼자서 물을 마신 일화를 보여준다. 물은 생명의 상징이기도 하다. 크레머가 나누기를 거부한 물은 결국 친한 동료가 삶에 대한 희망을 포기하게 만든다. 이 동료는 스스로 철조망에 뛰어들어 자살한다. 회상 장면은 크레머 역시 유혹에 넘어갈 수 있음을 보여주면서, 이 아픈 경험이 크레머가 나치와의 협력을 거부하는 동력이 되었음을 설득력 있게 보여준다.(Heinzelmann 2004) 영화는 겜하르트와 크레머 모두를 내면에 상처를 입은 입체적 인물로 묘사함으로써 선과 악의 이분법을 넘어선다.

이 영화는 나치 시기의 가톨릭 교회의 역할과 책임에 대해서

적극적으로 묻고 있다는 점에서도 다른 홀로코스트 영화와 차별
성을 갖는다. 앞에서 언급한 대로 주교좌 신부는 나치와의 협력
이 필요함을 강조하고, 교황의 지시에 부탁에 따라서 나치가 수감
된 사제들에게 특별대우를 하고 있다고 말한다. 이 특별대우가 얼
마나 모멸적인 것인지에 대해서는 주교좌의 언급에 바로 이어지
는 크레머의 회상 장면을 통해 확실하게 보여준다. 여기에서 크레
머는 교황의 요청에 따라 사제들에게만 특별히 배급된 와인을 한
번에 비우지 못했다는 이유로 나치에게 끌려가고 구타를 당한다.
반면 주교는 병을 핑계로 나치의 고위관료를 만나지 않고, 하루
에 한 번 룩셈부르크의 모든 성당의 종을 울리게 하는 등 소극적
인 저항을 하고 있다. 영화는 나치가 종교의 자유를 허락하는 대
신, 교황은 나치 정권을 인정하는 협약을 맺은 바 있다는 역사적
사실(1933년에 체결된 "제국협약Reichskonkordat")도 상기시킨다. 전반
적으로 교회의 책임자들은 나치를 우려하는 시선을 바라보지만,
적극적인 저항은 스스로 시도하지도, 사제와 신도에게 권하지도
않는다. 이런 태도는 수용소에 수감된 사제들이 처한 현실과 분명
한 대조를 이룬다. 나치 정권에 대한 저항은 사제들의 개인적 신념
에 따라 이루어진 것이지, 교회 차원에서 조직적으로 실행된 것이
아니다. 이는 크레머가 최종적으로 겝하르트의 제안을 따르지 않
고 수용소로 돌아가기로 한 결정과도 관련된다. 여덟 번째 날 크
레머가 주교를 만나서 결정에 대한 조언을 청했을 때, 주교는 구
체적인 조언을 거부하고, 단지 그에게 양심을 따르고 기도와 성령
의 힘을 믿으라고 말한다. 결국 크레머가 자신의 신념을 지킨 것
은 제도로서의 종교의 힘보다는 유혹에 넘어갔던 자신의 과거에
대한 반성이었다. 이로써 영화는 제도로서의 종교보다 더 근원적

인 인간으로서의 양심과 자기성찰력을 강조한다.

다시 수용소로 돌아온 크레머는 간수에게 담배를 건네고 소시지를 몰래 들여온다. 이것을 숙소에서 다른 수감자들과 나누는 장면으로 영화는 막을 내린다. 유대인 학살에 대해 알고 있었음에도 나치에 적극적으로 항의하지 않았던 교회와 달리, 기독교인으로서의 크레머는 자신의 신념을 지키면서 이웃에 대한 사랑과 자비라는 교회의 가장 중요한 원칙을 실천한 것이다. 마지막 자막은 앙리 크레머가 실제 인물을 기반으로 한 것이라는 사실과, 수천 명의 성직자가 사제동에 수용되어 있었으며 절반에 가까운 사제들이 사망했다는 점을 지적한다.

수용소의 참상을 보여주면서 시작한 〈아홉 번째 날〉은 영화가 진행되면서 나치 정권과 가톨릭 교회, 나치즘과 기독교 정신의 관계를 탐구한다. 주인공 크레머는 자신의 신념을 꿋꿋하게 지켜내고, 기독교 정신을 실천한다. 이런 영웅적인 면모 뒤에는 자신의 과오에 대한 반성이 깃들어 있다. 크레머라는 캐릭터의 실존 인물이 수용소를 견디고 살아남았다는 마지막 자막은 그의 비타협적인 태도가 결국 보상받았음을 보여준다. 이런 점에서 〈아홉 번째 날〉은 어떤 역경에도 굴하지 않는 인간성의 승리를 강조하며, 관객에게 희망적인 메시지를 전달한다.

3.2.4. 〈유대인 쥐스-양심 없는 영화〉

원제   : Jud Süß – Film ohne Gewissen
감독   : 오스카 뢸러Oskar Roehler
시나리오 : 클라우스 리히터Klaus Richter
카메라   : 칼 F. 코쉬닉Carl-F. Koschnick
편집   : 베티나 뵐러Bettina Böhler
음악   : 마르틴 토트샤로프Martin Todsharow
주연   : 토비아스 모레티Tobias Moretti(페르디난트 마리안 역), 마티나
           게덱Martina Gedeck(안나 마리안 역), 모리츠 블라입트로이Moritz
           Bleibtreu(요셉 괴벨스 역), 아르민 로데Armin Rohde(하인리히
           게오르게 역), 유스투스 폰 도나니Justus von Dohnányi(파이트
           하를란 역)
제작사   : Novotny & Novotny Filmproduktion(Wien), Clasart Film-
           und Fernsehproduktionsgesellschaft mbH(München), Tele
           München Film- und Fernsehproduktions GmbH(München)
개봉연도 : 2010
상영시간 : 120분

    독일이 2차 세계대전에서 승승장구하던 1940년에 개봉되었으며 반유대주의 영화의 대표작으로 손꼽히는 〈유대인 쥐스Jud Süss〉는 지금까지도 독일에서 교육적 목적의 해설이 동반되지 않으면 상영이 금지되어 있다. 이 영화는 나치 선전부 장관이었던 요셉 괴벨스의 전폭적인 지지를 받아서 제작되었다. 감독 역시 그가 총애하던 파이트 하를란Veit Harlan이 맡았으며, 크리스티나 죄더바움Kristina Söderbaum, 하인리히 게오르게Heinrich George, 베르너 크라우스Werner Krauß 등 당대 유명배우들이 참여했다. 영화의 주인공인 유대인 쥐스 역은 페르디난트 마리안Ferdinand Marian이 맡았는데, 나치 당원도 아니며 비정치적인 인물로 간주되었던

그는 이 영화로 잠시 스타가 되었지만, 전쟁이 끝난 후에는 배우로서 활동을 금지당하고, 1946년 자신이 운전하던 자동차 사고로 목숨을 잃는다. 2010년 베를린 영화제 경쟁작으로 초연한 〈유대인 쥐스 – 양심 없는 영화〉는 마리안과 괴벨스를 중심인물로 설정해서 영화 〈유대인 쥐스〉의 제작 과정과 개봉을 둘러싼 일화를 보여준다. 〈유대인 쥐스 – 양심 없는 영화〉는 열렬한 나치주의자가 아님에도 어떻게 많은 배우들이 악랄한 반유대주의 영화에 참여하게 되었는지에 대해, 그리고 나치주의자들이 가지고 있던 유대인에 대한 거부와 공포가 어디에 기인하는지에 대한 나름의 대답을 제공하고 있다. 감독 뢸러는 전작 〈두려움Der alte Affe Angst〉(2003), 〈소립자Elementarteilchen〉(2006)에서 잠재된 성적 욕망의 영향력을 집중적으로 탐색한 바 있다. 나치시대를 배경하지만 〈유대인 쥐스 – 양심 없는 영화〉 역시 주제 면에서 앞의 두 영화의 연속성을 가진다.

영화는 공연을 하루 앞두고 극장에서 셰익스피어의 연극 〈오셀로〉의 이아고 역을 맡아 연습하고 있는 마리안을 괴벨스가 찾아가는 장면으로 시작한다. 자신의 연기를 칭찬하는 괴벨스를 보고 마리안은 어리둥절한 반응을 보인다. 괴벨스의 마음 속에 〈유대인 쥐스〉의 주연으로 이미 결정된 마리안은 이후 여러 차례에 걸쳐서 괴벨스로부터 이 역할을 받아들일 것을 종용받지만, 본인은 이에 대해서 양가적인 감정을 가지고 있다. 처음에 그는 나치의 수뇌가 직접 기획하는 반유대주의 영화에 반감을 보인다. 특히 그는 자신의 아내인 안나의 반응을 주의 깊게 살핀다. 마리안 주변의 다른 인물들과 마찬가지로 그녀 역시 나치를 탐탁지 않게 생각한다. 더군다나 그녀는 유대인의 후손이라는 사실을 숨기며 살

고 있다.[16] 이 사실을 안 괴벨스는 이를 쥐스 역할을 맡지 않으려
는 마리안에게 은밀한 압력을 가하는 도구로 사용한다. 쥐스 역
을 맡지 않으려는 그의 저항은 한계를 보인다. 그 이유는 무엇보
다도 배우로서 관객들에게 인정과 사랑을 받고 싶어 하는 욕망 때
문이다. 괴벨스의 제안을 거부하던 그는 결국 억지로 쥐스 역할을
맡게 되었을 때 오히려 홀가분해 하는 모습을 보인다. 괴벨스에게
미움을 받아서 배우로 활동하지 못할 것을 걱정했기 때문이다. 이
후 그는 부인 앞에서 자신이 연기를 통해서 쥐스를 호감 가는 인
물로 표현할 수 있다는 허영심도 보이고, 〈유대인 쥐스〉가 선전영
화가 아니라 예술영화가 되게 만들 것이라고, 예전 동료로 지금은
강제수용소에 수감되어 있는 유대인 도이처에게 맹세하기도 한
다. 끝까지 저항하지 못하고 나치의 계획에 굴복하는 마리안의 모
습은 영웅적이지는 않지만, 인간적이며 이해할 수 있는 것으로 묘
사된다. 이렇게 마리안이 괴벨스에 의해서 영화의 주연으로 발탁
되고, 몇 차례 거부하지만 결국 이 역할을 맡아서 영화를 촬영하
는 내용은 영화의 절반 가량의 분량을 차지한다. 이후 절반은 영
화가 개봉된 이후의 반응을 중심으로 진행된다.

　전반부에는 마리안뿐 아니라 이미 〈유대인 쥐스〉에 출연하기
로 결정한 많은 유명 배우들이 등장한다. 이들은 마리안과는 달리
이 영화에 출연하는 것에 별다른 문제의식을 느끼지 않는다. 영화
에서 대공 역을 맡은 하인리히 게오르게의 유머는 나치 영화에 참
여한 배우들의 인식을 대변한다. 그는 마리안에게 다음과 같은 농

16　안나 마리안은 영화 속에서 때로는 "50% 유대인Halbjüdin"으로, 때로는 "25%
　　유대인Vierteljüdin"으로 지칭된다.

담을 던진다. "악마가 한 배우에게 다음과 같은 거래를 제안해. 중요한 배역, 큰 집, 아름다운 여인, 빠른 자동차 등 원하는 것을 다 들어주겠다, 대신 너의 영혼을 나에게 팔아라. 좋아, 하고 배우는 대답하고, 그런데 함정이 뭐지, 라고 물었대." 다른 배우인 베르너 크라우스는 하나의 역할은 자신에게 너무나 작다고 불평하고, 일인 다역으로 여러 유대인 조연을 같이 연기할 것을 괴벨스에게 제안한다.

영화에서는 괴벨스가 왜 마리안이 유대인 역할을 맡기를 그토록 바라는지 명확하게 드러나지 않는다. 단지 마리안이 정말 유대인 같다는 말을 반복할 뿐이다. 이 유대인다움의 핵심적인 특징이 무엇인지에 대해 관객은 마리안의 모습을 통해서 유추해볼 수 있다. 이것은 나치가 왜 유대인을 증오하는지에 대한 영화의 가설과도 밀접하게 연결된다. 마리안과 괴벨스의 가장 큰 공통점은 두 사람 모두 여성들에게 매우 인기가 있다는 것이다. 마리안은 가정부로 일하는 브리타와 은밀한 관계를 맺고 있으며, 호텔 로비에서 처음 보는 여인의 적극적인 구애를 받고 그녀와 잠자리를 하기도 한다.(도판 63) 그는 자신이 다음 영화에서 맡게 될 카사노바 역할을 자신이 연기할 최고의 배역이라고 말하는데, 이 주장을 현실에서도 확인시켜주는 셈이다. 또한, 괴벨스 역시 등장만으로도 여성들을 경탄에 빠지게 하고(도판 64), 브리타가 특별히 칭찬받을 만한 일을 했을 때 자신과 성적 관계를 가질 기회를 줌으로써 보상할 정도로 자신의 성적 매력에 자신하고 있다. 마리안과 괴벨스 모두 탁월한 성적 매력을 가지고 있지만, 도덕관념은 결여되어 있다. 결국 이들은 여성을 두고 서로 경쟁하는 입장이다. 괴벨스가 마리안을 유대인의 전형으로 보는 이유도 여기에 있는 것으로 보

도판 63. 〈유대인 쥐스〉

도판 64. 〈유대인 쥐스〉

인다. 괴벨스에게 유대인은 비도덕적이며 성적 매력을 바탕으로
아리아인 여성을 유혹하는, 아리아 남성에게 위협적인 존재다.

　1940년 영화 〈유대인 쥐스〉는 〈유대인 쥐스 – 양심 없는 영화〉
의 배우들의 재연을 통해서 지금의 관객들에게 소개된다. 먼저 괴
벨스가 나치주의자 감독이자 영화정책가인 히플러와 함께 〈유대
인 쥐스〉를 보는 장면이 나온다. 이후 1940년 베니스 영화제, 같
은 해 베를린 초연, 아우슈비츠 건설현장의 상영을 통해서 현대의
관객은 〈유대인 쥐스〉를 간접적인 방식으로 관람한다. 원작 영화
의 내용은 선별적으로 제시된다. 괴벨스와 히플러가 보는 영화의
부분은 쥐스가 슈투트가르트 대공의 전령과 이야기하는 장면으

로 시작한다. 곧 대공을 만난 쥐스는 돈과 보석을 과시하며 대공의 환심을 산다. 이를 이용해서 대공은 발레하는 여성들 중 한 명을 유혹한다. 베니스 영화제에서는 쥐스가 자신이 흠모하는 여인인 도로테아의 남편을 고문하고, 도로테아를 겁탈하는 장면이 상영된다. 베를린 초연에서는 쥐스가 대공의 아내까지 유혹했다는 사실에 대공이 분노하고, 동시에 군중들이 쥐스를 찾아 대공의 저택에 몰려드는 장면을 보여준다. 이어서 쥐스가 자신의 목숨을 구걸하지만 결국 교수형을 당하는 장면으로 베를린 상영은 마무리된다. 이후 아우슈비츠 수용소로 알려진 수용소 건설 현장의 젊은 군인들에게 상영되는 부분은 겁탈을 당한 후 자살한 도로테아의 시체를 그녀의 남편이 쥐스의 저택 앞으로 데려오고, 성난 군중이 저택에 몰려들어서 쥐스의 죽음을 요구하는 장면이다. 이 장면은 이전까지 연대기적으로 보여주던 〈유대인 쥐스〉의 부분들과는 달리, 영화에서 반유대주의가 직접적으로 드러나는 부분을 보여준다. 각각의 상영 후의 반응은 이 영화가 마리안에게 끼친 영향을 보여준다. 베니스 영화제 상영 직후의 반응은 매우 호의적이다. 마리안은 사인을 받으려는 관객들에게 둘러싸이고, 그동안 이 영화에 대해서 비판적이었던 그의 부인 역시 그의 연기를 칭찬하고, 그가 자랑스럽다고 말한다. 이런 호의적인 분위기는 베를린 상영 후 변화한다. 괴벨스는 상영이 끝난 후 기자들과 배우들 앞에서 유대인은 공식적으로 적이라고 언급하면서, 유대인 절멸을 암시하는 발언을 한다. 이 발언을 듣고 있던 마리안은 굳은 표정을 짓고, 부인 안나는 그를 비난 어린 시선으로 바라본다. 아우슈비츠 건설 현장에서의 상영은 더욱 극적이다. 쥐스의 죽음을 요구하는 군중 장면을 보던 군인들은 한 목소리로 "유대인, 유대인"을 외친

다.(도판 65) 결국 마리안은 끝까지 영화를 보지 못하고 밖으로 나
온다.(도판 66) 자신의 영화가 홀로코스트의 도구로 쓰이고 있다
는 사실을 깨달았기 때문이다.

도판 65. 〈유대인 쥐스〉

도판 66. 〈유대인 쥐스〉

앞에서 언급했듯이 이 영화는 마리안에 대한 괴벨스의 태도를
통해서 나치가 유대인을 성적으로 매력적이어서 경계해야 할 대상
으로 봤다는 해석을 제시한다. 이런 영화의 가설은 중반 이후에 한
가지 에피소드를 통해서 강화된다. 베를린 초연이 끝난 후, 괴벨스
는 나치 장교의 부인에게 마리안을 소개한다. 그녀의 남편인 나치
장교는 바르샤바 게토의 책임자로 마리안도 만난 적이 있다. 괴벨

스는 중년의 장교 부인이 마리안과 동침할 수 있게 편의를 제공한다. 둘만 있는 자리에서 장교 부인은 배우 마리안이 아니라, 그가 연기한 쥐스를 성적 판타지의 대상으로 삼는다. 마리안은 그녀의 요구에 따라서 영화 속 쥐스를 연기하며 그녀와 관계를 맺는다. 이 모든 상황은 괴벨스의 계획 안에서 이루어진다. 영화는 결국 괴벨스, 더 나아가 나치 정권의 유대인 말살 정책에는 이들이 일일이 통제할 수 없는 유대인의 영향력을 차단하고자 하는 목적이 있다는 해석을 제공한다. 이 영향력은 근본적으로 신체적이고 성적인 것이다. 원작 〈유대인 쥐스〉에서 반유대주의를 촉발하는 계기 역시 성과 일차적인 관련이 있다는 점을 생각해 보면, 마리안의 캐릭터를 바람둥이와 호색한 사이에 위치시키고, 당대의 독일인들이 그런 그의 모습에서 유대인의 특성을 보게 만든 설정은 설득력이 있다.

마리안은 〈유대인 쥐스〉가 자신이 바라던 예술영화가 아니라 선전영화로 사용되면서 점점 망가지기 시작한다. 이 과정에서 괴벨스는 그의 부인을 강제수용소로 이송한다. 이런 상황에서도 동부 전선에서 영화 상영을 지켜봐야 하는 그는 술에 빠지기 시작한다. 영화의 마지막 부분은 나치가 패망한 후 1946년 뮌헨을 배경으로 진행된다. 마리안은 영화 촬영 중에 알게 된 여인과 동거하고 있으며, 이제 다시 배우로 활동할 수 있다고 기뻐한다. 딸은 연락을 끊은 상태이며, 아내의 상황은 알지 못한다. 마을 축제에서 도이처를 만난 그는 다시 한 번 〈유대인 쥐스〉에 참여한 과거와 대면하게 되고, 아내가 강제수용소에서 가스사를 당했다는 것을 알게 된다. 다음 날 아침, 그는 동거인이 미군과 섹스를 하는 장면을 목격한 후, 차를 몰며 마지막으로 가족사진을 본 다음 고의로 사고를 내서 자살한다. 마지막으로 영화는 자막을 통해서 개봉 당시 2천만 명이 넘는 관객이 〈유대인 쥐스〉를 봤으며, 전쟁이 끝난 후부터 지금까지 영화 상영이 금지되었다는 사실, 그리고 파이트 하를란, 하인리히 게오르게, 베르너 크라우스, 페르디난트 마리안의 전후의 삶과 죽음에 대한 정보를 전달한다.

영화 속 마리안은 실존했던 배우 페르디난트 마리온과 아무 관련이 없다는 평가를 받을 정도로, 이 영화는 역사적 고증을 중요하게 여기지 않는다. 예를 들어서, 마리온은 자동차 사고로 사망하긴 했지만, 명백하게 자살로 밝혀지지는 않았다. 또한, 실제 마리온의 부인인 마리아 빅Maria Byk은 유대인과 아무 관련이 없는 독일인이며, 따라서 영화 속 설정처럼 강제수용소에서 사망하지 않았다. 영화 속 괴벨스의 경우, 다리를 저는 사실이나 그가 구사하는 강한 라인란트 사투리는 실존인물로서의 괴벨스를 지시하지만, 그는 마리온과 영화에서처럼 각별한 관계가 아니었다. 유대인 동료인 도이처의 존재 역시 순수한 허구이다.(Kurz 2010) 〈유대인 쥐스 – 양심 없는 영화〉를 통해서 "있는 그대로"의 나치 시대를 아는 것은 불가능하며, 이는 영화의 목적도 아니다. 이 영화를 〈유대인 쥐스〉의 제작과정을 마리안을 중심으로 재구성한 영화로 본다면 그다지 공감이 가지 않는 인물을 주인공으로 내세운 멜로드라마로 평가받을 것이다. 하지만 〈유대인 쥐스 – 양심 없는 영화〉는 더 큰 야심을 가지고 제작한 영화다. 이 영화는 마리안과 괴벨스를 중심인물로 삼아 〈유대인 쥐스〉의 제작 과정을 통해서 무엇보다 당시 독일에 퍼져 있던 반유대주의 정서의 근원을 탐구한다. 이 거대한 탐구는 진지하고 학문적인 성격이 아니다. 영화는 과장과 풍자를 통해서 반유대주의를 성적, 심리적 차원에서 설명하고 있다. 이것으로 반유대주의를 총체적으로 설명할 수는 없으며, 과

연 이렇게 나치의 반유대주의에 접근하는 것이 타당한지에 대해
서는 논란이 많다. 실제로 이 영화가 초연이 된 베를린 영화제에
서의 반응은 매우 차가웠다. 역사의 왜곡, 나치에 대한 변명이라는
비난과 마주했으며(Seeßlen 2010), 독일에서 10만 명이 채 안 되는
관객을 동원하면서 흥행에도 실패했다. 반면, 재연을 통해서 제시
되는 원본 〈유대인 쥐스〉의 부분들은 "구체적이며 정확하게 나치
영화의 조작술을 보여준다"(Buß 2010)는 점에서 흥미롭다는 평가
를 받기도 했다. 카메라 기법과 구도 등에서 원본을 그대로 재연
하면서, 일반 관객은 접근할 수 없는 〈유대인 쥐스〉를 비록 부분
이나마 다시 체험해볼 수 있게 하는 것은 이 영화의 특별한 점 중
하나다.

이 영화는 유대인의 삶을 핵심적으로 다루지는 않는다. 이 영
화의 주요 인물 중에서 유대인은 안나 마리온과 빌헬름 아돌프 도
이처, 두 사람뿐이다. 안나는 유대인으로서 정체성을 숨기며 살
다가, 이것이 발각된 후 수용소로 이송된다. 그녀가 그곳에서 사
망했다는 소식은 도이처에 의해서 구두로만 전달된다. 유대인으
로서의 도이처의 삶은 안나에 비해서 보다 비중 있게 다루어진
다. 그는 유대인이기 때문에 배우 활동이 금지되고, 마리온의 집에
서 살다가 체포된다. 이후 바르샤바의 게토에서 살던 그는 〈유대
인 쥐스〉의 촬영 때문에 그곳에 들른 마리온을 만나고, 반유대주
의 영화에서 주연을 맡은 그가 양심의 가책을 느끼게 한다. 전쟁
이 끝난 후에는 다시 마주친 마리온과 마주친 도이처는 그의 행적
을 용서하지 못한다. 안나 마리온과 도이처 모두 페르디난트 마리
온의 양심을 자극하는 인물로 설정되어 있으며, 영화에서 유대인
의 삶 자체는 부차적으로 다루고 있다.

3.2.5. 〈런 보이 런〉[17]

원제   : Lauf, Junge, lauf!
감독   : 페페 당크바르트Pepe Danquart
시나리오 : 하인리히 하딩Heinrich Hadding
카메라   : 다니엘 고트샬크Daniel Gottschalk
편집   : 리하르트 마리치Richard Marizy
음악   : 슈테판 무차Stéphane Moucha
주연   : 안드레이 카치Andrzej Tkacz(스룰릭/유렉 역), 카밀 카치Kamil
            Tkacz(슈룰릭/유렉 역), 엘리자베트 두다Elisabeth Duda(막다 얀칙 역),
            자넷 하인Jeanette Hain(헤르만 부인 역), 라이너 복Rainer Bock(SS
            장교 역)
제작사   : bittersuess pictures GmbH(Berlin)
개봉연도 : 2013
상영시간 : 107분

    이 영화는 이스라엘의 작가 우리 오를레브Uri Orlev가 쓴 동명의 실화소설을 독일인 페페 당크바르트 감독(1955~)이 영화화한 작품이다. 바덴뷔르템베르크 주 징엔에서 태어나고 프라이부르크 대학에서 수학한 당크바르트는 1994년 단편영화 〈부정승차자Schwarzfahrer〉로 오스카상을 받은 경력이 있으며, 〈홈경기 Heimspiel〉(2000), 〈지옥의 경기Höllentour〉(2004), 〈투 더 리미트Am Limit〉(2007) 등 극한 상황 속의 프로 스포츠인을 다루는 다큐멘터리로 이름을 알렸다. 2008년부터는 함부르크 조형예술 대학 (Hochschule für bildende Künste Hamburg)에서 교편을 잡고 있다.

---

17 이 책에서 사용한 〈런 보이 런〉은 영미권에서 사용된 제목으로, 독일어 제목을 그대로 옮긴 것이다. 이 영화는 한국에서 〈홀로코스트〉라는 제목으로 2015년에 개봉되었다.

동명 소설과 마찬가지로 영화 〈런 보이 런〉은 홀로코스트 생존자인 스룰릭 프리드만Srulik Fridman이 경험한 실제 이야기를 바탕으로 구성되었다. 유대계 폴란드인인 스룰릭은 1942년 8살의 나이로 혼자 바르샤바의 유대인 게토를 탈출해서 인근 숲에서 생활한다. 그는 유대인이라는 정체성을 숨긴 채, 여러 마을의 농장에서 일꾼으로 일하면서 전쟁이 끝날 때를 기다린다. 유대인이라는 사실이 드러나면 마을을 떠나는 그는 도피 과정에서 많은 사람을 만나게 되는데, 이 중에는 아무런 대가 없이 그를 도와주는 선량한 사람들 뿐 아니라 그를 나치에게 넘겨서 돈을 벌거나 권력에 잘 보이려는 사람들도 있다. 전쟁이 끝난 후에 그는 유대인으로서의 정체성 문제와 마주하게 된다. 그동안 가톨릭 신도로서 자신을 성공적으로 감추며 살아왔으며, 자신을 돌봐주는 이들에게 기쁨을 주었던 그는 죽은 아버지의 부탁대로 다시 유대인으로 살아가기로 결심한다.

〈런 보이 런〉은 주인공 스룰릭의 여덟 살부터 열 살 때까지, 즉 1942년 여름부터 1945년 종전까지 약 3년의 시기를 집중적으로 다루고 있다. 1942년 겨울부터 시작하는 영화의 서사는 연대기적 진행을 기본으로 하지만, 네 차례 회상 장면을 통해서 스룰릭의 도피 생활 이전과 초반의 삶을 보여준다. 영화는 혼자 남은 스룰릭이 여러 사람들의 도움과 자신의 기지로 죽음의 위기를 모면하고 종전을 맞이함으로써, 생존과 유대인으로서의 정체성 유지라는 목표를 달성하는 모험영화의 특징을 가지고 있다. 영화는 철저하게 스룰릭의 체험을 따라가며, 그의 시선을 반영한다. 주인공에게 감정이입을 유도하는 기법은 영화에 전반적으로 자주 사용된다. 대표적인 장면으로 두 가지를 들 수 있다. 첫 번째는 그가 얀

치크 부인 집에 도착하는 장면이다. 영화는 옷을 훔치는 장면에서
이미 스룰릭의 시점숏을 사용하면서 그의 주관적 시선을 강조한
바 있는데, 얀치크 부인의 집에 도착해서 쓰러지는 장면에서는 화
면 속에서 음향이 없고 그가 바라보는 얀치크 부인은 천천히 움직
인다. 곧이어 화면이 검게 변하면서 스룰릭이 결국 의식을 잃었음
을 보여준다.(도판 67, 68) 두 번째는 힘든 상황 속에 있는 그를 카
메라가 점점 다가가서 클로즈업으로 마무리하는 장면들이다. 눈
바람이 몰아치는 숲속에서 혼자 앉아 있을 때, 병원 복도에서 수
술을 받지 못하고 환상 속에서 과거를 회상할 때, 나치 사령부의
구치소에 수감되어 옆방에서 들리는 고문 소리를 들어야만 했을

도판 67. 〈런 보이 런〉

도판 68. 〈런 보이 런〉

때, 클로즈업된 그의 얼굴은 관객에게 그가 느끼는 고통을 보다 직접적으로 체험하게 한다. 반대로 카메라가 점점 뒤로 빠지면서 주인공을 점점 더 작게 보여주는 방식도 여러 차례 사용된다. 이는 아무도 없는 주변 환경을 강조함으로써 주인공이 혼자서 헤쳐 나가야 하는 힘든 상황을 보여주기 위해서다.

전체적으로 봤을 때 〈런 보이 런〉은 기법 면에서 어린 주인공과의 감정이입을 하도록 적극적으로 유도하며, 아동청소년 문학의 대표 장르인 모험소설의 서사를 차용한다는 점에서 아동청소년 영화로 분류될 수 있다. 아동청소년 영화로서의 특징은 음악의 사용에서도 잘 드러난다. 전체적으로 영화의 주제음악은 슬픈 현악기 음악으로 주인공이 어려움에 빠져 있을 때 반복적으로 삽입된다. 그렇지만 영화는 밝고 경쾌한 음악 역시 자주 이용하는데, 얼핏 봤을 때는 이런 음악을 사용하는 것이 어울리지 않는 상황도 있다. 첫 번째는 숲에서 지내는 다른 아이들과 함께 근처 농가에서 서리를 하는 장면이다. 아이들은 각자 훔칠 것을 정해서 농가로 뛰어간다. 대장 격인 한 아이는 "놀이가 아니니까 조심해."라고 말하지만, 영화는 아이들이 서리를 할 때는 경쾌한 음악을 삽입한다. 나중에 서리한 닭으로 요리를 할 때 다시 한 번 같은 음악이 사용된다. 두 번째는 스룰릭이 나치 사령부에서 탈출하는 장면이다. 스룰릭이 나치 장교를 창고에 가둔 후 지붕을 타고 도망칠 때 영화는 목관 악기를 사용한 밝은 톤의 음악을 삽입한다. 밝은 음악은 상황 자체는 위험하지만, 주인공은 이를 잘 헤쳐 나갈 것이라는 암시로 작동한다. 또한 위험한 상황임에도 어린 주인공이 느꼈을 흥분을 음악을 통해 묘사한 것으로도 볼 수 있다.

이 영화는 주인공이 만나는 사람들과 상황을 통해서 간접적으

로 홀로코스트의 의미를 탐색한다. 유대인이라는 정체성을 숨기
며 사는 스룰릭에게 타인과의 만남은 그 자체로 하나의 모험이다.
영화는 다양한 만남과 그 결과를 통해서 당시의 시대상을 보여준
다. 시간 순으로 봤을 때, 스룰릭이 처음으로 만난 외부인은 바르
샤바 게토에서 마차를 끌고 밖으로 가던 중년의 폴란드 남성이다.
그는 마차에 올라탄 스룰릭의 존재를 알아차리고, 성호를 그은 후
탈출을 돕는다. 다음으로는 숲에서 생활하는 다른 유대인 아이들
을 만난다. 그와 같은 처지에 있는 아이들은 이미 숲에서의 도피
생활이 익숙하다. 아이들은 스룰릭을 보호하며 그에게 몇 가지 생
존기술을 알려준다. 이것은 오줌으로 상처를 소독하는 방법처럼
실용적인 것부터 과거가 아니라 가족을 다시 만날 미래를 생각하
라는 심리적인 것까지 포함한다. 스룰릭에게 가장 큰 도움이 된
만남은 얀치크 부인과의 만남이다. 탈진한 상태에서 우연히 찾아
간 집에서 만난 그녀는 스룰릭이 유대인이라는 것을 알아차리지
만, 이에 개의치 않고 그를 도와준다. 얀치크 부인을 만났을 때, 스
룰릭은 이름만 유렉 스타냑이라는 폴란드식으로 꾸며냈을 뿐 폴
란드인의 정체성에서 가장 중요한 종교, 즉 가톨릭에 대해서는 무
지했다. 얀치크 부인은 그에게 가톨릭의 기도문을 암기하게 하고,
그가 폴란드 전쟁고아로 행세할 수 있도록 살아온 이야기를 함께
꾸민다. 그녀 자신도 독실한 가톨릭 신자로, 그녀의 존재는 스룰
릭에게 가톨릭에 대한 호감을 불러일으킨다. 유렉 스타냑이라는
이름은 게토를 탈출한 직후 우연히 만난 아버지와 같이 지은 이름
이지만, 얀치크 부인을 만나고 나서야 폴란드식 이름에 맞는 정체
성을 갖추게 된 것이다. 의심이 생기기 전에 다른 곳으로 거처를
옮겨야 하는 스룰릭은 또래의 남자아이가 둘이 있는 한 농가에서

일을 도우며 잠시 평화로운 시기를 보낸다. 가톨릭 신자로 신앙심이 깊은 모습을 보이고, 다친 강아지에게 애정을 쏟는 모습 등은 농가의 어른들에게 좋은 인상을 남긴다. 포경수술 때문에 유대인임을 알아본 동네 아이로 인해서 그가 다시 길을 떠났을 때, 마차를 몰고 길을 가던 폴란드 부부는 그를 태워주지만 결국 이들과 도착한 곳은 나치 사령부였다. 보상금을 바라고 그를 나치에 넘긴 것이다. 스룰릭은 커다란 죽음의 위기를 맞이하지만 기지를 발휘해서 그곳을 탈출한다. 그가 다시 찾아간 곳은 독일인이 운영하는 큰 농장이다. 그곳에서 그는 나치 사령부에서 만났던 장교를 다시 만나기도 하지만 이 위기 상황을 넘긴 후 그는 농장의 일원으로 환영과 인정을 받는다. 하지만 탈곡기에 손이 끼이는 사고로 병원에 입원했을 때, 유대인이라고 수술을 거부하는 젊은 폴란드 의사를 만나고, 결국 때를 놓치고 팔을 절단하게 된다. 이 의사는 스룰릭을 신고하고, 결국 그는 다시 얀치크 부인을 찾아간다. 그를 숨겨 놓았다고 의심한 독일군은 부인의 집을 불태우고, 다시 길을 떠난 스룰릭은 자기 또래의 여자아이인 알리나가 사는 농가에서 일한다. 알리나를 포함한 농가 가족은 전쟁이 끝날 때까지 스룰릭을 식구처럼 맞아준다.

도피 생활을 하는 3년 동안 스룰릭이 만난 대부분의 사람들은 평범한 폴란드인들이다. 이들은 그가 유대인임을 알면서도 돌봐주거나, 그의 거짓말을 굳이 자세하게 확인하지 않는다. 이와 연관된 한 장면은 폴란드인들이 스룰릭에게 보여준 호의를 유머러스하게 표현한다. 팔을 절단한 후 마을을 떠돌던 스룰릭은 여러 집에서 식사 대접을 받는다. 식사 자리에서 그는 자신이 지금까지 살아온 이야기를 꾸며서 이야기하는데, 자신이 한 팔을 잃어버린 이유에 대해 어떤 집에서는 탱크에 깔려서, 다른 집에서는 비행기의 총격을 받아서라고 말한다. 이때마다 그는 고기 덩어리나 소시지를 더 얻는다. 이에 고무된 스룰릭은 마지막 집에서는 히틀러가 자신의 팔을 직접 잘랐다는 거짓말까지 한다. 이 말을 의심하는 어른의 표정이 클로즈업되지만, 다음 장면에서는 새로운 이야기가 시작된다. 누구나 알아차릴 거짓말이 스룰릭의 도피에 어떤 부정적 결과도 가져오지 않았음을 알 수 있다.

그가 만난 사람 중에서 가장 중요한 인물은 얀치크 부인이다. 그녀의 남편과 아들들은 폴란드 레지스탕스의 일원으로 그녀는 이미 나치의 주요 감시대상이다. 그럼에도 그녀는 용기를 내서 스룰릭을 도와주고, 그가 가톨릭 교도로 위장할 수 있도록 도움을 준다. 나중에 그가 성모 마리아 그림 앞에서 기도를 하고, 영성체를 받고 가톨릭 신자가 되어서 폴란드 사회를 거부감 없이 받아들인 데는 얀치크 부인의 역할이 결정적이다. 그녀는 가톨릭 교도가 절대다수인 폴란드인들의 박애정신을 상징한다.

물론 모든 폴란드인이 스룰릭을 보호하고 지켜준 것은 아니다. 앞에서 언급한 대로 보상금을 노리고 그를 나치 사령부에 넘긴 부부도 있으며, 그가 유대인이라는 이유로 팔 수술을 거부한 젊은 의사도 있다. 그는 농장 여주인의 부탁과 협박에도 불구하고 스룰릭을 치료하는 것을 거부하고, 이후 다른 의사의 도움으로 팔을 절단하고 재활을 하고 있는 그를 나치에 신고하기도 한다. 신고 후 다른 군인들이 병원을 수색하는 동안 나치 장교가 주는 담배를 받아 드는 폴란드인 젊은 의사의 모습은 나치를 두려워하며 아부하고자 하는 마음을 잘 보여준다. 나치 군인들은 대체로 무자비하고 포악하게 묘사되고 있다. 특히 얀치크 부인의 집을 수색하고 불태우는 군인들은 다른 영화를 통해서 자주 보인 포악하고 사디스트적인 나치의 전형과도 같다. 반면 스룰릭이 나치 사령부에 잡혀왔을 때 그를 심문하는 나치 장교의 모습은 이들 군인과는 다르다. 사령부의 최고 책임자로 보이는 그는 자신의 사무실에서 군복을 제대로 입지 않고 있으며, 히틀러식 인사도 하지 않는다. 그는 스룰릭이 유대인임을 확신하고 처형하려 하지만, 그의 영리함은 높이 평가한다. 스룰릭이 사령부를 탈출한 후 우연히 농장에서 그를 다시 만났을 때, 장교는 그를 잡아가지 않고 폴란드인으로 인정하고 넘어간다.

폴란드인 고아로 위장하고 살아가는 스룰릭에게 유대인이라는 정체성은 숨기고 부정해야만 하는 것이다. 그렇지만 영화 초반부의 회상 장면은 우연히 만난 아버지가 그에게 다음과 같이 당부하는 것을 보여준다. "엄마 아빠에 대한 기억이 사라지더라도 네가 유대인이라는 사실은 절대 잊으면 안 돼." 그럼에도 일단 유대인이라는 정체성은 그의 생존에 있어서 위협요소이다. 그는 가톨릭 세례까지 받으면서 아무런 내적 갈등 없이 폴란드 주류 문화에 스며든다. 정체성이 다시 문제가 되는 것은 전쟁이 끝나고 나서이다. 신고를 받고 스룰릭을 찾아온 유대인 고아원의 직원은 그에게 다시 유대인으로서의 자의식을 살리고자 한다. 다시 유대인으로 살아간다는 것은 그에게는 익숙해진 환경을 떠나서 새롭게 적응해야한다는 것을 의미하기 때문에 스룰릭은 그를 거부한다. 그렇지만 직원과 함께 고향 마을을 방문한 후 그는 마음을 바꾼다. 아버지가 마지막으로 스룰릭을 만나 위의 부탁을 한 후, 그를 살리기 위해서 자신의 목숨을 버린 것을 기억해냈기 때문이다. 마지막으로 영화는 장소를 현재의 이스라엘 텔아비브의 해변으로 이

동한다. 이제 노인이 된 스룰릭 프리드만(개명을 해서 이제 요람 프
리드만으로 불린다)은 이후 자신이 살아온 세월을 간단히 이야기한
다. 이때 화면에는 그의 부인과 자녀, 손자들이 등장해서 행복한
가정의 모습을 보여준다. 이를 통해서 영화는 지금까지 스룰릭의
이야기가 진정성을 가지고 있는 것으로 스스로를 확인시킨다.

　이 영화의 관심은 국가사회주의, 반유대주의, 홀로코스트에 관
한 정보를 전달하는 데 있지 않다. 스룰릭이 끝까지 살아남은 것
역시 일반적인 사건으로 보기 어렵다. 이런 예외적인 운명을 보여
주는 것은 이 영화가 홀로코스트 서사로서 전형성을 주장하지 않
는다는 의미이기도 하다. 대신 영화는 처음부터 모든 이야기가 스
룰릭의 관점에서 재구성된 것이라는 점을 보여주면서 그가 겪은
개인적 체험을 생생하게 전달하는 데 방점을 찍고 있다. 아이를
주인공을 내세운 다른 2000년대 홀로코스트 영화 중에서는 영국
에서 제작된 〈줄무늬 파자마를 입은 소년〉(감독: 마크 허먼, 2008)
이 특히 많은 관객을 끌었다. 절멸수용소 소장의 아들과 또래의
수용소 수감자 아이 간의 교제를 다룬 이 영화는 홀로코스트의 비
극을 어린 관객들이 알기 쉽게 재구성했다는 점에서 의의를 가지
지만, 실제와 거리가 먼 비개연적인 사건 전개라는 점에서 비판을
피할 수 없었다. 이와 비교한다면 〈런 보이 런〉은 실존인물이 전
해준 실화소설을 바탕으로 한다는 점에서 진정성 측면에서 높은
점수를 받는다. 아이에게 가장 소중한 사람인 가족을 잃고 혼자
서 꿋꿋이 살아간 한 아이의 이야기는 홀로코스트를 배경으로 하
지 않더라도 큰 감동을 준다. 이 영화를 통해 관객은 홀로코스트
에 대한 자세한 정보를 얻을 수는 없지만, 대신 비인간적인 고통
을 선사한 시대에 대해서, 그리고 끝까지 살아남은 인간의 존엄함

에 대해서 생각해 보게 된다.[18]

이 장에서 다룬 다섯 편의 영화는 홀로코스트가 진행되던 1940년대를 배경으로 이 거대한 재앙의 소용돌이 속에서 살아가는 개인의 이야기를 담고 있다. 이들은 수용소에 수감되지는 않았지만, 홀로코스트는 이들의 삶에 거대한 도전이자 장애물이 된다. 〈러브 인 아프리카〉와 〈런 보이 런〉의 주인공들은 과거와 같은 안정된 삶을 뒤로 하고, 낯선 곳에서 새롭게 정착하며 살아가야 한다. 위 영화는 주인공들이 이전까지는 상상할 수 없었던 새로운 상황과 대면하면서, 이를 이겨내고 성장하는 이야기를 담고 있다. 반면, 〈로젠 거리〉의 레나와 〈아홉 번째 날〉의 크레머에게 홀로코스트는 자신이 그동안 믿어왔던 사랑과 신앙의 힘을 다시 한 번 확인하는 계기가 된다. 물론 이 시험은 이들의 목숨을 요구할 수도 있는 잔혹한 것이어서, 이에 수반되는 절망과 유혹을 이겨내는 것은 강한 캐릭터인 이들에게도 쉽지 않다. 반면, 〈유대인 쥐스-양심 없는 영화〉의 주인공 마리안이 자살한 것은 홀로코스트와 직접적인 관련은 없다. 그렇지만 나치의 반유대주의 정책은 그의 삶을 근본적으로 뒤엎어 놓는다. 약한 캐릭터인 그는 결국 나치에 협력하지만, 양심의 가책을 느끼고 생을 마감한다. 다섯 편의 영화에서는 마리안을 제외하면 고난을 이겨내는 긍정적인 캐릭터가

---

18 반면, 체코, 우크라이나, 슬로바키아 공동제작 영화인 〈페인티드 버드The Painted Bird〉(2019, 감독: 바츨라프 마르호울)는 〈런 보이 런〉과 대척점에 있다. 혼자 마을을 떠돌아다니며 나치 시기를 버텨나가는 유대인 소년의 이야기를 다룬다는 점에서는 유사하지만, 소년이 만나는 인물들은 모두 잔인하고 이기적이다. 소년 역시 이런 환경 속에서 살아남기 위해서 점점 잔인함을 배워간다.

주인공을 맡고 있다. 실화를 바탕으로 제작되었다는 것은 모든 영화의 공통점이다. 이들 영화에서 홀로코스트는 거대한 재앙으로 일정 정도 추상화되며 보편적 성격을 갖는다. 대재앙으로서의 보편성과 나치에 의한 대량학살이라는 특수성을 어떻게 설득력 있게 반영하는가가 이들 영화를 평가하는 중요한 지점이 된다.

3.3. 홀로코스트 이후의 홀로코스트
〈피닉스〉(2014), 〈집념의 검사 프리츠 바우어〉(2015), 〈침묵의 미로에서〉(2014)

홀로코스트는 1945년 5월 독일의 패망으로 끝났지만, 이에 대한 진상 조사와 반성은 이제 시작되어야 했다. 이 장에서 다루는 세 편의 영화는 홀로코스트에 대한 전후 독일 사회의 반응을 1945년과 1960년을 전후한 시기를 배경으로 보여준다. 2장에서 다룬 감독 중 한 명인 크리스티안 페촐트의 영화 〈피닉스〉는 종전 직후의 독일 사회가 나치 과거에 얼마나 무관심했으며 이를 애써 외면하고자 했는지를 수용소에서 살아 돌아온 유대인의 이야기를 통해서 전달한다. 〈집념의 검사 프리츠 바우어〉와 〈침묵의 미로에서〉는 1950년대 말, 1960년대 초를 배경으로 하고 있으며, 나치 과거를 심판하려는 검사를 주인공으로 내세운다. 두 영화에서 실존인물인 프리츠 바우어는 중요한 역할을 담당하는데, 그는 독일에서 본격적인 과거청산의 시작으로 간주되는 아이히만 재판과 아우슈비츠 재판을 가능하게 한 인물이다. 두 영화는 여전히 나치 과거에 무심했던 강고한 독일 사회에 최종적인 균열을 낸 개인의 힘을 보여준다.[19]

---

19 마가레테 폰 트로타의 전기 영화 〈한나 아렌트Hannah Arendt〉(2012) 역시 아렌트가 아이히만 재판을 관찰하면서 그녀의 주요 저작 『예루살렘의 아이히만』을 집필하는 과정을 비중 있게 다루고 있다.

3.3.1. 〈피닉스〉

원제   : Phoenix
감독   : 크리스티안 페촐트Christian Petzold
시나리오 : 크리스티안 페촐트Christian Petzold
카메라   : 한스 프롬Hans Fromm
편집   : 베티나 뵐러Bettina Böhler
음악   : 슈테판 빌Stefan Will
주연   : 니나 호스Nina Hoss(넬리 렌츠 역), 로날드 제어펠트Ronald
           Zehrfeld(조니 렌츠 역), 니나 쿤첸도르프Nina Kunzendorf(레나 빈터
           역), 미하엘 메르텐스Michael Maertens(의사 역)
제작사   : Schramm Film Koerner & Weber(Berlin)
개봉연도 : 2014
상영시간 : 98분

〈피닉스〉는 크리스티안 페촐트 감독이 2014년에 발표한 영화로, 전작 〈바바라〉(2012)에 이어서 그가 두 번째로 선보인 역사 영화다. 주인공 넬리 렌츠는 유대계 가수로, 2차 세계대전이 끝나고 강제수용소에서 해방되어 친구 레네의 도움을 받아 베를린으로 돌아온다. 강제수용소에서 안면에 중상을 입은 그녀는 성형수술을 받고 천천히 새로운 삶을 준비한다. 그녀가 살아 있다는 사실은 레네 외에는 아무도 알지 못한다. 역시 유대인인 레네는 넬리와 함께 독일을 떠나 팔레스타나에서 정착하려는 계획을 가지고 있다. 그렇지만 넬리는 남편 조니 렌츠를 찾아서 자신이 수용소로 이감되기 전의 일상을 다시 살고 싶어 한다. 레네는 아리아인 남편인 조니가 배반해서 넬리가 체포된 것임을 암시하지만 그녀는 그 말을 믿지 않는다. 결국 넬리는 나이트클럽인 "피닉스"에서 조니를 찾아낸다. 그러나 자신의 부인이 죽었다

고 굳게 믿고 있던 조니는 성형수술을 한 그녀가 넬리임을 알아
차리지 못한다. 그 대신 넬리가 죽은 부인과 닮았다는 사실에 착
안해서 그녀의 재산을 차지할 계획을 세운다. 그녀가 수용소에
서 살아 돌아온 것으로 연기하자는 것이다. 조니에 의해 과거의
자신으로 인정받고 되돌아가고 싶은 넬리는 이 연극에 동참하기
로 한다. 그녀는 조니의 집에서 기거하면서 자기 자신의 걸음걸
이, 필체, 화장법 등을 조니의 지시에 따라 새로 배워간다. 그러
던 중, 유대인 희생자들의 신원을 파악하는 업무를 하던 레네는
삶을 지속할 힘을 잃고 자살한다. 그녀는 넬리에게 남긴 유서를
통해서 넬리가 체포되기 직전에 조니가 이혼서류를 제출했다는
사실을 알린다. 그간의 연습을 통해서 과거의 모습을 상당부분
회복한 넬리는, 기차를 타고 다시 베를린에 도착해서 지인들 앞
에 선다. 지인들은 넬리를 환영하고, 조니는 넬리를 처음 본 것
처럼 연기한다. 그녀를 환영하는 자리에서 넬리는 수감 이전에
즐겨 부르던 〈스피크 로Speak Low〉를 조니의 반주에 맞춰 부른다.
조니는 그녀의 노래를 들으면서 그녀가 실제 자신의 부인임을
서서히 깨닫게 된다. 넬리는 노래를 마치고 등을 돌려 홀로 자리
를 떠난다.

〈피닉스〉는 2차 세계대전이 끝난 직후의 베를린을 배경으
로 한다. 연합국의 문화정책에 따르면 독일인들이 자신의 영화
를 제작하는 것보다는 미국 영화를 수입하고 보급하는 것, 이
를 통해서 재교육(re-education)을 실시하는 것이 최우선 과제였
다.(Hoffgen 2009, 62f) 따라서 이 당시를 기록한 독일영화의 숫자

는 매우 제한적이다.[20] 더군다나 전쟁 직후를 배경으로 한 영화 중에서 강제 수용소에서 해방된 유대인을 주인공으로 세운 영화는 없었다. 이후 독일영화에서 1945년 종전 직후의 독일이라는 배경은 주로 폐허가 된 도시에서 힘겹게 삶을 영위하는 사람들을 주인공으로 삼았고, "폐허영화Trümmerfilm"라는 독일식 장르를 만들어냈다. 〈피닉스〉의 특징은 전후 재건과 홀로코스트라는, 이전 영화들에서 분리되어 다루어지던 두 가지 소재를 함께 다루고 있다는 점이다. 이 영화는 홀로코스트를 직간접으로 체험한 유대인들이 종전 직후 독일에서 어떤 감정을 가지고 살았는가라는 질문에 대해 나름의 답을 제시하고 있다. 또한 가해자인 독일인들의 심리상태 역시 잘 보여준다. 당대의 역사적 현실에 대한 영화의 해석은 넬리보다는 그녀가 만나는 인물들을 통해서 드러난다. 넬리는 재난이 일어나기 이전의 과거로 돌아가려는 인물인 데 반해, 주변 인물들은 현재를 살아가며 미래를 계획하기 때문이다. 이 주변 인물로는 조니, 레네, 그리고 체포 당시 넬리의 은신처 옆에서 식당을 운영하던 독일인 부부를 들 수 있다.

1944년 나치에게 체포되었던 남편 조니는 넬리와의 이혼서류를 제출한 후 이틀만에 풀려나며, 곧이어 숨어 지내던 넬리가 발각되어 강제 수용소로 보내진다. 영화는 이혼과 넬리의 수용소 수감 사이에 직접적인 연관성이 있는지 밝히지 않지만, 조니

---

20 대표적인 영화로 전후에 최초로 제작된 독일영화인 볼프강 슈타우테Wolfgang Staudte 감독의 〈우리 중에 살인자가 있다Die Mörder sind unter uns〉(1946)가 있다. 흥미로운 것은 이 영화의 여주인공이 강제수용소에서 돌아온 유대인 여인이라는 점이다. 그렇지만 그녀는 수용소 생활로부터 아무런 정신적, 신체적 외상을 입지 않았고, 오직 전쟁의 후유증을 겪는 남자 주인공을 사랑하며, 그에게 심리적인 지지대로 기능하는 역할을 담당한다.

가 점점 조여오는 반유대주의적 분위기에 대해 회상하는 부분은 그녀의 체포에 조니의 역할이 있었음을 짐작할 수 있게 한다. 그는 상처 입은 현재의 넬리를 그녀가 원하는 과거의 넬리로 만드는 역할을 담당한다. 이 과정에서 넬리는 마침내 그가 그녀의 정체를 알아차리지 않을까 기대하기도 한다. 대표적인 장면으로 기존의 회색 톤의 옷 대신 체포되기 전의 삶을 상징하는 빨간색 원피스를 입고 넬리가 조니에게 다가가는 장면을 들 수 있다. 또한 여러 차례 자전거를 같이 타고 가며 뒤에서 그를 꼭 안고 있는 넬리의 모습은 시각이 아니라면 촉각으로도 그녀의 정체성을 느끼게 할 수 있을 것이라는 일말의 희망도 담고 있다. 그렇지만 조니는 이 미지의 여인이 실제 넬리일 수 있다는 단서를 전혀 읽어내지 못한다. 그 이유는 일차적으로 그녀가 사망했음을 확신하고 있기 때문이다. 더 나아가 나이트클럽에서 소소한 일을 도우면서 지하 단칸방에서 사는 경제적 궁핍을 벗어나고 싶은 경제적 욕망도 존재한다. 그러나 이런 인식 불능의 근본적인 원인은 넬리를 수용소로 내몬 자기 자신에 대한 수치심이라고 보는 것이 타당하다. 과거에 대한 강한 수치심은 자기 성찰을 불가능하게 한다. 이런 조니의 태도는 당대 독일인들이 보이는 전형적인 모습을 반영한 것이다. 잘 알려진 것처럼 독일인들은 패전 직후 일상의 문제에 몰두하면서 홀로코스트에 대해서는 애써 외면하고자 했다. 이런 전후 독일인들이 태도에 대한 경제적, 심리적 해명은 영화 속 조니를 설명하는 데 어려움 없이 적용될 수 있다. 현재의 넬리를 과거의 넬리로 만드는 과정에서 그녀는 빨간 원피스와 파리에서 산 하이힐을 신고 기차에서 내리라는 조니의 계획을 이해하지 못한다. "그런 차림으로 강제수용소에서 돌아올 수 있다고 생

도판 69. 〈피닉스〉

도판 70. 〈피닉스〉

각하는 거예요? 아무도 믿지 않을 거예요."라는 넬리의 말에 조니
는 "귀향자, 부상당한 자의 일그러진 얼굴은 아무도 쳐다보지 않
죠. 아무도 보지 않아요. 그들과 관계를 맺고 싶어하는 사람은 아
무도 없어요."라고 대답한다.(도판 69) 하지만 새로운 넬리는 다
시 기차역에 도착해서 친구들의 주목을 끌고, 그녀로서 인정받아
야 한다.(도판 70) 조니의 말은 각자의 생존이 가장 중요했던 당
대 시대 분위기를 잘 보여준다. 수용소에서 돌아온 넬리가 실제
로 무엇을 경험했는지를 아는 것, 그리고 이를 통해서 전쟁의 고
통을 상기하는 것은 아무도 바라지 않는다. 이런 태도 때문에 조
니는 넬리가 떨리는 목소리로 이야기하는 강제수용소 체험담에

담긴 진정성을 읽지 못한다.[21]

　넬리가 베를린에 막 도착한 것으로 위장해서 친구들 앞에 서기 전에 조니는 그녀를 그녀가 체포 직전에 숨어 있던 한적한 호숫가의 식당으로 데려간다. 과거의 넬리를 아는 사람들이 그녀를 알아보는지 확인하기 위한 예행연습이다. 마당으로 들어오는 그녀의 모습을 보자마자 식당을 운영하는 부부 중에서 남편은 그녀를 외면한 채 식당으로 들어가고, 부인만이 그녀를 맞이한다. 남편의 태도에 대해 부인은 "요즘 남자들이 어떤지 아시잖아요." 라고 말한다. 대체 요즘 남자들이 어떠냐는 넬리의 반문에 답변을 얼버무리면서, 부인은 그녀에게 커피를 대접하겠다며 화제를 바꾼다. 부인은 넬리가 자신의 식당 앞 호수에 은신하고 있었다는 사실은 몰랐지만, 그녀가 체포될 때 방관한 것에 대해 죄책감을 가지고 있다. 자신의 상황을 이해시키는 데 바쁜 부인은 넬리에게 수용소 생활에 대해 묻지 않는다. 남자들은 전쟁 패배의 상처로 트라우마를 가지고 있고, 여자들은 이런 상황 속에서 가정을 추스르고 이끌어가기 바쁜 시대 상황이 이 장면에 반영되어 있다.

　홀로코스트의 경험이 유대인들에게 어떤 영향을 미쳤는지를 잘 보여주는 인물은 레네다. 그녀는 전쟁기를 스위스에서 보냈고, 전쟁이 끝난 지금은 유대인 협회(Jewish Agency) 소속으로 홀로코스트의 실체를 파악하는 일을 담당하고 있다. 그녀는 넬리

21　수용소 체험에 대해 물어본다면 무슨 이야기를 할 것이냐는 조니의 질문에 넬리는 막 도착한 수감자들의 옷을 검색하고, 돈과 보석을 찾던 경험을 이야기하면서 이 과정에서 만난 여자아이를 떠올리며 제대로 말을 잇지 못한다. 조니도 순간 이상하다고 느끼지만, 책에서 읽은 것이라는 넬리의 말을 듣고 더 이상 의심하지 않고 넘어간다.

를 아우슈비츠에서 베를린으로 데려와서 보살피며, 그녀에게 조니와 관련된 사실을 알려주는 핵심 인물이다. 그녀의 주요 업무는 강제수용소에서 사망한 유대인의 신원을 파악하는 일이다. 그래서 그녀는 시체의 사진을 돋보기로 관찰하고, 사진 속 시신의 수감번호를 파악해서 남아 있는 서류를 통해서 신원을 확인한다. 살아남은 유대인이 해야 하는 의무로 볼 수도 있지만, 그녀로서는 심리적으로 큰 부담을 가질 수밖에 없는 업무임이 분명하다. 레네는 유대인을 학살한 독일인들과 같이 사는 것은 불가능하다고 판단하고, 넬리에게 자신과 함께 팔레스티나로 함께 떠날 것을 권유한다. 이전의 삶과 단절하고, 새로운 삶을 살고자 하는 것이다. 그렇지만 레네 역시 과거로부터 자유롭지 못하다. 그녀가 넬리에게 남긴 유서에는 다음과 같이 쓰여 있다. "우린 뒤로 돌아갈 수 없다고 너에게 말한 적이 있지. 나는 앞으로도 갈 수 없어. 나는 우리 살아있는 자들보다 죽은 자들에게 더 끌려." 팔레스티나에서 새로운 삶을 고대하며 완전히 새로운 출발을 할 수 있을 것 같던 레네는 그러나 폭력적 과거로부터 벗어나지 못하고, 자살로 생을 마감한다. 넬리와 레네는 모두 홀로코스트를 경험한 인물이다. 레네의 경우 본인이 수용소 생활은 하지 않았지만, 그녀가 사진 이미지를 통해서 간접적으로 체험하는 홀로코스트 역시 실제의 것 못지않게 강렬할 것이라는 점을 짐작할 수 있다. 영화는 레네처럼 살아남은 유대인 역시 홀로코스트의 희생자로 간주하고 있다. 이것은 '아리아인' 조니가 과거를 무시하려 하고, 무시할 수 있다고 생각하는 것과 대조를 이룬다.

쿠르트 바일Kurt Weill이 미국 망명기인 1943년에 발표한 노래

〈스피크 로Speak Low〉는 이 영화에서 핵심적인 소재로 기능한다.[22] 영화는 이 곡을 더블 베이스가 피치카토 기법으로 연주하는 음악을 배경으로 시작한다. 오프 음향으로, 즉 영상과 직접적인 상관없이 배경음으로 제시된 처음 연주와 달리 두 번째 연주는 온 음향으로 진행된다. 넬리와 레네가 식사를 기다리는 장면에서 먼저 쿠르트 바일이 직접 부른 〈스피크 로〉가 축음기에서 들려온다. 노래 제목에서 알 수 있듯이 이 곡의 가사는 영어로 쓰였다. 식사가 준비되고 음식을 가져온 가정부가 나가면서 음악을 끈다. 잠시 후 아래와 같은 대화가 넬리와 레네 사이에 진행된다. 두 사람의 대화를 통해서 관객들은 이 음악이 특별한 의미가 있음을 알게 된다.

넬리: 다시 들을 수 있을까?

레네: 좋은 음악이지?

넬리: (고개를 끄덕인다)

레네: 난 런던에서 자기 전에 항상 이 노래를 들었어. 나중에 나한테 불러줄 수 있어?

---

22 〈스피크 로〉는 유대계 작곡가 쿠르트 바일이 작곡한 브로드웨이 뮤지컬 〈비너스의 손길One Touch of Venus〉에 삽입된 곡으로, 비너스가 남자 주인공 로드니에게 바치는 사랑 고백이다. 이 노래는 미국에서 큰 인기를 끌었으며, 후에 재즈의 고전으로 자주 연주된다. 공연된 해가 1943년이라는 점은 넬리가 이 노래를 체포되기 전에 자주 불렀다는 영화적 전제가 역사적 사실과는 맞지 않음을 보여준다. 그럼에도 불구하고 페촐트가 이 노래를 주요 모티브로 사용한 것은 식어 버린 사랑에 대한 애한을 담은 가사 때문으로 보인다. 〈스피크 로〉는 다음과 같이 시작한다. "이야기할 땐 조용히 이야기하세요, 내 사랑. 우리의 여름날은 너무도 빨리 시들어 버렸지요. 이야기할 땐 조용히 이야기하세요. 우리의 순간은 빨리 지나갔어요. 마치 표류하는 배처럼 우리는 너무도 빨리 헤어졌어요."(필자 번역)

넬리: 그래.

레네: 난 독일 노래를 더는 못 듣겠어.

넬리는 가정부에 의해 음악이 잠시 중단되었을 때 당황하는 모습을 보인다. 곧 레네에 의해서 다시 음반이 재생되고, 레네가 음악에 대해 좋은 평을 하고 후에 노래를 불러줄 것을 요청하자, 그녀는 수줍은 미소를 지으며 그렇게 하겠다고 대답한다. 이 장면을 통해서 관객은 〈스피크 로〉가 넬리가 이전에 즐겨 부르던 노래라는 사실과 이 노래를 다시 부른다는 상상이 그녀에게 큰 만족감을 준다는 것을 알 수 있다. 이는 안면 부상으로 인해서 망가진 정체성을 노래를 통해서 다시 얻을 수 있다는 희망이 담긴 태도로 해석된다. 그렇지만 레네가 이 노래를 좋아한 것은 넬리가 즐겨 불렀기 때문만은 아니다. 나치 시대를 겪으면서 더 이상 독일 노래를 듣지 못한다는 레네의 설명에 넬리는 당황한 표정을 짓는다. 이어서 레네는 팔레스티나로의 이주와 살아남은 유대인으로서의 역사적 책임을 이야기한다. 즉, 레네는 넬리와 함께 했던 독일에서의 과거가 아니라 그녀와 함께할 팔레스티나에서의 미래에 관심이 있다는 점을 분명하게 보여준다.

강제수용소에서 돌아온 것처럼 연기를 하며 친구들의 환영을 받고 베를린에 도착한 넬리는 조니의 공개적인 사랑 고백을 들은 후("넬리, 너는 나의 사랑이야. 나의 삶이고. 무슨 일이 일어났든 상관없이.") 친구들 모두를 이끌고 건물 안으로 들어간다. 그곳에서 그녀는 조니에게 〈스피크 로〉 반주를 요청한다. 언젠가 다시 조니와 함께 부르고 싶어 했던 이 노래를 그녀는 이제 세 번의 전주 끝에 힘겹게 시작한다. 앞부분을 노래할 때의 넬리는 아직 노래에 감정을 신지 못하고 어색하다. 반주하는 조니는 그가 꾸민 연극의 정체가 드러날까 봐 넬리와 친구들을 바라보며 당황한다. 그러나 점점 넬리의 목소리에 힘이 실리자 조니는 뭔가 이상함을 느끼고, 결국 연주를 중단한다. 잠시 후 카메라는 넬리의 팔에 새겨진 수감자 번호를 보여준다. 관객은 새로운 넬리에게는 수감자 번호가 없기 때문에 팔에 상처를 내서 변명거리를 만들려 했던 하루 전 조니의 시도를 떠올린다. 넬리는 연주 없이 노래를 마무리한 후, 넬리의 정체를 파악한 조니를 남겨두고 혼자 그곳을 떠난다. 영화의 마지막 부분에서 〈스피크 로〉는 넬리가 스스로 정체성을 드러내는 도구로 사용되었으며, 이로써 서사를 완성하는 역할을 한다.

이 영화는 시작 자막을 통해 프리츠 바우어에게 헌정한다고 밝힌다. 그리고, 〈피닉스〉가 발표된 2014년과 이듬해, 바우어를 주요인물로 하는 두 편의 극영화가 발표된다. 다음 장에서는 이 두 편의 영화 〈집념의 검사 프리츠 바우어〉와 〈침묵의 미로에서〉를 다룬다.

3.3.2. 〈집념의 검사 프리츠 바우어〉와 〈침묵의 미로에서〉: 프리츠 바우어와 아우슈비츠 재판

2차 세계대전이 끝나고 나치 정권에 대한 평가와 처벌은 1945년부터 1949년까지 연합국의 주도로 진행된 뉘른베르크 재판으로 시작되었다. 이 재판에서는 핵심 전범자 185명이 피고로 법정에 섰으며, 이 중에서 24명이 사형, 20명이 무기징역, 98명이 징역형을 선고 받았다. 이후 절반이 감형이 되어서 실제 사형 집행을 받은 사람은 12명이었다. 사형을 당한 인물들 중에는 나치의 내무부 장관 빌헬름 프릭Wilhelm Frick, 항공부 장관 헤르만 괴링Hermann Göring, 외무부 장관 요아힘 폰 리벤트로프Joachim von Ribbentrop, 참모총장 알프레드 요들Alfred Jodl 등 주요 고위직 인사들이 포함되어 있다.

뉘른베르크 재판이 끝난 해인 1949년에는 서방연합국 점령지와 소련 점령지는 각각 독일연방공화국("서독")과 독일민주공화국("동독")이라는 이름의 정부 구성을 승인하고, 냉전은 본격화된다. 냉전 상황에서 일찌감치 서방 사회로의 통합을 목표로 내세운 서독은 1950년대 초반부터 빠른 속도로 경제성장을 경험한다. 이 속에서 대부분의 독일인들은 나치 시대와 2차 세계대전을 지나간 일로 간주했으며, 이에 대한 반성과 참회의 필요성을 느끼지 않았다. 뉘른베르크 재판처럼 외부에서 강요된 처벌이 아닌, 독일이 나치 과거에 대해 스스로 단죄하는 일은 일어나지 않았다. 상황이 변화한 첫 번째 계기는 1961년 이스라엘에서 진행된 아이히만 재판이었다. 아돌프 아이히만Adolf Eichmann은 나치 친위대 상급돌격대 대장으로, 나치 정권에서 전 유럽의 유대인들을 수용소로 이송하는 책임을 진 자였다. 이스라엘 정보국 모사드는 아르헨티나 부에노스아이레스에서 가명으로 은둔 생활을 하던 그를 1960년에 체포해서 이스라엘 법정에 세웠으며, 이스라엘 법원은 그에게 교수형을 선고하고 1962년에 이를 집행한다. 아이히만 재판은 독일이 아니라 이스라엘에서 진행되었지만, 나치 시대의 유대인 학살을 공론화하고, 뉘른베르크 재판처럼 나치의 고위직 인사뿐 아니라 이들의 명령을 받아서 수행한 하급 관료 역시 학살의 책임을 지어야 한다는 문제의식이 현실화됐다는 점에서 독일의 이후 과거 청산에 큰 영향을 미친다.

아이히만의 체포와 처형은 2차 세계대전 시기에 벌어진 대량 학살의 기억을 망각의 위험에서 구하려던 프리츠 바우어Fritz Bauer의 노력이 빛을 본 사건이기도 하다. 1956년부터 헤센 주 검찰총장으로 재직하던 그는 아이히만의 은신처에 대한 정보를 수차례에 걸쳐 이스라엘 정보국에 제공함으로써 아이히만의 체포에 결정적 기여를 했을 뿐 아니라, 이후 자신이 관할하는 프랑크푸르트 법정에서 아우슈비츠를 중심으로 한 홀로코스트의 진상을 밝히고, 여기에 관여한 자들을 처벌하는 일련의 재판을 성사시켰다. 소위 "프랑크푸르트 아우슈비츠 재판(Frankfurter Auschwitz-Prozess)"이라고 불리는 이 재판은 1963년 12월 20일부터 1965년 8월 20일까지 20개월 동안 진행되었으며, 유대인을 중심으로 100만 명이 넘는 희생자를 낳은 아우슈비츠 수용소의 관리와 수감자 학살에 관여한 총 22명의 나치친위대 관료들을 대상으로 진행되었다.[23] 총 183일 동안 공판이 진행된 이 재판에는 211명의 아우슈

---

23 이 재판은 이후 열린 아우슈비츠 관련자 재판과 구분하기 위해서 "1차 프랑크

비츠 생존자를 포함해서 총 356명의 증인이 출석했으며, 방청객
은 2만 명에 달했다.(Müller 2010, 171) 이 재판에서 바우어는 자신
의 존재를 전면에 드러내지는 않았지만, 슈투트가르트 검찰에 의
해서 이미 구속 수감상태였던 빌헬름 보거Wilhelm Boger 등 아우슈비
츠 학살과 관련된 일부 전범자들을 프랑크푸르트로 이송해서 재
판을 받게 하고, 자신도 언론인 토마스 닐카Thomas Gnielka를 통해서
얻은 아우슈비츠 가해자의 명단을 바탕으로 프랑크푸르트 검찰
내에 조사팀을 꾸리도록 지시하는 등 전반적인 재판 과정을 감독
함으로써 아우슈비츠 재판이 성공적으로 이루어지는 데 핵심적인
기여를 했다.(Renz 2002, 622-641) 특히 바우어는 이 재판이 공장식
살해가 이루어진 아우슈비츠 학살의 전반적인 과정을 규명하는
데 기여할 수 있도록 여기에서 상이한 역할을 담당한 다양한 피고
인들을 법정에 세움으로써, "유대인의 최종 해결책"에 참여한 개인
이 아니라 무엇보다 이것을 가능하게 한 체계에 주목하도록 했다.

프랑크푸르트 아우슈비츠 재판을 통해서 최종 기소된 열아홉
명의 피고 중에서 여섯 명이 무기징역을 선고받는 등 처벌의 대상
과 범위는 뉘른베르크 재판보다도 제한적이었다. 그러나 이 재판
은 독일이 스스로 전쟁 범죄에 참여한 자국민들을 처벌한 첫 번째
재판이었으며, 많은 생존자의 증언을 통해서 나치의 범죄를 문서
로 기록하고 확정함으로써 이후 홀로코스트를 부인할 수 없도록
했다는 점에서 큰 의미를 지닌다. 일반적으로 지금의 독일을 과거
청산에 철저한 나라, 자신의 과오를 반성하는 나라로 높이 평가하
지만, 아우슈비츠 재판이 있기 전까지 독일의 모습은 그렇지 않았

푸르트 아우슈비츠 재판"이라고도 불린다.

다. 나치 이력을 가진 정치인과 법조인들은 여전히 활발하게 활동하고 있었으며, 일반 국민들 역시 나치 시절의 행적에 대해서는 서로 묻지 않는 분위기가 널리 퍼져 있었다. 이런 상황 속에서 바우어를 중심으로 나치 가해자를 법적으로 처벌하려는 법률가들의 노력은 제한적이긴 하지만 독일에서 정의를 바로 세우려는 시도였다. 이런 시도와 함께 나치 범죄와 홀로코스트를 둘러싼 사실을 밝혀내고 진실을 규명하려는 역사가와 작가들의 노력이 이어졌다. 이런 노력의 결과물을 널리 알리고 역사적 비극이 재발하지 않도록 노력한 언론인과 교육자들의 역할 역시 이후 독일의 과거청산에서 중요한 역할을 담당했다.

각각 2014년과 2015년에 개봉한 〈침묵의 미로에서Im Labyrinth des Schweigens〉와 〈집념의 검사 프리츠 바우어Der Staat gegen Fritz Bauer〉[24]는 1950년대 말과 1960년대 초의 서독을 주요 배경으로, 아이히만의 체포(〈프리츠 바우어〉)와 아우슈비츠 재판의 시작(〈침묵의 미로에서〉)을 핵심 사건으로 삼아 영상화한다. 프리츠 바우어는 첫 번째 영화에서는 주인공으로, 두 번째 영화에서는 비중 있는 조연으로 등장한다. 그는 주변의 무관심과 적대적 분위기에도 불구하고 유대인 학살과 관련된 인물들을 법정에 세우고 정의를 바로 잡으려고 노력한다. 이 과정에서 그가 겪는 체험은 당대 독일 사회의 현실을 잘 보여준다. 이 글은 바우어를 포함한 주요 인물의 캐릭터화와 이를 통한 당대 독일 사회의 재구성이라는 측면에서 두 영화를 분석하고자 한다. 이에 앞서 먼저 프리츠 바우어

---

24 〈집념의 검사 프리츠 바우어〉라는 한국어 제목은 2015년 제20회 부산국제영화제에 이 영화가 개봉되었을 때 사용되었다.

는 어떤 인물이었는지 간략하게 알아본다.

프리츠 바우어는 1903년 7월 16일 슈투트가르트에서 유대인 상인의 아들로 태어났다. 동화된 유대인으로서 학창생활을 즐기며 하이델베르크, 뮌헨, 튀빙겐 대학에서 법학을 공부한 후 1930년 26세의 어린 나이로 슈투트가르트 지방 법원 판사로 임명된다. 학창시절부터 사민당원이었던 그는 1931년부터 1933년까지 사민당 성향 "흑적황 제국깃발(Reichsbanner Schwarz-Rot-Gold)"[25]의 슈투트가르트 지부장을 맡는 등 활발히 정치활동을 했다. 1933년 3월 나치가 집권한 직후 정치범으로 호이베르크 강제 수용소(KZ-Heuberg)에 수감되었다가 8개월 후에 석방된다. 바우어는 1936년 덴마크로 망명한 후 다시 한 번 나치의 체포를 피해서 스웨덴으로 도주해서 그곳에서 해방을 맞이한다. 덴마크 망명 시절에는 독일로 강제이송되는 상황을 피하기 위해서 덴마크인과 위장결혼을 하기도 한다. 해방이 된 후에도 바우어는 이 결혼을 무효화하지 않고, 각자 생활하면서 서류상 부부로 남아 있었다. 1949년 독일로 돌아온 그는 브라운슈바이크 지방법원을 거쳐서 1956년부터 그가 사망한 1968년까지 헤센 주 검찰총장으로 일한다. 독일에서 그는 무엇보다 나치 전범들을 추적해서 그들의 범죄를 입증하기 위해 많은 노력을 기울였다. 그는 독일이 스스로 과거를 청산하고, 민주주의적인 법의식을 가진 국가가 되는 데 기여하는 것

---

25 바우어가 활동한 준군사조직 "흑적황 제국깃발"은 바이마르 공화국 시기에 활동했던 대표적인 "집회장 보호군Saalschutz-Truppe" 중 하나로, 정치집회가 있을 때 적대세력이 집회를 방해하지 못하도록 저지하는 임무를 맡았다.(Steinke 2013, 88)

을 자신의 임무로 삼았다. 바우어에게 중요한 것은 무엇보다 인도적 법질서의 재건이었다. 그는 1968년 6월 30일 술을 마시고 수면제를 복용한 상태로 욕조에서 목욕을 하던 중 사망한다.[26]

바우어는 독일의 과거청산에서 상징적인 사건이라고 할 수 있는 아이히만 재판과 아우슈비츠 재판이 성사되는 데 결정적 기여를 한 인물이다. 그럼에도 그는 2000년대까지 미디어의 관심 밖에 있었다. 그가 보다 많은 사람들의 관심을 받은 것은 일로나 치옥Ilona Ziok의 다큐멘터리 영화 〈프리츠 바우어 – 할부 죽음Fritz Bauer – Tod auf Rate〉(2010)이 발표된 후다. 이 영화는 바우어의 주변인물들의 인터뷰와 자료, 바우어 자신이 남긴 영상 자료 등을 바탕으로 해방 후 독일에서의 그의 삶을 집중적으로 조명했다. 독일의 극영화는 대체로 1945년 이후 과거 청산보다는 홀로코스트와 나치 범죄를 영화화하는 데 주력해 왔다. 이런 분위기는 2000년대도 다르지 않아서, 나치 시대에 벌어진 전쟁과 홀로코스트에 대한 영화는 일일이 언급하기 어려울 만큼 많이 제작된 데 반해서, 전후 독일 사회의 지난한 과거청산 과정과 홀로코스트의 유산에 대한 영화는 손에 꼽을 정도로 제한적으로 선보일 뿐이다.[27] 이런 점에서 2010년대 중반에 1950년대 말을 배경으로 프리츠 바우어가 등장

---

26 바우어에 대한 주요 정보는 다음의 프리츠 바우어 연구소 홈페이지 내용 (https://www.fritz-bauer-institut.de/fritz-bauer)과 슈타인케Steinke의 전기를 참조했다.(Steinke 2013)

27 2000년대에 제작된 영화 중에 여기에 해당하는 영화로 〈마지막에 관광객이 온다Am Ende kommen Touristen〉(2007, 감독: 로베르트 탈하임Robert Tahlheim), 〈피닉스Phoenix〉(2014, 감독: 크리스티안 페촐트Christian Petzold), 〈어제의 블루멘Die Blumen von gestern〉(2017, 감독: 크리스 크라우스Chris Kraus)등을 꼽을 수 있다.

하는 두 편의 극영화가 유사한 시기에 제작된 것은 특기할 만하다.[28]

3.3.2.1. 〈집념의 검사 프리츠 바우어〉

원제　　 : Der Staat gegen Fritz Bauer
감독　　 : 라스 크라우메Lars Kraume
시나리오 : 라스 크라우메Lars Kraume, 올리버 귀츠Olivier Guez
카메라　 : 옌스 하란트Jens Harant
편집　　 : 바바라 기스Barbara Gies
음악　　 : 율리안 마스Julian Maas, 크리스토프 M. 카이저Christoph M. Kaiser
주연　　 : 부크하르트 크라우스너Burghart Klaußner(프리츠 바우어 역),
　　　　　로날드 체어펠트Ronald Zehrfeld(칼 앙어만 역), 제바스티안
　　　　　블롬베르크Sebastian Blomberg(울리히 크라이들러 역), 요르크
　　　　　쉬타우프Jörg Schüttauf(파울 겝하르트 역), 릴리트 슈탕엔베르크Lilith
　　　　　Stangenberg(빅토리아 역)
제작사　 : zero one film GmbH(Berlin)
개봉연도 : 2015
상영시간 : 105분

〈집념의 검사 프리츠 바우어〉(이하: 〈프리츠 바우어〉)의 감독 라스 크라우메(Lars Kraume, 1973~)는 고등학교 졸업 후 광고 사진 작가의 조수로 일하기 시작했다. 1994년부터 4년간 베를린 독일 영화텔레비전 아카데미(dffd)에서 수학하고, 이후 ARD의 〈범죄현

---

28 이 글에서 다루는 두 편의 영화 외에도 3.3.1에서 다룬 〈피닉스〉는 프리츠 바우어에게 헌정한 작품이기도 하다. 또한 2016년에는 ARD가 바우어를 주연으로 한 〈총장의 문서Die Akte General〉라는 제목의 텔레비전 영화를 선보이기도 했다.

장Tatort〉을 비롯한 다수의 텔레비전 드라마의 감독을 맡았다. 그 밖에 다큐멘터리 영화와 텔레비전 영화, 미니 시리즈, 극영화 등 다양한 영화의 연출을 담당했다.(Schmidt 2016, 16f.) 2015년에 발표한 〈프리츠 바우어〉는 독일 영화상에서 최우수 극영화상을 비롯한 총 여섯 부문(극영화, 연출, 남우조연, 시나리오, 의상, 무대 연출)에서 대상을 수상했으며, 독일영화비평상 최우수 극영화와 남우주연상을 받는 등 독일에서 좋은 평가를 받았다.

영화는 1950년대 말 독일을 배경으로 한다. 헤센 주 검찰총장인 프리츠 바우어는 아르헨티나에서 온 편지를 통해서 아돌프 아이히만의 거처에 대한 중요한 정보를 얻는다. 바우어는 독일 정부와 사법부 안에 나치 전력을 숨기며, 더 나아가 도주 중인 나치들을 보호하는 세력이 있음을 알고, 일단 독일이 아닌 이스라엘의 도움으로 아르헨티나에서 가명으로 생활하고 있는 아이히만을 체포한 후에 독일로 이송할 계획을 진행한다. 그는 젊은 검사 앙어만Angermann의 도움을 받아 이스라엘 정보국 모사드가 아이히만을 체포하는데 결정적 정보를 제공한다. 하지만 체포된 아이히만은 그의 계획과는 달리 독일이 아니라 이스라엘 법정에 서게 된다. 이과정에서 아이히만을 돕던 앙어만은 동성애자라는 사실이 드러나서 연방정보국으로부터 바우어를 배반하라는 협박을 받는다.

〈프리츠 바우어〉의 핵심 서사는 두 가지다. 하나는 바우어의 주도로 모사드가 아돌프 아이히만을 체포하는 과정이고, 다른 하나는 바우어와 앙어만을 중심으로 벌어지는, 동성애를 금지하고 처벌하는 당시 서독의 법과 관련한 갈등이다. 나치의 과오를 밝혀서 독일이 새 출발을 하도록 돕는 것은 영화 속의 바우어가 검찰총장으로서 스스로에게 부여한 사명이다. 유대인이자 사회민주주의자인 그가 아이히만 체포에 집중하는 이유는 유대인 학살을 조직한 아이히만을 법정에 세운다면, 재판을 통해서 당시에 사회의 주요 영역에서 활동하는 과거 나치 인사들의 정체를 밝혀내고 처벌할 수 있다고 믿기 때문이다. 하지만 이런 그의 노력은 유대인으로서 개인적인 집착으로 폄하되어서 그가 지휘하는 검찰 내부에서도 큰 지지를 받지 못하고, 독일 연방정보국 Bundesnachrichtendienst 역시 그의 행적을 감시하며, 그의 수사를 저지하려는 은근한 협박도 서슴지 않는다. 영화는 아이히만을 중심으로 나치시대의 유대인 학살의 진상을 규명하려는 그의 노력을 방해하는 독일 연방정보국의 시도를 여러 차례에 걸쳐서 보여준다.

영화 시작 부분에서는 과거청산을 하는 데 있어서 젊은 세대의 역할을 강조하는 바우어의 텔레비전 방송 장면과 함께 영화의 제목이 전면에 제시된다. 바로 이어지는 시퀀스는 술과 수면제를 동시에 복용하고 목욕을 하다가 욕조에서 정신을 잃은 바우어를 그의 기사가 발견하고 병원으로 후송하는 내용이다. 이는 앞에서 본 것처럼 1968년 그의 실제 죽음을 연상시킴으로써 진정성을 높이는 영화적 장치다. 이어지는 장면에서는 연방정보국 요원인 겝하르트Gebhardt가 이 사건이 수면제 과다 복용으로 인한 자살 미수로 보이게 손을 쓰도록 현장 요원에게 지시한다. 그는 또한 검사장Oberstaatsanwalt 크라이들러Kreidler에게 전화해서 바우어의 사고를 단정적으로 자살기도라고 말하고, 그의 불안정한 심리 상태가 검찰 운영에 부담이 된다고 말한다. "약간의 압력이 더해지면 그 사람은... 그의 자리가 비게 되는 거죠."라는 겝하르트의 의미심장한 말에 크라이들러는 고맙다는 말로 대답한다. 두 사람의 대화는 곁으로는 바우어의 현재 상태에 대한 것처럼 보이지만, 실제는 이들이 바라는 것이 무엇인지를 암시하고 있다. 이는 죽음을 통해서라도 바우어를 총장직에서 내려오게 하고자 하는 의도를 교묘히 은폐한 대화다. 겜하르트는 이후 아이히만의 거처에 대해 그가 쿠웨이트에 있다는 잘못된 정보를 의도적으로 바우어에게 전달하기도 하고, 크라이들러는 파리로 가는 바우어를 감시하도록 겜하르트에게 제안하면서 그 이유를 "살해 위협" 때문이라고 말한다. 크라이들러의 단어 선택에서도 실제 의도를 숨기면서도 상대방에게 원하는 것을 전달하는 국가기관 언어의 특징이 드러난다.

정치적으로 봤을 때 바우어에게 가장 치명적일 수 있는 약점은 아이히만을 체포하기 위한 핵심 정보를 독일이 아닌 이스라엘의 정보국에 전달한다는 점이다. 바우어는 자신이 유일하게 믿는 젊은 검사 앙어만의 도움으로 아이히만이 부에노스아이레스에서 리카르도 클레멘트라는 가명으로 살고 있다는 것을 알아내고, 예루살렘까지 직접 가서 모사드에 이 내용을 전달하고 그의 체포를 종용한다. 이는 독일의 입장에서 본다면 기밀누설로서 국가반역죄에 해당하는 것이지만, 바우어는 독일 정부와 사법부가 아이히만을 체포하려고 하기보다 오히려 그가 도피 생활을 하는 것을 돕고 있다고 확신하고 있다. 바우어는 아이히만 체포를 앞두고 일부러 그가 쿠웨이트에 있다는 기자회견을 한다. 이것은 겜하르트로 대변되는 독일 정보기관을 안심시키기 위한 조치다. 이어지는 장면에서 영화는 부에노스아이레스에서 이루어진 아이히만의 납치를 재연한다. 자신이 쿠웨이트에 있다는 기사를 담은 아르헨티나 신문을 옆구리에 끼고 퇴근하던 그는 모사드에 의해 납치되어 차로 이송된다. 바우어가 이스라엘에 협조한 전제 조건은 아이히만 체포 후에 그를 독일에 이송한다는 것이었다. 그렇지만 이 계획은 실패로 돌아간다. 과거사의 규명보다 현재 정치적, 경제적 이득이 독일뿐 아니라 이스라엘 또한 원하는 것이다. 영화에서는 텔레비전 자료화면을 삽입해서 우호적인 관계를 약속하는 독일과 이스라엘 두 나라의 수상의 회담을 보여주고, 이 회담 이후 독일이 이스라엘에게 무기를 수출하기로 했다는 것을 바우어의 후원자인 헤센 주지사의 대사를 통해서 알린다. 그에 따르면 수출을 위해 독일이 내세운 조건이 아이히만을 이스라엘 법정에서 처벌한다는 것이다. 이에 좌절한 바우어는 앙어만에게 검찰총장직을 내려놓겠다는 결심을 이야기한다.

나치 전범을 체포하기 위한 바우어의 시도를 막기 위해서 젭하르트와 크라이들러가 주목하는 또 하나의 정보는 바우어가 덴마크 망명 시절 동성애 관계로 수사를 받은 적이 있다는 정보다. 젭하르트는 크라이들러에게 "바우어는 덴마크에서 여러 차례 남성 매춘부와 있는 것이 발각되었다."라고 말한다. 이 정보를 바탕으로 이들은 바우어의 동성애 성향을 입증할 수 있는 기회를 노린다. 남성 간의 동성애는 처벌의 대상이기 때문이다. 하지만 동성애와 관련된 영화의 서사는 유일하게 바우어를 돕는 검사 앙어만에게 더욱 중요한 역할을 담당한다. 먼저 바우어가 앙어만을 신뢰하게 되는 계기가 된 사건이 동성애와 관련된 것이다. 남성 간의 유사 성행위로 법정에 선 한 청년에 대한 당시 독일 법의 처벌조항이 지나치게 엄격하다는 사실에 고민하는 앙어만에게 바우어는 유사한 판례를 일러준다. 유사 성행위로 번 돈만큼만 벌금형에 처하는 파격적으로 관대한 판례를 바우어로부터 알게 된 앙어만은 이 판례를 따라 구형을 요청하고, 이로써 법원 내에서 작은 소동을 불러일으킨다. 이 사건 이후 바우어는 그와 팀을 이루어서 아이히만 체포와 관련된 모든 정보를 공유한다. 앙어만은 자신이 남성 간 유사 성행위를 최소 6개월 징역형에 처하는 당시 법에 반발해서 파격적인 양형을 요구한 것은 이 행위가 나치 시대에 와서 범죄로 엄격하게 다루어졌기 때문이라고 말한다. 영화는 그런 그의 행동이 바우어의 신뢰를 얻는 결정적인 계기로 묘사함으로써, 바우어가 동성애에 대해서 우호적인 성향을 가지고 있다는 점을 암시한다.

법조인 가문의 딸과 결혼한 앙어만은 위 재판을 통해서 알게 된 한 성전환자와의 만남을 통해서 자신의 동성애 성향을 인식하게 된다. 자녀의 첫 출산을 앞둔 그는 바우어에게 자신의 상황에 대한 조언을 구한다. 이에 바우어는 아이와 가정을 위해서는 동성애적 성향을 억압해야 하며, 같은 동성 파트너를 두 번 이상 만나지 않도록 주의하라고 언질을 해준다. 하지만 이후 다시 한 번 파트너를 만난 앙어만은 결국 동성애 장면을 몰래 촬영한 가진 겝하르트에게 협박을 당한다. 아이히만의 체포와 관련해서 바우어를 국가반역죄로 고발하지 않으면, 그가 동성애 관계를 가졌다는 것을 가족에게 알리고 감옥에 보내겠다는 것이다. 당시 동성애를 처벌할 수 있는 법적 근거는 형법 175조로, 이 조항은 남성 간의 성행위를 처벌의 대상으로 규정했다. 이 법은 독일제국 시기인 1872년 도입되었다가 나치 시대인 1935년에 최대 6개월 징역형에서 5년형으로 처벌이 크게 강화되었으며, 1994년에 가서야 폐지된다. 영화는 앙어만을 통해서 나치 과거 청산을 막기 위해서 어떤 수단도 가리지 않은 국가 기관을 비판하는 동시에, 나치 시대의 흔적이 고스란히 남아 있는 동성애 처벌조항이 1960년을 전후한 독일 사회에서도 큰 영향력을 발휘하고 있다는 사실을 지적한다.

〈집념의 검사 프리츠 바우어〉는 제목에서부터 바우어라는 역사적 인물을 전면에 내세우지만 일반적으로 전기영화(Biopic)라는 명칭이 연상시키는 장르적 특징과는 일정정도 거리가 있다. 우선 영화는 바우어의 전 생애가 아니라 아이히만 체포를 중심으로 하는 약 4년의 시기에만 집중한다. 물론 전기영화가 한 인물의 전 생애가 아니라 특별히 중요한 일정 시기의 이력을 집중적으로 다루는 것은 드문 일은 아니다.(Taylor 2012) 하지만 유대인이라는 정체성 못지 않게 중요한 사민주의자로서 바우어의 바이마르 공화국 시기와 나치 시대의 이력은 그의 이후 행적을 이해하는 데 결정적임에도 영화는 이 부분을 생략한다. 그 결과 바우어가 왜 아이히만을 처벌하기 위해서 모든 위험을 감수하는지에 대한 설명이 부족해진다. 이는 아이히만 체포에 대한 집념이 오로지 그가 유대인이기 때문인 것처럼 보이게 한다. 이런 해석은 영화에서 그의 수사를 방해하는 정부 요원, 그리고 그에게 협박편지를 보내는 익명의 독일인들의 것이기도 하다. 전기영화로서 비전형적인 다른 측면은 서사에서 검사 앙어만이 차지하는 비중이 높다는 점이다. 일반적인 전기영화의 등장인물과 달리 앙어만은 순수하게 허구의 인물이다. 앞에서 본 것처럼 동성애 성향을 가진 그의 존재는 당대 사회상을 보여주는 데 활용되어, 바우어의 친구이자 분신으로서 당시 바우어가 느꼈을 심리적 압박과 고독을 간접적으로 드러낸다. 예를 들어, 앙어만의 집에서 열린 파티는 바우어에 대한 기성 상류층의 거부감을 잘 보여준다. 바우어가 출연한 텔레비전 대담 프로그램을 앙어만과 같이 보던 그의 장인은, 바우어가 "세상에서 가장 훌륭한 헌법을 가지고 있다고 해도, 민주주의를 실현하는 것은 개별 인간"이라고 강조하는 것을 보면서, 지나치게 감상적이라며 화를 내고 자리를 뜬다. 개인의 책임과 윤리적 태도를 강조하는 바우어의 입장은 경제성장기인 1950년대 말 파티 분위기와는 어울리지 않는 것이다. 바우어는 나치 과거를 규명하려는 집념 때문에 주 검찰총장임에도 주변에 따르는 사람이 없다. 그 스스로 "내 사무실 밖으로 나가면 적국이 시작된다"고 말할 정도다. 사적으로도 그는 대부분의 시간을 혼자 지낸다. 영화는 그 주요 이유가 그가 동성애자이기 때문일 것이라는 점을 암시한다. 앙어만이 동성애로 인해 협박을 받는 설정은 영화가 동일한 성향을 가진 것으로 묘사하는 바우어가 느꼈을 고립감을 강조하는 도구로 사용된다. 앙어만의 동성애 관계가 겜하르트에 의해 감시와 협박을 받는 영화의 후반부 장면은 어떤 약점도 드러내서는 안 되는 바우어의 상황이 자신의 성적 성향을 억압하면서 살게 만들었다는 관객의 해석을 유도한다. 앞에서 언급한 대로 앙어만이 자신의 동성애적 성향을 바우어에게 고백하고 조언을 구했을 때, 자신이 소중히 여기는 가족을 지키기 위해서는 동성애 파트너와의 만남을 포기해야 한다고 단호하게 말하는 바우어의 태도 역시 위의 해석을 뒷받침한다. 아이히만을 독일로 이송하려는 계획이 실패로 돌아간 후, 실망한 그는 앙어만에게 검찰총장직을 사직하겠다고 말한다. 그는 아우슈비츠 수용소 관련자들에 대한 처벌 자료들을 다수 수집하고 있지만, 이것이 실제 재판과 처벌로 이어지지 않을 것이라고 체념한 것이다. 이에 앙어만은 자신이 협박을 당하면서 받은 동성애 사진을 바우어에게 건네서 상황을 간접적으로 알리고, 바우어를 배신하는 대신 스스로 경찰서로 간다.

바우어가 아이히만 체포와 나치 과거청산에 모든 것을 거는 개인적인 이유를 영화의 후반부에 가서야 앙어만과의 대화를 통해 관객에게 알려준다. 아이히만 체포 소식을 들은 후 축배를 든 다음 집으로 가는 길에 바우어는 자신의 나치 시절 경험에 대해 이야기 한다. 강제 수용소에 수감되어 있다가 자신은 결국 전향에 동의했고, 나치는 그의 자필 서명이 담긴 전향서를 "사회주의자 바우어가 굴복하다"라는 제목의 신문기사로 냈다는 것이다. 독재에는 끝까지 저항해야 한다고 그는 앙어만에게 이야기한다. 이를 통해서 영화는 바우어의 집념이 상당 부분 사회민주주의자로서 신념을 지키지 못한 과거에 기인한다는 점을 강조한다. 하지만 영화는 이 주장을 영화의 후반부에 바우어의 대사를 통해 전달할 뿐이다. 사민주의자로서 바우어의 정체성을 예를 들어서 회상장면을 통한 관객의 감정이입과 같은 방식을 사용하지 않고 대사를 통해서 간단히 전달함으로써, 영화 속의 바우어를 때로는 그의 적대자들이 말하는 대로 "복수심에 불타는 유대인"으로 보이게 한다. 대표적인 장면으로 그가 자택에서 아이히만 체포 소식을 기다리면서, 텔레비전을 통해 서독 수상 아데나우어와 이스라엘 수상 벤구리온의 기자회견을 지켜보는 장면을 들 수 있다. 여기에서 아데나우어는 나치 희생자의 보상을 통해서 이스라엘의 재건을 도울 수 있어서 독일 민족은 깊은 만족을 느낀다고 말하고, 이에 대해 벤구리온은 오늘의 독일은 어제의 독일이 아니며, 아데나우어 수상이 독일을 민주주의와 국제적 협력 관계로 이끌기를 바란다고 답한다. 이 장면을 바라보는 바우어의 심기는 매우 불편하다.(도판 71, 72) 바우어는 텔레비전 시청 중에 오는 전화도 끊고, 벤구리온의 말이 끝나자 텔레비전도 끈다. 바로 이어서 온 전화에서 "그를 체포했다."는 짧은 문장을 듣고서야 바우어는 깊은 안도의 한숨을 내쉰다.

도판 71. 〈프리츠 바우어〉

도판 72. 〈프리츠 바우어〉

　이 장면에서 바우어는 두 나라 간의 평화무드를 비판적으로 보고 있다. 한편으로는 이 화해가 국제 정세와 각국의 이익에 의해서 추진된 것이며, 과거청산을 바탕으로 하지 않는다는 점에서 바우어의 태도를 이해할 수 있다. 하지만 다른 한편으로는 마치 바우어가 두 나라 간의 화해와 협력 자체를 거부하는 것 같은 인상도 전달한다.

　관객이 바우어의 모습에서 "복수심에 불타는 유대인"을 발견하게 되는 것은 영화가 그가 유대인임을 간접적으로 강조해왔기 때문이다. 바우어는 여러 차례 익명의 협박편지를 받는데 그중 하나에는 "유대인은 죽어라"라는 메시지가 담겨 있었다. 이 편지를

받은 바우어는 극도로 불안정한 심리를 보인다. 또한 크라이들러
는 겝하르트로부터 바우어가 동성애자라는 정보를 듣고, "그 유
대인이 호모라고요?"라고 되묻는다. 바우어를 향한 유대인이라는
명칭은 그에게 적대적인 인물들이 사용한 것이다. 하지만 바우어
에 대한 다른 개인적 정보를 얻을 수 없는 관객의 입장에서는 그
가 유대인이라는 사실만이 기억에 남게 된다. 아이히만 체포가 뜻
대로 진행되지 않을 때 화를 내고 흥분하는 바우어의 모습을 그의
태생뿐 아니라, 정치적 신념과 연결할 수 있는 정보가 관객에게 주
어지지 않는다.

　프리츠 바우어라는 인물이 독일 현대사에 미친 영향을 생각하
면 독일 미디어가 2010년대에 와서야 그를 핵심 인물으로 한 영화
를 만들었다는 점은 놀라울 정도다. 바우어라는 역사적 인물과 그
의 업적을 대중과 공유하고 기념한다는 측면에서 이 영화는 충분
히 의미 있다. 그렇지만 이 영화의 문제는 영화 속 바우어와 실제
바우어 간의 큰 간극이다. 프리츠 바우어라는 이름을 전면에 내
세운 영화인 점을 생각하면, 이 영화가 논란의 대상이거나 확실한
증거가 없는 사실을 영화 속에 자명한 것으로 설정한 것은 극영화
로서의 예술적 자유를 고려한다고 해도 문제적이다. 프리츠 바우
어에 대해서 교수자격취득 논문을 썼으며, 그의 전기 『프리츠 바
우어 1903-1968』을 집필한 역사학자 이름트루드 보약Irmtrud Wojak
은 특히 두 가지 문제를 지적한다.(Wojak 2015) 첫 번째, 바우어가
동성애자라는 확실한 근거가 없다는 점이다. 영화는 망명 시절인
1936년에 작성된 덴마크 경찰의 조서를 증거로 간주하지만, 실제
로 바우어 주변인 중에 그 이전이나 그 이후에 그가 동성애자임을
확인한 사람은 없다는 것은 보약뿐 아니라 다른 전기작가인 슈타

인케도 동의한 견해다.(Steinke 2013, 102) 더군다나 덴마크 경찰이 작성한 조서 역시 정치적 망명자들에 대한 압박 수단으로 덴마크 경찰이 꾸며내거나 과장했을 가능성도 충분하다고 보약은 지적한다. 두 번째, 바우어가 1933년 호이베르크 수용소에 있을 때 전향을 선언하고, 그의 서명이 담긴 기사가 신문에 실렸다고 영화에서 바우어가 스스로 언급한 것 역시 근거가 확실하지 않다는 점이다. 보약에 따르면 나치의 당 기관지에 충성을 맹세하는 전향한 사회주의자에 대한 기사가 실린 적은 있으나 거기에는 바우어라는 이름도, 자필 서명도 존재하지 않는다. 영화 속 바우어의 언급대로 비슷한 시기에 호이베르크 수용소에 같이 수감되었다가 1945년에야 석방되고, 이후 사민당 당수를 역임한 쿠르트 슈마허 Kurt Schumacher와는 달리 바우어가 8개월 만에 풀려난 것은 사실이다. 그렇지만 영화에서 이야기하는 것처럼 바우어가 자필 서명을 한 전향서를 발표했다는 물적 증거는 지금까지 제시된 적이 없다고 보약은 밝힌다. 영화에서 바우어의 전향을 기정사실로 간주한 것은 슈타인케의 책에 근거한 것으로 보인다.

보약의 견해를 바탕으로 판단한다면, 영화에서 사실로 제시한 바우어에 대한 위 두 가지 정보는 객관적으로 검증된 것이 아니라, 좋게 보아도 논쟁의 대상이다. 이런 정보를 바우어를 주연으로 내세운 첫 번째 극영화에서 핵심적인 내용으로 다루고 있다는 점은 영화의 약점으로 간주될 수밖에 없다.

3.3.2.2. 〈침묵의 미로에서〉

원제   : Im Labyrinth des Schweigens
감독   : 줄리오 리치아렐리Giulio Ricciarelli
시나리오 : 엘리자베트 바르텔Elisabeth Bartel, 줄리오 리치아렐리Giulio Ricciarelli
카메라   : 로만 오진Roman Osin, 마르틴 랑어Martin Langer
편집   : 안드레아스 메르텐스Andrea Mertens
음악   : 제바스티안 필레Sebastian Pille, 니키 라이저Niki Reiser
주연   : 알렉산더 펠링Alexander Fehling(요한 라트만 역), 앙드레
        쉬만스키André Szymanski(토마스 그닐카 역), 프레데리케
        베히트Friederike Becht(말레네 본드락 역), 요하네스 크리쉬Johannes
        Krisch(지몬 키르쉬 역)
제작사   : Claussen + Wöbke + Putz Filmproduktion GmbH(München)
개봉연도 : 2014
상영시간 : 123분

　　2014년에 개봉한 이 영화는 이탈리아에서 태어나고 독일에서 활동하는 줄리오 리치아렐리(Giulio Ricciarelli, 1965~)의 장편 극영화다. 1989년 바젤 극단에서 연극배우로서 경력을 시작한 그는 1990년대 중반부터 텔레비전 영화와 드라마로 영역을 넓혔다. 2000년에는 네이키드 아이 필름 프로덕션Naked Eye Filmproduction을 설립해서 이후 영화 제작과 감독을 병행하고 있다. 그의 장편 극영화 데뷔작인 〈침묵의 미로에서〉는 독일 영화상에서 최우수 장편극영화를 포함한 네 부문에서 후보작으로 올랐으며, 검사 라트만 역을 맡은 알렉산더 펠링Alexander Fehling은 바이에른 영화상 남우주연상을 수상했다. 이 영화는 2016년 아카데미 영화제 외국어 영화상 부문 독일 추천작이기도 하다.

　　1950년대 말 독일은 나치의 어두운 과거는 잊고, 경제 기적의

풍요에 만족하고 있다. 교통 범죄를 담당하는 신참 검사 요한 라트만Johann Radmann은 기자 토마스 닐카를 통해서 아우슈비츠에서 근무한 경력이 있는 나치가 교사로 일하고 있다는 사실을 전해 듣고, 보호관찰소로만 알고 있던 아우슈비츠 수용소에 대해 관심을 갖게 된다. 아우슈비츠와 관련된 나치의 범죄를 밝혀내려는 그의 노력은 검찰 안에서는 조롱의 대상이 되지만, 유일하게 총장인 바우어만이 그를 지지한다. 바우어로부터 조사의 전권을 부여받은 라트만은 조사를 하면 할수록 그 대상이 폭발적으로 늘어나지만, 아우슈비츠의 진상을 조금씩 알게 되면서 유대인 대량학살에 참여한 나치 범죄자들을 반드시 단죄하고자 한다. 그가 체포에 가장 공을 들이는 인물은 죽음의 천사라고 불렸던 의사 요제프 멩겔레Joseph Mengele다. 하지만 실종된 자신의 아버지를 포함한 누구도 나치 과거로부터 자유로울 수 없다는 것을 깨달은 그는 잠시 역사적 과업을 포기하고 평범한 변호사로 생활할 생각도 하지만, 결국 아우슈비츠 재판을 성사시키고 첫 번째 재판이 열리는 재판장으로 들어가면서 영화는 마무리된다.

이 영화는 무엇보다 1950년대 말 독일 사회가 나치 과거에 얼마나 무지하고 무관심한지를 다양한 방식으로 보여준다. 여기에서 핵심적인 역할을 하는 것은 실존 인물인 프랑크푸르터 룬트샤우Frankfurter Rundschau의 기자 닐카다. 아우슈비츠에 수감되었던 친구를 도와 친위대 대원이었던 교사 알로이스 슐츠를 고발하려는 그는 경찰과 검사들의 무관심과 외면을 접한다. 교통 범죄를 다루는 신참 검사로 의미 있는 일을 하고 싶었던 라트만은 닐카의 제보를 추적해서 슐츠의 과거 경력을 알아내고, 채용 당시 이 사실을 교육부에 알리지 않은 슐츠가 교사로 일하지 못하게 조치한다.

라트만은 자신이 한 일을 닐카에게 자랑스럽게 말하지만, 닐카는 슐츠가 정직처분을 받지 않을 것이라고 확신하고, 실제로 그렇게 된다. 닐카는 라트만과의 대화 중에 주변에 있던 다른 검사와 비서들에게 아우슈비츠에 대해 묻지만, 아무도 이에 대해 정확히 알지 못한다. 라트만 역시 아우슈비츠를 그저 평범한 보호관찰소라고 알고 있으며, 거기에서 사람들이 살해당했다는 사실을 알지 못한다. 영화는 경제 기적 시기의 독일의 유쾌한 분위기를 유행가와 광고 음악을 통해서 효과적으로 전달하는데, 이런 사회적 분위기는 어두운 과거를 파헤치려는 라트만의 태도와 대비된다. 이 대비는 라트만의 여자친구 본드락의 변화를 통해서도 두드러진다. 동부 전선에서 참전했던 군인이자 알콜 중독자 아버지를 둔 본드락은 라트만과 함께 법조인 파티에 참석했다가 자신이 손수 만든 드레스에 관심을 보이는 여인들을 만나게 된다. 곧 그녀는 자신의 아뜰리에를 열고, 고급 드레스를 만들어서 판매한다. 영화의 후반부에서 점점 더 사업이 잘 돼서 바쁘게 살아가는 본드락과, 전쟁에서 실종된 존경하는 아버지가 나치당원이었다는 것을 알고 실망한 라트만은 심하게 다툰다. 현재가 제공하는 기회를 잡으려는 본드락과 과거와 집중적으로 대면하는 라트만이 서로 화해하는 것은 쉽지 않다.

그가 근무하는 검찰 내부의 분위기 역시 나치 과거에 대해서는 무관심하다. 아우슈비츠에 관심을 보이는 라트만을 조롱하는 검찰 내부 인사로는 부장검사 프리드베르크와 동료 검사 할러가 대표적이다. 영화는 이들을 매우 언변에 능하고 재치 있는 캐릭터로 묘사하고 있다. 프리드베르크는 닐카를 "흥분을 잘 하는 사람" 정도로 폄하하고, 슐츠가 정직처분을 받지 않은 것에 대해서도 교육부 관할이라며 대수롭지 않게 여긴다. 절멸수용소에서 벌어진 유대인 학살에 대해서도 전쟁에 참여한 나라는 수용소를 운영하고 있었으며, 전쟁 시기 군인에겐 다른 선택권이 없었고, 뉘른베르크 재판으로 처벌도 마무리되었다는 논리를 펼친다. 심지어 자신도 프랑스 수용소에 수감되어 있었는데, 그곳의 음식이 아내가 하는 음식보다 더 맛있었다는 농담도 건넨다. 라트만이 바우어의 지원을 받아서 수사를 진행하고, 아우슈비츠에서 근무한 나치들을 체포하며 성과를 보일 때도 프리드베르크는 라트만을 조롱한다. 수백만의 나치 당원들이 있는 상황에서 몇 명을 체포하고 구속하는 것은 의미가 없다면서, 모든 젊은이들이 자신의 아버지가 나치이자 살인자였는지 묻는 것을 원하는 것인지 흥분한 어조로 질문한다. 프리드베르크는 자신이 전쟁에 참여했지만, 나치 당원은 아니었다고 말한다. 영화는 그를 통해서 나치 전력 때문이 아니라, 평화롭고 미래지향적인 삶을 위해서 과거와 대면하는 것을 거부했던 당대의 사람들을 표현한다. 할러 역시 초반부에 나치의 만행에 대한 정보들은 다 승전국의 프로파간다일 뿐이라며 프리드베르크와 마찬가지로 라트만의 수사를 폄하한다. 하지만 바우어가 할러를 라트만과 함께 일하도록 배치한 후에 그는 라트만 못지 않게 열의를 가지고 사건을 대한다. 〈프리츠 바우어〉에서와는 달리 〈침묵의 미로에서〉에는 바우어와 라트만의 수사에 비협조적인 인물들은 있지만, 조직적으로 방해하는 세력은 존재하지 않는다. 연방형사국(Bundeskriminalamt) 내부에도 라트만에게 몰래 멩겔레에 대한 정보를 전해주는 젊은 요원이 있으며, 바우어 역시 이스라엘 정보국 요원을 자신의 집에서 아무런 긴장 없이 만나는 것으로 영화는 묘사하고 있다. 전반적으로 〈침묵의 미로에서〉는 아우슈비츠 학살의 진상을 규명하는 것이 어려운 이유를 전후 복구와 이에 이어진 경제 기적 시기의 사회적 분위기에서 찾고 있다는 점에서, 독일 국내와 국제 정치의 상황을 주요 원인으로 파악한 〈프리츠 바우어〉와는 큰 차이를 보인다.

아우슈비츠 문제를 개인의 차원에서 조명하는 〈침묵의 미로에서〉의 특징은 닐카와 지몬 키르쉬Simon Kirsch라는 두 캐릭터를 통해서도 부각된다. 앞에서 본 것처럼 닐카는 아우슈비츠 수용소에 대한 검찰의 무관심을 개인적으로 질타하고, 자신이 일하는 신문사를 통해서 이를 공개적으로 문제 삼는 인물이다. 아우슈비츠 생존자인 키르쉬와 친구로서, 그와 라트만을 연결해주는 역할도 한다. 영화는 당대의 일반적 분위기와 달리 나치 전범에 몰두하는 닐카는 아우슈비츠와 개인적인 인연이 있다. 그는 15세의 나이로 포병대 조수로서 아우슈비츠에서 근무한 아동 군인이었으며, 가끔씩 수용소의 유대인들을 감시하는 임무도 수행했다.(Wilke 2014) 이는 전기적 사실로서, 영화에서 라트만은 아버지의 나치 과거를 알고 힘들어하는 시기에 이 사실을 닐카를 통해서 듣게 된다. 이로써 라트만은 자신과 자신의 일을 지지하는 닐카 역시 나치의 조력자였다는 생각 때문에 더더욱 절망에 빠지게 된다. 아우슈비츠 수용소 생존자로 나오는 가상의 캐릭터 키르쉬는 자신의 과거와 대면하는 데 주저한다. 닐카와 라트만이 그의 가방에서 아우슈비츠에서 근무하며 살인에 직접 관여한 친위대 대원이 명단을 발견했지만, 키르쉬는 여전히 그곳의 삶에 대해서 함구한다.[29]

---

29 3.3.2에서 언급한 것처럼 실제로 닐카는 1959년에 아우슈비츠에서 근무한 친위대원의 명단을 입수해서 바우어에게 직접 전달한다. 이는 아우슈비츠 재판이 열리는 데 결정적인 기여로 간주된다.(Steinke 2013, 182) 〈침묵의 미로에서〉는

영화는 키르쉬의 소극적 태도에 대해서 개인적인 체험을 원인으로 부여한다. 그가 라트만에게 한 말에 따르면, 그는 쌍둥이 두 딸과 함께 아우슈비츠에 도착했으며, 멩겔레가 직접 두 딸을 데려갔다. 이것을 멩겔레의 말대로 일종의 특별대우로 보고 마음을 놓았던 그는 이후 두 딸이 다양한 생체실험을 당하면서 고통 속에 죽어갔다는 것을 알고 절망과 분노를 느낀다. 영화는 라트만과 친한 두 명의 주변 인물들에게 아우슈비츠와 직접적으로 관련된 서사를 부여함으로써 보이지 않는 나치 만행의 편재성을 강조한다.

실존인물인 바우어와 닐카와 달리 라트만은 아우슈비츠 재판을 준비했던 세 명의 검사를 기초로 감독과 시나리오 작가 엘리자베트 바르텔이 만들어 낸 허구의 캐릭터다.(Riebsamen 2014) 라트만은 당대 젊은이로서 전형성을 가지고 있다. 앞에서 본 것처럼 그 역시 본격적으로 수사를 하기 전에 아우슈비츠에 대해서 아는 것이 거의 없다. 그는 키르쉬에게 "수용소에 체류하는 동안 범죄 행위를 목격한 바 있습니까?"라는 순진한 질문을 던지며, 폴란드에서 온 첫 번째 증인과 면담에서는 아우슈비츠에서 수십만 명이 희생되었다는 말을 듣고 놀라면서 희생자의 이름과 사망 날짜를 요구하는, 상황에 맞지 않는 반응을 보인다. 그렇지만 그는 곧 아우슈비츠에서 근무한 약 8천 명에 달하는 친위대원의 서류와 많은 생존자의 증언을 바탕으로 구체적인 범죄행위를 적시하며 재판을 준비한다. 영화는 셀 수 없을 만큼 많은 서류철 중에서 아우슈비츠 친위대원의 것을 찾아야 하는 막막한 상황과 그럼에도 담

키르쉬로부터 명단을 얻은 라트만이 바우어에게 이에 대해 이야기하고, 바우어가 라트만에게 수사를 명령하는 것으로 설정되어 있다.

담하게 맡은 일을 진행하는 라트만의 모습을 영상으로 잘 담아낸
다.(도판 73, 74)

도판 73. 〈침묵의 미로에서〉

도판 74. 〈침묵의 미로에서〉

이런 그의 열정은 한편으로는 스스로의 무지에 대한 반성을,
다른 한편으로는 자신과 자신의 가족은 나치와 관련이 없다는 자
신감을 기반으로 하는 것으로 보인다. 라트만의 이런 자신감은 소
위 말하는 '후세대의 축복', 즉 1930년생으로 어린 나이 때문에 나
치시기에 범죄를 저지르기 어려웠던 시간적 조건과, 동부 전선에
서 실종된 아버지 역시 나치와 관계없는 떳떳한 삶을 살았다는 개
인적 확신에 기인한다. 그렇지만 재혼을 하려는 어머니와의 다툼

중에 그는 아버지 역시 당시 대부분의 법률가처럼 나치 당원이었다는 사실을 알게 되고, 미군정의 자료를 통해서 이 사실을 확인한다. 영화는 이런 설정을 통해서 아무리 젊은 세대라고 해도 과거의 죄가 자신과 무관하지 않은 일이었음을 보여준다. 라트만은 부모가 전쟁 때 무엇을 했는지 묻지 않고, 막연히 그들의 변명을 믿은 젊은 세대를 대표한다. 그동안 무엇보다 아우슈비츠의 유명 인물인 요제프 멩겔레를 체포하고 처벌하는 데 열의를 보였던 라트만은 이제 재판의 의의가 나치를 처벌하는 것보다는 희생자들에게 발언의 기회를 주고, 모든 독일 국민이 과거를 제대로 인식하도록 돕는 데 있다는 것을 깨닫게 된다. 이제 라트만은 닐카, 그리고 본드락과 화해하고, 바우어로부터 자랑스럽다는 인정을 받는다.

이 영화에서 프리츠 바우어는 비중 있는 조연으로 등장한다. 그는 의미 있는 일을 하고자 하는 열정만 있고 진상 규명의 의의를 제대로 파악하지 못하는 라트만이 여러 가지 실수에도 불구하고 마지막에 아우슈비츠 재판을 이끌어 갈 수 있도록 배려하고 지지한다. 라트만과의 첫 대화에서 바우어는 아우슈비츠 수용소에서 이루어진 범죄 중에서도 살인만이 공소시효가 남아 있으며, 구체적인 희생자와 가해자를 특정할 수 있어야 처벌할 수 있다는 점을 알려줌으로써, 이후 라트만의 수사가 진행될 방향을 일러준다. 그렇다고 라트만이 바우어의 분신은 아니다. 라트만은 키르쉬의 쌍둥이 자매가 멩겔레에 의해 실험 도구로 이용되고 살해되었다는 사실을 알게 된 후, 그를 체포하기 위해서 다른 나치 친위대원을 부차적으로 취급한다. 이런 모습을 본 바우어는 아이히만이나 멩겔레와 같은 거물은 이들을 보호하는 세력이 있기 때문에 체포가 어렵다면서 라트만에게 아우슈비츠 재판의 전반적인 의미를 일러준다. "독일인은 그들이 어떤 범죄를 저질렀는지 알아야 합니다. 히틀러나 힘러뿐 아니라, 확신을 가지고 살았던 평범한 사람들 말입니다." 전체적으로 이 영화에서 바우어는 라트만에게 대체 아버지로 기능한다. 라트만의 현실 아버지는 부재할 뿐 아니라 나치 과거에 의해 오염되어 있지만, 대체 아버지인 바우어는 실존하며 나치 과거로부터 당당하다. 이런 바우어의 모습은 라트만과 같은 젊은 세대가 필요로 하는 아버지상을 형상화한다. 〈프리츠 바우어〉에서 볼 수 있었던 바우어의 다양한 인간적인 감정은 이 영화 속 바우어에게서는 찾아볼 수 없다.

〈침묵의 미로에서〉는 홀로코스트에 대해 무지하지만 열정적인 가상의 젊은 검사를 전면에 내세워서 1950년대 말 독일 사회에서 홀로코스트가 어떻게 인식되었고, 독일의 과거청산이 얼마나 힘들게 시작되었는지를 보여준다. 그럼에도 영화가 당대 사회에 대해 던지는 시선은 〈프리츠 바우어〉에 비해서 관대하다. 영화는 라트만의 무지를 이후 조사과정에서 보인 열의와 아우슈비츠 재판의 시작이라는 성과를 통해서 용서하고, 프리드베르크를 통해서 과거청산에 반대하는 입장에도 발언의 기회를 부여한다. 바우어 캐릭터에서 전기적 특성은 찾아볼 수 없으며, 젊은 세대에게 방향성을 제시하는 현명한 인물로 제시되어 있다. 전반적으로 이 영화는 라트만이라는 허구적 캐릭터의 변화를 중심으로 나치 과거 청산이 본격화하기 전 독일 사회의 모습을 설득력 있게 보여준다.

이 장에서 다룬 세 편의 영화는 홀로코스트에 대한 논의와 반성이 본격화되기 이전의 시기인 1945년에서 1960년대 초반의 독일을 배경으로 하고 있다. 전쟁 직후 독일인들이 과거를 애써 외면하고, 미래만을 바라보며 살아갔다는 점을 〈피닉스〉는 강조한다. 이 영화의 주인공들은 재건기의 독일이라는 같은 특정 사회 조건 아래에서 그 영향을 받으며 살아가는 인물들로, 절대적 선인이나 악인으로 등장하지 않는다. 또한 소품과 배경의 연출이 아니라, 상황에 대한 인물들의 반응을 통해서 진정성을 추구한다는 점도 이 영화의 특징이다. 부인할 수 없는 과거의 진실 앞에서 두 눈을 감아버리고 살아온 독일의 현실은 아이히만 재판과 아우슈비츠 재판이 열리기 전인 1950년대 말까지 지속되었다는 점을 〈프리츠 바우어〉와 〈침묵의 미로에서〉는 잘 보여준다. 두 영화는 무엇보다 당시 독일의 시대상을 효과적으로 그려내고 있다. 이 시기 독일 사회의 과거에 대한 외면은 단순한 망각이 아니라, 국가 차원에서 적극적으로 추진한 정책의 일환이었다는 점을 〈프리츠 바우어〉는 강조한다. 영화는 실제 전기적 특징을 반영한 바우어와 가상의 캐릭터인 앙어만을 중심으로, 아이히만을 법정에 세우기 위해서 노력한 바우어의 업적과 역경을 영상화한다. 무엇보다 국가기관의 방해를 받으면서도 아이히만 체포를 성사시킨 바우어는 이 영웅담의 주인공으로 충분한 자격을 갖추고 있다. 하지만 바우어를 핵심 인물로 세우면서 동시에 확실한 근거가 부족한 전기적 사실, 즉 그의 동성애 성향이나 나치시대 전향 등을 영화의 전개에서 중요하게 설정한 것은 논란의 대상이 된다. 이에 비해 〈침묵의 미로에서〉는 바우어를 도와 아우슈비츠 재판을 준비한 젊은 검사 라트만을 주인공으로 내세운다. 이 가상의 캐릭터가 홀로코스트에 대해 알아가면서 겪는 갈등과 충격, 실망은 관객이 당시 젊은 세대의 감정을 추체험하는 데 기여한다. 이 영화는 아우슈비츠 재판을 준비하는 과정에서 생기는 갈등을 국가나 기관의 차원 보다는 개인의 차원에서 설명하고 있다. 라트만과 바우어의 과거 규명 노력을 조직적으로 방해하는 기관은 존재하지 않으며, 검찰 내의 반발 역시 개인적인 성격이 강하다. 오히려 사건을 수사하는 데 가장 큰 걸림돌은 전체적인 의미를 파악하지 못하고 멩겔레라 는 상징적 인물에 매달리는 라트만 자신이다. 여기에 아버지의 나 치 경력까지 겹치면서 그의 방황은 전체 수사를 위태롭게 한다. 이 영화에서는 바우어를 비롯해서 닐카, 키르쉬, 본드락, 프리트베르 크 등 다양한 캐릭터를 통해 1950년대 말, 1960년대 초 독일 사회 의 분위기를 효과적으로 전달하고 있다.

366   2000년 이후의 독일영화

3.4. 홀로코스트의 현재적 의미

〈마지막에 관광객이 온다〉(2007), 〈어제의 블루멘〉(2016)

일반적으로 나치 시기와 관련해서 세대 별로 다음과 같은 특징을 부여한다. 1세대는 나치시기에 성인이었던 세대로, 전선이나 후방에서 전쟁을 직접적으로 체험한 세대이기도 하다. 이들은 나치 정권을 적극적으로 지지했으며, 45년 이후에는 경제 재건에 몰두한다. 2세대는 과거에 무관심한 1세대를 비판하면서, 나치 과거와 본격적으로 대면한 세대다. 68세대로도 불리는 이들은 1970년대 이후 독일이 과거사를 철저하게 반성하는 데 중요한 역할을 담당했으며, 과거 극복에 있어서 독일이 모범적인 나라라는 국제적인 평가를 받게 한다. 3세대는 과거사에 대해 학교 교과과정을 통해서 철저하게 교육을 받는다. 이들에게 제3제국과 홀로코스트의 역사는 부인할 수 없는 독일사의 한 부분이며, 이 사실을 인정하는 것은 이들의 정체성에서 중요한 한 부분을 이룬다.

지금까지 살펴본 홀로코스트 영화들은 홀로코스트가 일어난 시점을 중심으로 당시의 상황을 재현하거나, 홀로코스트라는 과거와 어떻게 대면하고 있는지를 이 사건을 직간접적으로 체험한 인물들을 중심으로 보여주었다. 위의 세대를 기준으로 보면, 홀로코스트가 일어났던 시기를 시간적 배경으로 하는 영화에서는 독일인 1세대는 나치의 일원으로서 가해자로, 유대인은 피해자로 등장한다. 이런 구도는 전쟁 직후를 배경으로 하는 〈피닉스〉 역시 마찬가지다. 반면 1950년대 말을 배경으로 하는 두 영화(〈프리츠 바우어〉, 〈침묵의 미로에서〉)에서는 나치 과거에 직접적인 책임이 없는 독일의 젊은 세대(앙어만, 라트만)가 등장하기 시작한다. 이들은

1세대로부터 핍박을 받은 바우어를 도와 과거 극복을 향해 첫발을 내딛는다. 이들은 본격적인 68세대는 아니지만 68세대의 출현에 결정적인 역할을 담당한다.

지금까지 앞에서 살펴본 홀로코스트 영화를 되짚어보면, 대부분 영화의 핵심 서사는 고통 받는 유대인을 중심으로 진행된다. 영화는 이들의 고난을 재현함으로써 이 비극적 사건이 잊히지 않도록 하는 임무를 스스로에게 부여한 듯하다. 하지만 과거를 극복하는 것은 재현된 과거와 대면하는 것에 그치지 않는다. 과거의 역사적 사건을 현재 자신의 삶과 연결시켜서 생각할 때, 과거 극복은 추상적인 거대담론이 아니라 개별적이며 개인적인 의미를 획득할 수 있다. 현대 독일인은 학교 교육과 대중매체를 통해서 나치 과거와 홀로코스트에 대해서 충분한 지식을 갖추고 있다. 하지만 이 지식이 과거 극복의 충분조건이 될 수는 없다. 이 장에서 소개하는 두 편의 영화는 홀로코스트 영화로는 보기 드물게 현재를 시간적 배경으로 하며, 현재를 사는 독일인들이 홀로코스트를 어떻게 대면하는지 다루고 있다. 드물게 독일인 3세대가 겪는 과거 극복의 문제를 본격적으로 보여주는 영화들이다.

3.4.1. 〈마지막에 관광객이 온다〉

원제   : Am Ende kommen Touristen
감독   : 로베르트 탈하임Robert Thalheim
시나리오 : 로베르트 탈하임Robert Thalheim
카메라   : 요리스바 폰 달비츠Yoliswa von Dallwitz
편집   : 슈테판 코베Stefan Kobe
음악   : 안토 파이스트Anton Feist, 우베 보센츠Uwe Bossenz
주연   : 알렉산터 펠링Alexander Fehling(스벤 레너르트 역), 리샤르트
            론체브시키Ryszard Ronczewski(스타니슬라브 체민스키 역), 바바라
            위소카Barbara Wysocka(아냐 라누쉬프스카 역), 표트르 로구치Piotr
            Rogucki(크쥐시토프 라누쉬프스카 역), 라이너 젤리엔Rainer
            Sellien(클라우스 헤롤트 역)
제작사   : 23/5 Filmproduktion GmbH(Berlin)
개봉연도 : 2007
상영시간 : 85분

〈마지막에 관광객이 온다〉는 로베르트 탈하임(1974~) 감독의
장편영화로 2007년 칸 영화제 '주목할 만한 시선'에서 초연되었
다. 탈하임은 극단 베를린 앙상블의 조연출, 베를린 자유대학 수
학을 거쳐 2000년부터 포츠담 바벨스베르크 영화학교에서 연출
을 공부했다. 2005년 〈네토Netto〉로 장편영화 데뷔를 하고, 졸업작
품이기도 한 두 번째 장편영화 〈마지막에 관광객이 온다〉로 2008
년 독일영화상 최우수영화 부문 후보로 올랐으며, 주연배우 알렉
산더 펠링은 독일영화 후원상Förderpreis Deuscher Film을 수상한다. 이
영화에서 탈하임은 시나리오도 담당했는데, 자신이 영화의 주인
공 스벤처럼 아우슈비츠에서 공익근무를 한 경험을 바탕으로 작
성했다. 이 영화 이후에도 그는 영화관과 텔레비전을 통해 꾸준히
작품을 발표하며, 영화 제작자 및 연극 연출가로도 활동하고

있다.

이 영화의 주인공은 스벤이다. 스벤은 공익근무를 하기 위해서 아우슈비츠라는 독일식 지명으로 더 잘 알려진 폴란드의 도시 오시비엥침Oświęcim에 온다. 그는 만남의 장소Begegnungsstätte라고 불리는 아우슈비츠 절멸수용소 기념관의 부속 유스호스텔에서 일하면서, 동시에 노인 체민스키Krzemiński를 돌보는 임무를 맡는다. 무뚝뚝한 성격의 폴란드인 체민스키는 나치 시기에 아우슈비츠 수용소에서 수감자로 생활한 바 있다. 그는 수용소 부속건물에 거주하면서 과거 수감자들의 여행 가방을 전시 목적으로 수선하고, 생존자 증언이 필요한 곳에서 자신의 체험을 이야기한다. 스벤은 기념관에서 가이드로 일하는 아냐의 집에서 세 들어 살면서 아우슈비츠의 일상에 점점 친숙하게 되지만, 과거의 그늘이 상존해 있는 아우슈비츠의 현실에 독일인으로서 적응하고 적절하게 반응하는 것은 어렵다. 체민스키와 아냐, 아냐의 오빠인 크쥐시토프, 독일 기업인인 슈나이더 등 다양한 사람과 만나고, 그들과 함께 일상을 살아가지만 그가 미처 생각하지 못한 문제들이 곳곳에서 나타난다. 아냐와의 연애마저 순조롭게 진행되지 않자, 그는 공익근무를 중단하고 독일로 돌아가려 한다. 하지만 역에서 그의 도움을 필요로 하는 수학여행객들을 만나고, 그들에게 길 안내를 하며 다시 유스호스텔로 돌아온다.

85분의 상영시간으로 장편으로서는 짧은 분량인 이 영화는 스벤이라는 독일인 3세대의 체험을 통해 동시대 (독일) 관객들에게 아우슈비츠의 의미를 묻고 있다. 영화는 스벤이 오시비엥침 역에 도착하는 장면으로 시작하며, 이후 시간순으로 진행한다. 스벤은 스무살 남짓의 청년으로 원했던 암스테르담 청소년 센터에 자리가 없어서 아우슈비츠에서 공익근무를 하게 된다. 그가 아우슈비츠에 대해 어떻게 생각하는지, 그곳에서 어떤 인상을 받고 있는지 영화는 직접적으로 보여주지 않는다. 핸드헬드 카메라를 사용해서 다큐멘터리 같은 느낌을 선사하는 이 영화는 일관되게 관찰자적 입장을 취한다. 카메라는 계속해서 조금씩 흔들리며, 대부분 눈높이에서 촬영해서 객관적이고 차분한 느낌을 강조한다. 스벤이 탄 기차가 도착하는 장면을 약간 위에서, 부감으로 찍은 것이 눈에 띌 정도로 카메라의 각도나 움직임은 제한적이다. 클로즈업 숏이 간혹 사용되긴 하지만, 주인공에게 감정이입을 하게 하려는 목적보다는 당황하고 어찌할 바 모르는 스벤의 표정을 강조하기 위한 의도에서 사용된다. 스벤이 역에 도착해서 택시를 타고 숙소인 게스트하우스를 찾아가고, 짐을 풀고 쉬는 모습을 영화는 특별한 대화 없이 보여준다. 체민스키와의 짧은 만남 이후, 그는 앞으로 근무하게 될 유스호스텔의 소장 해롤트를 만나서 해야 할 일을 안내받는다. 교육센터 역할을 겸하고 있는 호스텔의 다양한 업무를 보조하는 것 외에 숙소에서 만났던 체민스키를 돌보는 것도 그의 주요 임무다. 생존자와의 대화나 그가 수리하는 가방을 운반하는 것 외에도 체민스키가 장을 보거나 사적인 모임에 갈 때 운전기사로 동행하는 것도 이 임무에 포함된다. 스벤과 체민스키의 동행은 영화에서 가장 비중 있게 다루어지는 소재다.

체민스키는 아우슈비츠 절멸수용소의 생존자로, 여전히 수용소 안에 있는 게스트하우스에서 생활하고 있다. 근교 교외 마을에 사는 여동생이 같이 살자고 해도, 그는 이곳에서 할 일이 있고 쓰임새가 있다면서 거부한다. 그런 그에게 해롤트로부터 자신을 도우라는 "명령"을 받은 스벤의 존재는 달갑지 않을 수밖에 없다.[30] 고령으로 활동이 자유롭지 않다는 것을 인정하는 셈이기 때문이다. 60세 이상 나이 차이가 나는 폴란드 노인과 독일 청년이 친해지기에는 좋지 않은 조건이다. 체민스키와 친구들은 그가 독일인이라는 사실을 가지고 농담을 주고 받기도 한다.[31] 비록 그들이 하는 폴란드어를 이해하지는 못하지만 이 대화를 관찰하는 스벤의 얼굴에서는 당혹감과 불쾌함이 엿보인다. 그는 이런 표정을 락 공연장에서 만난 크쥐시토프와의 대화 다음에도 보인 바 있다. 두 사람은 시끄러운 공간에서 영어로 떠듬떠듬 이야기를 나눈다. 스벤은 자신이 "군대armee"와 "공익 근무civil service" 사이에서 후자를 선택하고 아우슈비츠 유스호스텔에서 일한다고 말하는데, 크쥐시토프는 이 단어들를 조합해서 독일에서 "아우슈비츠 민간인 군대 Auschwitz civil armee"가 왔다면서 친구들과 한바탕 웃는다. 이렇게 스벤과 폴란드인들의 만남은 높은 진입장벽을 쉽게 넘지 못한다. 폴란드인들은 스벤을 진지한 대화 상대로 여기지 않는다. 독일은 여전히 가해자의 국가로 폴란드인에게는 거리감이 있다. 이런 상황 속에서 독일인으로서의 국가적 정체성은 스벤처럼 현대의 독일 청소년에게는 낯선 것이다. 이들은 자신을 유럽인으로 규정하는

30　두 사람이 처음으로 제대로 나누는 대화에서 자신을 돌보는 임무를 맡았다는 스벤에게 체민스키는 독일어로 "당신이 하인이오?"라며, "나를 돌보라는 명령은 헤롤트가 한 거요?"라고 질문한다. "하인"이나 "명령"은 두 사람의 대화 상황에 맞지 않는 권위적인 어휘로, 체민스키가 독일어를 배울 수밖에 없었던 수용소 시절을 환기시킨다.

31　체민스키를 친구와의 모임에 운전을 해서 데려다준 스벤에 대해 다른 노인은 다음과 같이 농담을 한다. "독일인 기사라니 세상 많이 변했네. 저 친구 할아버지도 아우슈비츠에서 근무했는지 한번 물어보게나. 하하하."

것을 더 자연스럽게 받아들인다. 이런 자기규정은 끊임없이 독일인으로 명명되는 새로운 환경을 낯설고 부담스러운 것으로 만든다.(bpb 2007, 9)

아우슈비츠에서의 일상이 진행되면서 체민스키와 스벤은 갈등을 겪기도 하고, 친밀감을 느끼기도 한다. 그렇지만 이 영화는 사이가 나빴던 이보다 더 다를 수 없는 두 사람이 우여곡절을 겪은 다음 모든 것을 뛰어넘는 친구가 되는 버디 영화는 아니다. 영화는 먼저 스벤의 입장에서 체민스키에게 연민을 느끼고 그를 도우려는 마음이 어떻게 생겨났는지를 몇 가지 에피소드를 통해서 간접적으로 보여준다. 체민스키는 오시비엥침에서 화학공장을 인수한 독일 기업의 제안으로 두 번에 걸쳐 독일인들과 만나서 자신의 아우슈비츠 체험을 이야기한다. 첫 번째 만남은 독일인 견습생들을 상대로 한 작은 강연이다. 영화는 이들을 상대로 자신을 소개하는 체민스키의 모습을 보여주고, 강연의 구체적인 내용은 생략한다. 이어지는 장면은 쉬는 시간인데, 이때 강연의 사회를 맡았던 직원은 강연에 대해서는 아무 언급도 하지 않고, 스벤에게 이들이 인수한 공장의 노후한 상태에 대해 불만을 말한다. 또한 공장의 책임자인 슈나이더는 강연을 듣지 않았음에도 체민스키와 그의 강연에 대해 과장되게 깊은 감사를 표한다. 이어지는 질의응답에서 나온 견습생들의 질문은 수용소의 식사와 체민스키의 팔뚝에 새겨진 수감번호에 대한 것이다. 수감번호를 보기 위해서 모든 견습생이 앞으로 나오고, 한 청년은 문신이 잘 보이지 않는다고 실망한 투로 말한다. 오히려 체민스키가 "나는 문신을 다시 새기지는 않았습니다."라고 사과하듯 말한다. 스벤은 혼자 청중석에 남아 이 광경을 지켜본다.

앞의 사건에 이어지는 시퀀스는 스벤이 아냐와 함께 디스코텍에서 시간을 보내는 장면이다. 이로써 체민스키와 견습생의 만남은 일회적인 에피소드처럼 보인다. 하지만 디스코텍 다음에 이어지는 소풍 시퀀스에서 스벤은 아냐에게 이 만남에서 보인 견습생들, 그리고 특히 슈나이더의 태도에 대해 비판적인 언급을 한다. 견습생들의 무관심보다 그를 더 화나게 하는 것은 강연을 듣지 않았으면서도 체민스키로부터 큰 감동을 받은 것처럼 행동하는 슈나이더의 의례적인 태도다. 희생자를 추모하는 행위가 아우슈비츠에 투자하는 독일 기업에게는 틀에 박힌 의식이 된 것이다. 슈나이더를 비판하면서 스벤은 자신을 다른 독일인들과 구분한다. 이후 그는 수리 방식에 대한 박물관 전문가들의 불만 때문에 체민스키가 수리할 여행 가방을 받지 못하자, 박물관에서 가방 하나를 몰래 가져와서 그에게 전달한다. 박물관의 규칙을 지키는 것보다 일거리를 받지 못하고 실망하는 체민스키를 위로하는 것이 중요하다고 판단한 것이다.

체민스키와 독일인들과의 두 번째 만남은 역시 같은 회사에서 아우슈비츠 3구역이라고 불렸던 모노비츠 지역에 기념비를 세우는 행사에서 이루어진다. 비바람이 부는 실외에서 연설을 하는 체민스키에게 우산을 씌워주며 옆에 있던 슈나이더는 바람이 한 차례 세게 불자 체민스키의 말을 끊고, 박수를 유도해서 연설을 마무리하게 한다. 하지만 기념사진을 촬영할 때는 체민스키가 중앙에서 자신의 옆에 서 있기를 원한다. 슈나이더는 스벤 앞에서 체민스키에 대해 존경심을 표하기도 하지만, 자신이 그의 연설을 중단시킨 것에 대해서는 아무런 반성도 없다. 스벤은 슈나이더의 이런 태도를 지적하고, 이어서 그녀가 해고한 크쥐시토프에 대해 언급한다. 록 공연장에서 만난 적이 있는 크쥐시토프는 아냐의 오빠이며, 슈나이더의 회사에서 근무하는 노동자이기도 하다. 스벤은 슈나이더에게 "쓸모가 없어지면 버리는 것은 옛날과 똑같군요."라고 말한다. 이 말을 들은 슈나이더는 크쥐시토프가 결근과 지각이 잦았다고 해고 사유를 밝히고, 나치와의 비교에 불쾌함을 표시한다.

두 번에 걸친 체민스키의 강연은 한편으로는 스벤이 그에게 연민을 가지게 되는 계기를 소개하고, 다른 한편으로는 독일 기업의 예를 통해서 정형화된 기억 문화가 가지는 한계를 보여준다. 또한, 독일인에 의해 부당한 대우를 받고 있다고 간주해서 체민스키나 크쥐시토프를 도우려는 스벤의 시도가 선의에도 불구하고 적절하지 않다는 사실도 영화는 지적한다. 스벤은 폴란드인의 입장에 서서 그가 옳다고 생각한 일을 하지만 그의 행동은 부적절하다. 여행 가방을 몰래 가져온 것에 대해서 스벤의 상관인 교육센터 원장이 사과한다. 이 자리에는 체민스키도 동석한다. 크쥐시토프의 해고에 대해서 과격한 비유를 들어서 비난한 것도 정확한 해고 사유를 모른채 슈나이더에 대한 반감 때문에 즉흥적으로 이루어진 것이다. 스벤은 정형화된 기억 의식에 참여하기에는 충분히 비판적이지만, 어떻게 행동하는 것이 올바른 것인지 판단할 수 없으며, 다른 대안도 모르는 상태다. 선한 피해자인 폴란드인과 악한 가해자인 독일인의 대립구도로 현재 아우슈비츠의 현실을 판단하는 것이 적절하지 않다는 것만 뼈 아프게 확인할 뿐이다.

영화의 후반부에서 체민스키는 자신이 가방에 집착하는 이유를 스벤에게 들려준다. 수용소에 수감되어 있던 시절 자신은 플랫폼에서 아우슈비츠에 도착한 사람들의 물건을 정리하는 일을 담당했으며, 그때 사람들에게 나중에 가방을 돌려주겠다고 약속했다는 것이다.[32] 이 이야기를 듣고 감동한 스벤은 위로의 말을 건네려고 하지만, 체민스키는 혼자 있고 싶다며 그를 내보낸다. 두 사람 사이의 간극은 그렇게 쉽게 메워질 수 있는 것이 아니다. 애초에 체민스키가 더 이상 가방 수선을 할 수 없었던 이유는 박물관 직원이 말했듯이 그가 가방을 보존하는 것이 아니라, 수리했기 때문이다. 영화는 개인적 트라우마를 가진 생존자와 홀로코스트의 기억을 전달하는 임무를 가진 후세대의 차이를 잘 보여준다. 체민스키는 가방을 "수선"함으로써 자신의 상처와 대면하지만, 박물관 직원은 관람객을 위해서 예전 모습 그대로 "보존"된 가방이 필요하다.

영화에서 중요한 또 다른 서사축은 아냐와 스벤의 만남이다. 아우슈비츠 수용소에서 가이드로 일하는 아냐는 이곳에서 태어나고 자랐다. 그녀에게 아우슈비츠는 삶의 터전이자 일상의 장소이다. 하지만 그녀는 이곳을 떠나고 싶어한다. 그것은 이곳이 아우슈비츠이기 때문이 아니라, 폴란드의 소도시에서 평생을 살면서 느낀 전망 없음 때문이다. 그녀는 브뤼셀에서 통역사 교육을 받을 기회가 생기자, 주저 없이 이 기회를 잡는다. 그녀는 적극적이며 능력 있지만, 폴란드에서는 적절한 일자리를 찾을 수 없는 젊은이를 대표한다. 그녀의 입장에서는 스벤과의 로맨스가 아우슈비츠를 떠나서 좋은 직업을 얻을 수 있는 기회보다 중요할 수는 없다. 스벤은 이런 아냐를 이해하지 못한다. 두 사람의 차이는 디스코텍에서의 대화에서 이미 자명하게 드러난 바 있다. 스벤은 공익근무

---

32 영화의 내용으로 보아 체민스키는 비유대계 폴란드인으로 아우슈비츠에 수감되어 강제노동을 한 것으로 보인다.

가 무엇을 할지 모를 때 시간을 버는 기회라서 좋다고 말한다. 그래도 꼭 하고 싶은 일은 있을 것 아니냐는 아냐의 질문에 그는 없다며 고개를 젓는다. 미래에 대한 불안이 없는 독일인 스벤을 아냐가 완전하게 이해할 수 없다는 것은 그녀의 눈빛을 통해 확인할 수 있다.

두 사람은 미래뿐 아니라 현재에 대한 입장에서도 차이를 보인다. 체민스키와의 첫 번째 만남에서 보인 슈나이더의 태도를 비판하는 스벤에게 아냐는 공장의 책임자는 역사에 대해서 모를 수도 있다고 답한다. 그녀에게 중요한 것은 경제이고, 독일인의 회사가 오시비엥침에 일자리를 제공한다는 사실이다. 두 번째 만남에서 슈나이더가 체민스키의 말을 끊을 때도 불편한 표정을 짓는 스벤과 달리, 아냐는 다른 사람들과 마찬가지로 미소를 지으면서 박수를 친다. 두 사람이 견해 차이를 보이는 또 다른 일화는 예전에 수용소가 있었던 마을인 모노비츠를 둘러본 다음에 일어난다. 스벤은 다른 마을과 다를 바 없이 평화로운 모노비츠의 모습에 놀란다. 더군다나 마을 곳곳에는 벙커와 같은 수용소의 유물이 남아있다. 그는 아냐에게 "인류의 가장 큰 범죄가 일어난 곳"에서 일상을 산다는 것이 가능한지 에둘러서 의문을 표시한다. 과거사에 대해 올바르게 반응하고 행동하려는 스벤은 아냐를 온전히 이해할 수 없다. 아우슈비츠는 스벤에게는 일차적으로 범죄의 장소지만, 아냐에게는 생활의 장소이기 때문이다. 이 공간이 외부인에게는 역사적 공간이면서 이곳에 사는 폴란드인에게는 일상의 공간이라는 점을 영화는 두 공간을 동시에 담은 숏을 통해서 잘 보여준다. 이 영화 속에는 철조망, 철문, 막사 등과 같은 전형적인 나치 수용소의 이미지가 나오지 않는다. 다만 아냐와 스벤이 자전거를 탈 때,

그리고 안냐의 일행이 수박을 살 때, 배경으로 수용소의 모습이
아무렇지 않게 잠시 등장한다.(도판 75, 76)

도판 75. 〈마지막에 관광객이 온다〉

도판 76. 〈마지막에 관광객이 온다〉

대부분의 홀로코스트 관련 영화들은 이 사건을 완결된 것으로
간주하고 묘사한다. 영화를 보는 관객은 영화를 통해서 홀로코스
트를 잊지 않는 것으로 자신의 의무를 다하는 셈이다. 〈마지막에
관광객이 온다〉는 홀로코스트에 대한 공식적이고 의례적인 반성
만으로는 충분하지 않다는 점을 차분한 어조로 관객에게 말한다.
대신 주체적으로 사건과 대면하고 구체적으로 자신이 할 수 있는
일을 하는 것이 필요하다고 이야기한다. 영화는 이 메시지를 겉으

로는 아무 교훈성을 담지 않은 채 마지막 장면을 통해서 보여준
다. 아우슈비츠의 삶에서 혼란과 실망을 겪은 스벤은 그곳을 떠나
기로 하고, 역으로 온다. 그곳에서 독일에서 온 수학여행단과 인솔
교사를 우연히 만나 길을 알려준 스벤은 결국 이들과 함께 박물관
행 버스를 탄다. 버스에서 교사는 스벤에게 "우리 문명, 우리 문화
는 결국 자신의 어두운 역사의 장과 어떻게 대면하는가를 통해서
스스로를 평가해야한다."며 홀로코스트에 대한 공식적인 서술을
이야기한다. 이때 스벤은 담담한 표정으로 학생들의 버스표에 스
탬프를 찍어야 한다며 그와 자리를 바꾼다. 교사의 표정에서 겸연
쩍음이 읽힌다.(도판 77) 영화는 엔딩 크레딧에 체민스키를 등장시

도판 77. 〈마지막에 관광객이 온다〉

도판 78. 〈마지막에 관광객이 온다〉

킨다. 자동차를 타고 가는 그의 표정은 매우 밝다.(도판 78) 아마
도 운전석에는 다시 돌아온 스벤이 앉아 있을 것이다. 이렇게 영
화는 나치시대와 홀로코스트를 학습된 것으로서가 아니라 진정한
만남으로 경험하는 것이 얼마나 어려운가를 이야기면서, 동시에
의미 있는 대면이 불가능한 것은 아니라는 점을 암시하며 끝을 맺
는다. 중요한 것은 스벤이 돌아왔다는 것이다.

3.4.2. 〈어제의 블루멘〉

원제   : Die Blumen von gestern
감독   : 크리스 크라우스Chris Kraus
시나리오 : 크리스 크라우스Chris Kraus
카메라   : 소냐 롬Sonja Rom
편집   : 브리기타 타우흐너Brigitta Tauchner
음악   : 아네테 폭스Annette Focks
주연   : 라스 아이딩어Lars Eidinger(토틸라 블루멘 역), 아델 에넬Adèle
          Haenel(차지 랑도 역), 얀 요셉 리퍼스Jan Josef Liefers(바타자 토마스
          역), 한나 헤르츠슈프룽Hannah Herzsprung(한나 블루멘 역), 지그리트
          마크바르트Sigrid Marquardt(타라 루빈슈타인 역)
제작사   : DOR Film Produktionsgesellschaft mbH(Wien), Four Minutes
          Filmproduktion GmbH(Berlin)
개봉연도 : 2016
상영시간 : 126분

크리스 크라우스(1963~)는 1991년부터 1998년까지 베를린 독일 영화텔레비전 아카데미(dffb)에서 수학했다. 아카데미 재학 중에 이미 시나리오 작가로 활동했으며, 그가 시나리오를 쓴 〈섹스의 아인슈타인Der Einstein des Sex〉(1999, 감독: 로자 폰 프라운하임Rosa von Praunheim)은 독일 시나리오상 후보작에 오르기도 했다. 2002년에 자신의 소설을 영화화한 〈조각춤Scherbentanz〉으로 장편영화 데뷔를 한 그는 두 번째 영화 〈포 미니츠Vier Minuten〉(2006)로 국내뿐 아니라 다양한 국제영화제에서 수상하며 주목을 받는다. 이 영화에서는 과거의 상처 때문에 자신을 드러내지 않고 살아가는 노년의 피아노 교사와 젊은 교도소 수감자의 만남을 다루고 있는데, 피아노 교사는 나치 시절 동성애 파트너를 나치친위대에 고발한 배반의 경험을 가지고 있다. 이 영화는 2007년 독일영화상 최우수

극영화상을 수상했으며, 젊은 수감자를 연기한 한나 헤르츠스프
룽Hannah Herzsprung은 최우수 여자배우상을 수상했다. 다음 영화인
〈폴Poll〉(2010)은 본격적인 역사 드라마로 1차 세계대전 직전의 긴
장된 분위기를 에스토니아 독일인 가정의 관점에서 보여준다. 〈어
제의 블루멘〉은 크라우스의 네 번째 장편영화다.

　홀로코스트 연구자 토틸라 블루멘은 나치 시절 리가에서 활
동했던 유명한 친위대 장군의 손자로, 자신이 일하는 홀로코스트
연구소에서 주최하는 대규모 아우슈비츠 회의를 준비하고 있다.
그는 홀로코스트 연구자로서 항상 엄숙하고 진지하며, 다른 동
료들에게도 한 점 부끄러움 없는 완벽한 도덕성을 요구한다. 대
신 스스로 세운 높은 도덕적 요구에 맞춰 사느라 동료들과의 관
계는 엉망이 된 지 오래다. 심한 감정 기복으로 만나는 주변 사람
과 충돌이 끊이지 않고, 아내와의 성생활이 불가능할 정도로 사
생활도 망가져 있다. 한편 연구소에 새로 온 프랑스인 인턴 차지
는 할머니가 나치에 의해 살해된 유대인이다. 차지와 토틸라는
함께 회의를 준비하지만, 두 사람 사이에 다툼이 끊이지 않는다.
차지는 토틸라가 던지는 말에 큰 상처를 받기도 하고, 토틸라와
독일에 대한 반감 때문에 소동을 일으키기도 한다. 어느 날, 차지
는 토틸라에게 자신의 할머니와 토틸라의 할아버지가 리가에서
같이 학교를 다녔다는 사실을 알린다. 이는 나치에 의해 살해된
차치의 할머니와 이 살해를 주도한 토틸라의 할아버지가 개인적
으로 아는 사이였다는 것을 의미한다. 하지만 이들은 점점 가까
운 사이가 된다. 애초에 차지는 토틸라에 대한 관심으로 독일로
왔다는 것이 밝혀진다. 두 사람은 리가로 가서 조부모가 다녔던
학교와 학살 기념장소를 방문하고, 토틸라 스스로 불가능하다고

여겼던 섹스를 하게 된다. 둘은 새로운 삶을 꿈꾸지만, 이들을 질투한 연구소 동료이자 차지의 애인인 발타자는 토틸라가 17세까지 반유대주의자였음을 그녀에게 알린다. 이 일을 계기로 차지는 토틸라와 헤어진다. 5년의 시간이 흐른 후, 뉴욕에서 두 사람은 조우한다. 토틸라는 미국에서 대량학살을 연구하고 있으며, 차지는 인도 출신의 여자친구와 아들을 키우면서 살고 있고 말한다. 하지만 그녀의 아들이 사실은 토틸라와의 사이에서 얻은 딸임을 암시하며 영화는 끝난다.

〈어제의 블루멘〉은 1세대가 남긴 유산 때문에 혼란스럽고 상처 입은 삶을 사는 3세대의 이야기를 핵심으로 다루고 있다.[33] 여기에는 감독 자신의 경험이 투영되어 있다. 그의 할아버지는 나치였으며, 친위대원으로 활동한 친척도 여럿 있었다. 그는 자신이 할아버지의 행적을 알기 위해서 문서 보관소를 다닐 때, 가해자와 희생자의 후손이 나란히 앉아서 서류를 들춰보는 광경을 보고 이 영화의 영감을 얻었다고 한다.(Dell 2016) 홀로코스트 영화로서 〈어제의 블루멘〉은 여러 가지 면에서 새롭다. 먼저 영화의 핵심 인물이 3세대라는 사실이다. 지금까지 본 것처럼 홀로코스트를 주제로 하는 대부분 독일영화의 시간적 배경은 나치 시대다. 현재를 살아가는 3세대 인물이 주인공이라는 점에서 이 영화는 앞에서 본 〈마지막에 관광객이 온다〉와 함께 예외적인 영화다. 다른 하나는 영화의 장르다. 줄거리만 보면 짐작하기 쉽지 않지만, 많은 평론가들은 이 영화를 로맨틱 코미디, 또는 스크류볼 코미디로 분

---

33 "블루멘Blumen"은 토틸라의 성으로, 제목은 할아버지의 나치 시대의 행적 때문에 고통받는 토틸라의 입장을 강조한다.

류한다. 홀로코스트라는 소재와 코미디 장르의 결합은 해외에서
는 〈인생은 아름다워〉(1997)나 〈생명의 기차〉(1998)의 경우처럼
이미 1990년대 말에 선보인 바 있지만, 독일영화로서 최초의 시도
다.[34] 영화는 대부분의 상영시간 동안 토틸라와 차지가 여러 가지
오해와 장애물을 극복하고 사랑하게 되는 이야기를 담고 있으며,
두 사람이 서로에 대해서 알아나가는 과정에 삽입된 위트 있는 대
사가 코미디 영화로서의 특징을 잘 보여준다. 물론 이 영화의 유
머는 관객을 포복절도하게 만드는 것이 아니라, 때로는 연민을 담
아 미소짓게 하고, 때로는 어처구니 없음에 헛웃음을 유도하는 종
류의 것이다. 그렇지만 로맨틱 코미디라는 분류가 이 영화에 완벽
하게 맞는 것은 아니다. 차지와 토틸라는 각각 희생자와 가해자의
손녀, 손자라는 한계에도 불구하고 서로 사랑하게 되지만, 토틸라
의 과거 행적에 실망한 차지는 결국 그와 이별한다. 청소년 시절
토틸라가 멀리서도 유대인의 냄새를 맡을 수 있다고 자랑하며 유
대인을 차별했다는 것을 알게 된 것이다. 완벽한 해피엔딩은 아니
지만, 두 사람이 5년 후 우연히 다시 만나는 뉴욕 장면은 두 주인
공이 이전에 비해서 행복하고 안정적인 삶을 살고 있다는 것을 보

---

34 유대계 독일인인 에른스트 루비치Ernst Lubitsch 감독은 1941년 할리우드에서
코미디 영화 〈사느냐 죽느냐To be or not to be〉(1941)를 감독했다. 이 영화는
나치에 저항하는 폴란드인들의 이야기를 담은 코미디로, 아직 본격화되기 전
의 홀로코스트도 유머의 대상이 되었다. 이 영화를 제외하면 독일 출신 감독
이 홀로코스트를 소재로 코미디 영화를 제작한 것은 없다. 반면, 히틀러를 풍
자의 대상으로 삼는 현대 독일 코미디 영화는 여러 편 존재한다. 최근의 예로
〈나의 영도자-아돌프 히틀러에 관한 진실Mein Führer-Die wirklich wahrste
Wahrheit über Adolf Hitler〉(2007, 감독: 다니 레비Dani Levi), 〈호텔 룩스Hotel
Lux〉(2011, 감독: 레안더 하우스만Leander Haußmann), 〈그가 돌아왔다Er ist
wieder da〉(2015, 감독: 다비드 브넨트David Wnendt) 등이 있다.

여준다. 전반적으로 〈어제의 블루멘〉은 인물 설정과 스토리 전개 면에서 새롭고 과감한 시도가 돋보인다. 영화의 두 주인공은 앞선 세대가 경험한 제3제국의 아픈 기억을 마치 자신의 기억인 것처럼 간직하고 있다. 평론가 크리스트는 이 영화가 홀로코스트 자체가 아니라, 공식적인 기억문화로는 충분히 치유될 수 없는, 홀로코스트로 인해 생겨난 개인의 상처를 다룬다고 지적한다.(Kriest 2016) 이렇게 영화의 방점을 역사적 사건으로서의 홀로코스트에서 홀로코스트 이후 세대의 상처로 이동시킴으로써, 영화의 시나리오도 담당한 크라우스는 독일에서 홀로코스트 코미디를 가능하게 한다.

주인공 두 사람 중에서 영화가 더 집중해서 보여주는 인물은 토틸라다. 영화가 본격적으로 시작하면서 나오는 첫 번째 장면은 아우슈비츠 학술대회 준비위원장 자리를 뺏긴 토틸라가 이 자리를 새로 맡은 발타자와 말다툼을 하다가 주먹다짐까지 하게 되는 내용이다. 이 장면은 토틸라의 성격을 축약해서 보여준다. 그는 임대료를 받고 연구소의 공간을 대여하겠다는 발타자의 의견에 격렬하게 반대한다. 말다툼 상황에서도 유연하게 반응하는 발타자와 달리 그는 쉽게 흥분하고 공격적으로 변한다. 할아버지 세대의 죄를 반성하며, 도덕적으로 행동해야 한다는 그의 강박은 동료들과의 다툼뿐 아니라, 자신을 성적 불능 상태도 만든다. 그는 아내의 성 파트너를 구해주는 개방적 면모를 가지고 있지만, 이로 인해서 심리적으로 큰 스트레스를 받는다. 할아버지의 나치 전력을 책으로 써서 학문적으로는 큰 반향을 불러일으켰지만, 다른 가족으로부터는 의절을 당한 상태이기도 하다. 이런 상황에서 그는 점점 더 "도덕적 인간혐오자"가 되어간다.(Kriest 2016) "나는 홀로

코스트 연구자야. 부정적인 걸로 돈을 버는 사람이라고." 가해자
의 자손인 그에게는 어떤 삶의 기쁨도 사치이며, 비도덕적인 것이
다. 선조가 지은 잘못을 교정하고 속죄해야 하는 그로서는 부정적
이며 자기파괴적인 삶을 피할 수 없다. 홀로코스트 생존자인 유명
여배우 루빈슈타인을 만났을 때, 그녀가 고통이 아니라 삶의 즐거
움에 대해, 성공적인 성형수술에 대해 말하고 싶다면서 아우슈비
츠 회의에서 연설하는 것을 거부하자, "거기에서 유대인들이 무슨
일을 겪었는지 당신은 아무것도 모릅니다!"라고 분노하며 말할 정
도다.(도판 79, 80)

도판 79. 〈어제의 블루멘〉

도판 80. 〈어제의 블루멘〉

차지의 삶 역시 순탄하지 않다. 공항에 도착한 그녀는 벤츠 관용차를 가지고 마중 나온 토틸라에게 할머니가 가스사를 당한 메르체데스사의 차는 타지 않겠다고 선언한다.[35] 나중에 차지는 자신이 할머니의 죽음을 이용해서 관심을 끌려고 했다며 눈물을 흘린다. 그녀는 개와 맥주를 포함해서 독일에서 살고 만들어지는 모든 것에 거부감을 표현하지만, 자신이 끌리는 사람은 항상 독일인뿐이다. 그녀는 기회마다 토틸라를 도발하지만("유머 없는 홀로코스트 연구자는 항문 없는 엉덩이 같은 거죠."), 영화가 진행되면서 밝혀지듯 여기에는 완고한 도덕 관념 속에서 사는 토틸라를 삶으로 끌어내려는 노력이 담겨 있다. 자신의 할머니가 사망하는 데 직접적인 책임이 있는 나치의 손자를 만나고 싶어하던 차지는 시간이 지나면서 그와 많은 공통점이 있다는 것을 확인한다. 가장 큰 공통점은 홀로코스트가 이들에게는 여전히 거대한 트라우마라는 사실이다. 또한 조부모가 리가에서 살았다는 사실 역시 이들에게 동질감을 선사한다. 그렇지만 불안정한 토틸라를 이끌어줄 만큼 그녀도 안정적인 것은 아니다. 비엔나로 출장을 간 두 사람은 서로에 대해, 그리고 서로의 조부모에 대해 마음을 열고 이야기하지만, 다음 날 아침 차지는 다섯 번째 자살 시도를 한다. 하지만 리가에 가서, 조부모가 다녔던 학교와 추모비를 방문한 후 서로를 더 이해하게 되고, 마지막으로 남아 있는 마음의 벽을 허물고 잠자리를 같이 한다. 두 사람은 이제 커플이 되기로 결심한다. 하지만 영

---

35 절멸수용소에서 가스실을 이용해서 유대인을 대량 학살하기 전에 나치가 시험했던 방법 중 하나가 가스 자동차였다. 자동차 배기가스가 밀폐된 화물칸으로 들어오게 만들어서 운행 중에 화물칸에 탄 수감자를 죽이는 방식이다. 하지만, 나중에 영화 속 토틸라가 지적한 것처럼 벤츠는 강제노동에 동원된 유대인 인력을 착취했지만, 가스사에 이용된 차를 생산하지는 않았다.

화는 전통적인 로맨틱 코미디처럼 해피엔딩으로 끝나지 않는다. 원래 차지의 애인이었던 발타자는 그녀에게 토틸라의 청소년 시절을 알려주기 위해 교도소에 있는 토틸라의 형을 만나고, 그에게 사례금을 주는 것도 마다하지 않는다. 차지의 거부로 토틸라가 다시 가정으로 돌아가고, 미국에서 새로운 직장을 구해서 안정된 삶을 사는 보수적인 결말은 이전까지 영화의 전개와는 이질적이다.

두 중심인물 외에 영화에는 다양한 개성 있는 인물들이 등장한다. 연구소를 이끌다가 토틸라와 발타자의 싸움을 보며 혼자 죽어간 홀로코스트 생존자 노쿠스 교수, 섹스 중독자인 토틸라의 아내 한나, 토틸라를 대신해서 연구소를 이끌지만 그에게 차지를 잃은 질투심에 사로잡히는 발타자, 노쿠스 교수처럼 홀로코스트 생존자이며 이번 아우슈비츠 회의를 대표하는 얼굴인 루빈슈타인 등이 그들이다. 하지만 영화는 이들의 이야기를 본격적으로 하지 않는다. 이들 모두 토틸라와 밀접한 관련이 있는데, 영화가 토틸라에 집중하면서 그에 못지 않게 독특한 개성을 가진 주변인물들이 보다 자세히 다루어지지 않은 것은 아쉽다.

반면, 홀로코스트를 기억하는 공식적 임무를 맡은 기관이 어떻게 운영되고 있는지를 보여주는 풍자와 비판은 인상적이다. 발타자는 공간 대여로 운영비를 벌겠다고 하고, 후원금에 대해서는 어떤 회사가 후원하는지와 관계없이 무조건 환영한다. 아우슈비츠 회의의 스폰서인 메르체데스의 한 임원은 루빈슈타인에게 회사의 상징인 별을 달고 회의에 참석하면 후원금을 두 배로 올리겠다고 제안한다. 이에 대해 루빈슈타인은 "유대인의 별을 달면 얼마를 줄 거요?"라고 되묻고, 연구소 직원들은 웃음으로 난처한 상황을 넘어가려 한다. 영화는 공공기관임에도 스폰서 기업의 부조리한 제안을 거부하지 못하는 연구소의 현실을 비판한다.

영화는 매우 빠른 속도로 진행된다. 개별 숏의 길이가 짧을 뿐만 아니라, 카메라의 움직임과 각도도 다양하다. 이런 기법은 주인공의 심리 변화를 형식적으로 뒷받침한다. 영화에서 가장 변화가 많은 캐릭터는 차지다. 그녀는 악동처럼 행동하다가도, 우울을 견디지 못해 심리적 위기에 빠지기도 하고, 토틸라를 전적으로 이해하고 보듬어 주기도 한다. 그런 점에서 근본적으로 수동적이며 일관된 인물인 토틸라에 비해 더 흥미롭고, 영화에 리듬감을 부여하는 캐릭터다. 그렇지만 이 코미디 영화에서 그녀는 토틸라와 동등한 비중을 차지하지는 못한다. 유대인이자 피해자의 후손을 웃음의 중심에 놓는 것은 독일영화에서 아직은 부담스러운 듯하다.

이 장에서 살펴본 두 편의 영화는 현재 시점에서 홀로코스트의 영향과 마주하는 3세대의 이야기를 담고 있다. 아우슈비츠를 비극의 장소로, 독일인과 폴란드인을 가해자와 피해자의 대립구도로 파악하는 〈마지막에 관광객이 온다〉의 스벤의 인식은 실제 그곳에서 이루어지는 구체적인 삶을 통해서 도전받는다. 그는 과거의 아우슈비츠가 이제 오시비엥침이라는 이름으로 누군가에게는 생활의 터전이자 고향이며, 독일인이나 폴란드인 모두에게 이분법적이며 감상적인 접근은 현실에 맞지 않음을 깨닫는다. 새로운 인식은 그에게 혼란을 일으키지만, 결국 그가 그곳을 떠나지 않는다는 사실은 영화가 가지고 있는 3세대에 대한 긍정과 애정을 보여준다. 〈어제의 블루멘〉은 가해자와 피해자 3세대의 만남을 통해서 이들이 여전히 가지고 있는 홀로코스트의 상처를 때로는 진지하면서도 유머러스하게 다룬다. 주인공의 좌충우돌하는 삶을 통해 여전히 이들에게는 홀로코스트가 트라우마로 작용하고 있음을 보여준다. 연구소에 근무하는 다른 홀로코스트 연구자들과 확연히 구분되는 차지와 토틸라를 통해서 영화는 일반적인 3세대가 아니라, 특수한 상황에 있는 특별한 개인을 중심으로 이야기를 전개한다. 두 영화 주인공들에게 홀로코스트는 완결된 과거의 역사적 사건이 아니라, 일상과 공존해야 하는 현재의 문제다. 이는 2000년대 이전의 홀로코스트 영화에서는 찾아보기 힘든 설정이다.

맺는 말

    이 책에서는 크게 세 부분으로 나누어 2000년 이후 독일영화계를 개관하고, 대표적인 영화들을 분석해서 구체적인 특징을 살펴보았다. 1장에서 본 것처럼 2000년대를 들어서면서 독일이 다시 국내와 해외의 관객과 평론가에게 의미 있는 영화국가가 되었다는 점은 의심의 여지가 없다. 2000년부터 2019년까지 독일인들이 자국영화를 찾는 비율은 20%대로, 이전 20년, 즉 1980~1990년대와 비교했을 때 상당히 높은 수준에서 안정화되어 있다. 특히 2000년에서 2010년까지의 초반부에는 해외에서 주목받는 독일영화가 다수 등장했다. 이들 영화는 수준 있는 상업영화와 예술영화를 모두 포함한다. 보다 대중적인 영화를 만드는 카롤리네 링크, 볼프강 베커, 도미닉 그라프, 올리버 히르쉬비겔 등의 감독과 함께 2장에서 집중적으로 다룬 다섯 명의 감독들, 즉 파티 아킨, 톰 티크베어, 크리스티안 페촐트, 앙겔라 샤넬렉, 안드레아스 드레젠은 2000년대를 대표하는 독일감독으로 국내외에서 확고하게 자리잡았다. 이 다섯 명의 감독들은 2000년대 초반의 독일영화 붐을 함께 이루었으며, 현재까지도 지속적으로 다양한 영화제를 통해서 해외의 관객들과도 만나고 있다. 이들이 보여준 개성 있는 영화를 통해서 독일영화는 외국에서 다시 하나의 개념이 되었다. 이들 감독 중 다수는 역사영화도 제작했는데, 특히 나치 시대를 배경으로 하는 독일영화는 국내뿐만 아니라 해외에서 큰 관심을 받았

다. 3장에서 살펴본 것처럼 역사영화 중 하나인 홀로코스트 영화
는 1980년대 동독이나 1960년대 서독을 배경으로 하는 다른 여러
역사영화와 비교할 때 상대적으로 먼 과거의 사건이며 사건이 진
행된 기간 역시 길지 않지만, 제작편수와 접근방식의 다양성이라
는 측면에서 독일 영화계의 특징이 적극적으로 반영되어 있는 장
르다. 그런 점에서 2000년대 독일영화를 다루는 이 책에서 홀로코
스트 영화를 다루는 3장의 의미를 찾을 수 있다. 독일에서 제작된
홀로코스트 극영화는 전반적으로 봤을 때 홀로코스트 자체를 묘
사하기보다는, 대체로 윤리적 문제를 내포한 사건으로서 그것이
미치는 파장을 다루고 있다는 점이 특징이다. 주로 능동적인 캐릭
터들이 주인공으로 등장해서 고난에도 불구하고 인간적인 미덕을
보여줌으로써 영화는 긍정적인 결말을 맞이한다. 이를 통해서 최
근의 영화들은 홀로코스트를 더 이상 유일무이한 사건이 아니라,
보편적 재난으로서 다루고 있음을 알 수 있다.

앞서 언급한 감독들은 2010년대에도 꾸준하게 신작을 발표하
고 있다. 한편, 이들보다 젊은 세대에 속하는 신예 감독들은 주로
영화관보다는 텔레비전과 스트리밍 서비스를 통해서 자신의 작품
과 이름을 알리고 있다. 이제 2020년대의 독일영화계가 어떤 감독
들에 의해서 어떤 영화들을 선보일지, 새로운 시대로 눈길을 돌려
본다.

참고문헌

Abel, Marco(2006): The State of Things Part Two: More Images for a Post-Wall German Reality. In: *Senses of Cinema.* 39 (April-June 2006). http://archive. sensesofcinema.com/contents/festivlas/06/39/ berlin2006.html#b11.

Abel, Marco(2008): Intensifying life: the cinema of the "Berlin School". In: *Cineaste.* 33/4. http://cineaste.com/articles/the-berlin-school.html.

Abel, Marco(2013): *The Counter-Cinema of the Berlin School.* Boydell & Brewer.

Aydemir, Fatma(2017): Fatih Akin zum Film „Aus dem Nichts" - „Rache ist nichts Ethnisches". In: *TAZ* (online). https://taz.de/Fatih-Akin-zum-Film-Aus-dem-Nichts/!5460666/

Baer, Hester(2013): Affectless Economies: The Berlin School and Neoliberalism. In: *Discourse.* Vol. 35, No. 1. 72-100.

Bahl, Silvia(2018): Kritik zu "Gundermann". In: *Filmdienst* (online). https://www. filmdienst.de/film/details/561828/ gundermann#kritik.

Baumgärtner, Maik / Pilarczyk, Hannah(2017): Die zweite Bombe. In: *Spiegel* (online). https://www.spiegel.de/kultur/kino/ aus-dem-nichts-von-fatih-akin-mit-diane-kruger-kann-es-wirklich-jeden-treffen-a-1179555.html.

Behn, Beatrice(2017): Durchs Leben traumwandeln. In: *Kino-Zeit* (online). https://www.kino-zeit.de/film-kritiken-trailer/der-traumhafte-weg.

Behrendt, Hendrik(2016): Warum Ernst Lossa, 14, sterben musste. In: *Spiegel* (online). https://www.spiegel.de/geschichte/ euthanasie-programm -der-nazis-der-tod-von-ernst-lossa-14-a-1113550.html.

Behrens, Volker(2008): "Die Seele bleibt doch die eines Teenagers." In: *Abendblatt* (online). https://www.abendblatt. de/vermischtes/journal/leben/article107442136/Die-Seele-bleibt-doch-die-eines-Teenagers.html.

Behrmann, Malte(2008): *Filmförderung im Zentral- und Bundesstaat. Eine vergleichende Analyse der Filmförderungssysteme von Deutschland und Frankreich unter besonderer Berücksichtigung der Staatsverfasstheit.* Berlin: Avinus-Verlag.

Benz, Wolfgang(2010): Kritik an der „Rosenstraße" - Kitsch as Kitsch can. In: *Süddeutsche Zeitung* (online). https://www. sueddeutsche.de/kultur/kritik-an-der-rosenstrasse-kitsch-as-kitsch-can-1.428859.

Benz, Wolfgang(2018): *Der Holocaust.* München: Verlag C. H. Beck.

Berghahn, Daniela(2006): East German cinema after unification. In: Clarke, David (ed.): *German cinema since unification.* Cotinuum. 79-104.

BPB (2007): *Filmheft „Am Ende kommen Touristen".* https:// www.bpb.de/shop/lernen/filmhefte/ 34013/am-ende-kommen-touristen

Bradshaw, Peter(2008): The Edge of Heaven. In: *The Guardian* (online). https://www.theguardian.com/film/ 2008/feb/24/ drama.worldcinema

Brockmann, Stephen(2000): *The Politics of German Comedy.* In:
German Studies Review, 23, 1. 33-52.

Brockmann, Stephen(2010): *A critical history of german film.*
Camden House.

Caron, Jean-Christoph(2004): Ein Historienfilm kann mehr
als ein Buch. Margarethe von Trottas »Rosenstraße«, in:
Zeithistorische Forschungen. Online-Ausgabe, 1, H. 1. https://
zeithistorische-forschungen.de/1-2004/4432.

Clarke, David (ed.): *German cinema since unification.*
Continuum.

Cook, Roger F. et. al (ed.)(2013): *Berlin School Glossary. An ABC
of the New Wave in German Cinema.* Chicago: University of
Chicago Press.

Cooke, Paul / Homewood, Chris(2011): *New Directions in
German Cinema.* I.B. Tauris.

Corell, Cartin(2009): *Der Holocaust als Herausforderung für den
Film. Formen des filmischen Umgangs mit der Shoah seit
1945. Eine Wirkungstypologie.* Bielefeld: Transcript.

Coury, David N.(1997): From Aesthetics to Commercialism:
Narration and the New German Comedy. In: *Seminar. A
Journal of Germanic Studies.* 33: 4. 356-373.

Dell, Matthias(2017): Vögeln, fluchen, verdrängen. In: *Spiegel*
(online). https://www.spiegel. de/kultur/kino/die-
blumen-von-gestern-mit-lars-eidinger-voegeln-fluchen-
verdraengen-a-1128939.html

Deutsche Kinemathek(2011): *Die innere Sicherheit von
Christian Petzold. Begleitmaterialien zu den Ständigen
Ausstellungen Film und Fernsehen.* http://www.deutsche-
kinemathek.de/sites/default/files/ public/node-attachments/

begleitmaterialien_-_die_innere_sicherheit__c__
petzold__2000_.pdf

Diekhaus, Christopher(2016): Nebel im August. In: *kino-zeit*
(online). https://www.kino-zeit.de/film-kritiken-trailer/
nebel-im-august

Distelmeyer, Jan(2000): Flucht ins Märchen. Die
Auseinandersetzung des Kinos mit dem Holocaust wird
immer unpolitischer. In: *Die Zeit (online).* https://www.zeit.
de/2000/13/Flucht_ins_Maerchen

Dresen, Andreas(2017): Der falsche Kino-Osten. In: Preece, Julian
/ Hodgin, Nick (ed.): *Andreas Dresen*. Oxford: Peter Lang. 29-
46.

Ebbrecht-Hartmann, Tobias(2018): Filmische Historiographien.
Spurenlesen mit Die innere Sicherheit, Barbara und Phoenix.
In: Brombach, Ilka / Kaier, Tina (Hg.): Über Christian Petzold.
Berlin: Vorwerk 8. 174-190.

Egger, Christorph(2002): Ein Afrika der verhaltenen Bilder und
Töne. In: *Neuer Zürcher Zeitung* (online). https://www.nzz.
ch/article7YNMH-1.369102

Elsaesser, Thomas(2008): Ethical calculus: the cross-cultural
dilemmas and moral burdens of Fatih Akin's The Edge of
Heaven. In: *Film Comment.* May/June. http://filmlinc.com/
fcm/mj08/heaven.htm.

Eren, Mine(2012): Cosmopolitan Filmmaking: Fatih Akin's In
July and Head-On. In: Hake, Sabine / Mennel, Barbara (ed.):
*Turkish German Cinema in the New Millennium. Sites, Sounds,
and Screens.* Berghahn Books. 175-185.

Evans, Owen(2013): Memory, Melodrama and History: The Return
of the Past in Contemporary Popular Film in Germany. In:

Mithander, Conny et. al. (ed.): *European Cultural Memory Post-89*. Rodolpi. 241-269.

Fisher, Jaimey(2010): German Historical Films as Production Trend. European Heritage Cinema and Melodrama in The Lives of Others. In: Fisher, Jaimey; Prager, Brad(ed.): *The Collapse of the Conventional. German Film and its Politics at the Turn of the Twenty-first Century*. Detroit. 186-215.

Fisher, Jaimey(2013): *Christian Petzold*. Illinois.

Foerster, Lukas(2010): „Eine weitere Möglichkeitsdimension: Angela Schanelecs Orly". In: *perlentaucher* (online). http://www.perlentaucher.de/ berlinale-blog/89_eine_weitere_ moeglichkeitsdimension%3A_ angela_schanelecs_orly.html.

Gansera, Rainer(2010): Alltag Auschwitz. In: *Süddeutsche Zeitung* (online). https://www. sueddeutsche.de/kultur/im-kino-am-ende-kommen-touristen-alltag-auschwitz-1.226582.

Gansera, Rainer(2016): Gift im Himbeersaft. In: *Süddeutsche Zeitung* (online). https://www.sueddeutsche.de/kultur/kino-gift-im-himbeersaft -1.3188323?.

Gerhardt, Christina(2016): Looking East: Christian Petzold's Barbara (2012). In: *Quarterly Review of Film and Video*. Vol. 33, No. 6. 550-566.

Ginsberg, Terri(2007): *Holocaust Film. The Political Aesthetics of Ideology*. Cambridge Scholars Publishing.

Glombitza, Birgit(2004): „Dem Leben abgeschaut: Die wunderbaren Bilder der Berliner Regisseurin Angela Schanelec und ihr neuer Film Marseille". In: *Die Zeit* (online). https://www.zeit.de/2004/40/Angela_Schanelec.html.

Goldberg, Amos(2009): The victim's voice and melodramatic aesthetics in history. In: *History and Theory*. 48 (3). 220-237.

Gras, Pierre(2014): *Good Bye, Fassbinder!. Der deutsche Kinofilm seit 1990*. Aus dem Französischen übersetzt und herausgegeben von Marcus Seibert. Berlin.

Hagener, Malte(2002): German Stars of the 1990s. In: Bergfelder, Tim et. al. (ed.): *The German Cinema Book*. 98-105.

Hake, Sabine(2008): *German national cinema*. Routledge.

Hake, Sabine/Mennel, Barbara(2014): *Turkish german cinema in the new millennium*. Berghahn Books.

Hamacher, Rolf-Ruediger(1993): Kritik zu "Die tödliche Maria". In: *Filmdienst* (online). https://www.filmdienst.de/film/details/55129/die-todliche-maria#kritik

Harbord, Janet(2007): *The Evolution of Film: Rethinking Film Studies*. Cambridge/ Malden.

Häußler, Anne Kathrin(2007): *Filmindustrie und Filmförderung in Europa. Ein Vergleich von Deutschland und Frankreich*. Akademikerverlag.

Heller, Heinz-B.(2002): „Nouvelle Vague". In: Koebner, Thomas (Hg.): *Reclams Sachlexikon des Films*. Stuttgart: Reclam. 423-428.

Hermann Kappelhoff(2008): *Realismus - das Kino und die Politik des Ästhetischen*. Berlin: Vorweg 8.

Higson, Andrew(1993): Reframing the Past: Nostalgia and Pastische in the Heritage Film. In: Friedman, Lester (ed.): *Fires Were Started: British Cinema and Thatcherism*. Minneapolis: University of Minnesota Press. 109-129.

Higson, Andrew(2003): *English Heritage, English Cinema: Costume Drama since 1980*. Oxford.

Hoffgen, Maggie(2009): *Studying German Cinema*. Auteur Publishing.

Kaes, Anton(1987): *Deutschlandbilder. Die Widerkehr der Geschichte als Film*. edition text + kritik.

Katholisches Filmwerk: *Arbeitshilfe "Die innere Sicherheit"*. http://www.material-server.filmwerk.de/arbeitshilfen/inneresicherheit_ah.pdf

Kiefer, Bernd / Ruckrieg, Peter(2002) : Artikel "Realismus / sozialistischer Realismus / poetischer Realismus / Neorealismus". In: Thomas Koebner (Hg.): *Reclams Sachlexikon des Films*. Stuttgart: Reclam. 657-672.

King, Alasdair(2014): Stil lives in transit: movement and inertia in Angela Schanelec's Orly(2010). In: *Studies in European Cinema*, Vol. 11, No. 2, 139-150.

Klos, Stefani(2016): *Fatih Akin. Transkulturelle Visionen*. Schüren Verlag.

Knörer, Ekkehard: Drauf einlassen oder es sein lassen. In: *Spiegel* (online). https://www.spiegel.de/kultur/kino/der-traumhafte-weg-von-angela-schanelec-draufeinlassen-oder-es-sein-lassen-a-1144584.html

Koebner, Thomas(Hg.)(2002): *Reclams Sachlexikon des Films*. Stuttgart: Reclam.

Koepnck, Lutz(2002): Reframing the Past: Heritage Cinema and Holocaust in the 1990s. In: *New German Critique,* 87, Fall. 47-82.

Koll, Horst Peter(2012): Kritik zu "Cloud Atlas". In: *Filmdienst* (online). https://www.filmdienst.de/film/details/540794/cloud-atlas#kritik.

Krewani, Angel(2001): *Hybride Formen - New British Cinema, Television Drama, Hypermedia*. WTV Wissenschaftlicher Verlag Trier.

Kriest, Ulrich(2016): Liebesdrama vor Holocaust-Hintergrund. In: *Filmdienst* (online). https://www.filmdienst.de/film/ details/548896/die- blumen-von-gestern

Kürten, Jochen(2002): Nirgendwo in Afrika. In: *Kinofenster* (online). https://www.kinofenster.de/filme/archiv-film-des-monats/kf0201/nirgendwo_in_afrika_film

Landry, Olivia(2017): A Body Without a Face: The Disorientation of Trauma in Phoenix (2014) and New Holocaust Cinema. In: *Film-Philosophy.* Vol 21, No. 2. 188-205.

Lode, David(2009): *Abenteuer Wirklichkeit- Die Filme von Andreas Dresen.* Marburg: Schüren Verlag.

Luhmann, Niklas(1997): *Die Gesellschaft der Gesellschaft.* Frankfurt/M: Surhkamp Verlag.

Luhmann, Niklas(2001): Die Unwahrscheinlichkeit der Kommunikation. In: Ders.: *Aufsätze und Reden.* Stuttgart: Reclam. 76-93.

Mennel, Barbara(2010): Überkreuzungen in globaler Zeit und globalem Raum in Fatih Akıns AUF DER ANDEREN SEITE. In: Özkan, Ezli (Hg.): *Kultur als Ereignis. Fatih Akins Film ⟨Auf der anderen Seite⟩ als transkulturelle Narration.* Bielefeld: transcript. 95-118.

Müller, Ingo(2010): Der Frankfurter Auschwitz-Prozess. In: Perels, Joachim(Hg.): *Auschwitz in der deutschen Geschichte.* Hannover: Offzin. 168-176.

Nessel, Sabine/Pauleit, Winfried(2011): Jensetis von Intermedialität. Rhetoriken des reinen und unreinen Films im Spiegel von Angeal Schanelecs Orly (2010). In: Elia-Borer, Nadja(Hrsg.): *Blickregime und Dispositive audiovisueller Medien.* Bielefeld. 209-222.

Nicodemus, Katja(2004): Film der neunziger Jahre. In: Jacobsen, Wolfgang et. al. (Hg.): *Geschichte des deutschen Films*. 2., aktualisierte und erweiterte Auflage. Stuttgart: Metzler. 319-356.

Nicodemus, Katja(2017): Der Trost von Bildern. In: *Die Zeit* (online). https://www.zeit.de/2017/18/der-traumhafte-weg-angela-schanelec-regie-liebespaar

Nicodemus, Katja / Rauterberg, Hanno(2018): "Es gibt keine Absolution, Punkt" - Andreas Dresen und Laila Stieler. In: *Die Zeit* (online). https://www.zeit.de/2018/41/andreas-dresen-laila-stieler-gundermann-interview.

O'Brien, Mary-Elisatbeth(2012): *Post-Wall German Cinema and National History. Utopianism and Dissent*. New York.

Odin, Roger(1995): A Semio-pragmatic approach to the documentary film. In: Buckland, Warren (Hg.): *The Film Spectator. From Sign to Mind*. Amsterdam University Press. 227-235.

Odin, Roger(1990): Dokumentarischer Film - Dokumentarische Lektüre (1984) In: Blümlinger, Christina (Hg.): *Sprung im Spiegel. Filmisches Wahrnehmen zwischen Fiktion und Wirklichkeit*. Sonderzahl. 125-146.

Parkinson, Anna M.(2010): Neo-feminist Mütterfilm? The Emotional Politics of Margarehte von Trotta's Rosenstrasse. In: Fisher, Jaimey / Prager, Brad (ed.): *The Collpase of the Conventional. German Film and Its Politics at the Turn of the Twenty-First Century*. Wayne State University Press. 109-135.

Pinfold, Debbie(2014): The end of the fairy tales? Christian Petzold's Barbara and the difficulties of Interpretation. In: *German life and letters*. 67, 2. 279-300.

Prager, Brad(2011): Music after Mauthausen: re-presenting the Holocaust in Stefan Ruzowitzky's The Counterfeiters (2007). In: Cooke, Paul / Homewood, Chris: *New Directions in German Cinema.* I.B.Tauris.

Preece, Julian(2017): Self-Reflexivity and Films within Films: From Stilles Land (1992) to Whisky mit Vodka (2009) via Halbe Treppe (2002) and Sommer vorm Balkon (2005). In: Preece, Julian / Hodgin, Nick (ed.): *Andreas Dresen.* Oxford: Peter Lang.

Prümm, Karl(1993): Fernsehen und Film. In: Jacobsen, Wolfgang u. a. (Hg.): *Geschichte des deutschen Films.* Metzler. 499-518.

Räder, Andy(2011): Aufführung einer gewöhnlichen Geschichte. Zum perfomativen in Andreas Dresens Halbe Treppe. In: Schick, Thomas / Ebbrecht, Tobias (Hg.): *Kino in Bewegung.* Springer.

Rentschler, Eric(1993): Film der achtziger Jahre. In: Jacobsen, Wolfgang et. al. (Hg.): *Geschichte des deutschen Films.* Metzler. 281-318.

Rentschler, Eric(2000): From new German cinema to the post-wall cinema of consensus. In: Hjort, Mette / Mackenzie, Scott (ed.): *Cinema & Nation.* Psychology Press. 260-277.

Renz, Werner(2002): *Der 1. Frankfurter Auschwitz-Prozeß. Zwei Vorgeschichten.* In: Zeitschrift für Geschichtswissenschaft. 50, 7. 622-641.

Riebsamen, Hans(2014): *„IM LABYRINTH DES SCHWEIGENS": Wie ein junger Staatsanwalt den Schrecken von Auschwitz erkennt.* In: Frankfurter Allgemeine Zeitung (online). https://www.faz.net/aktuell/rhein-main/kultur/im-labyrinth- des-schweigens-wie-ein-staatsanwalt-den-schrecken-vonauschwitz-erkennt-13240029.html

Riehl-Emde, Astrid(2014): Liebe im Alter. In: Doering S., Moller H. (Hg.): *Mon Amour trifft Pretty Woman*. Springer.

Rodek, Hanns-Georg(2007): Liebe in Zeiten des Risikokapitlas. In: *Berliner Morgenpost*. 15. 02. 2007.

Roy, Rajendra/Leweke, Anke(2013): *Berlin School: Films from Berliner Schule*. New York.

Schenk, Ralf(2002): Kritik zu „Rosenstraße". In: *Filmdienst* (online). https://www.filmdienst.de/film/details/521001/ rosenstrasse#kritik

Schick, Thomas(2017): *Filmstil, Differenzqualitäten, Emotionen: Zur affektiven Wirkung von Autorenfilmen am Beispiel der Berliner Schule*. Wiesbaden.

Schlicht, Corinna / Stachelhaus, Thomas (Hg.)(2014): *Grenzgänge: Die Filme von Tom Tykwer*. Karl Maria Laufen Buchhandlung und Verlag.

Schlipphacke, Heidi (2006): *Melodrams's Other: Entrapment and Escape in the films of Tom Tykwer*. In: *Camera Obscura*. 21, 2. 109-142.

Schmidt, Marco(2016): Every film a new adventure. A portrait of director Lars Kraume. In: *German Films Quarterly*. 1/2016. 16-17.

Schuppach, Sandra(2004): *Tom Tykwer*. Bender.

Schwanitz, Jörg(1994): 'Genre' und lebendiges Genrebewusstsein. Geschichte eines Begriffs und Probleme seiner Konzeptualisierung in der Filmwissenschaft. In: *montage/av* 3, 2. 99-118.

Schwartz, Claudia(2008): Das gestundete Glück- Andreas Dresens berührendes Liebesdrama 「Wolke 9」. In: *Neuer Zürcher*

Zeitung. 9. 10. 2008.

Schwenk, Johanna(2012): *Leerstellen - Resonanzräume. Zur Ästhetik der Auslassung im Werk des Filmregisseurs Christian Petzold.* Baden-Baden.

Seeßlen, Georg(2005): Gegen die Verhältnisse. In: *TAZ.* 14. 09. 2005.

Spreckelsen, Tilman(2016): Die Wahrheit kennt nur der Taxifahrer. In: *Frankfuter Allgemeine Zeitung* (online). https://www.faz.net/aktuell/feuilleton/kino/video-filmkritiken/tom-hanks-in-tom-tykwers-hologramm-fuer-den-koenig-14200799.html

Staat, Wim(2016): Christian Petzold's melodramas: from unknown woman to reciprocal unknownness in Phoenix, Wolfsburg and Barbara. In: *Studies in European Cinema.* Vol. 13, Nor. 3. 185-199.

Steinke, Ronen(2013): *Fritz Bauer oder Auschwitz vor Gericht.* München: Piper Verlag GmbH.

Suchsland, Rüdiger(2007): KZ mit Dusche. In: *artechok.de.* https://www.artechock.de/ film/text/kritik/f/ faelsc.html.

Taberner, Stuart/Cooke, Paul (ed.): *German Culture, Politics, and Literature into the Twenty-First Century: Beyond Normalisation.* Boydell & Brewer.

Taylor, Henry M.(2012): Artikel "Biopic". In: *Lexikon der Filmbegriffe.* https://filmlexikon.uni-kiel.de/index.php?action=lexikon&tag=det&id=3489.

Tröhler, Margrit(2004): Filmische Authentizität. Mögliche Wirklichkeiten zwischen Fiktion und Dokumentation. In: *montage/av* 13, 2. 149-196.

Wende, Wara Waltraud(2002): Medienbilder und Geschichte -

Zur Medialisierung des Holocaust. In: Wende, Wara Waltraud
(Hg.): *Geschichte im Film. Mediale Inszenierungen des
Holocaust und kulturelles Gedächtnis.* Metzler. 8-30.

Wilke, Insa(2014): Krige statt Kinderstube. In: *Suddeutsche
Zeitung* (online). https://www.sueddeutsche.de/
kultur/deutsche-nachkriegsliteratur-krieg-statt-
kinderstube-1.2248340-0

Winkle, Sallym(2012): Margarethe von Trotta's Rosentrasse:
"Feminist Re-Visons" of a Historical Controversy. In: Ginsberg,
Terry / Mensch, Andrea (ed.): *A Companion to German
Cinema.* Blackwell Publishing Ltd.

Wojak, Irmtrud(2015): „Der Staat gegen Fritz Bauer" oder "Der
Jude ist schwul!" In: *Forschungsjournal Soziale Bewegungen.*
Pressetexte zu Heft 4/2015. https://www.fritz-bauer-archiv.
de/biographie/film/der-staat-gegen-fritz-bauer

Wydra, Thilo(2003): *Rosenstraße - ein Film von Margarethe von
Trotta: Die Geschichte. Die Hintergründe. Die Regisseurin.*
Nicolai Verlag.

Zwirner, Anke(2011): Innovation und Wirtschaftlichkeit. Die
Situation von Nachwuchsfilmemachern und die Bedeutung
der Filmförderung für das deutsche Gegenwartskino. In:
Schick, Thomas/ Ebbrecht, Tobias (Hg.): *Kino in Bewegung.
Perspektiven des deutschen Gegenwartsfilms.* Springer. 309-
317.

강태호(2012), 「독일 적군파 테러리즘의 영화적 수용 양상 연구-민감한 과
거의역사화 작업에서 탈정치화문제」, 『독일언어문학』 55, 81-104.

남완석(2008), 「감각의 매체적 형상화-파트릭 쥐스킨트의 소설 『향수』와
톰 티크베어의 영화 〈향수〉에서 문자와 시각을 통한 후각의 묘사에 대

한 비교」, 『현대영화연구』 vol.4, no.1, 83-100.

남완석(2012), 「뉴 저먼 시네마에서 "뉴 저먼 코미디"로-문화적 전환점으로서 도리스 되리의 『남자들』 연구」, 『브레히트와 현대연극』 제26집, 261-282.

랩슬리, 로버트 · 웨스틀레이크, 마이클(1996), 『현대 영화이론의 이해』, 이영재·김소연 옮김, 시각과언어.

오제, 마르크(2017), 『비장소-초근대성의 인류학 입문』, 이상길·이윤영 옮김, 아카넷.

이원호(2018), "관객 선호 영화장르 변화-독일", KOFIC 통신원리포트 43, https://www.kofic.or.kr/kofic/business/rsch/findPolicyDetail. do#none.

이주봉(2007), 「〈롤라 런〉 이후 독일영화에서의 패러다임 변화」, 『독일어문학』 15, no.2, 87-108.

이주봉(2010), 「한스 크리스티안 슈미트와 현대 독일영화-최근작 〈스톰〉(2009)을 중심으로」, 『현대영화연구』 10, 5-35.

이주봉(2016), 「뉴밀레미엄 전환기의 독일영화-베를린파 영화를 중심으로」, 『현대영화연구』 25, 7-42.

제발트, W. G.(2011), 『토성의 고리』, 이재영 옮김, 창비.

쥐스킨트, 파트릭(1991), 『향수-어느 살인자의 이야기』, 강명순 옮김, 열린책들.

조수진(2016), 「현대독일영화의 한 경향: 포스트모던 시대의 역사영화-오스카 뢸러의 〈유대인 쥐스-양심 없는 영화〉(2010)를 중심으로」, 『독일문학』 57, no.2, 233-252.

앨새서, 토마스·하게너, 말테(2012), 『영화 이론-영화는 육체와 어떤 관계인가?』, 윤종욱 옮김, 커뮤니케이션북스.

웹사이트

독일 영화진흥공단 홈페이지: www.ffa.de

아카데미 영화상 홈페이지: www.oscars.org

칸 영화제 홈페이지: www.festival-cannes.com
베니스 영화제 홈페이지: www.labiennale.org
베를린 영화제 홈페이지: www.berlinale.de
독일 영화상 홈페이지: www.deutscher-filmpreis.de
독일 영화비평상 홈페이지: https://www.vdfk.de/kategorie/preis-
    der-deut schen-filmkritik

찾아보기

2000년 이후의 독일영화

초판 1쇄 발행 2021년 2월 5일

지은이 윤종욱
펴낸이 강수걸
편집장 권경옥
편집 강나래 박정은 윤은미 최예빈
디자인 권문경 조은비
펴낸곳 산지니
등록 2005년 2월 7일 제333-3370000251002005000001호
주소 부산시 해운대구 수영강변대로 140 BCC 613호
전화 051-504-7070 | 팩스 051-507-7543
홈페이지 www.sanzinibook.com
전자우편 sanzini@sanzinibook.com
블로그 http://sanzinibook.tistory.com

ISBN 978-89-6545-707-7 93680

* 책값은 뒤표지에 있습니다.
* 잘못 만들어진 책은 구입처에서 교환해드립니다.
* 이 저서는 2018년 대한민국 교육부와 한국연구재단의 지원을 받아
  수행된 연구임(NRF-2018S1A6A4A01036085)

산지니 인문

브라질 광고와 문화 이승용 지음

브라질 흑인의 역사와 문화 이광윤 지음

사막의 기적? 조경진 지음 *2015 대한민국학술원 우수도서

라틴아메리카의 언어적 다양성과 언어정책 김우성 지음

멕시코를 맛보다 최명호 지음

여러 겹의 시간을 만나다 구경모 · 서성철 · 안태환 · 정이나 · 차경미 지음

로마인 이야기 찰스 스완 편저 | 장지연 옮김

지중해의 영화 박은지 지음

지중해 다문화 문명 김정하 지음

시칠리아 풍경 아서 스탠리 리그스 지음 | 김희정 옮김

지중해 문화를 걷다 부산외국어대학교 지중해지역원 지음

지중해 언어의 만남 윤용수 · 최춘식 지음 *2015 세종도서 우수교양도서

지역에서 행복하게 출판하기 강수걸 외 지음 *2015 출판문화산업진흥원 우수출판콘텐츠
제작지원 선정도서

역사의 블랙박스, 왜성 재발견 신동명 · 최상원 · 김영동 지음

라틴아메리카 원주민의 어제와 오늘 구경모 외 지음

마닐라 갤리온 무역 서성철 지음

비즈니스 일본어에서 일본어의 비즈니스 인터액션으로 정규필 지음

중국근현대사상총서

1 인학 담사동 지음 | 임형석 옮김

2 구유심영록 량치차오 지음 | 이종민 옮김

3 과학과 인생관 천두슈 외 19명 지음 | 한성구 옮김

4 신중국미래기 량치차오 지음 | 이종민 옮김

5 권학편 장지동 지음 | 송인재 옮김

6 천두슈 사상선집 천두슈 지음 | 송혜영 옮김 *2018 세종도서 우수학술도서

7 류스페이 사상선집 류스페이 지음 | 도중만 옮김

8 중국문화요의 류스페이 지음 | 도중만 옮김

9 중국 윤리사상 ABC 셰푸야 지음 | 한성구 옮김

문화 · 예술

내러티브와 장르: 미디어 분석의 핵심 개념들 닉 레이시 지음 | 임영호 옮김

자치분권 시대의 로컬미학 임성원 지음

미국 영화비평의 혁명가들 데이비드 보드웰 지음 | 옥미나 옮김

영화 열정 리차드 라우드 지음 | 임재철 옥미나 옮김

배리어프리(barrier-free) 영상제작론 김정희 지음

영화 프로듀서 매뉴얼 박대희 유은정 어지연 지음

패션, 음악영화를 노래하다 진경옥 지음

패션, 영화를 스타일링하다 진경옥 지음 *2016 세종도서 우수교양도서 *2016 부산문화재단
우수도서

패션, 영화를 디자인하다 진경옥지음

한국 근대 서화의 생산과 유통 이성혜 지음

공공미술, 도시의 지속성을 논하다 구본호 지음 *2014 한국연구재단 우수저서

일상의 몸과 소통하기 강미희 지음

미학, 부산을 거닐다 임성원 지음

진짜 같은 가짜, 가짜 같은 진짜 신옥진 지음

생명건축, 그 아름다운 원풍경 백승완 지음

청중의 발견 김창욱 지음

영상문화의 흐름과 서사미학 정봉석 지음

부산 근대 영화사 홍영철 지음 | 부산대학교 한국민족문화연구소 엮음

중국 영화의 열광적 황금기 류원빙 지음 | 홍지영 옮김

중국 영화의 오늘 강내영 지음

상업영화 중국을 말하다 김명석 지음

상하이영화와 상하이인의 정체성 임춘성 외 지음

20세기 상하이영화: 역사와 해제 임대근 외 지음

영화로 만나는 현대중국 곽수경 외 9인 지음

중국 청년감독 열전:미지의 청년감독을 찾아서 강내영 지음

신문화지리지 김은영 외 지음

도시, 변혁을 꿈꾸다 정달식 지음